Wolfgang Günter Lerch

Die Welten des Islam – eine Kultur zwischen Wandel und Beharrung

Wolfgang Günter Lerch

Die Welten des Islam – eine Kultur zwischen Wandel und Beharrung

Frank & Timme
Verlag für wissenschaftliche Literatur

Umschlagabbildung: in der Nasir-al-Molk-Moschee in Schiras (Iran)

Konrad Adenauer Stiftung

Gedruckt mit Unterstützung der
Konrad-Adenauer-Stiftung e.V.

ISBN 978-3-7329-0117-3

Herstellung durch Frank & Timme GmbH,
Wittelsbacherstraße 27a, 10707 Berlin.
Printed in Germany.
Gedruckt auf säurefreiem, alterungsbeständigem Papier.

www.frank-timme.de

Inhaltsverzeichnis

Vorwort

Die Religionen sind der Ausdruck des ewigen und unzerstörbaren metaphysischen Bedürfnisses der Menschennatur. Ihre Größe ist, dass sie die ganze übersinnliche Ergänzung des Menschen, alles, was er sich nicht selber geben kann, repräsentieren. (Jacob Burckhardt)

„Der Mensch in Orient und Okzident" nannte Hans Heinrich Schaeder (1896–1957), der Göttinger Orientalist und Kulturphilosoph, eine seiner Arbeiten. Ihr Ziel war es, das Besondere herauszustellen, das den westlichen und den orientalischen Menschen geprägt hat und beide voneinander unterscheidet. Schaeders Arbeit war getragen von einer selbstverständlichen Einsicht, die heute – im Zeitalter eines oft trostlosen Relativismus – verloren zu gehen scheint, nämlich die, dass die Menschen zwar überall mit gleichen Rechten geboren werden, deren Achtung immer wieder gefordert werden muss, dass sie ihrer Kultur nach aber durchaus verschieden sind. Alle, die das leugnen, um besonders „vorurteilsfrei" zu sein, missachten in Wirklichkeit die Prägekraft, die Kulturen und/oder Religionen, ja geistige Phänomene überhaupt auf Menschen auszuüben vermögen. Sie trauen ihnen gar nichts zu, halten sie – zumal angesichts des sogenannten Faktischen, das allein wirklich zähle – für eine bloße Draufgabe, die nicht eben viel bedeute. Dies hat sich in den vergangenen Jahrzehnten als folgenschwerer Irrtum erwiesen, insbesondere im Hinblick auf den Islam. Einen militanten „clash" der Zivilisationen muss man deshalb nicht gleich proklamieren, auch wenn es den Zusammenprall in mannigfacher Form geben mag.

Kulturen befinden sich offenbar auf einem ungleichen Stand der „Entwicklung". Schon immer gab es in der Geschichte der Kulturen eine „Gleichzeitigkeit des Ungleichzeitigen" (Egon Friedell). Als Kreta blühte und kurz vor dem Verblühen stand, war Mykenai noch archaisch; als Athen seinen kulturellen Höhepunkt erlebte, war die ägyptische Kultur der Spätzeit schon in Alterssklerose erstarrt und unterworfen; und von Rom war, umgekehrt, noch nicht viel zu erwarten. Zwar befindet sich der „Westen" in einer immer multipolarer werdenden Welt insgesamt auf dem Rückzug, aber nicht zuletzt viele Muslime beklagen dennoch einen Nachholbedarf ihrer Kultur ihm gegenüber. Das war, wir wissen es, vor mehr als tausend Jahren gerade umgekehrt: Damals war der „Westen", das christliche Abendland, der Lernende, der Orient der Gebende, der Lehrer.

Es lag einem Mann wie Schaeder, der freilich vom modernen Orient nicht allzu viel wusste, gewiss fern, einem kulturellen Essenzialismus das Wort zu reden, den „Orient" oder den „Islam" als eine ewig unveränderliche Universalie darzustellen. Auch der Autor der nachfolgenden Essays hat die Vorstellung etwa von einem unveränderlichen *homo islamicus* immer abgelehnt. Diese hat angesichts der jüngsten weltgeschichtlichen Wirren und Gewalttaten eine gewisse Konjunktur erlebt, die nun aber abzuebben beginnt. Galt der Islam bis eben noch vielen – und das nicht ohne stichhaltig scheinende Begründungen – als unveränderlich und unveränderbar, so wird seit einiger Zeit – das Stichwort heißt „arabische Revolution" oder „Arabellion" – an diesem Bild erheblich gekratzt. Vom Islam geprägte, sozialisierte Menschen sind dabei, alte Verhaltensmuster politischer, gesellschaftlicher und auch religiöser Art zu verändern, in einer Weise, die überrascht und von kaum jemandem für möglich gehalten wurde. Wohin dabei die Reise geht, vermag freilich niemand zu sagen. Auch nicht, wie lange sie dauern wird. Obwohl in diesen Volksbewegungen Arabiens der religiöse Diskurs nicht mehr überall vorherrschen mag (was man hier und da wohl noch bezweifeln kann, denn die Bewegung erweist sich als vielfältig und vor allem in Ägypten, Syrien, Libyen und im Irak stark religiös geprägt), so kam die Unruhe doch von Menschen, die in der islamischen Kultur (und Religion) aufgewachsen sind, nun aber ihren Horizont erweitern wollen. Das bedeutet auf lange Sicht nicht mehr und nicht weniger als den Anfang vom Ende dessen, was man mit Recht als „orientalische Despotie" (Karl Wittfogel) bezeichnet hat. Aber man täusche sich nicht: Natürlich wird der Islam auch in Zeiten der Veränderung der zunächst wichtigste Bezugspunkt und Anker jener Kultur sein, die er selbst hervorgebracht hat – obwohl in vielleicht weltlicheren Formen als bisher. Doch gehört eben auch die Beharrung, als eine wichtige Form des Zusammenhalts, zu den konstitutionellen Elementen einer Kultur. Die beharrenden Kräfte scheinen im Islam stärker zu sein als anderswo und sie setzen sich sogar in radikaler, militanter Form zur Wehr.

In den folgenden religions-, kultur- und ideengeschichtlichen Aufsätzen wird indessen gezeigt, dass der Islam schon immer auch anders war, als er nach außen erschien; anders aber auch, als er den Kritikern unter den eigenen Glaubensgenossen oft entgegentritt. Vor einer kurzen Einführung über den Islam, die diese Religion und Kultur zunächst so wiederzugeben versucht, wie ihre Anhänger sie bis heute ungebrochen und unbefragt sehen, steht ein summarischer Überblick über den gegenwärtigen Stand der Arabellion und ihre Aussichten. Doch dies ist kein Buch über die Arabellion, es führt weiter, vor allem tiefer: Die nachfolgenden Kapitel sollen auch eine gewisse Dimension „westöstlicher" Art erschließen, zum Beispiel westliche Forschungen auf dem Gebiet der drei abrahamitischen Religionen (Judentum, Christentum, Islam), die islamische Mystik als den „ganz anderen Islam" – die Religion des Herzens nämlich, die man früher auch einmal in Europa kannte – sowie andere kulturelle und politische Aspekte mannigfacher Art, die schon lange Veränderungen im scheinbar so monolithischen Islam anzeigen und Teil eines westöstlichen Austauschs sind. Die Literatur spielt dabei eine Rolle, ein Feld, auf dem der „Orient" sich bereits früh zu verändern begann, ohne dass seine Umgebung dies wirklich zur Kenntnis nahm; dazu das vielfältige Musikleben, in das westliche Impulse heute massiv eindringen. Politisch und gesellschaftspolitisch bewegen sich islamische Länder und Gemeinden heute zwischen einem dezidierten Fundamentalismus/Islamismus und Konservatismus einerseits und einem dynamischen, vor allem ökonomischen Aufbruch andererseits, etwa in den Golfstaaten.

In meinem im Jahre 2004 erschienen Buch „Der Islam in der Moderne. Aspekte einer Weltreligion" habe ich Themen behandelt, die hier nicht mehr vorkommen oder nur noch am Rande gestreift werden: der Islamismus, die Offenbarung und ihr Verständnis, die großen Rhythmen der islamischen Geschichte, die islamische Eschatologie (Endzeiterwartung), der Dschihad als sogenannter „heiliger Krieg", die Stellung der Frau. Angesichts der Arabellion dürfen allerdings auch hier die Themen Demokratisierung und Säkularisierung nicht übergangen werden, obwohl sie im ersten Buch ebenfalls schon Erwähnung fanden.

Zu den beharrenden Kräften einer Kultur gehören jene Elemente der Vergangenheit, die man nicht ungestraft missachten und nach Belieben „per ordre de Mufti" „designen" kann. Das wird am Beispiel der Türkei gezeigt, wo eine überraschende Wiederkehr eines angeblich überwundenen Phänomens aus Geschichte und Geistesgeschichte, der „Osmanismus", manche Gemüter beunruhigt. Diese sind offenbar nicht in der Lage, historisch zu denken. Die Bestätigung einer gewissen Geschichts-Dialektik ist dort nach der Rückkehr islamischer Kräfte an die Macht unverkennbar. Kann sie als Muster für andere Muslime gelten? Es sieht so aus, als erreiche die kulturelle Gärung in der islamischen Welt eine neue Etappe, die auch uns im Westen nicht unberührt lassen wird. Zu Recht sind wir der Meinung, dass wir bestimmte Errungenschaften unserer eigenen Kultur nicht zur Disposition stellen sollten; das ist – bei aller dynamischen Veränderung – unsere Form des Konservatismus. Ebenso richtig dürfte jedoch sein, dass wir uns in manchen Punkten zusammen mit „den anderen" durchaus verändern müssen. Dass es auch in unserer Welt Fehlentwicklungen gibt, ist kaum zu leugnen. Und wir müssten endlich aufhören, in allen Belangen den allwissenden Oberlehrer zu spielen. Dies nämlich war und ist ein Teil des Problems, das Okzident und Orient miteinander haben.

Die meisten Kapitel des Buches sind eigens für diesen Band geschrieben worden. Bei einigen wenigen hingegen handelt es sich um die erweiterten Fassungen von Vorträgen oder schon einmal veröffentlichter Arbeiten. Nur am Rande gestreift, also nicht ausdrücklich thematisiert werden der militante Islamismus, der Terrorismus und der Dschihadismus. Über diese Erscheinungen sind schon viele Bücher geschrieben worden, so dass vom Autor nichts hinzugefügt werden sollte. Eine Ausnahme bildet das Kapitel über die Islamische Republik Iran, die aus dem für den Orient und die Weltgeschichte insgesamt zentralen Ereignis der Islamischen Revolution Ajatollah Chomeinis von 1978/79 hervorgegangen ist. Dort ist es unter islamistischen Vorzeichen den schiitischen Islamisten „gelungen", große Teile der städtischen Bevölkerung, vor allem aber der Jugend, dem Islam zu entfremden. Im Unterschied etwa zu Istanbul, der Metropole einer seit Kemal Atatürk weltlich konzipierten Republik, sind in Teheran viele Moscheen gähnend leer. Was sich vor etwas mehr als einer Generation im Iran ereignet hat, verschlug selbst vielen gläubigen Iranern die Sprache. Millionen gingen ins Ausland.

Der Autor der nachfolgenden Kapitel hat selbst kein orthodoxes Religionsverständnis. Er ist Katholik mit starken pantheistischen Neigungen, eingefahrene Dogmen sind ihm allerdings fremd geworden. Er liebäugelt mit den vielfältigen Formen der Mystik in allen Religionen. Für den zu Unrecht vergessenen französischen Philosophen Henri Bergson (1859–1941) war alles Sein vor allem ein Werden, wie es auch die heutige Version der Evolution lehrt; Bergson sprach von einer „schöpferischen Evolution" (evolution créatrice). Das Universum ist offenkundig nichts Totes, sondern in ständiger Bewegung und Veränderung, es spielt mit sich und probiert aus, um dort, wo die Bedingungen entstehen, immer neue Variationen des Lebens auszutesten. Stochastische Interpretationen gehen heute davon aus, dass solche Prozesse keineswegs nur auf unserer Erde stattfinden konnten und können. Die schöpferische Evolution, ein Zusammenwirken erstaunlicher Natur-Gesetze und abgestimmter

Natur-Konstanten mit Varianten des „Zufalls“ (der „Freiheit“), ist auch nach Hoimar von Ditfurth, John Lennox und anderen durchaus etwas Heiliges, das man religiös und im Sinne eines begründbaren Gottesglaubens interpretieren kann, gerade als Naturwissenschaftler; sie hat den Menschen hervorgebracht, er ist ihr kontingentes Geschöpf, das sich nicht von selbst versteht. In diesem Sinne, etwa auch einer phantastischen Feinabstimmung des Universums, argumentieren beispielsweise die Gegner des „Neuen Atheismus“, der von Gelehrten wie Richard Dawkins propagiert wird.

Doch jenseits solcher Erwägungen bleibt die Beobachtung bestehen, dass der Mensch, seitdem er Kulturmensch ist, immer Religion in vielen ihrer Formen gekannt hat – als ein unvollkommenes, meistens in Bilder und Metaphern gefasstes, zeitbedingtes Bewusstsein davon, dass über seine Existenz hinaus etwas existiert, das größer und mächtiger ist als er und von dem er abhängt: die Transzendenz, das Rätsel und Geheimnis der Welt, das sich dem Menschen mit seinen unvollkommenen Sinnesorganen und seinem zur Wahrheitserkenntnis nur bedingt geeigneten Geist vielleicht niemals ganz entschleiern wird. Dieses Bewusstsein ist nur ihm, dem Menschen, eigen. In diese Gesamtheit ist er eingebunden, in sie muss er sich am Ende fügen.

Ich danke dem Verlag Frank & Timme für die Bereitschaft, dieses Buch in einer Zeit zu veröffentlichen, in welcher der Islam – nicht ohne eigenes Versagen – in vielen Teilen der Welt ein verheerendes Bild abgibt. Und ich danke der Konrad-Adenauer-Stiftung für ihre Bereitschaft, das Erscheinen auf ihre Weise zu unterstützen.

Die arabische Revolution: Schwieriger Aufbruch zwischen Maghreb und Golf

Es begann am 17. Dezember 2010. In der mitteltunesischen Stadt Sidi Bouzid zündete sich der Gemüsehändler Mohammed Bouazizi an, um gegen zahlreiche, als reine Willkür erscheinende Übergriffe der Behörden gegen seine berufliche und private Existenz zu protestieren. Schon am folgenden Tag kam es zu einer Massendemonstration gegen das Regime von Staatspräsident Zine al Abidine Ben Ali, der seit 1987 über das kleine Land im Maghreb, dem arabischen „fernen Westen", herrschte. Kurz darauf sprang der Funke auf die Hauptstadt Tunis über und erlosch nicht mehr. Am Ende der Eskalation dieser „Jasmin-Revolution", wie man sie schon früh recht poetisch nannte, verließen der Diktator und seine angeheiratete Familie, der Trabelsi-Clan, die sich viele Jahre lang schamlos bereichert und dem Land eine politische Grabesruhe verordnet hatten, Hals über Kopf Tunesien in Richtung Saudi-Arabien. Nach fast einem Vierteljahrhundert war die Herrschaft Ben Alis und der Trabelsis zu Ende gegangen. Seither versuchen neue Regierungen, die Grundlagen für eine „Zweite Republik" zu legen, die von der Mehrheit der Demonstranten und Revolutionäre auch gewünscht wird. Mit einigen wenigen Retuschen soll es nicht getan sein. Inzwischen ist der Diktator in Abwesenheit zu hohen Strafen verurteilt worden, und das in einem Prozess, der wegen seiner Kürze – es wurde jeweils nur an einem Tag „verhandelt" – und wegen der wenig rechtsstaatlichen Art Kritik auf sich gezogen hat. Er zeigte jedoch, wie schwierig es in einem auch von französischer Rechtskultur geprägten arabischen Land ist, Vergeltung durch Gerechtigkeit zu ersetzen. Am 23. Oktober 2011 dann wählten die Tunesier in der ersten wirklich freien Wahl seit der Unabhängigkeit im Jahre 1956 eine Verfassunggebende Versammlung („Constituante"), bei der die islamisch-integristische Partei Ennahda (al Nahda, „Renaissance") die stärkste Formation wurde. Deren Gründer und Führer Rachid al Gannouchi hatte sich schon vor der Abstimmung als moderat islamisch gegeben, einen Religionsstaat strebe man aber nicht an, ließ er wissen.

Tunesien, das war schon wenige Tage nach Ben Alis Abgang klar, schrieb Geschichte – Weltgeschichte, wie sich bald herausstellen sollte. Hier hatten nicht, wie üblich, Generäle ein Regime weggeputscht, oder fanatisierte Religiöse und/oder arabische Nationalisten einen Umsturz herbeigeführt, es waren vielmehr „normale“, weitgehend auch unideologisch eingestellte Bürger, die das erreicht hatten. „Wir wollen leben wie ihr in Europa“ war eine ihrer Parolen: nicht länger in Armut, endlich auch im Besitz der Menschenrechte und demokratischer Freiheiten, wie sie zwischen Los Angeles und Warschau selbstverständlich geworden sind. Es war zunächst ein Sozialprotest, der unvermittelt in politische Forderungen einmündete.

Und der Duft des Jasmins verflüchtigte sich nach Ben Alis Sturz nicht – ganz im Gegenteil, er wurde stärker: Beflügelt durch die tunesischen Ereignisse, versammelten sich seit Anfang Januar 2011 ägyptische Oppositionelle tagtäglich auf dem zentralen Tahrir-Platz zu Kairo, demonstrierten jedoch auch in anderen Städten, wie etwa Alexandria und Suez. Auf dem Höhepunkt der Proteste waren bis zu zwei Millionen Menschen in Kairos Innenstadt versammelt und forderten, der „Pharao“ – Präsident Husni Mubarak – möge zurücktreten. Noch länger als Ben Ali, nämlich seit dem Oktober 1981, hatte Mubarak mit seiner Familie in Ägypten das Sagen gehabt. Seine zunehmend rigider werdende Herrschaft hatte sich mit wachsender Korruption und Repression gepaart; auch dass der in weiten Kreisen unbeliebte älteste Mubarak-Sohn Gamal, ein Geschäftemacher, für die Nachfolge vorgesehen war, erbitterte viele derjenigen, die auf dem Tahrir-Platz demonstrierten. Gegen den jüngeren Sohn Alaa waren ebenfalls schon Korruptions-Vorwürfe laut geworden. Zudem barst das problemgeladene Ägypten unter der Fülle wirtschaftlicher Schwierigkeiten, zumal bei der Jugend, die lange über Perspektivlosigkeit geklagt hatte.

Mubarak machte es den Demonstranten freilich nicht so leicht wie Ben Ali. Doch schließlich musste auch er nachgeben. Zwei etwas konfuse Reden an die Ägypter konnten ihm seinen Thron ebenso wenig retten wie das zwischenzeitlich brutale Vorgehen bezahlter Schergen aus den Reihen der Sicherheitsdienste. Es war schließlich die Führung der Armee, vor allem die graue Eminenz Generalfeldmarschall Mohammed Hussein al Tantawi, die den ehemaligen Fliegergeneral und „alten Kameraden“ Mubarak Mitte Februar 2011 zum Abtreten nötigten. Anders als in Tunesien verließ der gestürzte Diktator das Land nicht. Wie Ben Ali war er (angeblich) krank: „Wir wollen nur, dass er geht, aber wir wollen ihm nichts tun“, sagten zunächst viele der Demonstranten auf dem Tahrir-Platz, eine Haltung, die sich später freilich wandelte. (Auch den von ihnen gestürzten König Faruk hatten die Ägypter im Jahre 1952 mit Salutschüssen ins römische Exil verabschiedet.) Nun herrschte einstweilen das Militär, doch am 29. Novemeber 2011 wurde frei und unter fairen Bedingungen ein neues Parlament gewählt, 2012 dann der neue Präsident. Und entgegen den anfänglichen Versicherungen ist auch Anklage gegen Mubarak und seine Familie erhoben worden. Der Fortgang der Dinge vor allem in dem volkreichen Ägypten wird wegweisend sein für die ganze Richtung, in die sich die Arabellion entwickelt. Ägypten, das in letzter Zeit ein wenig im Abseits gestanden hatte, ist wieder ein Brennpunkt der arabischen Welt geworden. Freilich: Eine erste Enttäuschung über den schleppenden Fortgang von Reformen zeigte sich schon im Sommer nach Mubaraks Sturz. Die anschließende Herrschaft der Partei der Muslimbrüder entpuppte sich als frustrierendes Zwischenspiel. Nun hat wieder das Militär die Macht, in gewisser Hinsicht ist Ägypten damit wieder dorthin zurückgelehrt, woher es kam; und dennoch: Hoffnungen sind berechtigt, dass der Funke der Freiheit nicht ganz erloschen ist. Er kann jederzeit wieder entfacht werden.

Die Arabellion strahlt aus

Nach den ägyptischen Ereignissen sind fast alle Länder der arabischen Welt – obschon mit unterschiedlicher Intensität – von der Arabellion erfasst worden, wie man diesen politischen und sozialen Aufbruch mittlerweile auch halb offiziell nennt. Der Ausdruck ist treffender als etwa „Arabischer Frühling", denn dieser scheint bereits vergangen zu sein, während die Arabellion in verschiedenen Formen durchaus fortdauert. Vergleiche mit den weltgeschichtlichen Umwälzungen der Jahre 1989 und 1990, die das Ende des Ostblocks und des Kalten Krieges brachten, sind schon angestellt worden, ja sogar die Französische Revolution von 1789 wird zum Vergleich mit dem arabischen Aufstand herangezogen. Furchtsamere und skeptischere Geister bringen gar die Islamische Revolution Ajatollah Chomeinis von 1979 ins Spiel. Tatsächlich spricht manches dafür, dass diese Vergleiche nicht übertrieben sind – auch wenn niemand weiß, zu welchem Ende die Entwicklung gelangen wird. Vieles wird davon abhängen, wie sich die Lage nicht allein in Tunesien und Ägypten, sondern vor allem in Libyen weiterentwickeln wird, wo nach Muammar al Gaddafis Sturz und Tod die begonnene politische Neuordnung mit vielen Fragezeichen behaftet ist. In Libyen wurde die Arabellion zu einem regelrechten Aufstand, der am Ende 30 000 Menschenleben forderte. Wird es zu einem umfassenden Domino-Effekt der Herrschaftsdämmerung kommen, der ausnahmslos alle diese Länder berührt? Oder werden sich einige der Herrscher und Staatsparteien noch einige Zeit halten können, und wenn ja, welche und wie lange? Das sind Fragen, die vor allem in Hinblick auf Syrien gestellt werden, wo die Arabellion im Begriff ist, apokalyptische Ausmaße anzunehmen und einen Flächenbrand im gesamten Gebiet des Fruchtbaren Halbmonds auszulösen.

Die Tage des libyschen Despoten waren gezählt, als eine westlich-arabische militärische Intervention mit Billigung der Vereinten Nationen und der Arabischen Liga einsetzte, um den Aufständischen günstigere Bedingungen für einen endgültigen Sieg über Gaddafis Regiment zu verschaffen. Mit Gaddafis unrühmlichem Ende erlosch, so der Eindruck, eine Welt von gestern, die man andernorts hingegen verzweifelt zu bewahren sucht. Und immer ist natürlich auch der Islam im Spiel. In einer Region, die seit mehr als 1400 Jahren von dieser Weltreligion geprägt worden ist, kann das auch kaum anders sein. In Libyen ringen jetzt dezidiert islamische Kräfte mit weltlichen.

Tunesien, Ägypten und Libyen strahlen auf die beiden anderen Maghreb-Staaten aus, auf Algerien ebenso wie auf Marokko. Auch in Algier sitzt ein kaum verschleiertes Militärregime, das der Nationalen Befreiungsfront FLN, seit 1962 an den Hebeln der Macht, mit einem greisen Präsidenten Abdelaziz Bouteflika, der zu den Fossilien der algerischen Revolution gehörte. Das Regime hat einen Bürgerkrieg mit der islamistischen Bewegung des Landes, der „Heilsfront" (FIS) und der GIA, den „Bewaffneten islamischen Gruppen", erfolgreich überstanden, doch keines der sozialen Probleme des Landes ist wirklich gelöst. Die Kluft zwischen Arm und Reich wird sogar tiefer. In Marokko hat der König, Mohamed VI., den Vorteil, ungleich gefestigter zu herrschen als die säkularen Autokraten in der Nachbarschaft, ist doch seine Dynastie, die der Alawiten, seit Jahrhunderten in der Doppelfunktion als weltliche und religiöse Herrschaft verwurzelt, die Legitimität also weitaus größer. Zuerst hat der König in einer großen Rede angekündigt, er werde Marokko in eine „parlamentarische Monarchie" verwandeln; die Opposition zeigte sich zufrieden. In einem Verfassungsreferendum stimmte die überwältigende Mehrheit der Bevölkerung den Entwürfen für eine Reform zu. Parlamentswahlen wurden abgehalten. Es bleibt abzuwarten, ob der Monarch diesen Plan vollständig in die Tat umsetzt und auch die Anstrengungen verstärkt, soziale Verwerfungen auszugleichen. Entscheidend wird dabei sein, ob der Monarch wirklich bereit ist, einen beträchtlichen Teil seiner politischen Einspruchsmöglichkeiten und Privilegien abzulegen. Wie in allen anderen Ländern der Region wird auch in Marokko der Anteil der Jugendlichen immer größer und viele von ihnen haben mangels Ausbildungs- und Arbeitsplätzen nur schlechte Zukunftsaussichten. Die Bevölkerung in diesen Ländern hat sich in der Regel in den letzten vierzig Jahren verdreifacht.

Sozialer Protest ist jedoch die Hefe, der Treibsatz, dieser Arabellion, gekoppelt mit dem Wunsch nach demokratischen Freiheiten, nach Parteien, die diesen Namen verdienen, freien Wahlen und individueller Selbstbestimmung; zumindest gilt dies für den politisch bewussten Teil der Oppositionellen, den „harten Kern". Es fällt außerdem auf, dass viele junge Frauen sich an den Protesten beteiligten und noch beteiligen, mit Kopftuch oder auch ohne. Dezidiert religiöse Kreise hielten sich zunächst zurück, sie versprachen sich von politischen Reformen eine Ausweitung ihrer Spielräume – was den Diktatoren bis heute immer als Vorwand gedient hatte, eine Pluralisierung des politischen Systems abzulehnen. Und dem Westen waren, aus teilweise durchaus verständlichen Gründen der Realpolitik, „stabile", berechenbare Verhältnisse ebenso lieb wie den Herrschern selbst. Aus der Islamischen Republik Iran war bald der Ruf zu vernehmen, es handele sich bei der Arabellion um den von Teheran lang ersehnten Aufstand der islamischen Massen; doch ist es den Mullahs bis heute nicht gelungen, die Unruhen für ihre Zwecke zu instrumentalisieren, noch nicht einmal in Syrien, wo die Arabellion längst in einen Religionskrieg übergegangen ist.

Bei den Ereignissen auf der Arabischen Halbinsel fällt auf, dass die kleinen, von der Bevölkerungszahl her überschaubaren Staaten noch am wenigsten mit der Arabellion zu kämpfen haben – mit einer Ausnahme: Bahrain. In diesem kleinen Königreich herrscht die sunnitische Familie der Al Khalifa über eine zu siebzig Prozent schiitische Bevölkerung, die lange Zeit vom Iran aus beherrscht wurde und viele historische wie religiös-kulturelle Wurzeln dort hat. Bahrains Schiiten haben nämlich immer wieder einmal aufbegehrt. Unterstützung kam aus Teheran, wohin sich einige ihrer Führer bereits vor vielen Jahren ins Exil begeben hatten. Sie fühlen sich nicht nur diskriminiert im politischen System dieser Monarchie, sie sind es auch. Und wer in Bahrain arm ist, stammt in der Regel aus der schiitischen Bevölkerungsmehrheit. Die Schiiten verlangen, dass Bahrain endlich in eine konstitutionelle Monarchie umgewandelt wird, wie das schon im Jahre 2001 vom Herrscher angekündigt worden war. Nach dem Willen der Opposition soll ein Parlament eingerichtet werden, in dem es auch etwas zu beschließen, nicht nur „abzunicken" gibt; dazu gehört natürlich die Möglichkeit, Parteien ins Leben zu rufen, was bis dato verboten ist. Nur auf sogenannten Listen konnte man für die Wahlen kandidieren. Radikale wollen sogar den Sturz der Monarchie. Erst mit Hilfe saudischer Truppen ist es den Al Khalifa im Frühjahr 2011 einstweilen gelungen, den Protesten die Spitze abzubrechen. Doch sie können jederzeit wieder aufflammen, die Lage ist bis zum heutigen Tag explosiv. Das brutale Vorgehen der Al Khalifa hat jedoch deutlich gemacht, dass der Transformationsprozess dieser Gesellschaften und ihrer politischen Systeme auch immer wieder Rückschlägen ausgesetzt sein wird – nicht anders war es in Europa, als dort die historischen Revolutionen ausbrachen und sich fortentwickelten.

Seit dem Frühsommer 2011 geriet die Arabellion, sieht man von Libyen einmal ab, für einige Zeit sichtbar ins Stocken, was ohne Zweifel mit ihrer zunächst erfolgreichen Unterdrückung in Bahrain zu tun hatte. Hinzu kam der deutliche Selbstbehauptungswille des Syrers Baschar al Assad, den vor allem Gaddafis Schicksal beeindruckte und zur Beibehaltung der Repression verführte. Er brachte andere arabische Führer dazu, unnachgiebig zu bleiben, den Rufen der jeweiligen Opposition nach ihrem Abgang zu widerstehen. Besonders intensiv zeigte sich das im Jemen, wo der bei einem Angriff verletzte Dauer-Herrscher seit 1978, Ali Abdullah Salih, nach vorübergehendem Exil in Saudi-Arabien sogar wieder nach Sanaa zurückkehrte, bevor er dann im Februar 2012 die Macht doch an eine Übergangsregierung übertragen musste, und, wie gesagt, in Syrien. Im Jemen droht nun der Staatszerfall. In Syrien dauerte die Repression durch das Militär, mit teilweise bürgerkriegsähnlichen Gefechten, über das gesamte Jahr 2011 an und eskalierte im folgenden Jahr 2012 zu einem Bürgerkrieg, der immer blutiger wurde und die Weltpolitik seither in Atem hält, erst recht, seitdem der benachbarte Irak mit in die Auseinandersetzungen einbezogen ist. Im Falle Syriens spielt eine Rolle, dass dieses Regime nicht nur über einen außergewöhnlichen Selbstbehauptungswillen verfügt, sondern in Russland, China und der Islamischen Republik Iran einflussreiche Verbündete hat – anders als bei Gaddafi, der allein dastand.

Die kleinen Beduinen-Monarchien der Halbinsel haben zunächst den Vorteil, sehr übersichtlich zu sein. Ihre Bevölkerungszahl ist gering und der Öl- und Erdgasreichtum erlaubt es den Herrschern Kuwaits, Qatars oder der Vereinigten Arabischen Emirate, zuvörderst Abu Dhabi und Dubai, die Bevölkerung notfalls mit finanziellen Leistungen erst einmal ruhig zu stellen. Auch wenn es dort soziale Verwerfungen gibt, so sind sie doch längst nicht so gravierend wie in den meisten anderen Ländern Nordafrikas und des Maghreb. Überhaupt nicht gilt dies für das winzige, doch schwerreiche Qatar, das sich sogar mit eigenen Soldaten am Kampf gegen Gaddafi beteiligte. Hinzu kommt, dass auch die Herrscherhäuser, die Al Sabah in Kuwait, die Al Thani in Qatar oder die Al Nahayan und Al Maktum in Abu Dhabi oder Dubai, ihre Legitimation aus der traditionellen Stellung des Scheichs als primus inter pares in der arabisch-beduinischen Gesellschaft beziehen. Der Scheich ist unter den Beduinen seit alters her kein Autokrat, sondern mehr ein Patron – und eben ein Erster unter Gleichen. Trotz ihrer großen Machtfülle sind die Golf-Emire nicht mit den Militärdiktatoren des Nahen Ostens und Nordafrikas zu vergleichen. So haben etwa einfache Bürger durchaus Zutritt zu ihrem Herrscher in der Madschlis, das heißt jener „Sitzung", die in der Regel nach dem Freitagsgebet stattfindet und den Untertanen die Gelegenheit gibt, ihre Wünsche und Klagen gegenüber dem Herrscher persönlich vorzutragen. Dennoch bietet auch dieser wohlwollende Paternalismus, wie die jüngsten Ereignisse zeigen, den Autokraten keine endgültige Sicherheit gegen die berechtigten, nur allzu verständlichen Reformwünsche der Bevölkerung, die auf erweiterte demokratische Mitsprache und gesellschaftliche Partizipation dringt. Mit Geld und sozialen Wohltaten allein lässt sich auch in Arabien längst kein Staat mehr regieren.

Besonders deutlich wurde das in Oman, wo vor allem die Industriestadt Zohar im Norden des Landes nur wenige Monate nach dem 40. Thronjubiläum des Sultans Qabus Bin Said Bin Taimur zum Zentrum von Demonstrationen wurde. Auch hier waren offenbar soziale Spannungen unter den Ölarbeitern der Auslöser. Dies überraschte im Westen umso mehr, da der Herrscher sein Land in den vergangenen Jahrzehnten auf behutsame Weise modernisiert hatte in der Hoffnung, es möge nicht zu den Verwerfungen kommen, die andernorts zu beobachten sind. Im Unterschied zu Bahrain, wo der Widerstand – obwohl geschwächt – fortdauert, haben die Demonstranten in Oman die Herrschaft des Sultans nicht in Frage gestellt, und die Unrast in der Stadt Zohar ebbte rasch ab. Den Ibaditen in Oman kommt zugute, dass ihr Land so ziemlich an der Peripherie der arabischen Welt liegt, weit entfernt von deren Brennpunkten. Schon in der Geschichte Omans war der Blick stärker nach Südostasien und dem östlichen Afrika gerichtet als nach dem Kernraum Vorderasiens.

Dies gilt nun ganz und gar nicht für die jordanische Monarchie. Sie liegt im Malstrom des Geschehens. König Abdullah II. hat auf die Proteste im Frühjahr und Herbst 2011 mit der Entlassung von Regierungen reagiert und weitere Reformen zugesagt. Proteste insbesondere der in das System eingebundenen islamischen Fundamentalisten sind in Jordanien nichts Besonderes. Bedenklich musste allerdings stimmen, dass drei Dutzend Stammesführer der ostjordanischen Beduinen-Clans in einem Offenen Brief an den König Klage über die Verschwendungssucht am Hofe führten und damit insbesondere die junge Königin Rania meinten. Deren „westlicher“ Lebenszuschnitt passt nicht allen. Ein altes Problem, mit dem auch schon der Vater und Vorgänger des jetzigen Königs, Hussein Ibn Talal, zu kämpfen hatte. Die Haschemiten-Monarchie in Amman stützt sich seit ihrer Etablierung 1922 auf eben diese Stämme und muss zudem dafür Sorge tragen, dass die im Lande lebenden Palästinenser – etwa sechzig bis siebzig Prozent der Bevölkerung – nicht in Aufruhr geraten. Viele fürchten den Ausbruch einer „dritten Intifada“ unter den Palästinensern, die blutiger verlaufen könnte als die vorigen Erhebungen 1987 und 2000. Dass die Dynastie seinerzeit von den Engländern künstlich etabliert wurde, könnte ihr eines Tages vielleicht doch zum Verhängnis werden. Im Irak ist ihr das ja schon 1958 in der Revolution unter Oberst Kassem widerfahren, der den König von Londons Gnaden – Faisal II. – stürzte. Überhaupt sieht es momentan so aus, als werde die staatliche Ordnung, die in der Folge des Zerfalls des Osmanischen Reiches nach dem Ersten Weltkrieg von den Kolonialmächten Großbritannien und Frankreich geschaffen wurde, mehr und mehr in Frage gestellt.

Der traditionelle Rivale der jordanischen Haschemiten, das wahhabitische Königreich der Al Saud, ist spätestens seit Mubaraks Sturz in höchster Alarmstimmung; war aber auch schon zuvor äußerst wachsam. Das riesige Land, spirituelles Zentrum des Islam, obwohl in seiner strengsten, freudlosesten und auch repressivsten Auslegung, Hüter der heiligen Stätten in Mekka und Medina, verfügt über die größten nachgewiesenen Erdölreserven der Erde. Und es ist nach wie vor der wichtigste arabische Verbündete der Vereinigten Staaten und des Westens in der Region, was mit der immer wieder beschworenen Achtung der Menschenrechte kaum in Einklang zu bringen ist. Nicht von ungefähr war es Saudi-Arabien, das beim kleinen Nachbarn Bahrain mit Sicherheitskräften „aushalf“, um die dortigen Unruhen auf brutale Weise einzudämmen. Seit Jahrzehnten schon hat das Reich der Ölprinzen auch immer wieder einmal Schwierigkeiten mit der schiitischen Minderheit, deren größter Teil noch dazu in den Ölfördergebieten Ostarabiens, bei al Qatif und al Hasa, lebt. In der Ölstadt Qatif kam es zu Äußerungen des Unmuts, die der greise König Abdullah nur mit Mühe befrieden konnte. Doch wie lange noch? Auch im übrigen Königreich gibt es Kräfte, denen die kosmetischen Korrekturen des Königs Abdullah im System nicht weit genug gingen. Vorsichtshalber verabreichte der Monarch, als er von einer längeren medizinischen Behandlung in Marokko nach Riad zurückkehrte, seinen Untertanen drastische finanzielle

Zuwendungen, in der Hoffnung, damit dem Ausbruch weiterer Proteste fürs Erste die Spitze abgebrochen zu haben. Aber wie lange wird das funktionieren? Auch die nächsten Könige des Landes werden, wenn sich nichts radikal verändert, Greise sein. Werden ausgerechnet sie dazu in der Lage sein, das Königreich von Grund auf zu reformieren? Im Augenblick lässt sich das schwer vorstellen. Angesichts der noch immer überragenden Bedeutung des Riesenreiches für die Energieversorgung der Welt und auch wegen seiner herausragenden Stellung im Islam ist dies eine Schlüsselfrage für den Verlauf der künftigen Weltgeschichte.

Mit großer Sorge beobachtete man in der saudischen Hauptstadt zudem den allmählichen Zerfall des jemenitischen Staates. Schon im Sommer 2011 hatten sich Teile des Militärs, angeführt vom Halbbruder des Präsidenten, auf die Seite der Protestbewegung geschlagen, so dass der Abgang Salihs wohl nur noch eine Frage der Zeit war. Nach einem Anschlag auf Salih in einer Moschee musste sich der Jemenite zur medizinischen Behandlung nach Saudi-Arabien begeben. Die Ölprinzen, die daran interessiert sind, im Jemen wieder Ruhe einkehren zu lassen, wollten von Beginn seiner Ausreise an verhindern, dass er seine Absicht wahrmachte und nach Sanaa zurückkehrte. Salih aber beabsichtigte, seinen Sohn Ahmad mit der Nachfolge zu betrauen, was jedoch die einflussreiche Familie Ahmar ablehnte, die sich sowohl gegen Abdullah Salih als auch gegen seinen Sohn stellte. Im Jemen wuchs danach die Gefahr eines blutigen Bürgerkrieges, der diese Stammesgesellschaft endgültig zerreißen könnte. Die Lage dort ist und bleibt volatil. Warum die Al Saud schließlich Salih die – zeitweilige – Rückkehr am 23. September 2012 doch gestatteten, ist bis heute unklar. Am Ende schien es ihnen wohl so, dass sie in Salih noch am ehesten einen Garanten für die „Stabilität" des Jemen erblickten. Ende Februar 2012 gab Salih persönlich dann aber auf und übertrug die Macht an seinen langjährigen Stellvertreter Mansur al Hadi, einen Politiker aus dem Süden des Landes.

Der Jemen zählt bereits seit vielen Jahren zu den scheiternden Staaten („Failing states") der Welt. Nun ist er möglicherweise schon ein gescheiterter Staat. Wenn Salih vor dem Chaos warnte, hatte er nicht so ganz Unrecht damit. Im Norden haben die streng zaiditischen Huthi-Rebellen um die Stadt Saada ihren eigenen Krypto-Staat errichtet, im Süden, dem ehemaligen marxistisch regierten Süd-Jemen, droht die Sezession vom Gesamtstaat. Außerhalb der Hauptstadt Sanaa haben Stämme zu bestimmen, weniger die Zentralregierung. Auch Al Qaida mischt mit und macht sich die Schwäche des Jemen zunutze. In kaum einem Land beharren die Demonstranten so hartnäckig darauf, dass der

Präsident und sein ganzes System endgültig weichen und eine neue Ordnung eingerichtet werden muss. Wie die aussehen könnte, vermag in dem besonders archaischen Jemen aber kaum jemand zu sagen. Die Zukunftsaussichten für die Jugend sind so schlecht wie in kaum einem anderen Land des Krisenbogens zwischen Rabat und Maskat.

Erschwerend kommt hinzu, dass der Jemen an einer Stelle liegt, die strategisch und für die Schiffsrouten von besonderer Bedeutung ist: am Horn von Afrika. Dort hat ein Phänomen erneut um sich gegriffen, das man längst für erledigt gehalten hatte: die Piraterie. Eine Basis dafür ist Somalia, das nicht nur ein scheiternder, sondern ein bereits gescheiterter Staat („Failed state") ist. Islamistische Schabaab-Milizen treiben dort ihr grausames Unwesen. Darüber hinaus hat sich die Region zu einem brisanten Tummelplatz für die Terroristen der Al Qaida entwickelt, die vom Horn von Afrika aus im gesamten Osten des Schwarzen Kontinents ihre Aktionen betreiben können. Schon die verheerenden Anschläge des Jahres 1998 auf die amerikanischen Botschaften in Nairobi und Daressalaam zeigten, welches Unheil da angerichtet werden kann. Wie eine künftige Neuordnung des Jemen aussehen könnte, ist noch ungewisser als bei den meisten anderen Staaten der betroffenen Gebiete. Den Jemen, das ärmste Land Arabiens, trennen viele Generationen der Entwicklung etwa von Ägypten oder Tunesien, zwei Staaten, die weitaus moderner strukturiert sind und das Tor zur modernen Welt schon im 19. Jahrhundert aufgestoßen haben.

Als vorläufig letztes Land, dafür aber umso heftiger, ist Syrien von der Protestwelle ergriffen worden. Als in Libyen der Aufstand schon im Gange war, bekräftigte der syrische Staatschef Baschar al Assad noch in aller Öffentlichkeit, sein Land gehe das alles gar nichts an, denn in Syrien sei alles in bester Ordnung. Doch heftige Zusammenstöße zwischen Demonstranten und Sicherheitskräften in der südsyrischen Stadt Daraa zeigten, dass er Unrecht hatte: Die Arabellion hatte auch das Land an Orontes und Euphrat erreicht. Die Unruhe führte dazu, dass die herrschende Baath-Partei den seit 1963 bestehenden Ausnahmezustand per Parlamentsbeschluss aufhob; Assad entließ zudem die amtierende Regierung. Eine groß angekündigte Rede vor dem Parlament am 30. März entpuppte sich freilich als Enttäuschung. Von Reformen war darin kaum die Rede. Auch mit zwei weiteren Ansprachen, die etwas detaillierter waren, konnte Assad die Opposition nicht überzeugen.

Einstweilen scheint sich zu bewahrheiten, was viele ohnehin denken: dass es in Syrien möglicherweise länger als anderswo dauern wird, Breschen in das versteinerte Regime zu schießen, das in vierzig Jahren nur zwei Präsidenten kannte – Hafez und Baschar al Assad. Ihnen ist es gelungen, über den Apparat der Baath-Partei die Machtposition ihrer Alawiten-Familien aus Westsyrien zu erringen und zu festigen. Das will der junge Assad keineswegs gefährden. Natürlich sitzt ihm auch die Familie im Nacken, der jüngere Bruder Maher zum Beispiel. Sein berüchtigter Schwager Schaukat, Chef des Geheimdienstes, fiel schon einem Anschlag der Rebellen zum Opfer. Hinzu kommt die gesamte Nomenklatura der Partei und des Militärs, die Macht und Pfründen nicht aufgeben will. Trotzdem kann man darüber spekulieren, ob nicht kluge und weitreichende Reformen geeigneter gewesen wären, dem angestrebten Ziel zu dienen, als die endemisch gewordene Repression. In diesem Sinne versuchte die Türkei, die ihre lange Zeit angespannten Beziehungen zu dem südlichen Nachbarn normalisiert hat, auf die syrische Führung einzuwirken, bisher freilich vergebens. Im Sommer 2011 wechselte Ankara dann seine Haltung und brach auf spektakuläre Weise mit dem Assad-Regime; es unterstützt die Rebellen und die Oppositionsbewegung. Diese tagen regelmäßig in Istanbul. Ja mehr noch: Auch die radikalen dschihadistischen und terroristischen Elemente des Islamischen Staates (IS), die unter ihrem Führer Abu Bakr al Bagdadi ein neues Kalifat ausgerufen haben, finden Unterstützung aus der Türkei. Mit ihnen verglichen, erscheint das repressive, aber weltliche System Assads inzwischen vielen als das kleinere Übel. Das neu ausgerufene Kalifat beherrschte im Herbst des Jahres 2014 große Teile des nordwestlichen Iraks und des nördlichen Syriens.

Assad kam zunächst zugute, dass der Aufruhr die Hauptstadt des Landes lange nicht erreicht hatte. Das änderte sich jedoch im Verlauf der Unruhen, obwohl in Damaskus wohl noch die meisten Anhänger des Regimes leben dürften – von den Alawiten-Gebieten einmal abgesehen. Auch im nördlichen Handelszentrum Aleppo gab es viele, die zum Regime hielten, weil sie das Chaos fürchten, wie es heißt. Dies ist nun eingetreten. Da über die Ereignisse in Syrien wegen einer faktischen Nachrichtensperre nur sporadisch und selektiv berichtet werden konnte, ist das Ausmaß der Repression lange Zeit unklar geblieben. Die spärlich nach draußen gedrungenen Nachrichten ließen jedoch das Schlimmste befürchten. Assad hat mit seiner Repression eine Flüchtlingswelle in die Türkei und andere Nachbarländer losgetreten, die Anlass zu größter Besorgnis gibt. Viele Millionen sind auf der Flucht. Die Zahl der Getöteten tendiert gegen 200 000. Allen Syrern sind noch die Ereignisse des Jahres 1982 im Gedächtnis, als „Vater Assad" in der mittelsyrischen Stadt Hama einen Aufstand der Muslimbrüder brutal niederschlagen ließ. Damals sollen wenigstens 20 000 Menschen getötet worden sein, ein Teil der Stadt wurde dem Erdboden gleichgemacht. Syrien ist immer von den Sunniten dominiert worden, so dass Widerstand von dieser Seite nicht ungewöhnlich ist. Hier stehen Sunniten gegen Alawiten.

Zu berücksichtigen ist, dass Syrien – neben Russland – in der Islamischen Republik Iran (noch) einen mächtigen Verbündeten mit großem Zerstörungspotenzial hat. Bereitwillige Helfer Syriens sind auch die schiitische Hizbullah („Partei Gottes") im Libanon, die jederzeit zu Gewaltakten angestiftet werden kann, dazu die palästinensische radikalreligiöse Hamas, die Kontakte zur Hizbullah unterhält. Insofern stellt Syrien ein ganz anderes Kaliber dar als das isolierte Libyen Gaddafis, den sogar die Arabische Liga bald fallen ließ. Es ist zudem schwer einzuschätzen, welchen Effekt die verkündeten Sanktionen auf Syrien haben werden. Das Regime hat es immer wieder verstanden, sich als unentbehrlicher potenzieller Partner im Nahost-Prozess darzustellen, ohne den es keinen Frieden geben werde. Damaskus fragt somit unausgesprochen den Westen, ob er denn die Berechenbarkeit des Baath-Regimes wirklich aufs Spiel setzen wolle. Auffällig ist tatsächlich, dass nicht einmal der israelische Feind ein gesteigertes Interesse an einem Sturz Assads in Damaskus bekundete. In Jerusalem schätzte man viele Jahre lang die Berechenbarkeit der beiden Assads. Dennoch brach auch die Arabische Liga mit seinem Gründungsmitglied Syrien und arbeitete an einer „Lösung nach Assad". Ob und wann diese kommen wird, steht gegenwärtig in den Sternen. In diesen Tagen sieht es eher so aus, als habe Assad wieder die Herrschaft über große Teile seines Landes errungen und viele seien gar nicht böse darüber. Man liebäugelt mit dem Gedanken, Assad sogar im Kampf gegen den „Islamischen Staat" als Verbündeten zu gewinnen. Der Teufel soll sozusagen mit dem Beelzebub ausgetrieben werden.

Vor zu viel Optimismus wird gewarnt

Wird der arabische „Aufbruch" trotz aller Rückschläge und Gewalttaten zu einer umfassenden Demokratisierung des Vorderen Orients und Nordafrikas führen? Vor zu optimistischen Prognosen sollte man sich in Acht nehmen. Vieles wird davon abhängen, ob sich die arabischen Gesellschaften, die islamische sind, weiter säkularisieren können. Es gibt zwischen dem Atlantik und dem Golf viele säkularisierte Menschen, deren Diskurs kein islamischer mehr ist, doch die Kultur insgesamt ist nicht säkularisiert. Wie wichtig gerade das für die Herausbildung demokratischer Strukturen, aber natürlich auch für die Beachtung der Menschenrechte wäre, zeigte die Reaktion der Al Azhar-Moschee und der Universität zu Kairo auf die Vorgänge im eigenen Land: Während der oberste Mufti Ägyptens, Scheich Ali Gomaa, sich hinter die Demonstranten stellte, erklärte die Führung der Al Azhar die Proteste gegen die Staatsspitze für „haram", das heißt vom Gesichtspunkt der Religion aus für religiös verboten und unstatthaft. Solange solche Ansichten vorherrschen, steht es noch schlecht um die Möglichkeiten einer umfassenden Säkularisierung und damit auch Demokratisierung islamischer Gesellschaften. Der Widerstand islamistischer Kreise jedenfalls ist heftig und die erste Welle der Arabellion ist verebbt oder im syrisch-irakischen Terror untergegangen.

Arabien hat in seiner Geschichte kaum demokratische Traditionen im modernen Sinne entwickelt. Das alles Öffentliche prägende und überwölbende Gottesgesetz der Scharia sowie indigene Machtfaktoren haben ihre Herausbildung verhindert. Der geistige Unterbau für Pluralismus und Individualismus westlicher Prägung und ebenso für ein Verständnis der Gewaltenteilung fehlt weitgehend. Bis heute sind auch Parteien nach europäischem Verständnis nicht existent. Die Gründung von Parteien, die mehr sind als Interessenverbände im Dienste des Militärs oder einer Person und ihrer Familie, ist eine der wichtigsten Voraussetzungen für weitere Fortschritte. In Tunesien und Ägypten wurde vor den Wahlen schon darüber geklagt, man habe zu wenig Zeit, um gediegene Parteigründungen vorzunehmen, die Wahltermine seien von der politischen Führung nach dem Umsturz zu früh angesetzt worden. Es wird Generationen dauern, bis der politische Aufbruch unserer Tage in tragfähige, von weiten Teilen der Bevölkerung akzeptierte Strukturen transformiert sein wird. Auch ein „Staatsdenken" im modernen Sinne, wie es für das neuzeitliche Europa konstituierend war, ist weitgehend unbekannt. Ansätze dafür in der mittelalterlichen arabo-muslimischen Philosophie, die sich den Lehren des Aristoteles oder Platons zuwandte, wurden in späteren Jahrhunderten von der religiösen Orthodoxie weitgehend eliminiert und müssten ganz neu belebt werden. Die arabischen Nationalisten hatten sich vielerorts mit den Auffassungen der deutschen Romantiker zu Staat und Nation identifiziert, weniger mit dem französischen Modell der laicité oder dem angelsächsischen mit seinem Staats-Pragmatismus.

Europa sollte der Arabellion mit Interesse und beobachtender Sympathie verbunden bleiben und – neben den klassischen Mitteln der wechselseitigen Beziehungen – Hilfe zur Förderung der Zivilgesellschaft anbieten, wo immer das geht und vor allem auch ausdrücklich gewünscht wird. Dabei ist freilich Zurückhaltung angebracht. Die arabischen Gesellschaften müssen sich selbst verändern, wenn sie das wollen. Und jede wird das etwas anders tun. Nordafrika und der Nahe Osten werden zwar durch das Band der arabischen Sprache und der islamischen Religion zusammengehalten, doch stellen sie keinen Monolithen dar. Länder wie Marokko und Libyen, Ägypten oder Syrien, der Jemen und Tunesien sind so verschieden, wie es auch die europäischen Länder sind. Dasselbe gilt auch für ihre Bewohner, die nur in einem übertragenen, ziemlich gewaltsamen Sinne alle als „Araber" zu apostrophieren sind. Zu einer neuen Politik gegenüber Nordafrika und dem Nahen Osten sollte gehören, alles zu tun, um die aus der Vergangenheit stammenden, anti-westlichen Affekte zu schwächen, sie allmählich gar zum Verschwinden zu bringen. Es ist eine Aufgabe für Jahrzehnte – sie wird so lange dauern wie die Arabellion und ihre Auswirkungen selbst. Zwischen Tradition, Öffnung, islamistischer Verhärtung und dschihadistischer Gewalt sucht der Islam seinen Weg nicht nur als Religion, sondern auch als eine Weltkultur eigenen Rechts, die offenbar große Schwierigkeiten mit dem hat, was man Globalisierung nennt – größere Schwierigkeiten jedenfalls als andere.

Die Welt des Glaubens: Der Islam – Religion und Kultur zwischen Größe und Krise

Heutzutage über den Islam zu schreiben ist eine zwar hochaktuelle, aber nicht unproblematische Aufgabe. Allzu leicht gerät man dabei in Gefechte zwischen Islamophoben und Islamophilen, wird von der einen oder anderen der beiden Parteien vereinnahmt – als Stichwortgeber oder gar Kronzeuge für die jeweils propagierten Ansichten über den Islam und seinen „wahren" Charakter, als „Panikmacher", um einen aktuellen Buchtitel (Bahners, 2011) zu zitieren, oder Verharmloser. Wenn man versucht, sich unabhängig von Hass und Hader der Parteien eine eigene Meinung zu bilden und diese kundzutun, wird man dafür keineswegs immer belobigt, sondern man gilt als einer, der womöglich ausweicht, einer von dem kein entschiedenes Ja oder Nein zu hören sei. Darauf aber legen in Deutschland gerade heute viele besonderen Wert. Manichäisch soll die Welt wieder aufgeteilt werden in das Reich des Guten und das der Finsternis. Seit dem „11. September 2001", seit den menschenverachtenden Anschlägen in Amerika, hat sich das drastisch verstärkt.

Der Islam ist eine Weltreligion, die nun bald eineinhalb Jahrtausende alt ist und annähernd eineinhalb Milliarden Bekenner zählt, ein Fünftel der Erdbevölkerung, mit steigender Tendenz. Sein Kernraum reicht von Marokko über die Türkei, den Iran und Mittelasien bis nach Indonesien, doch gibt es Muslime inzwischen auf allen fünf Kontinenten, ebenfalls in wachsender Zahl; in Europa dürften es mittlerweile 25 Millionen sein, in Deutschland ungefähr vier Millionen. Angesichts dieser Fakten ist es mir unmöglich, negative oder positive Pauschalurteile über den Islam zu fällen. Freilich: In einer pluralistischen Gesellschaft wie der unsrigen kann und darf alles kritisiert werden, auch Religionen, das Christentum ebenso wie der Islam. Oft ist es allerdings auch der Ton, der den Unterschied ausmacht zwischen einer ernstgemeinten, mit Fakten und Begründungen argumentierenden Kritik und vorschnellen Vereinfachungen oder gar bloßen Verleumdungen. Dass im Islam manches, wenn nicht vieles im Argen liegt, ist ja offenkundig und auch von muslimischen Autoren selbst immer wieder zu hören. Kritik an gesellschaftlichen Verfestigungen und religiös-theologischen Versteinerungen wird heute in fast allen Ländern des Islam geübt – allerdings oft im Widerstreit mit gegenteiligen

Strömungen, die man seit vielen Jahren schon als „Islamismus“ bezeichnet, als eine politische Ideologie, die sich religiöser Quellen zu ihrer Begründung und inneren Immunisierung bedient.

Ich möchte auf den folgenden Seiten ein differenziertes Bild vom Islam zeichnen, das einseitige oder zugespitzte, gar polemische Charakterisierungen meidet. Weder Annemarie Schimmels am deutschen Idealismus orientierte Islam-Darstellung (eine Religion als in sich geschlossenes geistiges Phänomen), die über die gesellschaftliche und politische Wirklichkeit allzu leicht hinwegging, noch eine Fundamental-Kritik im Stil des pakistanischen Dissidenten Ibn Warraq führen in der gelebten Wirklichkeit weiter, das heißt, wenn man zusammenleben muss, sich aufeinander zubewegen soll und miteinander auskommen möchte. Die hier vorgelegte Darstellung des Islam folgt zunächst einmal den Auffassungen, wie sie traditionell von den Muslimen selbst – und auch vom größten Teil der westlichen Islamwissenschafter – verbreitet werden. Auf davon abweichende Darstellungen, insbesondere was die Entstehung des Koran und die frühislamische Zeit betrifft, wird dann im nachfolgenden Kapitel eingegangen.

Mohammed und der Monotheismus

„Abraham war weder Jude noch Christ, doch er war immer Gott zugeneigt und Ihm gehorsam, und er war keiner von denen, die Götter neben Gott setzen…“ Dieser Vers 67 aus Sure 3 des Koran enthält den eigentlichen Kern des Islam, die Verkündigung eines kompromisslosen Monotheismus. Abraham war der erste Monotheist, das heißt einer, der sich freiwillig ganz Gott und seinem Ratschluss hingab und der den Götzendienst, den Polytheismus, verweigerte. Das ist die zentrale Botschaft der islamischen Lehre, die Mohammed Ibn Abdallah um das Jahr 610 n. Chr. seinen Landsleuten in Mekka zu predigen begann: Hingabe (islam) an den einen Gott, neben dem es keine anderen Götter gibt. Grundlage waren zunächst Visionen, die er am Berge Hira in der Einsamkeit empfing. Die Mekkaner waren religiös offenbar ziemlich lax, nach traditioneller Auffassung zudem Polytheisten, sie befragten Orakel – etwa durch das Werfen von Lospfeilen – und dergleichen. Barbarische Bräuche, wie das Lebendig-Begraben weiblicher Kleinkinder, waren verbreitet. Bis zu seinem Tod im Jahre 632 n. Chr. strebte Mohammed unablässig danach, die Botschaft von dem einen Gott zu verkünden und zu verbreiten, zuerst in Mekka, dann, nach seiner Übersiedlung nach Medina im Jahre 622, der sogenannten Hidschra, in dieser Stadt und ihrer Umgebung. Zwei Jahre vor seinem Tod konnte Mohammed schließlich, nach wechselvollen Schicksalen der Gemeinde und vielen Kämpfen sowie diplomatischen Winkelzügen und Abmachungen, als Sieger in Mekka einziehen. Und Mohammed erlebte noch, dass die gesamte Arabische Halbinsel den Islam angenommen hatte. Er selbst forderte in einem Sendschreiben die Herrscher der benachbarten Reiche, der Byzantiner und des sassanidischen Persiens vor allem, auf, den Islam anzunehmen.

Die Gestalt Abrahams ist es nun, die nach landläufiger, auch muslimischer Auffassung eine Verbindung stiftet zwischen Judentum, Christentum und Islam, zwischen Tora, Evangelium und Koran. Man spricht ja nicht umsonst von den drei abrahamitischen Religionen, von Gliedern einer religionsgeschichtlichen Kette, die zwar verschieden sind, aber doch am selben Band hängen: dem Ein-Gott-Glauben und seinen ethischen Folgen. Der alleinige und einzige Gott ist der Schöpfer und Erhalter der Welt, er ist transzendent, dem Menschen aber gleichzeitig „näher als die Halsschlagader"; er lenkt die Geschicke der Welt und wird am Weltende, am Jüngsten Tag (jaum al-din), Gericht halten über die Taten und Missetaten der Menschen. Gott ist barmherzig, aber auch gerecht, und Gerechtigkeit wird bald zum zentralen Wert der islamischen Verkündigung. Der Koran verlangte von den Mekkanern eine weitgehende Umkehr von den bisher gepflegten Sitten und Gebräuchen, die mit ihrem „Heidentum" (dschahilija) verbunden waren, obwohl sich manche Reste der vorkoranischen, heidnischen Moral wohl auch später noch im Islam erhalten haben. Doch im inneren Kern ist die vom Koran geforderte Ethik derjenigen von Judentum und Christentum gleich: Schutz und Bewahrung des Lebens, Respekt vor dem Eigentum anderer, Absage an Unzucht, Trunksucht und Glücksspiel. Auch soll der Mensch etwas von seinem Eigentum abgeben, um einen sozialen Ausgleich in der Gemeinschaft zu ermöglichen. Er soll für Witwen und Waisen Sorge tragen, barmherzig sein und so weiter. In späteren Jahrhunderten haben Theologen und Philosophen, wie etwa Ibn Miskawaih, Abu Hamid Muhammad al Ghazali, Ibn Hazm oder Abdol Razzaq al-Kaschani ethische Traktate verfasst, deren Gehalt einen Vergleich mit der christlichen Ethik nicht zu scheuen braucht. Es ist jedoch immer wieder e i n Wert, der im Koran besonders hervorsticht und eine zusätzliche Gemeinsamkeit mit der christlichen Ethik stiftet – eben die Gerechtigkeit (adl). Gott ist gerecht und liebt die Gerechten, und die islamische Gesellschaft soll im Idealfall eine gerechte sein. Wer dächte da nicht an die Worte Jesu in der Bergpredigt: „Selig sind, die Verfolgung leiden, um der Gerechtigkeit willen. Denn ihrer ist das Himmelreich." Jene Suren des Koran, die von der Gerechtigkeit handeln, durchzieht ein egalitärer Zug.

Im Koran erscheint, wie auch bei uns längst bekannt ist, eine Vielzahl biblischer Gestalten, allen voran Moses (Musa) und natürlich Jesus (Isa), Sohn der Maria. Jesus ist in den Augen der Muslime der größte Prophet vor Mohammed, insbesondere der Prophet, der Wunder tut. Der Prophet Mohammed hingegen gilt als „Siegel der Propheten" (khatim an-nabiyin), der die monotheistische Offenbarung mit seiner transzendenten Botschaft (risala) vollendet. Im Islam sind Judentum und Christentum sozusagen Vorläufer-Religionen, deren Anhänger den Monotheismus allerdings depraviert, umgebogen und verfälscht haben – die Juden durch das Postulat von der Auserwähltheit des Gottesvolkes, die Christen insbesondere durch die Lehre von der Trinität. Die Verkündigung des Koran stellt den reinen Monotheismus wieder her und sie ist, anders als die Tora, universalistisch angelegt, das heißt an alle Menschen gerichtet. Insofern „wetteifert" der Islam bis heute durchaus mit dem Christentum, dessen Stifter ebenfalls die Botschaft „Gehet hin in alle Welt und lehret alle Völker " an die Gläubigen richtete.

Bei aller Gleichheit und Ähnlichkeit im Monotheismus und seinen Forderungen an die Gläubigen liegen gerade auf diesem Feld die größten Unterschiede zwischen Islam und Christentum. Die Lehre von der Dreifaltigkeit (Trinität) lehnt der Islam als „Beigesellung" (schirk) anderer Wesen zu dem einen und einzigen, ungeteilten Wesen Gottes ab. Die Lehre von der Trinität gilt den Muslimen als Götzendienst. „Gott ist einer … und niemand kommt ihm gleich" (Allahu huwa ahad … wa lam yakun lahu kufu'an ahad), heißt es in einer der letzten Suren, der 112. Unter den neunundneunzig Namen des Islam für Gott kommt „der Dreieinige" nicht vor. Die christliche Lehre von der Inkarnation, dass Gott nämlich in Jesus Fleisch geworden ist, ist dem Islam ebenfalls fremd, desgleichen Kreuzigung und Auferstehung Jesu, die vom Apostel Paulus bekanntlich als der Kern des christlichen Glaubens bezeichnet werden. Islamisches Legendengut lässt Jesus als Prediger nach Kaschmir gelangen und dort eines natürlichen Todes sterben.

Debatten über einen „reinen Monotheimus" oder die Trinität mögen in unserem säkular gesinnten, weitgehend auch schon entchristlichten Mitteleuropa die meisten Leute nicht mehr interessieren – für die Muslime hingegen sind sie nach wie vor wichtig. Das soll im nächsten Kapitel noch stärker thematisiert werden. Als Papst Benedikt XVI. die Türkei besuchte, wurde er von Demonstranten empfangen, die ihm Schilder entgegenhielten mit Aufschriften wie „God has no son“ oder „Jesus is a prophet, not the son of God“. Das wird, ohne symbolische Beimischung, von den Muslimen ganz wörtlich verstanden.

Auch die Vorstellung eines Erlösers ist dem Islam unbekannt und unverständlich. Der Koran weiß zwar, dass der Mensch ungehorsam gegenüber Gott sein kann, dass er fehlgehen kann, aber der Mensch ist nicht von Grund auf verderbt. Die für das Christentum so wichtige, tiefsinnige Lehre von der Erbsünde (Schopenhauer) wird deshalb vom Islam abgelehnt. Ein radikal Böses, wie es noch Immanuel Kant (1724–1804) in philosophischer Weise apostrophierte, existiert nicht, der Mensch hat eine auf Gott und das Gute angelegte Natur (fitra), die er freilich durch Hinwendung zur Sünde missachten und zerstören kann. Trotz dieser Unvereinbarkeiten genießt Jesus einen hohen Rang im Koran und es ist dem Muslim verboten, schlecht über Jesus und seine Mutter Maria (Maryam) zu reden. Im späteren islamischen Recht gelten Juden und Christen als Schriftbesitzer (ahl al kitab), das heißt Besitzer einer schriftlich niedergelegten Offenbarung, und müssen vom Islam geschützt werden. Als „Schutzbefohlene“ oder „Leute des Vertrages“ (ahl al-dhimma) sind sie vom Kriegsdienst befreit, müssen dafür aber eine besondere Abgabe bezahlen und sind keine gleichberechtigten Untertanen im islamischen Staat. Allerdings dürfen sie ihre Angelegenheiten als anerkannte Religionsgemeinschaft selbst verwalten. Dies freilich ist die Theorie. In der Praxis der gelebten Wirklichkeit und in der Geschichte des Islam halten sich Licht und Schatten wohl die Waage – wie in anderen Religionen und Kulturen auch. Schon zu Lebzeiten Mohammeds – ich werde noch darauf zurückkommen – gab es gewalttätige Übergriffe zum Beispiel auf die jüdischen Gemeinden in Medina und Chaibar, nachdem der Prophet lange um die Zustimmung gerade der Juden geworben und sogar Jerusalem zur ersten Gebetsrichtung (qibla) der Gläubigen auserkoren hatte. Erst als ihm die Juden die kalte Schulter zeigten, änderte er die Qibla; seither verrichten die Muslime ihr Gemeinschaftsgebet in Richtung Mekka.

Den eigenen Propheten, Mohammed, sieht der Islam als einen Menschen. Mohammed gilt zunächst nicht als sündenrein, sondern als Mensch mit allen menschlichen Eigenschaften und Widersprüchen, der freilich als Überbringer der Gottesbotschaft herausgehoben ist. Mohammed ist Sendbote Gottes (rasul Allah). Erst spätere Zeiten haben um den Propheten eine Aura der Sündenlosigkeit (ismat) und Heiligkeit geschaffen, die er selbst niemals für sich in Anspruch genommen hatte. Überhaupt ist es schwierig, ein Bild des islamischen

Propheten zu zeichnen, das unwidersprochen bliebe, denn die offizielle Prophetenbiographie, die „sirat rasul Allah" von Ibn Hisham, ist uns in einer Form überliefert, die zwei Jahrhunderte nach dem Tod Mohammeds entstand. Zwar verwendete Ibn Hisham Material seines Vorgängers Ibn Ishaq, doch es ist schwer herauszufinden, was zutreffende und zuverlässige Tradition ist und was als Beiwerk späterer Generationen bei der konkreten Herausbildung des Islam als ein religiöses System angesehen werden muss. Dies gilt es immer zu bedenken, wenn Aussagen über den Propheten oder die frühe Geschichte der muslimischen Gemeinde gemacht werden. Als vorbildlich für die Muslime gilt jedenfalls das Wirken Mohammeds als religiöser wie auch politischer Führer der Gemeinde in Medina, später dann in Mekka. Mohammed war, wie es ein bekannter englischer Orientalist, William Montgomery-Watt, einmal ausgedrückt hat, „prophet and statesman" – Religionsstifter und Politiker. Ja mehr noch: Es wirkt auf Christen im Allgemeinen befremdlich, dass der Religionsstifter Mohammed auch ein Feldherr gewesen ist. Die offizielle Prophetenbiographie berichtet von Schlachten und Scharmützeln, so bei Badr und Uhud, zwischen den Anhängern Mohammeds und seinen Feinden, den Mekkanern, die den Propheten des Islam sogar ermorden wollten, weil er ihre Kreise störte. Und Mohammed schreckte auch vor Zwangsmaßnahmen nicht zurück, um Unbotmäßigkeiten zu bestrafen. So ging er in unmenschlicher Weise gegen drei jüdische Stämme Medinas vor, die sich seiner Botschaft verweigerten und, so wird es jedenfalls berichtet, Verrat begangen hatten. Die Schlachten und Scharmützel Mohammeds fügen sich ein in die kriegerischen Traditionen der arabischen Stämme, der Beduinen, mit denen der Prophet groß geworden war. Da war er ganz ein Kind seiner Zeit.

Die Scharia: Der Islam als Gesetzesreligion

Nach dem Tod Mohammeds eroberten die Muslime innerhalb weniger Jahrzehnte ein Gebiet, das von Nordwest-Afrika (und kurz danach Spanien) bis nach Mittelasien reichte. So beschreibt es jedenfalls die tradierte islamische Historiographie. Sie trafen dort auf die geistigen Traditionen der von ihnen besiegten Reiche und neu hinzugekommenen Untertanen, etwa zarathustrische Perser oder byzantinische, orthodoxe Christen. Außerdem galt es nun, dieses gewaltige Gebiet zu ordnen und zu beherrschen. Was man heute Scharia nennt, das religiöse Gesetz des Islam, entstand in den drei Jahrhunderten des omajjadischen und frühen abbasidischen Kalifats. Grundlage der Scharia wurden natürlich der Koran und das Hadith, ein Corpus von überlieferten Sprüchen und Handlungen des Propheten. Doch gingen, wie Joseph Schacht, Ignaz Goldziher und andere gezeigt haben, auch römische Rechtsvorstellungen in die Scharia ein. Schöpfer dieses göttlichen Rechts sind die Sakraljuristen (fuqaha), die noch heute Vorschriften der Scharia interpretieren, auslegen und anpassen. Die Scharia ist ungefähr tausend Jahre alt. Sie deckt alle damaligen Lebensgebiete der Gläubigen ab, enthält Vorschriften, Anweisungen und Regeln die das Leben des Einzelnen wie der Gemeinschaft von der Wiege bis zur Bahre regeln. Insgesamt ist die Scharia Ausdruck des Bestrebens, für eine rasch expandierende Gemeinde einen rechtlich-religiösen Rahmen zu zimmern, darüber hinaus natürlich auch, ein Weltreich zusammenzuhalten und zu beherrschen. So wurde die Scharia nicht nur ein Rechtssystem, sondern Grundlage der islamischen Kultur überhaupt, und der Islam entwickelte sich im Laufe der Zeit immer stärker zu einer Lebensform, wie ihn auch Ernest Gellner bezeichnet hat.

Die Scharia regelt religiöse wie – nach westlichem Verständnis – weltliche Belange. Alles, was den Ritus betrifft (ibadat), ist auch noch heute unproblematisch. Vorschriften über das Beten zum Beispiel, über alles, was mit der islamischen Spiritualität und den rituellen Anforderungen zusammenhängt, können praktisch in jedes gesellschaftliche System integriert werden. Die Probleme mit der sich globalisierenden Moderne ergeben sich vor allem im Strafrecht, im Personenstandsrecht und im Familienrecht sowie bei den politischen Rechten der Frauen oder auch der Minderheiten. Hier stoßen Auffassungen der westlichen Moderne, die mehr und mehr auch in die außerwestlichen Kulturen eindringen, auf den Widerstand traditioneller oder gar fundamentalistischer Theologen und Rechtsgelehrter. Erst recht gilt dies in unseren europäischen Gesellschaften, wo sich in der Scharia niedergelegte, patriarchalische Verhältnisse mit unseren auf eine völlige Gleichberechtigung aller Bürger, Männern wie Frauen, und auf die positive wie negative Religionsfreiheit zielenden Rechtsvorstellungen nicht vertragen. Die Scharia hat sich zwar in der Vergangenheit insgesamt als ein durch die Methode des Analogieschlusses (qiyas) ziemlich flexibles Instrument der Anpassung an veränderte Verhältnisse erwiesen, doch in unserer Zeit der rasanten Veränderungen lastet sie wie Blei auf den islamischen Gesellschaften und lähmt sie. Der Islam ist in gewisser Hinsicht eine Gesetzesreligion, wie sie im Buche steht. Seit etwa hundert Jahren versuchen Reformer deshalb immer wieder, gegen den Widerstand orthodoxer Kreise, die Scharia anzupassen oder wenigstens in den Hintergrund zu drängen. Der Begründer der modernen Türkischen Republik, Mustafa Kemal Atatürk (1881–1938), hat in den zwanziger Jahren des vorigen Jahrhunderts die Scharia schlicht für abgeschafft erklärt, die Scharia-Gerichtshöfe und Medresen aufgelöst und der Türkei ein italienisches Strafrecht, ein Schweizer Zivilrecht und ein deutsches Handelsrecht beschert. Das war und ist freilich die große Ausnahme. Arabische und muslimische Säkularisten haben anschließend versucht, das Religionsgesetz in Teilen auszusetzen; doch heute kann man in vielen Ländern ein Zurück zur vollen Gültigkeit der Scharia beobachten. Jedenfalls scheinen die Reformer wieder in die Defensive geraten zu sein. Inwieweit die jüngsten Demonstrationen und politischen Umwälzungen zwischen Tunesien und Syrien, die Ereignisse der Arabellion dazu führen werden, den religiösen Diskurs wirksam und dauerhaft zu relativieren, muss man abwarten. Die Sehnsucht nach der Scharia ist auch ein Ausdruck des Scheiterns von säkularistischen Kräften in der islamischen Welt. Etwa ein halbes Jahrhundert lang hat der Nationalismus versucht, jene Stelle einzunehmen, die früher der Religion gebührte, doch waren seine Erfolge bei der Schaffung moderner Gesellschaften so gering, dass dezidiert religiöse Strömungen wieder die Oberhand gewonnen haben. Dieser Prozess vermischt sich in unseren Tagen mit der Verweltlichung und erzeugt eine Situation, die für die Muslime nicht einfach ist.

In den ersten Jahrhunderten des Islam waren die Debatten nicht nur unter den Theologen lebhaft und vielgestaltig, sondern auch die Diskurse der Sakraljuristen (fuqaha) über das religiöse Recht. Das wird schon daraus ersichtlich, dass sich vier Rechtsschulen herausgebildet und überlebt haben, die unter den Sunniten, der Mehrheit der Muslime, Geltung beanspruchen: die hanbalitische, die malikitische, die hanafitische und die schafiitische – alle benannt nach den Namen ihrer Schöpfer: Ahmad Ibn Hanbal, Malik Ibn Anas, Abu Hanifa und Imam al-Schafii. Die Schiiten haben mit der Dschaafari-Schule ihre eigene Ausprägung des religiösen Rechts. Die Unterschiede zwischen diesen Auslegungen der Scharia sind oft nicht besonders groß, doch gilt vielen die hanbalitische als streng, die hanafitische, die zum Beispiel immer in der Türkei Geltung hatte, als die liberalste. Sehr erhellend sind solche aus unserer Geistesgeschichte stammenden Begriffe allerdings nicht.

Es sind zwei Elemente, die ein Herangehen an die Scharia für die Reformer heute so schwer machen – und dies gilt, nebenbei gesagt, auch für die gesamte islamische Theologie: Zum einen der Taqlid. Darunter versteht man das Prinzip der autoritativen Nachahmung der Altvorderen. Um es ein wenig salopp auszudrücken: Als die Scharia vollendet war, schien sie so vollkommen ausgearbeitet und ausgereift, dass man sich jahrhundertelang nur darin übte, immer wieder nachzuahmen, was die Altvorderen schon für richtig erkannt und gelehrt hatten. Dieses Prinzip der Nachahmung des Tradierten bestimmt bis heute übermächtig auch den Lehrbetrieb an den Theologenschulen im Islam, wo in der Regel die Tradition auswendig gelernt wird. Ja, dies gilt sogar für die weltliche, normale Schule und Universität.

Noch bedeutsamer ist allerdings der Umstand, dass die Scharia, da aus Koran und Hadith gespeist, eben als ein göttliches Recht aufgefasst wird. Sie kann zwar ausgelegt und interpretiert, nicht aber so einfach verändert oder abgeschafft werden. Das jedenfalls ist die Auffassung der Tradition und die Reformer tun sich – ebenso wie bei der Bemühung um eine moderne Koraninterpretation – damit besonders schwer. Scharia versus Moderne – das ist der Aufeinanderprall eines theozentrischen Rechts- und Lebenssystems mit weltlichen, von Menschen gemachten Rechtssystemen und Lebenswelten, in denen die Religion zwar ihren Platz hat, jedoch nicht mehr das alles beherrschende und überwölbende Modell ist. Wieder etwas salopp ausgedrückt: Der Islam ist bis heute theozentrisch, betrachtet die Gesellschaft und das Leben des Einzelnen von Gott und der Offenbarung her; der stark säkularisierte Westen – mit Ausnahme vielleicht Amerikas, das einen Sonderfall in der westlichen Welt darstellt – ist heute anthropozentrisch. Der Mensch ist in der westlichen Moderne, zumal in der Demokratie, Quelle und Ziel der von ihm gemachten Gesetze und ebenso seines Handelns, wenn auch nicht völlig ohne religiöse Bezüge (Zehn Gebote, biblisches Menschenbild etc.). Da die Regeln der Scharia in Jahrhunderten die Lebenswelt, die Kultur der Muslime geprägt haben, ist bei vielen die Furcht verbreitet, die eigene Kultur werde zugrunde gehen, ja verschwinden, wenn sie ihre Quellen und ihre bisherigen Prägungen zu kritisch befrage und verändere. Insbesondere gilt das für das Prinzip der Trennung von Religion, Staat und Politik. Da beruft man sich eben immer wieder auf das Vorbild des Propheten selbst.

Trauer muss der Muslim tragen – Der Schiismus

Während der sunnitische Mehrheitsislam ein Bild relativer Geschlossenheit bietet, ist der schiitische Islam äußerst vielfältig. Man kann das Schiitentum, zu dem sich etwa zehn bis zwölf Prozent der Muslime bekennen, als die zweite große Konfession des Islam so charakterisieren: Die theologischen Unterschiede oder auch die Unterschiede im Ritus zwischen Sunniten und Schiiten sind im Grunde nicht groß, doch haben die Schiiten einen Kult der kollektiven Trauer entwickelt, der den Sunniten völlig fremd und in ihren Augen abstrus ist. Es waren ursprünglich rein politische Ursachen, die zur Glaubensspaltung führten. Die Schiiten sind nämlich die Partei Alis, das Wort „schi'a", von dem „Schiiten" abgeleitet ist, bedeutet nichts anderes als „Partei". Als Mohammed starb, gab es keine Regelung seiner Nachfolge (khilafa). Während die Sunniten die Geschichte des frühen Islam bis heute so akzeptieren, wie sie verlaufen ist, glauben die Schiiten, dass allein Ali Ibn Abi Talib, der Vetter und Schwiegersohn des Propheten, zur Nachfolge Mohammeds berechtigt gewesen, ja vom Propheten selbst eingesetzt worden sei. Anschließend hätten dann dessen leibliche Nachkommen folgen sollen. Die Streitereien zwischen der Partei Alis und den übrigen Muslimen nahmen bald bürgerkriegsähnliche Formen an. Im Jahre 680 n. Chr. kam es bei Kerbela im Irak zu einer Schlacht zwischen den Anhängern Alis und den omajjadischen Machthabern in Damaskus. Hussein, der Enkel Mohammeds und Sohn Alis, wurde zusammen mit seinen siebzig Getreuen getötet. Dieses Martyrium war die eigentliche Geburtsstunde des Schiitentums, denn seither gedenken die Schiiten in ihren kollektiven Trauerriten alljährlich an Aschura, dem zehnten Tag des Monats Muharram, des getöteten Hussein und an den entsprechenden Tagen der anderen sogenannten Imame, das heißt leiblichen Nachkommen der Familie Alis, von denen der letzte, der zwölfte Imam, im 9. Jahrhundert in die Große Verborgenheit (ghaiba) entrückt wurde. Seither fungieren die Religionsgelehrten der Schia als seine Stellvertreter, denn eines Tages wird der verborgene Imam zurückkehren, um die Welt einer gerechten Herrschaft entgegenzuführen. Schiiten gibt es in allen islamischen Ländern, jedoch nur im Iran ist der Schiismus, genauer der Zwölferschiismus, wegen der Verehrung von zwölf Imamen so genannt, seit fünfhundert Jahren, seit der Machtübernahme durch die Safawiden unter Schah Ismail 1501, Staatsreligion. Insbesondere die blutigen Geißelungen, die viele schiitische Männer an Aschura durchführen, stoßen immer wieder auf Kritik, nicht nur in unseren Breiten, sondern ebenso von Seiten der sunnitischen Muslime und auch liberaler Schiiten. Wiederholt wurden von den Regierungen Versuche unternommen, diese Selbstgeißelungen per Gesetz zu unterbinden. Sie sind weitgehend fruchtlos geblieben und ihr Anblick verstört häufig genug den Rest der Welt.

Im Laufe seiner Geschichte hat sich der schiitische Islam als eine Quelle vieler Abspaltungen erwiesen, die teilweise vom Hauptstrom des Islam stark abweichende Theologien und gesellschaftliche Systeme entwarfen. So hat der Schiismus eine reiche Ketzergeschichte hervorgebracht: Siebener-Schiiten oder Ismailiten, Qarmaten, Fünfer-Schiiten, Alawiten, die türkischen Aleviten und die Ahl-e Haqq, um nur die wichtigsten zu nennen. Für alle diese Gruppen trat das religiöse Gesetz des Islam in den Hintergrund; sie bevorzugten esoterische Auslegungen des Koran, die man Tawil nennt und deren Inhalte man vor den Sunniten meistens geheim hielt. Ein Teil dieser Gruppen probte den Aufruhr, andere wurden quietistisch und beschritten den Weg der Mystik.

Bis heute ist die islamische Welt in diese beiden großen Lager gespalten und selbst immer wiederkehrende Appelle zur Einheit der Muslime können nicht verhindern, dass die alten Feindseligkeiten und Aversionen zwischen Schiiten und Sunniten aufs Neue ausbrechen – in diesen Tagen sieht man das in Bahrain, wo die Bevölkerungsmehrheit schiitisch ist, das Herrscherhaus jedoch sunnitisch. In den vergangenen dreißig bis vierzig Jahren hat so etwas wie eine schiitische Renaissance stattgefunden, doch vielerorts hat sich gerade deshalb auch der Gegensatz zu den Sunniten wieder verschärft. Zweifelsohne ist heute die Islamische Republik Iran, ein fundamentalistisch geprägtes Land, die Führungsmacht im Schiismus, während Saudi-Arabien das Lager der Sunniten anführt. Auch in Saudi-Arabien herrscht mit dem Wahhabitentum eine besonders strenge Auslegung des Islam, die dank dem Ölreichtum des Landes und gefördert durch das Herrscherhaus der Al Saud weite Verbreitung gefunden hat. Die Förderung radikaler Gruppen in den letzten Jahrzehnten hat freilich dazu geführt, dass Saudi-Arabien selbst, obwohl schon fundamentalistisch orientiert, ebenso wie andere, viel offenere Regime das Ziel von Terroristen geworden ist, auch wegen seiner engen Anlehnung an die Vereinigten Staaten von Amerika, denen in vielen muslimischen Kreisen Aversion bis Hass entgegenschlägt.

Während man in Bezug auf die sunnitischen Vorbeter und Theologen den Begriff „Kleriker" meiden sollte, kann man ihn bei den Schiiten mit größerer Berechtigung verwenden. Ihre Theologen verstehen sich nämlich als die Sachwalter des verborgenen Imam, den sie in gewisser Weise vertreten, solange er selbst als der Paraklet noch nicht wiedererschienen ist. Vor allem seit dem 19. Jahrhundert hat sich die Hierarchie der Mullahs, vom Dorf-Mullah bis hinauf zum Ajatollah al Uzma oder Großajatollah, zu einer Art „Kaste" verfestigt, die den an sich christlichen Ausdruck „Kleriker" rechtfertigen mag.

Sufismus: Der inwendige Islam

Eine weitere und sogar besonders wichtige Ausprägung des Islam ist der Sufismus, die islamische Mystik (al-tasawwuf). In ihr zeigt sich der innere, kontemplative Islam. Die Sufis, die islamischen Mystiker, legen Wert auf die Feststellung, dass ihr kontemplativer, beschaulicher Weg zu Gott so alt ist wie der Islam selbst. Sie sehen schon in der Gestalt Mohammeds den Ursprung jener mystischen Erfahrung der göttlichen Einheit (tauhid), nach der sie mit ihren spirituellen Methoden streben. Bereits eine Generation nach Mohammeds Tod entstand um Hassan aus Basra im Irak eine asketisch orientierte Bewegung von Frommen, die in der Befolgung der Riten allein keine ausreichende spirituelle Befriedigung fand. Aus diesem Kreis von Asketen entwickelten sich Zirkel von Mystikern und Mystikerinnen, die sich in einfache, wollene Gewänder kleideten, weshalb sie den Namen Sufis erhielten: Leute, die sich in Wolle (suf) kleiden. Dieses Streben nach Einfachheit stellte bereits einen Protest gegenüber manchem Reichtum dar, der sich in dem ökonomisch prosperierenden Weltreich der Muslime zu akkumulieren begann.

Doch neben der Armut stand das Streben nach der inneren Schau der göttlichen Wahrheit (haqiqa) im Zentrum des Sufitums. Einzelne Sufi-Meister entwickelten Wege oder Pfade der Kontemplation, der Loslösung des Geistes von Welt und Weltlichkeit und der Konzentration auf das Wesen Gottes. Gott wurde von ihnen nicht nur als Schöpfer des Alls und als Herr über das Geschick der Menschen empfunden, sondern vor allem und immer mehr als Quell und Objekt der Liebe. Ganz ähnlich wie die Mystiker des Christentums oder des Hinduismus strebten sie nach Einswerdung mit Gott, nach der Aufhebung der Gegensätze (coincidentia oppositorum) in der Seele zu Gunsten ihrer Einheit mit dem göttlichen Geliebten. Ihr ethisches Ziel war die Beherrschung der Selbstsucht, die Beherrschung der den Menschen antreibenden „Triebseele“ (nafs). Schon bald scharten sich um bestimmte Sufis Kreise von Schülern, die eine Tariqa bildeten, eine Art Bruderschaft, benannt nach ihrem Meister und Gründer. Diese Bruderschaften existieren zum großen Teil noch heute und haben die islamische Kultur tief geprägt. Unter ihnen gab es solche, die die Scharia befolgten, aber rundheraus erklärten, das Gesetz sei nur die äußere Hülle des Glaubens. Nicht Gehorsam sei dessen Kern, sondern Gottes- und Menschenliebe (muhabbet). Andere Bruderschaften, wie die Malamatija, trugen offen ihre Ablehnung der Scharia zur Schau, waren antinomistisch. Und viele von ihnen praktizierten eine religiöse Toleranz, die ungewöhnlich war. Das Organ der Mystik und ihrer inneren Erfahrungen war nicht das Gehirn, als Sitz des diskursiven Verstandes, sondern das Herz. Wir werden noch darauf zurückkommen.

In späteren Zeiten konnte man innerhalb der Mystik zwei große Richtungen unterscheiden: eine eher orthodoxe, die am transzendent aufgefassten Gottesbegriff des Koran festhielt, und eine stärker freidenkerische, die stark zum Pantheismus (wahdat al wudschud) neigte. Nach Auffassung der ersten war es dem Menschen durch kontemplative Methoden nicht möglich, den Graben zwischen dem Geschöpf und seinem Schöpfer zu überwinden, während die zweite Richtung an der Möglichkeit der unio mystica festhielt. Der große mittelalterliche Theologe al-Ghazali (gest. 1111) integrierte schließlich die gemäßigten Formen des Sufismus in die islamische Rechtgläubigkeit und schrieb selber sufische Traktate, wie das berühmte „Elixier der Glückseligkeit" (Kimiya al saada). Die Mystik hat den Islam insgesamt spiritualisiert und vertieft, außerdem der Kunst und der Dichtung wichtige Anstöße gegeben. Bis heute sind die Sufi-Orden zwischen Marokko, Pakistan und Indonesien verbreitet und einflussreich, sie repräsentieren oft den Volksislam, der – auch gegenüber den Schwächen der Menschen – wesentlich toleranter ist als der rigorose Islam der Rechtsgelehrten.

Allerdings wurden viele Mystiker auch immer wieder verdächtigt, Häretiker zu sein, und heutzutage gibt es Länder, wie etwa Saudi-Arabien, in denen die Mystik absolut verpönt ist. Im Iran, wo der Sufismus grandiose Höhepunkte erlebte, bevor er in Verfall geriet, werden Sufis heute verfolgt, weil ihre „Religion des Herzens" den Dogmatikern ein Dorn im Auge ist. Den Mystikern mit ihrer Lehre von der Gewaltlosigkeit und Offenheit gegenüber anderen Religionen traut man im Iran nicht zu, die Geschlossenheit der Gesellschaft, die den Mullahs vorschwebt, zu verteidigen. Allerdings haben die Mullahs durch ihren dogmatischen Kurs selbst dafür gesorgt, dass heute viele junge Iraner vom Islam gar nichts mehr wissen wollen. Überdies war ein Teil der mystsichen Orden bereits zum Mummenschanz erstarrt.

Kalam und Falsafa: Der rationale Islam

Beinahe das Gegenteil des Sufismus stellen die Überlieferungen des rationalen, philosophischen Islam dar. Etwa bis zum Jahr 1000 gab es eine Strömung in der Theologie des Islam, die man als Mutazila bezeichnet. Sie wollte den Koran nicht wörtlich oder gar anthropomorphistisch verstehen, sondern rational deuten und verständlich erklären. Die Mutaziliten vertraten damals Ansichten, die revolutionär waren und es noch heute sind. In ihren Augen war der Koran nicht, wie die Orthodoxen behaupteten, das ewige Wort Gottes. Für sie war der Koran vielmehr „in der Zeit entstanden“ und damit auch zeitlichen Kategorien der Auslegung unterworfen. Noch revolutionärer waren ihre Gedanken über Freiheit und Gerechtigkeit. Der Koran äußert sich hinsichtlich der Freiheit des Menschen nicht immer eindeutig. Theologen hatten zudem die Allmacht Gottes so sehr betont, dass es schien, der Mensch sei ein ganz und gar ohnmächtiges Wesen, ein Spielball des Geschicks (qadar). Demgegenüber vertraten die Mutaziliten die Meinung, der Mensch sei frei und deshalb für sein Geschick verantwortlich. Die moralischen Appelle des Koran waren ihrer Meinung nach nur sinnvoll, wenn der Mensch auch die Fähigkeit habe, selbst frei zu agieren. Nur so könne man davon sprechen, dass Gott gerecht sei. Was für eine göttliche Gerechtigkeit wäre das, so fragten sie, wenn Gott Lohn und Strafe gegenüber willenlosen Geschöpfen verhänge, die gar nicht die Möglichkeit hätten, moralisch oder unmoralisch zu handeln. Dies ist genau das Problem, vor dem der Islam heute steht: die Offenbarung zu verzeitlichen, zu historisieren, ihren eigentlichen Kern herauszuarbeiten und der Freiheit des Individuums mehr Raum zu geben als den Zwängen des Religionsgesetzes. Der Einfluss der Mutaziliten fand allerdings nach einigen Jahrhunderten ein Ende; die Orthodoxie setzte sich gegenüber diesen interessanten Ansätzen durch.

Dasselbe Schicksal widerfuhr leider auch der islamischen Philosophie, die etwa zwischen dem 9. und dem 12. Jahrhundert einen Höhepunkt erlebte. Ihr ging es ebenfalls darum, die Glaubenswahrheiten nicht nur für wahr zu halten und die Regeln der Religion zu rechtfertigen. Sie wollte vielmehr die Lehren des Koran über Gott, die Schöpfung, über die menschliche Seele und den Geist rational erfassen und tiefer verstehen. Der Kalif al-Mamun gründete im 9. Jahrhundert in Bagdad ein sogenanntes Haus der Weisheit, in dem er alle philosophischen und medizinischen Schriften der alten Griechen, soweit man derer habhaft werden konnte, sammeln und übersetzen ließ. Platon, Aristoteles, Galen und viele andere. Daraus entstand die rationale Philosophie des Islam, die drei Jahrhunderte lang bedeutende Denker, wie Al Farabi (gest. 950), Ibn Sina (gest. 1037) oder Ibn Ruschd (gest. 1198), hervorbrachte. Sie boten interessante Ansätze mit dem Ziel, zwischen Offenbarung und Vernunft, Glaube und Ratio zu vermitteln. Leider schafften es die orthodoxen Religionsgelehrten auch auf diesem Feld, ihren übermächtigen Einfluss zur Geltung zu bringen. Erst seit etwa hundert Jahren versucht man im Islam hier und da wieder an diese philosophischen Gedanken anzuknüpfen – gegen den Widerstand der Islamisten.

Die Konfrontation mit der Moderne

Die zeitgenössische islamische Welt zeigt sich somit tief gespalten und zerrissen. In allen Ländern des Islam ringen heute reformorientierte Kräfte mit solchen der Beharrung. Hinzu kommt jene Radikalisierung, die als Islamimus bezeichnet wird. In den vergangenen Jahrhunderten hat der Islam erleben müssen, dass seine einst überlegene Kultur gegenüber dem christlich geprägten Westen – Europa und Amerika – zurückfiel. Zwar haben die Muslime die technischen Errungenschaften der Moderne übernommen und dort, wo es große Erdöleinnahmen gibt, sogar eine futuristische Fortschrittswelt aufgebaut; doch geistig scheint der Islam erstarrt zu sein. Aus seiner Hemisphäre kommen keine Innovationen oder Entdeckungen. Während Reformkräfte immer wieder für eine Öffnung gegenüber der geistigen Moderne plädieren und eine historisierende Neuinterpretation des Koran und der Sunna verlangen, betreiben Fundamentalisten, Islamisten und deren gewalttätiger Arm, die Dschihadisten, das genaue Gegenteil. Im Unterschied zur Frühphase des Islam, wo die Muslime auch geistig alles aufsaugten und sich anverwandelten, was die anderen Kulturen zu bieten hatten, verhalten sich die Islamisten unserer Tage regressiv: Nur wenn die Scharia unverändert und buchstabengetreu umgesetzt werde, könne der Islam die Angriffe aus dem Westen, die Attacken der modernen „Kreuzzügler", wie es heißt, überstehen. Ihre Rechtfertigung ziehen sie zusätzlich aus den politischen Fehlern Amerikas und Europas.

Dabei spielt die Selbstwahrnehmung der Muslime eine wichtige Rolle. Der Koran definiert den Islam in Sure 17 als die „beste aller Gemeinschaften" (khaira ummatin). Doch diese Gemeinschaft ist, obwohl nach eigenem Verständnis die letzte monotheistische Offenbarung, heute in vielem absolut zu vernachlässigen. Das schmerzt. Zu den Besonderheiten der Selbstwahrnehmung der Muslime gehört auch, dass der Islam eine religio triumphans ist, eine siegreiche Religion. Tatsächlich gab es niemals einen Religionsstifter, der auch in weltlichen Belangen erfolgreicher war als Mohammed. Moses führte die Kinder Israel zwar aus Ägypten, doch das Gelobte Land betrat er nicht. Jesus erlitt den Tod am Kreuz und erst drei Jahrhunderte danach konnten seine Anhänger, die Christen, ihren Siegeszug im Römischen Reich beginnen. Mohammed hingegen herrschte mit den Seinen schon über die gesamte Arabische Halbinsel, als er starb. Er selbst war ein Kämpfer auch mit Waffen, der seine Anhänger Scharmützel und Schlachten schlagen ließ. Danach stürmten die Muslime in wenigen Jahren von Sieg zu Sieg. Umso demütigender erscheint es ihnen, dass sie sich heute mit der Globalisierung, die von der westlich-„christlichen" Welt und ihren Werten ausgeht, so schwertun. Keine andere der traditionellen Religionen und Kulturen hat so große Schwierigkeiten mit den Werten der Moderne wie die islamische.

Der „Zusammenprall der Kulturen", von dem so viel die Rede war, vollzieht sich zu großen Teilen in der islamischen Welt selbst. Terroristen und Dschihadisten haben viel mehr Muslime getötet als es Europäer oder Amerikaner je getan haben. Eine Historisierung des Koran und der übrigen religiösen Quellen wird von Intellektuellen zwar gefordert, doch Traditionalisten und militante Islamisten, die aus dem Glauben einseitig eine politische Ideologie machen, halten daran fest, dass dies unmöglich sei. Das hat auch mit Machtfragen zu tun. Wenn es im Islam zu einer Trennung von Religion und Staat käme, verlören die religiösen Kräfte viel Einfluss auf den Gang der Dinge in Gesellschaft wie Politik. Eine Säkularisierung, Verweltlichung der Gesellschaft, wie sie für uns im Westen maßgeblich geworden ist, gilt vielen als Schreckgespenst, als die „amerikanische Religion", wie Ajatollah Chomeini einst sagte. So gibt es im Islam durchaus säkularisierte Individuen, aber die Religion/Kultur insgesamt ist nicht säkularisiert. Ob es dort, wo Muslime die Mehrheit stellen, zu einer solchen Neuausrichtung der Religion, zur Historisierung des Koran im Sinne einer Entmythologisierung, wie sie das Christentum durchgemacht hat, kommen wird, ist ungewiss. Unsere Betrachtungen des „inneren" Islam, des Sufismus, aber auch seiner rationalen Strukturen könnten Grundlage dafür sein, den Wesenskern des Gottesglaubens jenseits der Scharia zu „entbergen", wie es der Philosoph Martin Heidegger wohl formuliert hätte. Momentan stehen die Chancen dafür jedoch nicht gut.

Anders ist die Lage unter den Migranten. Die vier Millionen Muslime, die mittlerweile in Deutschland leben und von denen etwa zwei Drittel aus der Türkei kommen, werden hier mit einer Gesellschaft konfrontiert, die weitgehend säkularisiert ist, sich immer weiter säkularisiert und sogar entchristlicht. Religion verliert massiv an Einfluss, die Politik wird nach Regeln gemacht, die mit der Religion, dem Christentum, wenig zu tun haben. Für Muslime, die allgemein noch dem Gottesgesetz der Scharia folgen und auch dessen atavistische Vorstellungen von Strafe, Blasphemie, Ehre, patriarchalen Hierarchien und Bräuchen in Familie und Gesellschaft frönen, ist dies ein absoluter Kulturschock. Freilich gilt das umgekehrt auch für die Deutschen, für die der Islam als Massenphänomen eine recht neuartige Erscheinung in ihrem Lande ist. Die gegenwärtigen Debatten, die immer wieder aufflammen, wenn über arrangierte Ehen, Ehrenmorde, Hassprediger, dschihadistische Terroristen und anderes mehr berichtet wird, zeigen, wie sehr sich Deutschland in den vergangenen fünfzig Jahren verändert hat. Unser Grundgesetz, das Religionsfreiheit garantiert, muss selbstverständlich für alle Religionen, daher auch für Muslime gelten, es ist nicht teilbar. Andererseits müssen Muslime, die auf das Grundgesetz pochen, um ihr Recht einzufordern, einsehen, dass die deutsche Verfassung als Ganzes ebenfalls unteilbar ist. Es kann keine Ausnahmen in der Rechtsprechung, etwa im Familienrecht, analog zu den seit tausend Jahren unveränderten, teilweise auch menschenrechtswidrigen Sitten und Lehren der Scharia geben. Zumindest diese Form der Anpassung muss von Muslimen verlangt werden.

Nach einer bekannten Sentenz Mohammeds besteht der Islam aus den „Fünf Pfeilern" (arkan al islam): dem Gottesglauben und dem Bekenntnis dazu, dem Gebet, dem Almosengeben, dem Fasten und der Pilgerfahrt nach Mekka. Diese konzentrierte Zusammenfassung islamischer Glaubenslehren und islamischer Orthopraxie widerspricht keinem einzigen Artikel des Grundgesetzes. Erst recht gilt dies für den „inneren" Islam, seine esoterischen Lehren, deren Vertreter sich oft durch große Toleranz ausgezeichnet haben.

Aufbruch zu einem reformierten Islam?

Seit Dezember 2010 ist ein großer Teil der islamischen Welt von einer unerwarteten politischen Unrast erfasst worden, die in eine andere Richtung geht als alle bisherigen Unruhen: Studenten, Schüler, junge Männer und Frauen, Blogger zumal, verlangen in vielen Ländern der Region Freiheit und Demokratie, dazu Arbeitsplätze und Fortschritt. Ihr Diskurs ist kein primär religiöser mehr, doch nehmen auch Religiöse an diesem Arabischen Frühling teil. Vier Staatschefs sind schon gestürzt worden, in ihren Ländern (Tunesien, Ägypten, Libyen, Jemen) entstehen neue Ordnungen. In Syrien tobt ein Volksaufstand und in vielen anderen Ländern dauern diese revolutionären Volksbewegungen an, trotz der Gegenmaßnahmen der Herrschenden. Dem religiösen Establishment wird dabei, ebenso wie dem politischen, Angst und Bange; beide Gruppen fürchten den Machtverlust. Doch wird der Islam in einer pluralistischer und auch ziviler gewordenen Gesellschaft der Zukunft noch ein gewichtiges Wort mitreden. Das zeigen schon die Wahlergebnisse in den Transformationsländern, die beginnen, von der orientalischen Despotie Abschied zu nehmen. Sowohl in Tunesien als auch in Ägypten sind die dezidiert islamischen Kräfte von der Bevölkerung zu Beginn der Arabellion favorisiert worden. Bei dem syrischen Aufstand, der auch als sozialer Protest anfing, stehen gleichfalls islamisch-sunnitische Elemente an vorderster Front in ihrem Kampf gegen das Alawiten-Regime.

Freilich: So sehr sich die Gesellschaft der Zukunft verändern wird, so sehr wird sich auch der Islam verändern, verändern müssen, wenn er die gesellschaftlichen und ökonomischen Schwierigkeiten, unter denen seine Kultur sichtbar leidet, bewältigen will. Dies ist ein schwieriger Prozess, der zudem lange dauern und von manchem Rückschlag unterbrochen werden wird. Es ist auch ein Prozess der Selbsterforschung und, wie es Marcel Pott genannt hat, ein Kampf um die arabische Seele. Doch er betrifft auch uns, denn wie der Islam gründet unsere Kultur ebenfalls auf einem Corpus heiliger Schriften. In die Deutung und Ausdeutung dieser Schriften ist nun schon seit geraumer Zeit auch im Islam wieder Bewegung gekommen, wobei sich unter den Muslimen selbst noch immer große Schwierigkeiten für ein neues Herangehen an die Hermeneutik der Texte auftürmen, gewissermaßen der Schutt von Jahrhunderten. Doch auch im Christentum, wo Bibelkritik seit den Tagen des jüdischen Philosophen Baruch Spinoza (1632–1677) Eingang in die Wissenskultur gefunden hat, liegen die Dinge nicht ganz so einfach, wie wir gemeinhin glauben mögen. Auch das – inzwischen stark säkularisierte – Christentum Europas kennt noch „heilige Kühe“, die man nicht so gerne schlachtet. Davon soll das nächste Kapitel handeln – allerdings primär bezogen auf Möglichkeiten eines kritischen Dialogs über die Dogmen. Dabei sind die Ausgangspunkte, nicht zuletzt auch der Grad der Gläubigkeit, ganz unterschiedlich.

Die Welt der Schriften: Abraham und der „clash of civilizations"

Das Thema „Die Welt der (heiligen) Schriften", dem wir uns jetzt zuwenden wollen, hat in den zurückliegenden Jahren weiter an Aktualität gewonnen. Die politischen Verhältnisse, die ungelösten Konflikte und deren weitere Zuspitzung im Nahen und Mittleren Osten, die das Verständnis, gar das Zusammenleben der drei abrahamitischen Religionen, der sogenannten Buchreligionen, so schwierig machen, sollen hier nicht erörtert werden. Man verfolgt diese Ereignisse in Afghanistan, in Palästina oder im Irak, in Ägypten oder Syrien täglich über die Medien. Eine Lösung dieser Konflikte wäre gewiss ein Ziel – „aufs innigste zu wünschen", wie der Dichter sagt. Wann das gelingen wird, vermag niemand zu sagen, ja nicht einmal, ob es jemals gelingen wird.

Mir jedoch geht es in diesem Kapitel um den intellektuellen Diskurs, der zwar auf dem Hintergrund dieser ungelösten politischen und ökonomischen Probleme stattfindet, indes auch eine eigene Substanz hat, einen Inhalt, der unabhängig von der jeweiligen politischen oder ökonomischen Situation des „Komplexes Okzident – Orient" erforscht und behandelt werden kann. Auch wenn alle politischen Konflikte, die heute zwischen Orient und Okzident bestehen – und das sind nicht gerade wenige –, gelöst wären, blieben doch die inhaltlichen Unterschiede zwischen den Religionen, die jeweiligen Glaubenslehren, die mit ihnen verbunden sind, zunächst ganz unberührt davon. Judentum, Christentum und Islam haben eine Dogmatik, die viele Ähnlichkeiten, ja Übereinstimmungen aufweist, aber auch viele Unterschiede; diese bleiben bestehen, unabhängig von der gegenwärtigen politischen oder wirtschaftlichen Lage. Und nur selten wird über die Unterschiede geredet.

An Dialogen zwischen Christen und Muslimen fehlt es trotzdem nicht. Im Gegenteil: Nach dem 11. September 2001 ist die Anzahl der Dialogveranstaltungen sogar sprunghaft in die Höhe geschnellt. Häufig freilich mangelt es diesen Dialogen an Gründlichkeit und Tiefe, auch an dem Willen, neben den Gemeinsamkeiten eben auch die Unterschiede zwischen dem Christentum und dem Islam oder auch dem Judentum herauszuarbeiten. Oft ist solchen Dialogen eine gewisse Oberflächlichkeit, die meistens in einem guten Willen – dem Streben nach Harmonie – wurzeln mag, eigen. Dies gilt in gleicher Weise für die sehr viel selteneren Trialoge; denn bei ihnen ist die Tendenz zu einer Harmonisierung möglicherweise noch stärker, da man alle drei monotheistischen Hochreligionen zusammenbringt, was schwierig genug ist, und nach einem Konsens, wenigstens nach einem kleinsten gemeinsamen Nenner strebt. Aber sowohl Dialoge als auch Trialoge bleiben an der Oberfläche, wenn sie nicht von selbstkritischen, sprich aufklärerischen Impulsen geprägt und geleitet sind.

Ohne Antworten auf Fragen, wie: Was glauben wir eigentlich wirklich? oder: Wie ist das, was wir glauben, eigentlich geworden? das heißt: Wie hat sich unser Glaube entwickelt, und warum, unter welchen Bedingungen?, wird man oft nur rein deskriptiv den eigenen Standpunkt erläutern und um Verständnis werben, ohne die Möglichkeit zu haben, sich etwa mit dem Bild zu beschäftigen, das andere in Bezug auf diese Fragen von einem selbst haben, vor allem auch mit dem kritischen Blick, den andere auf uns werfen.

Doch warum haben sie diesen kritischen Blick? Genau diese Frage und die Suche nach einer Antwort gehört zur Aufklärung: sich rückhaltlos klar werden wollen über sich selbst, ehrlich und unvoreingenommen; sich immer wieder selbst befragen, nicht nur die anderen.

Das Stichwort von einer Aufklärung zu dritt verdanke ich Günter Lüling. Lüling, der leider in Deutschland fast unbekannt ist, obwohl er sein Leben lang gerade das Verhältnis zwischen Islam und Christentum ins Zentrum seiner Forschungen gerückt hat, beschäftigt sich in letzter Zeit auch intensiv mit dem Judentum. Dass er so unbekannt ist, verdankt Lüling seiner wissenschaftlichen Originalität und der Sprengkraft seiner Thesen, wie im Weiteren noch erläutert werden wird. Günter Lüling ist protestantischer Theologe und Arabist, dazu ein Neffe des bekannten deutschen Iranisten und Islamwissenschaftlers Hans-Heinrich Schaeder. Als Theologe sieht sich Lüling als Schüler Albert Schweitzers (1875–1965) und Martin Werners (1887–1964) einer kritischen Bibel- und Leben-Jesu-Forschung verpflichtet; als Arabist knüpft er an die Tradition der deutschen Koranforschung an, wie sie um die Wende vom 19. zum 20. Jahrhundert etwa von Karl Vollers (1857–1909), Julius Wellhausen (1844–1918) und anderen betrieben worden ist. Es war eine Forschung mit historisch-kritischen und philologischen Methoden, die zu Beginn des 20. Jahrhunderts abrupt abbrach und nach Lülings Meinung seither nicht mehr entschieden genug aufgenommen wurde.

Günter Lüling trat erstmals im Jahre 1970 in Erlangen mit einer Dissertation (1974 zur Habilitationsschrift ausgebaut) hervor, die Furore machte, aber auch sein Schicksal besiegelte. „Über den Urkoran. Ansätze zu einer Rekonstruktion vorislamischer christlicher Strophenlieder im Koran" lautete das Thema, das er darin abhandelte. Ich kann nicht erschöpfend darstellen, zu welchen Schlüssen Lüling gelangte und welche Begründungen er im Einzelnen für seine Thesen anführte. Auch bin ich selbst kein Koranforscher, sondern interessiere mich mehr für kulturelle und geistesgeschichtliche Aspekte der islamischen Zivilisation. Doch soviel sei gesagt: Lüling behauptete in seiner Arbeit nicht mehr und nicht weniger, als dass zumindest Teile des Koran bereits vor dem Propheten Muhammad vorhanden gewesen seien, dass der Prophet selbst mit diesen Texten unter seinen mekkanischen Landsleuten schon Theologie getrieben habe. Bei den Texten, die später, als der gesamte Koran (die „Lesung") redaktionell bearbeitet und unter dem Kalifen Uthman (Osman, 644–656) zusammengestellt worden sei, eingefügt wurden, habe es sich unter anderem um Responsorien gehandelt, das heißt ursprünglich christliche Wechselgesänge zwischen Priester und Gemeinde in Strophenform. Lüling zeigt dies anhand sprachlicher, poetologischer, paläographischer und theologisch-religionshistorischer Argumente, die er für schlüssig hält. Teilweise liest Lüling auch arabische Worte und Fügungen im Koran anders als die Tradition, weil er zeigen kann, dass die anfänglich defektive Schreibung des Arabischen, das heißt ohne diakritische Zeichen und/oder eindeutige Konsonantenfixierung, spätere Verschreibungen oder Verlesungen wahrscheinlich machte. An Beispielen herrscht da kein Mangel. Schon dem bekanntesten muslimischen Koran-Kommentator, al-Tabari, war vor mehr als tausend Jahren aufgefallen, dass etliche Wörter im Koran vom lexikographischen Inhalt her dem arabischen Leser oder Hörer Rätsel aufgaben. Und der deutsche Orientalist Rudi Paret (1901–1983), der 1962 die vorläufig letzte wissenschaftlich akzeptierte Koran-Übertragung mit Konkordanz vorgelegt hat, bringt in Klammern zahlreiche alternative Lesungen bestimmter Wörter und Verse ins Spiel. Nach seiner Auffassung ist etwa ein Viertel des Koran-Textes in dieser Weise traktabel, also offen.

Doch damit nicht genug: In einem zweiten Buch mit dem Titel „Die Wiederentdeckung des Propheten Muhammad" krempelt Lüling die sogenannte frühislamische Geschichte völlig um und gelangt zu einer kompletten Neubewertung Muhammads. Nach Lülings Erkenntnissen war die Landschaft Hidschas, in welcher der islamische Prophet wirkte, zu dessen Lebzeiten bereits weitgehend christianisiert, und zwar von einem *trinitarischen* Christentum, das von Byzanz aus auf die Arabische Halbinsel vorgedrungen war. Muhammad habe, als er seine Botschaft verkündete, nicht in erster Linie das altarabische Heidentum der Mekkaner bekämpft und durch den Islam ersetzt, wie die landläufige Version laute, sondern ihr dezidiert trinitarisches Christentum. An dessen Stelle habe er unter dem Stichwort der Hingabe an den einen und einzigen Gott (islam) den reinen und unvermischten „Monotheismus Abrahams und der Stämme" wieder etabliert. Der koranische Begriff des „schirk", der Beigesellung anderer Wesen zum Wesen Gottes, habe nicht so sehr altarabischen Göttern und Idolen (asnam) gegolten, sondern ganz anderen Götzen: der christlichen Trinität, der Dreifaltigkeit, und auch dem christlichen Heiligenkult, der in Mekka gepflegt worden sei. Auch habe der Prophet nach seinem siegreichen Einzug in Mekka im Jahre 630 n. Chr. nicht Standbilder altarabischer Idole aus der Kaaba entfernt, sondern christliche Heiligendarstellungen, die seinem reinen und nüchternen Religionsverständnis ein Gräuel gewesen seien. Die Entstehung des Islam erfolgte, wie er schreibt, „in hauptsächlicher Gegnerschaft zu einem auch in Mekka vor dem Islam schon selbstverständlich gewordenen Christentum". Noch im 7. Jahrhundert n. Chr. hatte ein Gelehrter wie Johannes Damascenus ganz entschieden den Eindruck, der Islam sei nichts als „eine christliche Häresie".

Lülings Arbeit über den Urkoran wurde anfangs mit dem Prädikat opus eximium („herausragendes Werk") bewertet, doch kurz darauf bekamen die Gutachter – um es ein wenig salopp auszudrücken – „kalte Füße". Einer revidierte sein Urteil, und man riet dem Verfasser mit eindeutigen Worten, von einer akademischen Karriere Abstand zu nehmen. Offenbar fürchtete man Ärger mit Kollegen, für die Lülings Ansatz zu revolutionär war. Und diese wiederum fürchteten Ärger mit Muslimen. Dabei blieb es lange Zeit. Günter Lüling arbeitet bis heute als Privatgelehrter. Mit sprachlichen Methoden und auf dem Hintergrund seiner theologischen Ausbildung bearbeitet er das Dreieck Judentum, Christentum, Islam, um herauszufinden, wie eng die Verbindung zwischen den drei abrahamitischen Religionen wirklich ist. Inzwischen haben ihm etliche seiner Fachgenossen Gerechtigkeit widerfahren lassen, und Lüling kann immerhin erleben, dass die historisch-kritische und philologische Koranforschung, die zwei Generationen lang weitgehend eingeschlafen war, in Deutschland und einigen anderen Ländern, auch von einigen Muslimen selbst, wieder aufgenommen wurde. In Berlin läuft, um nur ein Beispiel zu nennen, unter der Leitung der Islamwissenschaftlerin Angelika Neuwirth ein Koran-Projekt, das nicht nur die sprachlichen, sondern auch die religions- und kulturgeschichtlichen Bedingungen, unter denen der Koran entstand, untersucht und berücksichtigt. Die deutsche Arabistin und Literaturwissenschaftlerin hat in ihrem jüngsten Werk den Versuch unternommen, den Koran nicht als exklusiv eigenen, arabisch-islamischen Text zu lesen, das heißt als etwas ganz Anderes, sondern als einen „Text der Spätantike", der sich in gewisser Weise in die Landschaft der religiösen Texte dieser Epoche einfügt. Zu den Auffassungen Lülings nimmt sie kaum Stellung, erwähnt sie jedoch im Zusammenhang mit anderen, angelsächsischen Forschungen der letzten Jahre, der sogenannten „Revisionisten". Auch das Buch von Angelika Neuwirth hat zum Teil kritische Beurteilungen gefunden.

Lüling will mit seinen Thesen den Koran und den Islam besser verstehen, zumal in ihren Beziehungen zu Judentum und Christentum. Schon immer war ja bekannt, dass nicht nur sprachlich (über aramäische Lehnwörter im Arabischen), sondern ebenso religions- und prophetengeschichtlich enge Bande zwischen Bibel und Koran bestehen. Das ist auch den Muslimen vertraut und wird von ihnen immer wieder hervorgehoben. Die meisten alttestamentlichen Propheten tauchen im Koran auf, von Jesus und Maria ganz zu schweigen. Lüling behauptet eben nur, dass diese Beziehungen historisch und theologisch noch weitaus intimer sind als bisher vermutet wurde.

Geradezu grundstürzend und von revolutionärer Bedeutung ist ein zweites Ergebnis seiner Forschungen: die Feststellung, dass die Kaaba ursprünglich eine Kirche gewesen sei. Der Gelehrte stützt sich dabei auf textliche wie lokale Befunde. Wie bekannt, ist es für Nicht-Muslime äußerst schwierig, nach Mekka zu gelangen, geschweige denn, dort einschlägige Forschungen anzustellen. Und die Muslime selbst haben an der Kaaba und in ihrer Umgebung zwar Veränderungen vorgenommen, doch eine archäologische Forschung unterbleibt, gewiss auch aus Gründen, die eben mit einem Bereich zu tun haben, der „haram" ist; wir würden sagen: heilig und unantastbar, tabu. Seit der frühen Neuzeit sind zwar immer wieder einmal christliche Reisende – oft unter Lebensgefahr – als Pilger zur Kaaba vorgedrungen; ihre Aufzeichnungen lieferten wertvolle Kenntnisse über das Allerheiligste des Islam,doch zu den Fragen, wie Lüling sie stellt, konnten sie aus den oben genannten Gründen verständlicherweise wenig beitragen.

Die Kaaba (Würfel), das zentrale Heiligtum, ist üblicherweise mit einem wertvollen schwarzen Tuch, der Kiswa, bedeckt. Diese kommt in der Regel aus Ägypten. Dennoch kann man selbst als Außenstehender und von Bildern einiges über die bauliche Gestalt sagen. In nachprophetischer Zeit hat das Gebäude mancherlei Veränderungen erfahren, so beispielsweise im Jahre 693 unter dem omajjadischen Statthalter al Haggag Ibn Yusuf. Aus dem recht groben, schwarzen Mauerwerk wird ersichtlich, dass eine zweite Tür zugemauert worden ist. Das weitgehend leere Innere der Kaaba wird heute von drei Säulen in zwei Hälften geteilt, doch in früherer Zeit waren es (nach K. A. C. Creswell) sechs Säulen, was schon ein Hinweis auf den Status einer Kirche in vorprophetischer Zeit sein mag – als Aufteilung in ein Hauptschiff und zwei Seitenschiffe. Als wichtigsten baulichen Befund für den ursprünglichen Charakter der Kaaba als Kirche widmet sich Lüling allerdings der etwa einen Meter hohen, halbrunden Mauer an der nordwestlichen Schmalseite der Kaaba, die als Maqam Ibrahim (Abrahams Platz), als al Hatim oder al Higr bezeichnet wird. Nach islamischer Vorstellung ruhen unter diesem Platz Hagar und Ismail. Die Bezeichnung al Higr spricht für sich: „Schoß". Doch auch der Name Hatim, „das in Ruin Gelegte", also Zerstörte, ist aussagekräftig. Der Ausdruck besagt, dass dieser Teil wohl zur Kaaba gehörte, aber später offenkundig zerstört worden ist – bis auf jenes einen Meter hohe Halbrund, dessen Scheitelpunkt sich etwa achteinhalb Meter von der nordwestlichen Schmalseite des Bauwerks entfernt befindet. Es gehört nicht viel Phantasie dazu, um im Higr den Rest dessen zu sehen, was einmal die Apsis gewesen ist. Den vorislamischen Mekkanern galt dieser, von Lüling für die Apsis einer Kirche gehaltene Higr zudem als der wichtigste, heiligste Teil der Kaaba überhaupt. Überdies weist der Scheitelpunkt des Halbrundes, darin der Kaaba folgend, in die nordwestliche Richtung, das heißt in Richtung Jerusalem. Lüling schreibt als Fazit seiner Erkundungen über den Higr: „Wie immer verwirrt die Nachrichten über die baulichen Veränderungen an der Kaaba lauten mögen, die heute noch erhaltene, halbkreisförmige, zweifelsfrei aus vorislamischer Zeit stammende Mauer von etwa Brusthöhe erklärt sich nur als ursprüngliches Fundament eines nach Nordwesten orientierten apsidialen Anschlusses an den ohnehin mit seinem rechteckigen Grundriss südost-nordwest-orientierten Innenraum der Kaaba, ein Anbau also, der allem Anschein nach eine gewölbte Decke getragen haben dürfte („Der christliche Kult an der vorislamischen Kaaba als Problem der Islamwissenschaft und christlichen Theologie", Erlangen 1972, S. 47)." Ein solches Bauteil ist eine Apsis, mit ziemlicher Sicherheit in einer frühen, romanischen (oder byzantinischen?) Form.

Als nächstes widmet sich Lüling den alten Überlieferungen über die malerische Ausgestaltung der vorislamischen Kaaba. Eine bedeutsame Quelle ist al-Azraqis (gest. 837) Chronik der Stadt Mekka (Achbar Makka), in der es über das Innere der Kaaba heißt: „Bilder der Propheten und Bilder von Bäumen und Bilder von Engeln. Es war auch darunter ein Bild Abrahams, des Freundes Gottes, als eines alten Mannes, der mit Lospfeilen lost, und das Bild *Jesu*, des Sohnes der Maria, und seiner *Mutter* und ein Bild mit den Engeln." Azraqi berichtet dann weiter über die Ereignisse nach der „Eroberung" Mekkas durch die junge Gemeinde Mohammeds 630 n. Chr., so z.B., dass der Prophet befahl, Wasser zu holen, um die Bildnisse abzuwischen. Nur über das Bild Jesus' und Marias habe er die Hände ausgebreitet, um sie vor der Zerstörung zu schützen. Die 360 Standbilder im Umkreis der Kaaba, von denen Azraqi berichtet, identifiziert Lüling mit den Jahres- und Namenstagheiligen des Christentums.

Wir haben hier nur die allerwichtigsten Beobachtungen dieses Forschers angeführt, die er durch zahlreiche Hinweise ergänzt. Von Islamophobie übrigens hält Günter Lüling gar nichts, ihm geht es um ein Verständnis gerade des Ineinandergreifens der monotheistischen Traditionen. Dieses vormals enge Band hat sich im Laufe der Jahrhunderte sozusagen auseinandergefasert, weil auch die jeweiligen Religionen sich aufgrund politischer Bedürfnisse und historischer Entwicklungen verfestigt und dogmatisiert haben und damit für viele Jahrhunderte der Erstarrung anheimfielen. Solche Erstarrungen wirken wie Blockaden, die einen ehrlichen und sinnvollen Dialog – oder Trialog – verhindern. Zudem ist Lüling entsetzt über die gegenwärtige politische und militärische Konfrontation zwischen der islamischen und der christlichen Welt, er will die geistige, die wissenschaftliche Auseinandersetzung, diese aber rückhaltlos. Und sie soll im Sinne eines Trialogs auch das Judentum umfassen – ein Ansinnen, das in einem solchen Ausmaß wahrlich utopisch erscheinen mag. Der „clash of civilizations" (Huntington) soll durch einen intellektuellen, kritischen und selbstkritischen Trialog eingehegt werden, der unter Wissenschaftlern zu beginnen hat, dann aber unter den Gläubigen Wirkung zeigen müsste. Ein Trialog der Erkenntnis und der friedlichen Gesinnung angesichts eines gemeinsamen Erbes.

Das Buch über den Urkoran ist mittlerweile, in einer erheblich erweiterten und ergänzten Fassung auf Englisch unter dem Titel: „A Challenge to Islam For Reformation" erschienen. Allerdings, was bezeichnend genug ist, in einem indischen Verlag. Das Eis wäre freilich erst gebrochen, wenn auch einmal eine arabische Fassung erschiene. Damit ist einstweilen allerdings nicht zu rechnen, da die Angst vor den möglichen Folgen einer Rezeption offenbar übergroß ist. Leider kursieren in der islamischen Welt heute Listen mit den Namen „unerwünschter" westlicher Orientalisten. Als „erwünscht" gelten oft solche, die eine harmonisierende oder gar affirmative, apologetische Orientkunde betreiben. Aber Wissenschaft nach Kriterien wie „erwünscht“ oder „unerwünscht“ zu betreiben, ist ein Unding. Lüling glaubt, dass der Islam angesichts der jüngsten dogmatischen Verfestigungen, die ja in der islamischen Welt für viel mehr Aufruhr sorgen als im Westen (und auch für viel mehr Terror-Tote), eine tiefgreifende Aufklärung braucht, um auf die Dauer Anschluss an die globalisierte Welt zu finden. Solche Bestrebungen sind zwischen Marokko und Indonesien mittlerweile auch im Gange, wobei muslimische Reformtheologen oder Koranexegeten, die eine kritische Forschung jenseits der traditionellen und akzeptierten Methoden betreiben, vielfach einen schweren Stand haben. Aber die islamische Welt ist, auch was das betrifft, in Bewegung geraten. Nicht nur die schwierigen religiös-intellektuellen Diskurse, vor allem auch die Gewalt unter Muslimen selbst, legen die Vermutung nahe, dass der Islam in den letzten fünfzig Jahren so etwas erlebt hat wie Europa im Zeitalter seiner Glaubenskriege.

Um den Vorwurf der geistigen Bevormundung, des Besserwissens und der Überwältigung der Muslime durch die christliche Welt abzuweisen, fordert Lüling eine Wiederaufnahme der kritischen Aufklärung gerade auch christlicher Quellen gemäß dem Wort Jesu im Matthäus-Evangelium: „Was siehst du den Splitter im Auge deines Bruders, nicht aber den Balken im eigenen Auge?“. Das mag auf den ersten Blick überraschen. Ist denn die Aufklärung nicht ein genuin abendländisches Gewächs. Und ist nicht – in diesem aufklärerischen Kontext – die Bibel seit Spinozas Theologisch-politischem Traktat im 17. Jahrhundert und der bibelkritischen Forschung vieler Generationen nicht mit allen zur Verfügung stehenden Mitteln schon genug durchforstet worden? Tatsächlich: Christliche Theologen werden mit vielen Erkenntnissen kritischer Bibelforschung groß, mit der Logienquelle (Q), als Grundlage der Evangelien, mit der kritischen Einordnung der Paulus-Briefe und der Evangelien selbst, und zwar zeitlich, entstehungsmäßig und inhaltlich, mit den apokryphen Evangelien von Nag Hammadi und vielem mehr. Und zahlreiche Wissenschaften, bis hin zur vorderasiatischen Archäologie, haben zur Erhellung der historischen und gesellschaftlichen Umstände beigetragen, unter denen die verschiedenen Teile des Alten und Neuen Testaments entstanden.

Der Ruf nach einer weiteren Vertiefung des kritischen Blicks auf die christlichen Quellen wird manchem auch etwas anachronistisch erscheinen angesichts der massiv voranschreitenden Säkularisierung, Entkirchlichung und auch Entchristlichung der europäischen Gesellschaften. Die Zahl der Agnostiker wächst ja beständig. Interessiert das überhaupt noch eine breite Öffentlichkeit? Zudem wird mancher sagen, die Freiheit der Forschung hindere ja niemanden daran, in dieser Richtung fortzufahren, im Gegenteil: Eine geradezu mit Lust betriebene Enttabuisierung habe längst auch die christliche Religion erfasst. Günter Lüling nennt diesen Zustand freilich kritisch einen „*Palaver*-Pluralismus". Alles ist möglich, jeder kann „ungestraft" alles behaupten und sei es noch so falsch, bizarr oder töricht.

Als Beispiel aus jüngerer Zeit möchte ich all jene Publikationen erwähnen, die unter reißerischen Titeln wie „Verschlusssache Jesus" oder unter dem Vorwand, die „Geheimnisse" des Heiligen Grals „lüften" zu können, allerhand Unsinn in die Welt gesetzt haben. Solcherart „Aufklärung" ist vielleicht populär und gewinnträchtig, dient aber nur der Befriedigung der Sensationsgier, besonders wenn sie sich auf eine Gestalt wie Jesus bezieht und sich, natürlich, gegen die Kirche richtet.

Nach dem Erscheinen des Romans „Das Sakrileg" (The Da Vinci Code) von Dan Brown – Auflage weltweit inzwischen über 70 Millionen Exemplare – konnte man zwar vernehmen, dies sei nur ein Roman, das wisse man sehr wohl; aber vielleicht, so dachten gewiss viele Leser, werde doch „etwas dran" sein an Browns Behauptungen in dem Roman. Wissenschaftler vieler Fachrichtungen haben in Artikeln und Büchern längst alle Thesen Browns über Jesu angebliches Eheleben und seine Familie, über Qumran und die Evangelien von Nag Hammadi, über Leonardo und sein berühmtes Abendmahl, das Maria Magdalena, nicht Johannes, an der Seite Jesu zeigen soll, als an den Haaren herbeigezogen widerlegt. Ich fürchte jedoch, diese Art von Palaver-Pluralismus hat, zumal auch ein Spielfilm darüber gedreht wurde, eine tiefe, zerstörerische Nachwirkung. Auf solcherart Aufklärung können wir alle verzichten – Christen, Muslime oder Juden.

Eine wirkliche Erneuerung christlicher Selbstkritik könnte – im Trialog mit Muslimen und Juden – an Teilen der Dogmatik ansetzen. Wenn Lüling recht hat, dann war die Trinitätslehre in einem noch viel tieferen und umfassenderen Sinn, als es bisher schon bekannt war, der Stein des Anstoßes zwischen Muhammad und den Christen. Bis heute können Muslime die Argumente christlicher Theologen, die die Trinitätslehre verständlich machen sollen, nicht begreifen. Das mutet sie oft wie Gestammel an. „Sprich: Gott ist Einer/Der Vollkommene/Nicht hat Er gezeugt und nicht ist Er gezeugt/Und keiner ist Ihm gleich", wie es in Sure 112, al-Ikhlas, heißt. Sie bringt einen klaren und deutlichen Monotheismus gegen die Trinitätslehre zum Ausdruck, greift aber gleichzeitig auch die christliche Vorstellung von Jesus als dem „Sohn" Gottes an.

In Bezug auf die Trinität haben die Muslime Fragen: Ist sie tatsächlich in den Evangelien verankert oder nicht vielmehr ein späteres Konstrukt? Man würde sich von Seiten der Christen nichts vergeben, wenn man zugestehen würde, dass diese Frage berechtigt ist. Natürlich beschäftigen sich Theologen und Wissenschaftler damit, das heißt mit der differenzierten und komplexen Herausbildung der kirchlichen Lehre zwischen den Strömungen der Gnosis, des Marcionismus, des Arianertums, des Monophysitentums und der Konzilstheologie von Nicaea, Chalzedon und Ephesus. Doch kaum ein Kirchenmitglied erfährt etwas über das Werden und die Hintergründe christlicher Dogmen. Ich selbst wurde in meinem Religionsunterricht schlicht vor vollendete Tatsachen gestellt. Und man könnte beispielsweise fragen, was heutzutage ein muslimischer Schüler in Deutschland zu hören bekommt, der solche Fragen auf dem Hintergrund seiner islamischen Auffassungen von diesen Dingen einmal im Unterricht anschneidet. Dazu gehört gerade auch die Frage nach der Gottessohnschaft Jesu, die ja – man denke nur an die Arianer – in frühchristlichen Zeiten alles andere als geklärt war, sondern lange sogar hart umstritten und umkämpft. Auch da könnte man einwenden: Wen interessieren diese spätantiken, frühchristlichen Feinheiten noch in einer ohnehin religionsskeptischen europäischen Welt? Gibt es denn nichts Wichtigeres in Religion und Glauben als diese vergangenen theologischen Haarspaltereien?

Die Muslime interessieren sich nach wie vor dafür, gerade auch in ihren Auseinandersetzungen mit dem Christentum. Als Papst Benedikt XVI. die Türkei besuchte, wurde er dort freundlich empfangen, doch hielten einige Demonstranten Schilder und Transparente in die Höhe, auf denen man lesen konnte: „Jesus is a prophet, not the son of God". An dieser Stelle liegt einer der Kernpunkte des Dissenses zwischen Muslimen und Christen. Und neben der Lehre von der Trinität war es vor allem die Vorstellung von der Gottessohnschaft Jesu, die von Muhammads Vorstellung des Prophetentums (nubuwwa) eklatant abwich. Ich möchte aber, ein wenig provokant, noch weitergehen und einmal fragen, ob irgendein „Alltags-Christ", ein normales Kirchenmitglied, heutzutage imstande ist zu erklären, was er sich unter dem „Sohn Gottes" vorstellt. Ich verhehle nicht, dass mir die tiefsinnige Bezeichnung „Menschensohn" für Jesus immer als besonders sympathisch erschienen ist. Man sieht: Es gäbe viel Diskussionsstoff zwischen Christen und Muslimen.

Interessant ist, dass Lüling wenig von jenen jüngsten Bemühungen – etwa der Saarbrücker Schule – hält, die Gestalt des Propheten Mohammed als eine weitgehende Fiktion späterer Zeiten darzustellen. Hatten die angelsächsischen

Revisionisten, John Wansborough, Patricia Crone und Michael Cook, die Entstehung des vollständigen Koran seit den siebziger Jahren des vorigen Jahrhunderts etwa zweihundert Jahre nach Mohammeds Wirken angesetzt und entweder im Irak oder in Palästina lokalisiert, so hat die Saarbrücker Schule die – seit Mongolentagen zerstörte – Stadt Merw im Ost-Iran zum Entstehungsort des Koran auserkoren. Von Mohammed wisse der Koran nichts, mit dem Gepriesenen (arabisch „muhammadun") sei vielmehr Jesus Christus gemeint (benedictus); die Herrschaft der Omajjaden (661–750), das sogenannte arabische Reich (Wellhausen), sei weitgehend noch im Zeichen des Christentums regiert worden, was aus numismatischen Befunden jener Epoche ebenso hervorgehe wie aus den arabischen Inschriften im Inneren des Felsendoms zu Jerusalem. Die Freiheit der Wissenschaft macht es freilich erforderlich, solche Thesen ernst zu nehmen, auch wenn sie dem bisher Gültigen und Gängigen auf zunächst bizarr erscheinende Weise widersprechen. Es sollte da keine Tabus geben.

Dass die Muslime solche Theorien selbstredend inakzeptabel finden, kann man verstehen, doch darf dies nicht dazu führen, Wissenschaftler, die mit großem Ernst und kenntnisreich versuchen, mehr Licht in das Dunkel zu bringen, zu verleumden oder sogar mit dem Tod zu bedrohen. Günter Lüling übrigens hat dem Autor versichert, dass er auf seine Forschungsarbeiten keineswegs nur ein negatives Echo vernommen habe, aufgeklärte Muslime sähen in ihnen einen Weg, das religionsgeschichtlich und theologisch existierende Band zwischen Islam und Christentum sogar zu festigen, immer vorausgesetzt, man bemüht sich– ohne Polemik – um ein wirkliches Verständnis der Dinge.

Was nun die Ausweitung zu einem Trialog betrifft, die Einbeziehung des Judentums in das gemeinsame Gespräch, vor allem in das Religionsgespräch, so macht das die ohnehin schon schwierige Ausgangssituation noch schwieriger. Zwischen Christen und Juden hat in den vergangenen Jahrzehnten eine Annäherung stattgefunden, die hier und da sogar in Akten der Versöhnung mündete. Doch immer wieder kommt es auch zu Irritationen. Das ist ohne Berücksichtigung des Holocaust und die Geschichte der endlosen Judenverfolgungen in christlichen Ländern gar nicht abzuhandeln. Gespräche zwischen Christen und Juden sind heute Ausdruck eines Bemühens um Annäherung, trotz gelegentlicher Krisen. Ausgesprochen theologisch geprägte Beiträge sind jedoch nach meinem Eindruck seltener geworden. Die Zeiten eines Martin Buber (1878–1965), Gershom Scholem (1897–1982) oder Schalom Ben Chorin (1913–1999), der als Jude immerhin ein Buch über den „Bruder Jesus" schreiben konnte, sind offenkundig vorüber. Doch in der eschatologischen Substanz bleibt es dabei: Das Judentum wartet noch immer auf das Erscheinen des Messias, für die Christen ist er in der Gestalt des Erlösers Jesus Christus bereits erschienen.

Die gemeinsame Geschichte von Islam und Judentum ist trotz aller Belastungen, die sich auch zwischen diesen beiden Religionen aufgetürmt haben, insgesamt positiver zu bewerten als diejenige von Christen und Juden. Zu Zeiten des Propheten Muhammad war das Verhältnis sehr ambivalent. Neben Positivem gab es bekanntlich auch Zurückweisung und Feindseligkeit, auf beiden Seiten. Der Koran wimmelt, wie man weiß, von Gestalten des Alten Testaments. In späteren Zeiten, ich denke an die maurische Herrschaft in Andalusien oder an das Osmanische Reich, wo Juden viele Jahrhunderte lang unbehelligt als geschützte, ja sogar geschätzte Untertanen des Sultans lebten, gab es kaum oder doch weniger Probleme als heute. Die heutzutage so angespannte Situation zwischen beiden Religionen ist, das muss man klar sagen, stärker politisch bedingt als religiös; der ungelöste Konflikt zwischen Israel und den Palästinensern hat eine Blockade bewirkt. Zwar gibt es hin und wieder Dialoge auf akademischem Niveau, ja sogar Trialoge zwischen Gelehrten aller drei Religionen, doch besonders lebhaft sind diese Aktivitäten nicht. Meistens sind es internationale Initiativen, die Trialoge dieser Art veranstalten, Anstöße, die von Gruppen oder Organisationen ausgehen, die sich bewusst als Vermittler zwischen den Welten verstehen.

Das Judentum hat mit der Haskala eine auf den Philosophen Moses Mendelssohn (1729–1786), einen Freund Lessings, im 18. Jahrhundert zurückgehende Periode der Aufklärung erlebt, die in ihrer dauerhaften Wirkung allerdings zunächst nur die aschkenasischen, europäischen Juden betraf, viel weniger die Sephardim im Orient. Das heutige Judentum ist religiös sehr ausdifferenziert, es reicht von strikt Orthodoxen über liberale und Reformgemeinden bis hin zu Agnostikern oder gar Atheisten, denen freilich der kulturelle und auch politische Bezug auf die hebräische Bibel als Identifikationsmerkmal nach wie vor wichtig bleibt. Im liberalen religiösen Lager widmet man sich durchaus der kritischen, aufklärerischen Erforschung des Hintergrundes der „Großen Erzählungen" im Pentateuch und anderen Teilen der hebräischen Bibel; wichtiger als philologische Methoden ist freilich im jüdischen Kontext die Archäologie geworden. Sie hat in Israel den Rang einer Schlüsselwissenschaft, da der Bezug auf die in der hebräischen Bibel niedergelegten Großen Erzählungen über den Bund Gottes mit dem auserwählten Volk der Israeliten von höchster politischer Relevanz ist. Man denke an die uns allen bekannte Geschichte vom Feldherrn Josua, dem Nachfolger des Moses, der nach dem alttestamentlichen Bericht Jericho eroberte und damit das Schlüsselereignis zur nachfolgenden Landnahme der Israeliten in Kanaan (Palästina) lieferte. Seit mehr als hundert Jahren wird geforscht, was es mit dem Fall der Mauern von Jericho auf sich haben könnte. Die jüngsten Befunde lauten, dass es keinerlei Hinweis auf die Historizität dieses Ereignisses gibt, jedenfalls nicht aus der Zeit, in der die Landnahme der Israeliten angesetzt wird. Die Zweifel am Hergang vieler im Alten Testament beschriebener Ereignisse werden immer stärker. Das gilt für die Erzählung vom Exodus der Kinder Israels aus Ägypten ebenso wie für die biblischen Berichte über die Eroberung Kanaans, wie zuletzt bei den beiden israelisch-amerikanischen Archäologen Israel Finkelstein und Neil Silberman in ihrem Buch „Keine Posauen vor Jericho“, München 2002, nachzulesen war. Man kann sich unschwer vorstellen, was das für die politischen Grabenkämpfe von heute bedeutet – für die Israelis ebenso wie für die Palästinenser, die sich ihrerseits auf die biblischen Philister als ihre „Vorfahren“ berufen.

Man sieht: Die drei monotheistischen Religionen hätten allen Grund in sich zu gehen, ihre Herkunft und ihr Werden noch gründlicher als bisher zu hinterfragen.

Die drei abrahamitischen Hochreligionen, die Helmuth von Glasenapp als „Religionen der geschichtlichen Gottesoffenbarung“ bezeichnet hat, im Unterschied zu den ostasiatischen Religionen des „ewigen Weltgesetzes“, werden in ihrer Dialogfähigkeit und Toleranz bis heute durch ihren jeweiligen Alleinvertretungsanspruch behindert. Der Ägyptologe und Kulturphilosoph Jan Assman hat das als *exklusives* Religionsverständnis bezeichnet, im Unterschied zum inklusiven. Als Urheber dieses ausschließenden Religionsverständnisses ist der Pharao Amenophis IV., genannt Echnaton, in dem man ja den ersten namentlich bekannten Stifter eines Monotheismus in der Religionsgeschichte sehen kann, bezeichnet worden. Er schaffte die tausend Götter Ägyptens ab und ließ nur noch einen kosmischen Gott verehren: Ra, die Sonne, unter dem Namen Aton, mit allen revolutionären Folgen, die das im alten Ägypten hatte. Was bisher als (polytheistische) Religion gegolten hatte, war nun das Überwundene, das ganz *Andere*, Auszuschließende. An dieser Konstellation hat sich seither nichts geändert. Israels Gesetzgeber Moses setzte das fort, obzwar zwischen Echnaton und ihm keine kausale Beziehung festgemacht werden kann. Die Heiligen Schriften werden von ihren Verehrern noch immer exklusiv wahrgenommen; nur die Mystiker und Ketzer aller Zeiten haben diese Barriere durchbrochen.

In Bezug auf die beiden anderen Monotheismen hat es der Islam noch am leichtesten, da er Juden und Christen als „Schriftbesitzer“, d. h. Besitzer eines heiligen Offenbarungsbuches (ahl al-kitab), anerkennt. Seine Schwierigkeiten beginnen mit Religionen, die nach ihm entstanden sind, denn der Prophet Muhammad gilt als „Siegel des Prophetentums“ (khatim al-nabiyin), Überbringer der abschließenden monotheistischen Offenbarung. Ebenso hat das Christentum die biblisch-jüdische Tradition akzeptiert und das Alte Testament angenommen, sich aber mit dem Islam als der später entstandenen Religion immer schwergetan. Erst mit dem Zweiten Vatikanischen Konzil (1962–1965) war die Katholische Kirche ausdrücklich imstande, das „Wahre im Glauben der Muslime anzuerkennen“, wie es damals hieß. Das Judentum, das ganz besonders auf Exklusivität besteht (Gott hat seinen Bund mit dem jüdischen Volk geschlossen, mit keinem anderen), hat es mit wenigstens zwei Hochreligionen zu tun, die später entstanden sind und sich zumindest teilweise auf es beziehen, Christentum und Islam. Der Schlüssel für eine Aufklärung zu dritt und für einen Trialog, der für weitere Entmythologisierungen offen ist, liegt in einer *inklusiven*, pluralistischen Auffassung von Religion, die den jeweils anderen nicht ausschließt, sondern als einen Teil in einer jahrhunderte- und jahrtausendealten Tradition der gemeinsamen Verkündigung des einen Gottes, vielmehr eines Göttlichen und geistigen Daseins-Grundes überhaupt akzeptiert und einschließt. Doch bis dahin ist es noch weit. Die Gelehrten müssen in der Welt der Schriften einen neuen Anfang machen in der Hoffnung, dass dies die Religionen in ihrer glaubensmäßigen und ethischen Substanz, die so verschieden nicht ist, wie man gemeinhin glauben mag, einander näherbringt, anstatt sie, wie bisher, zu entzweien.

Die Welt der Metaphysik: Eine Annäherung an die islamische Theosophie

Der Gesetzes-Islam, zumal in seiner fundamentalistischen Gestalt, ist heutzutage in Europa ins Gerede gekommen. Auf einem Kontinent, der – sieht man von einigen katholischen oder orthodoxen Ländern an seinem südlichen oder östlichen Rand einmal ab – nur noch Restbestände seiner vormals christlichen Religion als gelebte Wirklichkeit kennt, erscheint der Scharia-Islam in der Tat vielen als ein Anachronismus, wie Religion überhaupt. Wenn schon Religion, dann muss sie ganz individualistisch zugeschnitten sein, etwa auf das, was „man" – in Relation zu den Ergebnissen einer als allwissend verstandenen Naturwissenschaft – eventuell noch glauben kann. Oder man wendet sich der „Religion ohne Gott" zu: dem Buddhismus. Gleichzeitig wächst die Zahl der dezidierten oder gewohnheitsmäßigen Atheisten und ebenso die Zahl jener, die religiös ganz unmusikalisch sind, von Jahrzehnt zu Jahrzehnt. Ein Symptom dafür ist auch die steigende Zahl der Kirchenaustritte, mag sie im Einzelfall auch nicht immer den gänzlichen Verlust des Glaubens bedeuten.

Häufig wird der Verlust des Glaubens mit den allseits bekannten Exzessen und Verbrechen der Kirche (Ketzerverfolgung, Hexenverbrennungen, Inquisition) begründet, als würden in Europa noch heute Ketzer verbrannt und Wissenschaftler kujoniert. Um die noch immer weltfremde Sexualmoral der Kirche kümmern sich ohnehin nur noch wenige. Andererseits bemüht sich die Kirche vielerorts um Frieden und kämpft gegen die Armut, so in Lateinamerika oder Afrika. In Osteuropa hat sie nicht wenig zum Fall des menschenverachtenden, diktatorischen Kommunismus beigetragen. Auch hütet sie ein religionsgeschichtliches und kulturelles Erbe von zwei Jahrtausenden. Der Verdacht liegt also nahe, dass es sich bei der Argumentation mit den „verbrannten Ketzern" eher um eine Rationalisierung im Sinne der Psychologie handelt. Sie soll die existenzielle Glaubensnot überdecken, bewältigen und vor dem eigenen Verstand und Gewissen rechtfertigen helfen. Es liegt auch nicht primär an den jüngsten sexuellen Missbrauchsfällen innerhalb der Kirche oder am Zölibat, dass die Substanz des Glaubens seit Generationen stetig nachlässt. In Schulen und Kindergärten, vor allem aber in den Familien selbst werden sehr viel mehr Kinder missbraucht, wie man statistisch längst festgestellt hat.

Immer mehr verschwindet auch das Bewusstsein, was die Kirche trotz und jenseits ihrer Verbrechen und Schandtaten, trotz ihrer von vielen als einschnürend empfundenen Moral geleistet und angeregt hat für die bei uns viele Jahrhunderte herrschende christliche Kultur, von den Domen und Kathedralen angefangen über die Bildende Kunst, die Musik und die Philosophie (Metaphysik) bis hin zu den nicht mehr wegzudenkenden Prinzipien eines sozialen Ausgleichs in der Gesellschaft und karitativer Tätigkeit durch vielerlei Institutionen, gerade auch der Kirchen. All dies – der Darwinismus lehrt es uns – ist nicht selbstverständlich. Selbst der Sozialismus war, trotz aller theoretischen und praktischen Kirchenferne und Religionsfeindlichkeit, in gewisser Weise auch noch ein Kind des Christentums – „toll gewordene christliche Wahrheiten", wie ein christlicher Denker, der Jesuitenpater Calvez, den Sozialismus einmal charakterisierte. Wäre dies alles geworden ohne Barmherzigkeit und Mitleid, zwei Tugenden, die in der „vorchristlichen Seele" (Egon Friedell) nicht wirklich bekannt waren? Und der moderne Individualismus, den wir abstrakterkenntnistheoretisch auf René Descartes (1596–1650) und sein „cogito, ergo sum" zurückführen mögen, hat seinen Urgrund gewiss auch im biblischen Menschenbild, das in jedem Menschen die Spur Gottes erkennt und ihm deshalb seine Personalität, sein Ich, zuspricht. Zumindest wir „Westler" empfinden den einzelnen Menschen als „Jemanden", als Person, nicht nur als ein „Etwas" (so Robert Spaemann in seinem bekannten Buch mit dem Titel „Personen. Versuche über den Unterschied zwischen ‚etwas' und ‚jemand'", 1996). Doch das Bewusstsein davon ist verlorengegangen, das heute Gültige ist eben selbstverständlich und wird gar nicht mehr auf seinen Ursprung befragt und zurückgeführt. Realismus und Positivismus nehmen Anstoß an der „Jungfrauengeburt" Jesu – als habe die Religionswissenschaft dies nicht längst als einen weit verbreiteten religionsgeschichtlichen Topos ausgemacht, der so oder so ähnlich viele Religionsstifter und „Helden" trifft, den islamischen Propheten Mohammed eingeschlossen, um dessen Geburt sich auch wundersame Ereignisse ranken. Der Sinn für die Andersartigkeit der allegorischen religiösen Sprache ist verloren gegangen und er wird auch von niemandem mehr erweckt werden.

In Sachen Religion also ist die „Geistige Situation der Zeit", um einen Titel von Karl Jaspers (1883–1969) zu zitieren, durch massive Verluste an (metaphysischem) Sinn und Sinnhorizont gekennzeichnet. Mag der Wissenschaftler noch seine Befriedigung im Erkenntnisprozess finden, der einzelne „Wahrheit" auf „Wahrheit" häuft – die meisten Menschen sind jedoch keine Wissenschaftler. Was bleibt ihnen in ihrem Alltag? Der Sinn des Lebens ist das Leben selbst, heißt es. Wohl wahr! Wer wollte dem ernsthaft widersprechen. Eine Reduktion auf die „volle Entfaltung materiellen Daseins“, schon immer eine Versuchung des Menschen, scheint heute indessen überhandzunehmen, eine – hier und da durchaus intellektuell verfeinerte – Lebensform des Hedonismus, die freilich auch zu einem Phänomen bewusstlosester Konsum-Plattheit werden kann, wenn das Vermögen für die intellektuelle „Verfeinerung“ fehlt. Ein Wissenschaftsphilosoph wie Bernulf Kanitscheider rät uns („Entzauberte Welt. Über den Sinn des Lebens in uns selbst“, 2008) zum kultivierten Hedonismus, wobei es kein Zufall ist, dass „theistische“ antike Philosophen, wie Platon, Plotin oder selbst Aristoteles, bei ihm kaum noch zitiert werden. Ihm liegen die Stoiker, vor allem jedoch die Epikuräer weitaus mehr. Und in stolzer Vereinsamung, aber auch Verzweiflung behaupten sich die Anhänger und Jünger eines E.M. Cioran (1911–1995) in der Eiswüste des metaphysischen Nichts. Es ist schon so: Der von Nietzsche antizipierte „letzte Mensch“ ist im Werden. Er lebt ohne Gott und ohne metaphysischen Sinnhorizont, sein Leben ist die Entfaltung der materiellen Dimension und der intelligente Umgang mit den Lüsten, den man allen anderen auch gönnt, sogar wünscht. Man gönnt sich ja sonst nichts – und kann nicht morgen schon alles vorbei sein? Oswald Spengler (1880–1936) hatte in seinem Werk „Der Untergang des Abendlands“ (1919) schon recht: Zwar lebt Europa als technische, säkulare Moderne, ja Postmoderne weiter (und wird auch weiterleben), aber das „Abendland“ ist längst untergegangen. Intellektuell hochstehend, doch spirituell, geistig arm – so könnte man es ein wenig polemisch auf den Punkt bringen. Viele wissenschaftliche Fakten, aber keine Weisheit. Einen Ausweg, der keiner ist, scheinen jene Esoterik-Abteilungen der Buchhandlungen zu bieten, in denen teilweise ein Zeug aufgetischt wird, das so kraus ist, dass man sich über die Leichtgläubigkeit nur wundern kann, mit der der jahrtausendealte, den meisten Kulturen durchaus vertraute Gedanke eines „göttlichen“ Urgrundes und Anfangs verworfen und durch allerhand höheren Schabernack ersetzt wird.

Der Orient, der islamische zumal, macht da nicht mit. Sein Motto heißt: Gegenwehr. Diese Gegenwehr hat in jüngster Zeit hier und da völlig aus dem Ruder gelaufene terroristische und auch verhärtet-dogmatische Formen angenommen, die nicht akzeptabel sind und intellektuell bekämpft werden müssen, am meisten von den Muslimen selbst. Ein regelrechter Hass auf den Westen und die „Vergiftung“ (gharbzadegi) durch ihn war etwa die leitende Idee der Islamischen Revolution im Iran 1979, gesteigert noch durch jenen Dschihadismus, der im 11. September 2001 in New York unter Al Qaida und Usama Bin Ladin seinen traurigen Höhepunkt erlebte. Diese Ereignisse und die sie tragende Strömung in der islamischen Welt haben freilich total den Blick dafür verstellt, dass es andere, vor allem geistige Arten der Gegenwehr gibt, die sich auf völlig friedliche Weise artikulieren und geeignet wären, den inneren Kern des Islam – in der Sprache Martin Heideggers (1889–1976) – zu „entbergen", ihn zu „lichten", aber auch in eine geistige Interaktion mit dem westlichen, längst metaphysik-skeptischen, ja feindlichen Denken einzutreten. Dabei meine ich weniger die traditionelle „islamische" Philosophie (falsafa), die eigentlich eine hellenisierende Philosophie in islamisch-arabischem Gewande war, als vielmehr das, was man in der islamischen Ideengeschichte „irfan" oder „maarifat", Gnosis, genannt hat. Während die falsafa mit dem Tod Ibn Ruschds im Jahre 1198 zumindest im westlichen Teil der islamischen Welt mehr oder weniger erlosch, blieb diese Gnosis als eine Mischung intuitiver Innenschau, des „Empfindungsdenkens" (so ein interessanter Begriff des Musikers Nicolas Harnoncourt) und rationalen Denkens erhalten, insbesondere im östlichen Bereich des Dar al-islam, in Persien. Moderne persische Denker sind es denn auch, die diese Traditionen weiterhin pflegen und – im Gegensatz zu westlicher Skepsis – die Meinung vertreten, der Mensch habe sehr wohl einen Zugang zur Wahrheit „meta ta physika", also Wahrheit hier in jenem metaphysischen Sinn verstanden, der auch das abendländische Denken viele Jahrhunderte lang trug, bevor „Wahrheit" mit labortauglicher, empirischer „Richtigkeit" sogenannter beobachtbarer Phänomene, welche die gesamte Wirklichkeit darstellen sollen, völlig gleichgesetzt wurde.

In der Vergangenheit haben einige westliche Denker wie Frithjof Schuon (1907–1998), Titus Burckhardt (1908–1984), Henry Corbin (1903–1978) und René Guénon (1886–1951) an diese gnostischen, esoterischen Lehren des Ostens angeknüpft und sie dem westlichen Materialismus als differentes Paradigma entgegengestellt. Für einen Mann wie Guénon zum Beispiel hatte sich die geistige Situation der Welt radikal anders dargestellt, als westliche Wahrnehmung sie wiedergab: Guénon leugnete keineswegs die wissenschaftlichen Fortschritte des Westens, beklagte jedoch den Reduktionismus, der generell zur allgemeinen Methode der Weltdeutung und Sinnfindung gemacht werde, sozusagen eine Art intellektuellen Kolonialismus gegenüber allen Gebieten geistiger Tätigkeit betreibe. Der Westen sei materialistisch, atheistisch und von jeglicher Spiritualität entleert. Insofern sei er der eigentliche „Ausreißer", der den ewigen Strom der philosophia perennis verlassen habe und nun auch noch die traditionellen Kulturen in den Strudel des Materialismus und Nihilismus hineinziehen wolle. So dürfe man sich nicht wundern, wenn diese sich zur Wehr setzten.

René Guénon zog daraus persönlich die Konsequenzen: Er verließ Europa, ließ sich in Kairo nieder, trat zum Islam über, nahm den Namen Abdul Wahid Yahya an, wurde Mitglied des traditionell einflussreichen Shadhiliya-Sufiordens und starb 1951 in seiner neuen Heimat. Für den Rest seines Lebens hatte er sich in Ägypten, dem Land, in dem so vieles begann, der Erforschung indischer Weisheitslehren, islamischer Esoterik und ihrem Zusammenhang mit den beschaulichen Lehren des Abendlandes gewidmet. Guénon ist heute in seiner französischen Heimat fast vergessen, während ihn gebildete Muslime hoch in Ehren halten.

Kann man einen spekulativen Geist wie ihn zur Not noch unter der Kategorie des geistig „Ausgeflippten", des intellektuellen Außenseiters denunzieren und damit sein Denken zu den Akten legen (zumal es auch manches Bedenkliche enthält), so fällt das bei dem Denker, dem wir uns nun zuwenden wollen, schon sehr viel schwerer. Zwar lehrte auch Seyyed Hossein Nasr (geb. 1933 in Teheran) lange Zeit in einer anderen Welt – in Amerika –, doch blieb er immer Perser und Muslim. Nasr setzte in mehr als einer Hinsicht die Arbeiten Henry Corbins, aber auch Guénons fort, insbesondere in seinen Einführungen und Monographien über die islamischen Denker und Esoteriker Ibn Sina, Suhrawardi und Molla Sadra Schirazi; doch entwickelte er sich darüber hinaus zu einem ganz eigenständigen Denker, der auf der Grundlage der von ihm erforschten „rationalen Esoterik" und Gnosis zu einem Modell gelangte, das den Kern der islamischen Religion herausschälte und gleichzeitig westliche Philosophien kritisierte. Dabei bleibt Nasr immer maßvoll, sarkastische Ausfälle oder polemische Passagen, wie sie einem bei Guénon und anderen hier und da begegnen, sind ihm fremd. Nasr weiß schon, was das westliche Denken geleistet hat, und er schätzt dies, wendet sich allerdings gegen dessen positivistische Einseitigkeiten und den Alleinvertretungsanspruch. Auch wer nicht alle seine kritischen Einwände teilt, wird doch sein Hauptwerk mit dem deutschen Titel „Die Erkenntnis und das Heilige" mit Gewinn aufnehmen können. Nasr stützt sich da keineswegs nur auf orientalische Traditionen allein, er kennt auch alle Einwände westlicher, vom philosophischen Hauptstrom abweichender Denker gegen positivistische Einseitigkeit: Jakob Boehmes „Aurora", Goethes ganzheitliche, in Spinoza und Leibniz wurzelnde Naturanschauung, die Schellingsche Identitätsphilosophie – dies alles ist ihm wohl vertraut. Hätte die westliche Kultur solcherlei Naturbetrachtung und Naturforschung stärker beachtet, so lehrt Nasr, dann wäre ihr die Einsicht in die Heiligkeit alles Seins nicht verlorengegangen, wie das gegenwärtig der Fall sei. Die umfassende ökologische Krise kommt denn auch für einen Denker wie Nasr nicht überraschend. Sie ist das Resultat jener bis zum Äußersten getriebenen, allein gültigen westlichen „Denkökonomie", die man als „Occams razor" bezeichnet. Ihr geht der Blick auf qualitative Zusammenhänge verloren, während sie unablässig quantitative Ergebnisse anhäuft, diese Erkenntnisse in der Technik effektiv verwirklicht und in der Wirtschaft, demselben quantitativen System folgend, den größtmöglichen Nutzen dem geringsten finanziellen oder arbeitstechnischen Aufwand gegenüberstellt.

Neben seinen originären Werken, in denen er seine Gedanken über den Islam und die Auseinandersetzung mit der westlichen Moderne niedergelegt hat, hat sich Seyyed Hossein Nasr immer wieder aufs Neue in Monographien mit jener „östlichen Philosophie" beschäftigt, die nach dem Verlöschen der falsafa im Maghreb im islamischen Osten, dem Maschreq, gepflegt wurde und bis heute dort eine Rolle spielt. Zwar gingen die Gedanken der islamischen Philosophen, das heißt eines al-Kindi und al-Farabi, eines Ibn Ruschd, Ibn Tufail und anderer, niemals ganz verloren, sondern wurden in Gestalt der „kalam" genannten rationalen Theologie auch in der westlichen Hemisphäre der islamischen Welt weitergetragen (Frank Griffel, 2010), das heißt in der Theologie der mutakallimun; doch als Philosophie nach dem hellenisierenden Muster wurde sie von den Religionsgelehrten als „Wissenschaft der Alten" (ilm al-qudama) aus dem Islam ausgesondert.

In der östlichen Philosophie sind es vor allem Namen wie Ibn Arabi, Ibn Sina (Avicenna), Suhrawardi und Molla Sadra, die es Nasr besonders angetan haben. Unter diesen vier Denkern ist nur Ibn Arabi ein „Westler" gewesen. Er stammte aus Murcia in Andalusien, wo er 1164 geboren wurde und starb 1240 in Damaskus; dort kann man noch heute sein Grab besuchen. Vielleicht war Muhyi al-Din Ibn al-Arabi, genannt Ibn Arabi, zusammen mit dem großen Muhammad al-Ghazali (gest. 1111) der einflussreichste Denker des Islam überhaupt. Obwohl ihn orthodoxe ulama immer mit scheelen Augen ansahen und seine Doktrinen für ketzerisch hielten, wurden seine Werke enorm populär. Die letzten achthundert Jahre islamischer Geistesgeschichte sind ohne den Einfluss Ibn Arabis gar nicht vorstellbar.

Seine zahlreichen Werke gliedern sich in zwei Gruppen: Dichtungen, wie der „Dolmetsch der Liebenden" (Tardschuman al-aschwaq), und sufischphilosophische Traktate unterschiedlichster Länge und geistiger Ausdehnung. Hauptwerke sind die „Mekkanischen Offenbarungen" (al-Futuhat al-Makkija) und die „Ringsteine der Weisheit" (Fusus al-hikam). Um zu verstehen, warum Seyyed Hossein Nasr in einem seiner Werke die „Einheit Gottes" als das „Herz des Islam" bezeichnet, bedarf es einer kurzen Skizzierung von Ibn Arabis theosophischer Einheitsvision.

Zunächst gilt es hervorzuheben, dass der Monotheismus, der Tauhid, die Lehre von der Einzigkeit und Einheit Gottes, der Kern der islamischen Botschaft überhaupt ist. Doch der Koran ist kein philosophisches Buch, in dem eindeutig oder gar logisch diskursiv argumentiert wird; auch Poesie spielt innerhalb seiner Sprachebenen eine Rolle. Bisweilen fühlt man sich an den Wittgensteinschen Gedanken von Sprachspielen erinnert. Gott als der Allergrößte (al akbar) wird einmal als transzendent beschrieben, dann wieder ist er dem Menschen „näher als seine Halsschlagader", wie dort formuliert wird.

Ibn Arabi nun konkretisiert die Einheit und Einzigkeit Gottes – nach Nasr eben das Herz des Islam – durch seine metaphysische Vision von einer „Einheit des Seins" (wahdat al-wudschud), die Gott und seine Schöpfung in einer einzigen Schöpfungs-Substanz zusammendenkt. Nicht zu Unrecht fühlt man sich im europäischen Zusammenhang an Baruch Spinoza (1632–1677) erinnert. Es gibt nur ein Sein (eine Substanz?), die alles, was existiert, umfasst, darstellt, repräsentiert, enthält; Gott ist nur logisch früher als seine Schöpfung, diese jedoch ist Seine Spiegelung in all ihren Facetten. Ibn Arabi bemüht sich redlich, den Pantheismus zu vermeiden, doch ist solches Bemühen eben früheren Zeiten geschuldet. Heute sollte man, auch und gerade wenn man eine kosmische Religiosität zugrunde legt, die die Evolution allen Seins bejaht, alle Berührungsängste mit einer solchen Einheitsvision hintanstellen. Für die Spinozisten ist die Natur das Kleid der Gottheit; Ibn Arabi verwendet den Begriff „tadschalli", den man mit Epiphanie übersetzen kann, Selbstentschleierung und Selbstentäußerung Gottes. „Ich war ein verborgener Schatz und wollte erkannt werden. So schuf ich die Welt", zitiert der Denker einen bekannten Ausspruch der Sufis über Gott und seine Sehnsucht, Geschöpfe hervorbringen zu wollen. Zur Erkenntnis dieser Einheit des Seins, die Schöpfer und Geschöpf, Gott und Natur zusammenschaut, gelangt man nicht nur durch das diskursive Denken, sondern durch eine Erkenntnisart, die man als „schöpferische Vorstellung" (imagination créatrice) oder spirituelle Intuition bezeichnen kann. Spätestens bei diesem Terminus merkt man, dass Ibn Arabi eben ein Sufi gewesen ist, nicht nur ein Denker. Er ist zwar Rationalist, glaubt jedoch, dass der Mensch auch über Fähigkeiten einer mehr schauenden, einfühlenden Erkenntnis verfügt, die freilich erst freigelegt werden muss. Damit steht er keineswegs allein. Fast alle Sufis und auch die „docteurs soufis" (Corbin), die gelehrten beschaulichen Meister, zu denen Ibn Arabi ebenso gehörte wie Ibn Sina, kennen schon das, was ein Blaise Pascal (1623–1662) Jahrhunderte später und an völlig anderem Ort auf christlicher Basis als die „Raison des Herzens" (raison du coeur) bezeichnen wird. Im nächsten Kapitel werden wir darauf noch einmal eingehen. Dem Denken ist ein intuitives „Schauen" beigeordnet, dessen Entschleierung gewiss rätselhaft ist, das aber in der Praxis oft genug seine Bestätigung findet. Diese schöpferische Imagination, die der Philosophie etwas Künstlerisches hinzufügt, ist nicht bloße Spekulation oder gar Phantasterei ins Blaue hinein, sondern ein „Schauen oder An-Schauen" der Wahrheit, wie sie von allen Denkern der philosophia perennis überliefert wird. Sie übersteigt und ergänzt das diskursive Denken und ist als „Wissenschaft des gewissen Wissens" (ilm al-yaqin oder haqq al-yaqin) die höchste Erkenntnis und Wahrheit, die der Mensch erreichen kann. In diesem „monistischen Idealismus" des Ibn Arabi gelingt das, weil Mensch und Welt, Geschöpf und Kosmos aufeinander bezogen sind und eine ontologische Einheit bilden. Schon die Stoiker waren der Meinung, der Mensch sei ein „Kosmos im Kleinen" (Mikrokosmos), der Kosmos aber ein Mensch „im Großen", wie immer man sich das vorzustellen hatte. Diese Lehre, die den Menschen nicht als etwas merkwürdig Fremdes in der übrigen Schöpfung sieht, war den islamischen Weisen spätestens bekannt, seitdem im 10. Jahrhundert die „Lauteren Brüder von Basra" in ihren Traktaten (den rasa'il ikhwan al-safa) sie ausdrücklich thematisiert hatten. Weil der Mensch ein „Kind des Weltalls" ist, kann er ebenso ein capax universi sein – und dies trotz aller Skepsis, welche die Erkenntnisprozesse des Menschen auch immer leiten sollte. Für diese Denker ist der Mensch eben nicht der „Zigeuner am Rande des Universums" (Jacques Monod), sondern in die übrige Schöpfung hineinverwoben, mit allen Konsequenzen übrigens, die ein solcher Ansatz zum Beispiel für die moderne Ökologie haben könnte.

So sind in der Mystik des Ibn Arabi Denken und Schauen vereint, ja bisweilen wird die höchste Erkenntnis des Sufis als ein „Schmecken" der Wahrheit (dhauq) bezeichnet. Wer dieses Stadium erreicht hat, ist zum „vollkommenen" oder „allheitlichen" Menschen geworden, zum „insan al-kamil" – ein Stadium der Erkenntnis dies, das zur Entwicklung auch innerer Tugenden führt, die ein bedeutender Schüler des Meisters aus Murcia, Abd al-Karim al-Dschili (1366–1403), später in seinem Denken ausgestaltet hat. Auch dieses Ideal des insan al-kamil hat in der Geistesgeschichte des Islam, vor allem in der Esoterik, eine überragende Rolle gespielt. Bisweilen, das muss man einräumen, erreichten die Überhöhungen des „vollkommenen Menschen" auch einen Grad, der an abergläubischen Aberwitz grenzt, doch sollte man deshalb das Streben nach einem solchen Ideal nicht von vornherein ablehnen oder stigmatisieren.

Die Naturgesetzlichkeit innerhalb der Einheit des Seins, ein Prozess, den Ibn Arabi als beschaulicher Visionär mehr metaphorisch skizziert als detailliert ausbreitet, wird in Ibn Arabis kosmischer Religion platonisch vorgestellt. Auch Seyyed Hossein Nasr sieht in den ayan thabita, wie Ibn Arabi sie nennt, den Ideen oder Urformen Platons, jene Grundmuster, nach denen sich die Selbstoffenbarung Gottes im Kosmos, in der Natur vollzieht. Kosmologische Doktrinen im vorderasiatischen Denken, vor allem in der persischen Philosophie, sind denn auch ein Schwerpunkt in den ideengeschichtlichen Forschungen Nasrs, angeregt auch durch Corbin und manche europäische Arbeiten über Ibn Sina. Sie sind es, die dieses Denken und seine metaphysischen Entwürfe aktuell bleiben lassen, denn die „Welt" wird hier nicht partikularistisch zerstückelt, sondern alle ihre „Einzeldinge" werden als Einheit zusammengedacht.

In einem schon klassisch zu nennenden Werk mit dem Titel „Three Muslim Sages" hat Nasr Ibn Arabi, Ibn Sina und Suhrawardi gedeutet und miteinander in Beziehung gesetzt. Dabei ging er davon aus, dass insbesondere Suhrawardi erst einmal vorgestellt werden muss, während ein Ibn Arabi und erst recht ein Ibn Sina im Westen ungleich bekannter sind. Sie drangen ja schon in das Denken des Mittelalters ein. Vor allem Ibn Sina (Avicenna) ist bereits im Zeitalter der Scholastik durch Übersetzungen seiner Werke ins Lateinische in Europa berühmt geworden. Ein Denker wie Suhrawardi hingegen ist über den arabisch-persischen Sprachkreis niemals hinausgekommen; er wurde bis zum 20. Jahrhundert niemals übersetzt und ist nur einem sehr engen Kreis von Spezialisten überhaupt vertraut.

Zeitlich liegt Suhrawardi mit seinen Lebensdaten (1153–1191) näher an Ibn Arabi als an Ibn Sina, ja er hätte Ibn Arabi sogar lange auf seinem Lebensweg begleiten können, wenn man ihn nicht hingerichtet oder im Gefängnis hätte sterben lassen, so genau weiß man es nicht. Jedenfalls ist dieser Perser eines der wenigen Opfer, das die Philosophie im Islam beklagen musste. Man nennt ihn deshalb oft auch Suhrawardi „al maqtul", der Getötete, im Unterschied zu anderen islamischen Größen gleichen Namens.

Schihab al Din Yahya Suhrawardi, aus Suhraward bei Zandschan im Mittel-Iran stammend, ist eine der eigenartigsten, originellsten Gestalten der islamischen Geistesgeschichte überhaupt. Sein Werk ist teilweise rationalistisch, teilweise auch allegorisch gehalten. Als Vertreter einer philosophischen Lichtkunde hat man ihm den Beinamen Scheich al ischraq verliehen – Meister der Illumination, der lichthaften, erleuchtenden und erleuchteten Erkenntnis. Und der gesamten gnostischen Richtung, die er mitbegründete, hat man sogar den Namen „Schule des ischraq" gegeben.

Suhrawardi, der von Osten nach Westen wanderte, von Persien nach Aleppo in Syrien, legte spirituell den umgekehrten Weg zurück. Sein Erkenntnisweg, der denkt und mystisch schaut, verläuft vom westlichen Exil des Geistes (gharb), aus der Fremde, in das Land des Ostens, des Orients, keschwar-e scharq, wobei das Wort „scharq" (Orient) zum selben Wortstamm gehört wie das Wort „ischraq". Erkenntnis ist Erleuchtung „Lichtung", um mit Heidegger zu sprechen. Die Ursprünge der geistigen Landschaft Suhrawardis führen weit zurück in den antiken, vorislamischen Orient. Suhrawardi ist, wie alle Vertreter der islamischen Gnosis, ein Lichtgeist in des Wortes wahrer Bedeutung. Erst die modernen Physiker, wie Planck, Einstein und andere, haben sich wieder so intensiv mit dem Licht beschäftigt wie Suhrawardi. In den Augen der Orthodoxie beschritt dieser Denker schon deshalb einen gefährlichen Weg, weil er als Perser die vorislamischen religiösen Vorstellungen, insbesondere die Zarathustras und wohl auch Manis, aufgriff und in seine Gedankenwelt integrierte. Gefährlich war das, weil in der Auseinandersetzung mit dem frisch nach Iran einströmenden Islam mit seiner Einheitsvision von Gott die Perser den Verdacht niemals loswurden, sie seien insgeheim Dualisten geblieben. Als dualistisch hatte man den Glauben Zarathustras aufgefasst und der Begriff „Ketzer" (zindiq) wurde gleichsam synonym mit „Dualist". Einige persische Muslime fielen denn auch diesen Verdächtigungen zum Opfer; der bekannteste von ihnen war Ibn al Muqaffa, der Übersetzter der berühmten Fabelsammlung Kalila wa Dimna ins Arabische, der wegen angeblicher Verbreitung dualistischer Lehren im Jahre 756 n. Chr. exekutiert wurde.

Zarathustras Vision vom lichten Reich Ahura Mazdas, des guten Gottes, der einen dunklen Widersacher namens Angra Mainju (Ahriman) hat, lebt in Suhrawardis islamisierter Lichtmetaphysik fort. Doch nicht nur diese: Auch Corbin und Nasr vermuten, dass in Suhrawardis Lichtwelt noch ältere östliche Lehren ihren Nachhall finden, bis zurück zur ägyptischen Sonnenverehrung, die unter dem Pharao Echnaton in der 18. Dynastie des Neuen Reiches schon ein monotheistisches Vorspiel fand. Die „heliozentrische" Revolution von Achetaton war in der Religions- wie Geistesgeschichte ein Ereignis, das in seiner unergründlichen Tiefe bis heute noch kaum begriffen worden ist. Denn Echnaton ersetzte ja nicht einfach den Sonnengott Ra, den alle Ägypter kannten, durch den Sonnengott Aton, der ihnen ebenfalls vertraut war. Aton wurde vielmehr zum einzigen und alleinigen Gott, der wohl nicht allein mit der realen Sonne allein identifiziert wurde. Auch sie war offenkundig nur seine sichtbare kosmische Gestalt und die Sonnenscheibe das Symbol für ihn, gewissermaßen die Ikone für seine Verehrung. Er selbst war seinem Wesen nach Licht, das sich mittels der Sonne als lebensspendende Kraft in die Welt ergießt – als Licht und Wärme. Und diese Auffassung blieb nicht ohne Folgen für die Menschenwelt. In der Amarna-Kunst dieser Zeit, die nur etwa fünfzehn, maximal zwanzig Jahre währte, erscheint – zum ersten Mal in der Geschichte der Menschheit überhaupt – das *Individuum*. Während die ägyptische Kunst drei Jahrtausende lang die Pharaonen unpersönlich und fast gleichförmig darstellte, bringt die Amarna-Kunst die Herrscherfamilie personal gestaltet zur Darstellung. Echnaton und Nofretete werden sogar zusammen mit ihren Kindern in der Intimität des Familienlebens gezeigt, eine Ungeheuerlichkeit im Orient bis heute. Sie sind Menschen wie alle anderen auch, die Gemahlin des Pharao steht gleichberechtigt an seiner Seite. Und der von ihnen verehrte Gott ist kein unnahbarer Schemen, er birgt vielmehr Natur und Jenseits, Immanenz und Transzendenz in sich. Er ist Quelle und Elixier des Lebens. Er erhält auch alles Lebendige, was die Amarna-Kunst dadurch zum Ausdruck bringt, dass sie die Strahlen der Sonne in Hände münden lässt. Dieser Gott ist außerdem ein Gott des Friedens, der Hege und Pflege seiner mannigfachen Wesen, nicht der Zerstörung. Krieg hat in diesem Weltbild von Achetaton keinen Platz.

Der Orient ist diese Ideen, trotz des baldigen Endes von Echnatons Revolution, niemals mehr losgeworden. Lichtkulte prägen die religiöse Landschaft des Hellenismus, in Alexandria und anderswo. Sie prägen die Gnosis, eine machtvolle Bewegung, die auch in das junge Christentum eindringt. Nachhall gnostischer Lichtlehren findet man in der Apokalypse des Johannes und im Johannes-Evangelium. Die mandäische Gnosis der Johannes-Christen im Irak kennt sie ebenso wie der Manichäismus. Die Evangelien nennen Jesus das Licht des Himmels und der Erde. Und schließlich wird auch im Koran Gott mit dem Licht identifiziert, so in dem berühmten Lichtvers, der da lautet: „Gott ist das Licht des Himmels und der Erde, sein Licht ist wie eine Lampe, die in einer Nische brennt, mit Licht von einem gesegneten Ölbaum ... Licht über Licht“ (Sure 24, Vers 35). So bleibt festzuhalten: Auch der Koran beschreibt Gottes Wesen als Licht. Daher lagen jene schon falsch, die einen Mann wie Suhrawardi wegen seiner Auffassungen verurteilten.

Der Perser entwickelte eine Ontologie des Lichts, die ihre Entsprechung in einer Erkenntnistheorie der Erleuchtung (ilm al-ischraq) findet. Wir beschreiben sie mit unseren westlichen Worten und Begriffen: Der menschliche Intellekt ist lichthaft, weil er Teil des göttlichen Logos ist, der ebenfalls Licht ist. In der Erkenntnis, die – wie bei allen Sufis – nicht nur diskursive, sondern auch kontemplative Elemente enthält, nähert sich der Mensch immer mehr der göttlichen Lichtsubstanz an, überwindet die Trübungen der Welt, die seinen Geist umschatten, ja verunreinigen. Der Prozess des Erkennens ist ein vom Streben nach dem göttlichen Licht gelenkter Kampf mit dem „Materialismus", den Elementen einer bloßen Schattenwelt. Suhrawardi verwendet Bilder, die uns fremd geworden sind und die wir heute mühsam entschlüsseln müssen. Der Kosmos besteht aus Abstufungen des Lichts, die als Emanationen aus der höchsten Lichtquelle, eben dem göttlichen Licht, vorgestellt werden. Dadurch, dass der Gnostiker in der kontemplativen und intellektuellen Erkenntnis die Dunkelheiten und Trübungen des Lichtes abstreift, kommt er Gott näher. Ohne Einflüsse Plotins (205–270), des Schöpfers des Neuplatonismus, sind solche Gedanken kaum vorstellbar.

Spätestens hier erfolgte der Einspruch der Orthodoxen, der den Denker schließlich sein Leben kostete. Die Lichtmetaphysik nährte wieder den Verdacht des „Dualismus" iranischen Ursprungs, und die Erleuchtungslehre, die den Menschen durch Erkenntnis Gott näherbringen sollte, geriet unter Blasphemie-Verdacht. „Gottähnlichkeit", Einwohnung Gottes in der menschlichen Seele (hulul) hatte man zuvor schon anderen Mystikern und sufischen Denkern, wie etwa al Halladsch (854–922) oder Bayazid al Bistami (803–875), vorgeworfen. Auch Halladsch war dafür den Märtyrertod gestorben. In seiner Wahlheimat Aleppo hatte der Schiit Suhrawardi einen toleranten Herrscher gefunden, der sich zudem für seine Gedanken interessierte. Als Aleppo jedoch mehr und mehr unter den Einfluss des in Kairo residierenden Sultans Salah al-Din al-Ayyubi (des Saladins der christlichen Quellen) geriet, war der „Ketzer" Suhrawardi nicht mehr zu halten. Er wurde in den Kerker geworfen und wohl hingerichtet. Saladin verhielt sich in der Regel tolerant gegenüber den Christen, was ihm seinen guten Ruf in Europa einbrachte; gegen die schiitischen „Ketzer" hingegen ging er mitleidlos vor. So wurde Suhrawardi eines der – relativ wenigen – Opfer der Philosophie im Islam.

Sein Denken ist viel komplexer, als wir es hier darstellen können. In verwandelter Gestalt tauchen bei ihm auch jene Engelwelten auf, die ein Erbe der Religion Zarathustras sind.

Der monistische Platoniker (was eigentlich zunächst ein Widerspruch zu sein scheint) aus Murcia Ibn Arabi, der eigenwillige, auch vom Sufismus geprägte Aristoteliker Ibn Sina und der gnostisch gestimmte Licht-Metaphysiker Suhrawardi erfahren nach Nasr ihre Vollendung im Werk von Mullah Sadra Schirazi, kurz Mullah (Molla) Sadra (gest. 1640) genannt. Diskursives Denken, schöpferische Schau mittels der Intuition, mystische Erfahrungen als eine ernstzunehmende Form existenziellen Wissens – als menschliche Orientierung – und die iranischen Lichtlehren werden bei Molla Sadra Grundlage für eine Erkenntnistheorie und Metaphysik (Ontologie), die bis heute im iranischen Denken nachwirken und, wie dieser persische Denker glaubt, eine Brücke zur Moderne herstellen könnten. Mit dem herkömmlichen, ritualisierten Islam und den hinter diesem stehenden Anschauungen haben sie wenig zu tun. Diese esoterische Form des Islam steht und fällt damit, dass man reduktionistische Methoden nicht verabsolutiert. Nasr würde ungefähr Folgendes sagen: Zur Intelligenz, dem „innerlichen Lesen" der Textur des Universums, gehört neben der empirischen Forschung auch die schöpferische Intuition, die durch eine Gleichartigkeit der Erkenntnisse im Verlaufe einer langen Geistesgeschichte in praktisch fast allen Kulturen und Religionen beglaubigt wird – nicht mit der Sicherheit reduktionistischer Methoden, aber doch im Rahmen der philosophia perennis. Sie hat zu allen Zeiten und an allen Orten ungefähr das Gleiche gedacht: dass diese Welt sich nicht im bloßen materiellen Existieren von etwas erschöpft, sondern etwas überlegen Schöpferisches birgt, das der Mensch verehrt und bewundert, nicht zuletzt, weil es auch ihn hervorgebracht hat.

Seyyed Hossein Nasr hat dem Werk des Molla Sadra umfassende Studien gewidmet. Er hat die geistigen Ströme des Peripatetikertums, des Sufismus und der Lichtmetaphysik aufgezeigt, die in dessen grandiosem Werk zusammenfließen und die wir hier nur kurz angerissen haben. Im Mittelpunkt von Schirazis Metaphysik steht die Doktrin von der „transsubstanziellen Bewegung" (al-haraka al-dschauharija), die von Corbin mit einer umfassenden „Unruhe des Seins", einer metaphysischen Beweglichkeit und Veränderlichkeit, übersetzt und gleichgesetzt wird. Für Molla Sadra ist das Universum nichts Statisches mehr, wie noch für Ibn Arabi, sondern befindet sich in ständiger Bewegung und Veränderung. Und Schirazi gewinnt solche Erkenntnisse just zur selben Zeit, da im weit entfernten Europa ein Galilei (1564–1642) seine neuen Konzepte der Bewegung entwirft. Von solchen Gedanken, wie Sadra sie hegte, böten sich Ansätze zur Beschäftigung mit modernen kosmologischen Theorien, und natürlich auch zur Evolutionstheorie. Vielleicht war ja die islamische Esoterik, wie andere innerliche, beschauliche Lehren, von modernen Einsichten weit weniger entfernt, als viele glauben oder glauben machen wollen. Die Furcht vor einem religionsfeindlichen Naturalismus hat vielerorts verhindert, dass man sich solchem Denken stellte. Da verbarrikadierte man sich doch lieber hinter seinen Dogmen.

Molla Sadras Denken ist bis heute angesehen in Persien, und seine Schule reicht über Muhsin Faiz-i Kaschani im 17. Jahrhundert bis zu Molla Hadi Sabzewari im 19. Jahrhundert. Zusammen mit Mir Damad (gest. 1631) und seinem Zeitgenossen Mir Fandaraski gelten sie alle als die Schule der „Theosophen von Isfahan".

Zu allen Zeiten ist der Vorwurf des Pantheismus gegen solcherart freie Geister erhoben worden, die sich erlaubten, mit dem Gedanken einer göttlichen Wirkursache im „materiellen" Universum selbst Ernst zu machen, was im Falle des Ibn Arabi ebenso geschah wie bei Molla Sadra. Das erklärt auch die Angst orthodoxerer Geister, die Religion könne dadurch einen Bedeutungsverlust erleiden oder gar absterben; doch damit ist nach allem, was wir über den Menschen als homo religiosus wissen, nicht zu rechnen. Lediglich das Religiöse und die historisch gewordenen Religionen verändern sich – wie alles, was wir heute erkenntnismäßig erfassen können, die Gegenstände der Mathematik vielleicht ausgenommen. Sie bilden ja, nach Kurt Gödel (1906–1978), eine platonische Welt der Ewigkeit für sich.

Theist ist, wer glaubt, dass ein Gott die Welt geschaffen, hervorgebracht, bewirkt, ins Sein gerufen hat und so weiter. Der A-Theist hingegen ersetzt im Allgemeinen Gott durch die Natur. Nicht ein personaler Gott als Schöpfer ist für ihn das Absolute, sondern eben die Natur. Das ist die These des Pantheismus, der ebenfalls ein Absolutes, also Gott, für gegeben hält; nur ist dieser eben nicht als Person gedacht, sondern unpersönlich. Deus sive natura sive substantia, wie Baruch Spinoza (1632–1677) es formuliert hat. Es war auch der Gott Goethes und Albert Einsteins. So bleibt der Atheist, auch wenn er es nicht weiß, irgendwo ein Gott-Gläubiger.

Der Schlussfolgerung kann man nur entgehen, indem man die Existenz eines Absoluten überhaupt leugnet, es als unsinnig abtut. Es gibt dann vorgeblich nur Relatives und auch das Universum selbst ist relativ, nicht absolut. Die Schwierigkeit liegt freilich darin, dass man nicht weiß, worauf dieses Relative denn „bezogen" sein soll (Relation heißt Beziehung), wenn nicht auf ein Absolutes. Der Begriff „relativ" ist ohne ein etwas, auf das er sich bezieht, im Grunde überflüssig. Doch gesetzt den Fall, es gäbe wirklich nur Relatives – dann muss man erklären, wie ein relatives (gemeint ist in Wirklichkeit kontingentes) Universum sich selbst erschaffen kann, denn alle kontingenten Dinge des Universums oder im Universum, die wir bis heute kennen, schaffen sich nicht einfach selbst. Dies sind die Rätselfragen der modernen Kosmologen, deren Theorien mehr oder weniger einleuchten mögen. Natürlich kann man sich auf sie beschränken, zumal die Wissenschaft schon aus methodischen Gründen Gott beiseitelassen muss. Auch lösen diese Theorien sich häufig ab oder werden ständig modifiziert, ergänzt, korrigiert. Doch die altbekannte Frage „Warum gibt es überhaupt etwas und nicht etwa nichts?" ist noch immer berechtigt; sie ist unbeantwortet, trotz Stephen Hawking und Steven Weinberg.

Die Atheisten früherer Zeiten vertraten deshalb die Theorie, das Universum sei weder geschaffen noch entstanden, sondern ewig und unerschaffen, das heißt immer und damit ewig da seiend. So bedürfe es keines Gottes, der es erschaffen habe, weil es ja immer bestand. Doch dann ist es erst recht absolut, weil ewig, und man landet wieder beim Pantheismus, denn Ewigkeit wird im Allgemeinen nur Gott als Eigenschaft zugeschrieben. Alle Wesen und alle „Objekte", die wir heute kennen, sind nicht ewig. Selbst das Universum nicht. Auch für Aristoteles war die Welt zwar ewig, doch hielt er gleichwohl an Gott fest, den er den „selbst unbewegten, ewigen Beweger" nannte. Und auch Thomas von Aquin (1225–1274) sah ein ewiges Universum, an das er freilich nicht glaubte, dennoch nicht im Widerspruch zu einem Schöpfer. Dieser schaffe dann eben ewig die Welt, die selbst ewig, jedoch aus lauter in sich kontingenten, vergänglichen, nicht vollkommen über sich selbst verfügenden Dingen bestehe. Der heutige Rationalismus bietet als rational so etwas an wie eine „zufällige Selbsterschaffung" des Universums im Big Bang. Abgesehen von der ewigen Problematik des Zufalls (Gibt es ihn überhaupt, gerade für Rationalisten? Und wenn ja, ist dieser Zufall dann ein „sinnloser Zufall" oder doch mehr?) weist schon die Vorstellung einer „Selbsterschaffung" (siehe oben Hawking oder Weinberg) wiederum auf etwas hin, das zumindest weitaus „wirkmächtiger" und einflussreicher ist als der Mensch und die übrigen Wesen, die wir kennen. Die können sich nicht selbst schaffen. Durch „Zufall" entstanden dann offenbar auch die Singularität, die Gravitation, die Lichtgeschwindigkeit und andere Naturkonstanten, bei denen man aber ebenfalls fragen kann, warum sie gerade so sind, wie sie sind, und nicht anders. Oder sie entstanden eben nicht aus Zufall, jedenfalls nicht im landläufigen Sinn. Diese Argumentation geht auf Alfred North Whitehead (1860–1946) zurück.

Man sieht: So einfach ist die Sache auch für die sogenannten Atheisten nicht, gegen deren Haltung man überdies – wie auch gegenüber den Theisten – jederzeit psychologische Argumente ins Feld führen kann. Während es in der Tat Gläubige gibt, die ohne Gott als seelische „Krücke" nicht leben können, sind viele Atheisten stolz darauf, diese Krücke eben nicht zu brauchen. Auch dies ist kein Beweis für ihren Atheismus. Die Gefahr der Überheblichkeit droht, des sich Absetzens von den vorgeblich Schwachen. Die haben ja manche Atheisten auch schon vorsätzlich ausgerottet, wie manche Gläubige auch die wirklichen oder vermeintlichen Gottesleugner.

Doch wahrscheinlich hat Religion mit solchen rationalistischen Erwägungen, mit „Beweisen" für oder gegen die Existenz Gottes, weitaus weniger zu tun, als wir heute oft glauben oder die klassische Theologie und Philosophie glauben zu müssen meinten. Als die religiösen Vorstellungen vor vielen Jahrtausenden im Dämmer der Geschichte entstanden, dachte kein Mensch an rationale Beweise. Streng genommen kennt auch nur die westliche Kultur eine Geschichte systematischer Gottesbeweise, die problemgeladen genug ist. Religion wird wahrscheinlich weder durch Technik noch durch Sozialprogramme oder Wissenschaft und Aufklärung (welche?) völlig „abgeschafft" werden, sie ist vielleicht ein Bereich sui generis. Und selbst die beste Technik kann den Menschen nicht vom Gefühl der Abhängigkeit von etwas, das mächtiger ist als er, befreien. Wie man dieses Mächtigere dogmatisch fasst und auffasst oder wie man es nennt, sollte dabei weniger wichtig sein als die Ehrfurcht vor der Schöpfung und das eigene Verhalten, das aus dieser Einstellung gegenüber dem Ganzen folgt.

Das gilt auch und gerade, wenn man die Evolutionstheorie in den Mittelpunkt rückt. Wie oft wird heute nicht behauptet, mit ihr, vielmehr durch sie sei „die Religion" ein für alle Mal erledigt! Richtig daran ist, dass jede Form des anthropomorphen Kreationismus mit seiner naiven Teleologie herkömmlicher Prägung obsolet geworden ist, das heißt, die wörtliche Fassung des Buches Genesis. Doch das heutige naturwissenschaftliche Weltbild ist, nach dem Tübinger Wissenschaftstheoretiker Alfred Gierer sowohl mit dem Theismus als auch dem Pantheismus und dem Atheismus „vereinbar". Das bestätigt obige These, dass Religion eine Angelegenheit sui generis sei, ein Reich eigenen Rechts, dessen „Wahrheit" im Sinne der „Richtigkeit" ebenso wenig bewiesen werden kann wie im Falle der Musik, der Kunst und so weiter. Im strengen

Sinne „braucht“ man weder Religion noch Musik noch Kunst, man kann auch ohne sie leben, sogar recht ordentlich. Die Religion mancher Indianer ist jedoch, ganz im evolutionären Sinn, einmal mit dem schönen Satz zusammengefasst worden: „Gott schläft im Stein, erwacht in der Pflanze, wird sich im Tier bewusst und erkennt sich mehr und mehr im Menschen.“ Was ist dies anderes als eine religiöse Paraphrase und metaphysische „Deutung“ der Evolution als „Schöpfung im Werden“ sowie ihrer schrittweisen Entschlüsselung durch den Menschen und seinen Geist? Und die Evolution, da können wir fast sicher sein, geht weiter – die Evolution einer Welt, die auch mit ziemlicher Sicherheit Bereiche umfasst, die der menschliche Geist, so wie er durch die Evolution und ihre Bedürfnisse geworden ist, nicht erfasst. Was er freilich erfassen kann, muss und soll er wissenschaftlich erforschen. Für eine solche Auffassung plädierte vor vielen Jahren schon Hoimar von Ditfurth in seinem Buch „Wir sind nicht nur von dieser Welt“ (1981).

Im Islam lehnt die Orthodoxie bis heute die Evolutionslehre ab und beharrt auf dem teleologischen Kreationismus klassischer Provenienz. Die Front ist auf diesem Feld viel verhärteter als im Christentum, wo nur noch die amerikanischen Evangelikalen, als besonders einflussreiche Gruppe, und sektiererische christliche Minderheiten einen zudem noch wörtlich verstandenen Kreationismus verteidigen. Natürlich hat die islamische Religion keine evolutionären Vorstellungen im Sinne der modernen Evolutionswissenschaft oder nur Charles Darwins (1809–1882) entwickelt, doch keimhaft ist der Gedanke gerade bei den Esoterikern des Islam immer wieder einmal aufgekommen, nicht genau in der Gestalt, die wir heute der Evolution geben, aber dem Sinn und Gehalt nach, eingekleidet in Allegorien und Bilder. Schon in der riesenhaften Enzyklopädie der Ikhwan al-safa, der Lauteren Brüder von Basra, einer schiitisch-heterodoxen, dem Ismailitentum nahestehenden „Loge“ von naturalistischen Denkern des 10. Jahrhunderts, ist der Gedanke an den inneren Zusammenhang, an eine Kette alles Lebendigen, die im Menschen mit seinem Gottesbewusstsein gipfelt, vorhanden. Dieser „Naturalismus“ führt die Lauteren Brüder zu einer ganz modernen Auffassung: Lediglich das Bewusstsein von der Existenz Gottes trenne das Menschen-Tier von den übrigen höheren Tieren, sonst nichts, weder die Sprache noch das Bewusstsein noch die Fähigkeit, in Gemeinschaften zu leben, Wohnungen zu bauen, und vieles andere mehr. Nur der Mensch hat eine Vorstellung von einem höchsten Wesen, das ihn überragt, entwickelt. In einer berühmten Allegorie über die Klagen der Tiere bei Gott über die Hybris des Menschen haben die Lauteren Brüder dies dargestellt.

Der geniale Sufi und Dichter Maulawi, bekannt auch unter dem Namen Maulana Dschalal al Din Rumi oder in der Türkei als Mevlana Celalettin Rumi (1207–1273), hat ein Gedicht verfasst, das nichts anderes ist als eine poetische Paraphrase der Evolution, der Entwicklung „höherer Stadien" des Seins aus „niedrigeren". Das persische Original lautet:

Az dschamadi mordam o nami schodam
Waz nama mordam be-haywan bar-zadam
Mordam az haywani o adam schodam
Pas tsche tarsam ke ze mordan kam schodam
Hamle-ye digar be-miram az baschar
Ta bar aram az malaik par o sar
Bar-e digar az malak ghorban schawam
Antsch andar wahm nayad an schawam.

Diese Verse hat Friedrich Rückert in einer sehr poetischen Sprache ins Deutsche übertragen. Hier sei jedoch eine wörtlichere Übersetzung angeführt, die den Inhalt dieser Zeilen vielleicht deutlicher erscheinen lässt:

Ich starb aus der Steinheit und wurde Pflanze,
und ich starb aus der Pflanze, bewegte mich (dann) als Tier.
Ich starb aus der Tierheit und wurde Mensch,
was also fürchte ich, dass ich durchs Sterben wenig werde?
Ein andermal sterbe ich aus der Menschheit,
Bis ich von den Engeln die Flügel bekomme.
Und wiederum werde ich als Engel zum Opfer,
um zu werden, was mein Verstand nicht fasst.

Die Vorstellung einer „Ent-wickelung" (Evolution) des Höheren aus dem Niedrigeren ist hier verschränkt mit der Erwartung, dass diese Entwicklung erst endet, wenn der Geist des Menschen selbst irgendwie „göttlich" geworden ist, das heißt, wenn Gott sich im Menschen selber erkennt im Sinne jenes von den Sufis immer wieder betonten Satzes vom „verborgenen Schatz, der erkannt sein" wollte.

In der islamischen Esoterik, jedenfalls jener Schule, die wir hier betrachtet haben, ist nicht Statik, sondern Dynamik, die haraka al dschauharija, am Ende das vorherrschende Paradigma, weniger zunächst bei Ibn Arabi, wo die Spiegelmetapher noch wichtig ist, als bei den späteren Denkern; die Ontologie des Ibn Sina (Avicenna) wird von Ernst Bloch (1885–1977) nicht zuletzt deshalb als „Linksaristotelismus" charakterisiert. Besonders gilt die Dynamik jedoch bei Molla Sadra. Dessen Sein ist in unablässiger Bewegung. Moderne Theorien erkennen im Kosmos eine stete Veränderung, erst recht natürlich in der Evolution des Lebendigen. Die Schöpfung ist nichts Totes, sondern sie improvisiert und „testet", sie probiert und spielt in gewisser Weise; und sie ist, wenigstens sofern es die Erhaltung des Lebens betrifft, von einer objektiven Intelligenz durchzogen, die zwar nicht zielgerichtet ist im Sinne der Teleologie oder eines „intelligent design", aber im Sinne einer kybernetischen Intelligenz verstehbaren Lebensbedürfnissen und Überlebensbedürfnissen ihrer Wesen dient. Naturgesetze steuern den „Zufall", Strukturen gestalten Freiräume der „Materie" im Dienste der Anpassung. Aristoteles sprach von Wesensform (morphe) und Stoff (hyle).

Es gehört zu den furchtbaren Verkrustungen der islamischen Kultur, dass sie gegenwärtig wieder dazu neigt, solche Tiefendimensionen ihres eigenen Denkens, wie sie die Theosophen von Isfahan und andere, wenn auch gekennzeichnet durch zeitbedingte Mängel, bereits erkundet haben, auf dem Altar eines blinden, fundamentalistischen Gehorsams zu opfern – aus Angst vor Ketzerei und/oder Glaubensverlust. Beides ist unbegründet. Die westliche Welt freilich, dies muss auch gesagt werden, bietet leider in ihrer Weigerung, den „naiven Realismus der Massen" und den einseitigen Positivismus vieler Wissenschaftler zu hinterfragen, kein gutes Beispiel.

Die Welt der Mystik: Das „Herz“ als Organ der Erkenntnis bei den Sufis

Jener große Mathematiker, dem wir eine der ersten Rechenmaschinen und das Pascalsche Dreieck verdanken, Blaise Pascal (1623–1662), war auch Philosoph und ein homo religiosus. In seinen „Pensées“, einem der besten Aphorismen-Bücher der Weltliteratur, unterscheidet der Mathematiker unter anderem zwischen dem „Gott der Philosophen“ und dem „Gott Abrahams, Isaaks und Jakobs“. Ersterer ist der Gott der Rationalisten, dem die Frage nach der prima causa gilt, der ersten Ursache, und die so formuliert worden ist: Warum gibt es überhaupt etwas und nicht vielmehr nichts? Philosophen haben daher auch mehr oder weniger systematische Gottesbeweise entwickelt, die entweder aus dem reinen Denken (ontologisch) oder aus der Empirie zur ersten Ursache gelangten. Andere, agnostische oder atheistische Philosophen haben diese Beweise umgehend widerlegt, worauf ihre Gegner die Widerlegungen widerlegten – und so weiter. Ein processus ad infinitum. Der „Gott Abrahams“ hingegen ist der Gott des Glaubens, der Religion, nicht der Philosophie oder Wissenschaft.

Manches spricht denn auch dafür, dass der Gott des Glaubens – sieht man einmal vom Glauben als einer Gnadengabe ab – mit Rationalität wenig zu tun hat, sondern eben Produkt und Gegenstand des Religiösen ist, einer menschlichen Fähigkeit, Möglichkeit und Existenzialie, die mit anderen Existenzialien verglichen werden kann. Pascal kennt die Rationalität der Rationalisten, denn er war selber einer; doch er kennt auch etwas, das bei ihm „raison du coeur“ genannt wird: den Verstand des Herzens. Das klingt zunächst nach Naivität und Unbedarftheit, ist jedoch etwas höchst Komplexes und für den Rationalisten schwer Fassbares. Deshalb haben die Rationalisten fast aller Zeiten es ausgegrenzt und seine Verfechter haben es mit ebenso großer Entschiedenheit immer wieder ins Spiel gebracht.

Es dürfte nicht eben einfach sein, zu erklären, worum es dabei geht; auch für Pascal ist das nicht einfach, doch scheint immerhin klar zu sein, dass für diesen Mathematiker die höchste Form des Religiösen nicht in abstrakten Distinktionen besteht, sondern in einer durch und durch emotionalen und werthaften Befindlichkeit, deren Organ nicht das Gehirn ist, sondern das

„Herz". Es ist eine Besonderheit der westlichen Kultur, dass sie selbst Gott „beweisen" (können) muss, niemand anderem außerhalb des christlichen Kulturkreises fiele das in dieser Form ein. Doch in allen anderen Kulturen, die in der Regel aus einer für heilig gehaltenen Schrift heraus entwickelt wurden, spielen gerade emotionale, werthafte und sogar ästhetische Elemente in Bezug auf Gott eine ungleich wichtigere Rolle als distinkte Begründungen. Insbesondere gilt das für alle jene Formen des Religiösen, die sich von der Orthodoxie, gelegentlich auch Orthopraxie entfernen und sich beschaulicher Kontemplation hingeben. Solches ist die Religion des Herzens, von der Pascal schrieb: „Aussi le coeur a ses raisons."

Dies ist so ungewöhnlich oder einmalig nicht, wie es zunächst scheinen mag. Zu allen Zeiten haben religiöse Mystiker, aber auch weltliche Künstler dem „Herzen" als Geistesorgan eine zentrale Bedeutung für ihr Dasein wie für die Menschheit insgesamt zugesprochen. Die Sufis, die Mystiker im Islam, haben – worauf wir bald zu sprechen kommen werden – über die spirituellen Fähigkeiten des menschlichen Herzens ganze Abhandlungen verfasst. Positivisten vermögen das nicht zu verstehen, denn für sie ist das Herz die Pumpe des Körpers, ein spezialisierter, hochkomplexer Muskel, der den Blutkreislauf aufrechterhält, nicht mehr. Doch steht im Mittelpunkt des gesamten Denkens eines Philosophen wie Max Scheler (1874–1928) etwa das mit dem Herzen verknüpfte Wertproblem. Scheler gehört zu den innovativsten Denkern auf diesem Feld und setzt sich mit seiner materialen Wert-Ethik bewusst von Immanuel Kant (1724–1804) und seiner formalistischen Ethik ab. Für den religiösen Menschen Scheler sind Werte nicht unbedingt eine Sache der logisch-diskursiven Herleitung, vielmehr haben sie mit Emotionen zu tun, mit dem „Wertfühlen". Und so wie es farbenblinde Menschen gibt, so auch wertblinde. Sie haben kein Herz, ja, oft ist der Verstand bei ihnen sogar weiter entwickelt als bei anderen Menschen, sie sind hochintelligent, wie man so sagt, doch ihr Handeln ist technokratisch-herzlos. An Beispielen dafür in der Geschichte und in der Gegenwart herrscht kein Mangel.

Der Musiker und Mystiker Gustav Mahler (1860–1911) machte aus seiner Bevorzugung des Herzens kein Hehl. In seiner zweiten Symphonie, die sich zwischen den Polen Tod und Auferstehung hin- und herbewegt, setzt er am Ende einen auf Klopstock zurückgehenden Text musikalisch um, in dem es bezeichnenderweise heißt:

O glaube, mein Herz, *o glaube.*
Es geht dir nichts verloren,
Dein ist, was du gelebt, gelitten …

Und dann, als Höhepunkt des letzten Satzes, schreibt und vertont Mahler die Verse:

Was entstanden ist, das muß vergehn,
Was vergangen auferstehn …
Auferstehn wirst du
Mein Herz nach kurzer Ruh.

Es ist das *Herz*, das bei Mahler aufersteht, nicht der Geist oder gar der Intellekt. Seelisches ist Herzliches. Dass Mahler – neben vielem anderen – auch ein Mystiker war, steht heute außer Zweifel. Wer sonst hätte einen Text vertonen können mit dem Titel „Ich bin der Welt abhanden gekommen"? Und wer, wenn nicht ein zutiefst kontemplativer Geist, hätte Musik schreiben können, in der Todeserlebnisse, ja sogar subjektiv imaginierte „nachtodliche" Befindlichkeiten apostrophiert werden? „Sterbet, ehe ihr sterbet!" (mutu qabla an tamutu) war eine der wichtigsten Maximen auch der großen islamischen Sufis.

Für die islamischen Mystiker ist das Herz (al-qalb) das Organ ihres Erkenntnisweges. Dies bedeutet natürlich nicht, dass der Verstand – wie der naheliegende Vorwurf des „Irrationalismus" immer lautet – auf ihrem mystischen Pfad keine Rolle spielt. Wirres Zeug haben sie nicht zu Papier gebracht. Im Gegenteil: Neben jenen Sufis, die sich ganz der praktischen Kontemplation und dem entgrenzenden Streben nach Ekstasis hingaben, gab es immer auch gelehrte Sufis, die sich auf intellektuelle Weise mit den Möglichkeiten der mystischen Erkenntnis und „Schau Gottes" (visio beatifica) auseinandersetzten. Mystik und Rationalität schließen sich keineswegs immer aus. In einem klassisch gewordenen Werk hat der britische Religionswissenschaftler R. C. Zaehner („Mystik, religiös und profan", London 1963) zudem gezeigt, dass auch durch und durch weltlich gesinnte Geister, wie etwa der französische Schriftsteller Marcel Proust (1871–1922) oder sein Landsmann Arthur Rimbaud (1854–1891), zu mystischen Erfahrungen imstande waren. Ihnen widerfuhr ein Aufgehobensein von Raum und Zeit im mystischen Augenblick, dem Dauer verliehen wird, allerdings, wie Zaehner hervorhebt, ohne ausdrücklich religiöse Konnotation.

Der Sufismus entstand schon in frühislamischer Zeit aus einer Asketenbewegung, deren Ziel es war, das sich in der gerade entstehenden islamischen Zivilisation abzeichnende „Weltleben“ zu hinterfragen und ein Gegengewicht der Frommen zu schaffen. Auch gaben sich die Mystiker mit bloßer Gesetzesfrömmigkeit nicht zufrieden, sondern wollten den neuen Glauben spiritualisieren und vertiefen, verinnerlichen. Sie kleideten sich in Gewänder aus Wolle (suf), woher sich ihre Eigenbezeichnung Sufis (mutasawwif, die Wollträger) erklären mag. Sufismus heißt auf Arabisch tasawwuf. Obwohl die Sufis fast von Beginn an von den meisten Religionsgelehrten scheel angesehen wurden, erstarkte der Sufismus doch zu einer machtvollen Bewegung, die sich schon bald in allen Gebieten der islamischen Welt ausbreitete, ja, ihre Kultur völlig durchzog.

Es würde zu weit führen, die zahlreichen Bruderschaften und ihre Lehrpfade der Kontemplation in extenso auszubreiten. Noch heute haben die Tariqas zwischen Marokko und Indonesien besonders im Volksislam eine wichtige Stellung inne. Ihre Sozialgeschichte zu schreiben wäre besonders interessant, bilden sie in der Regel doch so etwas wie die „Linke“ im islamischen Kontext, gerade weil ihnen die Religion des Herzens von jeher wichtiger war als die Religion des Gesetzes. Für die extrem volksverbundenen Sufi-Gemeinschaften gilt das ohnehin, doch selbst aristokratische, mit der Staatsmacht verflochtene Orden, wie der der Mevlevi in der osmanischen Türkei, pflegten die Religion des Herzens, des Mitfühlens und der Toleranz, was besonders aus ihren Dichtungen erkennbar wird. Zwar gab es in der Geschichte des Islam auch kämpferische Mystiker-Gemeinschaften, wie die Almoraviden und Almohaden, teilweise die Nakschbendi, doch bildeten sie eher die Ausnahme. Es waren Sufi-Gemeinschaften, nicht „heilige Krieger“, die den Islam – zusammen mit muslimischen Händlern und Seefahrern – auf friedliche Weise in der Insulinde, dem heutigen Indonesien, verbreiteten. Ganz der Kontemplation hingegeben war die Gemeinschaft der Halwetije-Derwische, der z.B. der osmanische Sultan Beyazit II. (1447–1512) angehörte. Und immer wieder hat die mystische Bewegung auch „Existenzialisten“ (im religiösen Verständnis eines Sören Kierkegaard) hervorgebracht, die den mystischen Pfad auf ganz individualistische Weise zurücklegten, wie der berühmte Sufi al Hussein Ibn Mansur al Halladsch, der von der Orthodoxie im Jahre 922 n. Chr. in Bagdad hingerichtet wurde. Dass für diesen „Märtyrer der Gottesliebe“ (A. Schimmel) das Herz das Organ der Gotteserkenntnis, vor allem natürlich der Gottesliebe war, steht außer Zweifel. Auch er hat das in seinen mystischen Gedichten und Hymnen beredt ausgedrückt.

Europäische Orientalisten haben in den vergangenen Generationen einen großen Teil der sufischen Überlieferungen nicht nur studiert, sondern diese Texte auch ediert und/oder übersetzt und interpretiert. Dabei handelt es sich entweder um originale Traktate einschlägiger Sufimeister, bisweilen auch um Dichtungen oder um Biographien (tadhkirat) solcher Sufis, die von Autoren wie dem mystischen Dichter Farid al Din Attar (1136–1220) und anderen zusammengestellt worden sind. Fasst man das Weltbild der Sufis in wenigen Worten zusammen, so kommt man zu etwa folgendem Ergebnis: Das religiöse Gesetz ist nur die äußere Hülle (zahir) des Glaubens, sein Kern, sein Inneres (batin), ist die liebende Hinwendung zu Gott, deren Organ das „Herz" (qalb), die gesamte menschliche Emotionalität und ihre damit verbundene imaginative Schöpferkraft ist. Über etliche Stufen der kontemplativen Höherentwicklung der Seele, über die mystischen „Standorte" (mawaqif) und „Zustände" (ahwal) gelangt der Sufi schließlich im Idealfall zur Vereinigung (wuslat) mit Gott, seine Seele verliert sich in Ihm im Prinzip der Liebe. Es kommt zur coincidentia oppositorum, zum Zusammenfall oder zur Auflösung aller Gegensätze. Ziel ist auch die endgültige Überwindung des ichsüchtigen Selbst durch das „Aufgehen" in Gott (fana fi al Allah) und die selige Dauer in Gott (baqa fi al Allah). In diesem Zustand hat der Mensch zwar die Welt überwunden, aber die Liebe gewonnen. Liebender, Geliebter und Liebe werden im Idealzustand eins. „Was mir die Liebe erzählt" nennt Gustav Mahler einen Satz in seiner Vierten Symphonie, der durchglüht ist von diesem pantheistischen Einssein der Seele mit dem als göttlich interpretierten All. Wahrlich, auch das Herz hat seinen Verstand.

Die Tugenden des Herzens (faraid) werden denn auch in vielen der klassischen Traktate der Sufis beschrieben, wie z.B. schon bei dem frühen Mystiker al Harith al Muhasibi (781–857), und die „asrar al-qulub", die Geheimnisse der Herzen, werden mindestens so tiefgründig gedeutet wie diejenigen des Verstandes.

Dass der Kern mystischen Erkennens und Erlebens das menschliche Herz ist, zeigt sich jedoch am sichtbarsten in den Dichtungen der islamischen Völker. Diese Dichtung gibt es bei Arabern, Türken, Kurden, Indern und vielen anderen, doch hat sie unter den Persern ihre höchste und schönste Blüte entfaltet. Autoren wie Omar Ibn al Farid oder Ibn Arabi haben die mystische Liebe zu Gott, die sich auch als konkrete Liebe zu einem Menschen zeigen, ja sich sogar platonisch an ihr entzünden kann, in teilweise ekstatischen Versen besungen, die an vielen Plätzen der Welt zu Sprichwörtern geworden sind.

Schon früh wurden auch die – an sich recht ketzerischen – „Chamrijat“, die Gedichte zum Lobpreis des Weins, ins Religiöse umgedeutet. Ihr größter Vertreter war in hochabbasidischer Zeit der berüchtigte Abu Nuwas (757–815), dem man gewiss keine mystischen, sondern eher weltlich-ketzerische Neigungen nachsagen kann; doch der Wein wurde von den Sufis, insbesondere deren Poeten, religiös integriert; dabei wurde der Treber (arabisch chamr, persisch bade) eine der wichtigsten Metaphern für die unio mystica in der poetischen Sprache der Araber und Perser. Fast schon sprichwörtlich wurde ja der persische Dichter Hafis (1320–1389), in dem Goethe, wie bekannt, seinen Zwillingsbruder im Geiste erkannte. Liebe und Wein schillern in dessen Gedichten, bewegen sich zwischen irdischer, gelebter Praxis und himmlischer Metaphorik hin und her – doppeldeutig, wie viele Interpreten seiner Dichtung immer wieder festgestellt haben. Mystik und Weltlichkeit durchdringen sich bei Hafis. Einerseits war dieses Doppeldeutig-Schillernde auch eine durchaus gewollte Technik der Verschleierung, die die Dichter gegenüber den Mullahs und dem religiös-orthodoxen Establishment betrieben; andererseits macht jedoch in manchen Epochen der islamischen Geschichte – und dies vor allem im Iran – auch die Großzügigkeit erstaunen, die die Rechtsgelehrten (fuqaha) und Theologen (ulama) bisweilen an den Tag legten. Die Mystik hatte eben den Geist des Islam so sehr verändert, dass er von ihm nicht mehr ablassen wollte und die schönsten Blüten der Kultur hervorbrachte. Insofern ist die heutige Raserei der Mullahs gegen die Sufiorden im Iran nicht ganz zu verstehen und der Iran beraubt sich des Allerbesten seiner religiösen Tradition, wenn auch die Mystik in moderneren Zeiten oft zu einem bloßen Mummenschanz und Volksbetrug herabgesunken ist. Das schließt ja nicht aus, dass die besten, menschenfreundlichsten Denk- und Verhaltensweisen der Sufis gereinigt und wiederbelebt werden könnten. Wir kommen darauf noch einmal zurück.

Doch wenden wir uns zunächst noch einmal dem Menschenherzen als dem Organ der Gottes-Erfahrung und Einheits-Erkenntnis zu. Wir wollen hier nur daran erinnern, dass auch der Islam das Motiv des „Liebestodes“ in seiner Dichtung kennt. Anders als in den europäischen Gestaltungen dieses Themas, bei Shakespeare etwa oder Wagner, ist in den entsprechenden Kunstwerken des Islam der religiöse Hintergrund von überragender Bedeutung. Das Sterben an „gebrochenem Herzen“, das jedoch bei Gott sein tröstliches Ende findet, weil alle Gegensätze der Welt in Ihm aufgelöst sind, durchzieht die großen Liebesepen der Perser, deren Original Vorbild für die Dichter in vielen anderen islamischen Sprachen geworden ist. Am berühmtesten ist das umfangreiche Versepos von Laila und Madschnun geworden, ein ursprünglich arabischer Stoff aus dem Beduinen-Milieu, den der persische Dichter Nezami (1141–1205) aus Gandsche (heute Aserbaidschan) aufgriff und auf geniale Weise gestaltete. Es ist die Geschichte einer unglücklichen Liebe zwischen dem Beduinen-Jüngling Qais und seiner geliebten Laila, die aber – nach dem bekannten Topos der zwei Königskinder, die nicht zusammenkommen können – nicht seine Frau werden kann. Im Werben um die Geliebte und in der Trauer um die Unmöglichkeit ihrer Liebe wird Qais zum Dichter – und seine Umgebung nennt ihn deshalb einen „madschnun", einen Verrückten, wörtlich: von einem Dschinn besessenen Menschen, weil er seine Liebe hinausschreit in alle Welt. Doch selbst als das Haupthindernis für eine Verbindung der beiden beseitigt ist, das heißt nach dem Tod von Ibn Salam, dem Laila versprochen war, türmen sich neue Hindernisse auf. Es geht hier nicht um die Gesellschaft und ihre Normen, wie moderne Interpreten des Stoffes häufig meinen, sondern um das Metaphysische, ungeachtet aller Hindernisse. Erst im Tod, dem Liebestod, sind beide für immer vereint. Nezami lässt keinen Zweifel daran, dass sein Werk eine Metapher ist, die hinter der äußeren Form den mystisch-religiösen Gehalt hervorscheinen lässt. Die irdische Liebe wird zum Sinnbild der göttlichen Liebe, doch das Sehnen des menschlichen Herzens nach Gott findet in diesem Leben nicht seine endgültige Erfüllung. „Unruhig ist unser Herz, als bis es ruht in Dir", sagt ja auch der heilige Augustinus in einem seiner berühmtesten Worte aus den Confessiones. Mehr als hundert Dichter haben das Epos des Nezami im Orient zum Vorbild genommen, nicht nur in der persischen Sprache, sondern auch in Türkisch, Urdu und vielen anderen Idiomen der islamischen Hemisphäre. In all diesen Fassungen sind der Geist der Mystik und der Verstand des Herzens präsent. Gleichermaßen gilt dies für die anderen klassischen Liebespaare des Islam, die in Dichtungen, teilweise ebenfalls von dem großen Nezami, teilweise von anderen bedeutenden Poeten thematisiert werden: Yusuf und Suleika, Wamik und Asra, Chosrau und Schirin. Gott und Mensch werden gewissermaßen als „Paar" vorgestellt und beide sehnen sich nach einander. Der verborgene, transzendente Gott wollte erkannt werden, so schuf er die Welt; und das Sehnen des Menschenherzens gilt der höchsten Quelle der Liebe, offenbar auch ein Gedanke des Platonismus, der hier wieder zum Tragen kommt. Dieser, besonders der Neuplatonismus, war durch Übersetzungen schon im 9. Jahrhundert in der islamischen Welt bekannt geworden.

Manche Denker der Erneuerung im Islam, und unter ihnen keineswegs nur Fundamentalisten oder Islamisten, haben auch kritische Worte über die Mystik gefunden. Nicht zu Unrecht, denn in den langen Jahrhunderten des Niedergangs war die Mystik nicht von Erscheinungen des Verfalls verschont geblieben. So unterschied etwa Sir Muhammad Iqbal (gest. 1937), der Dichter, Philosoph und geistige Vater Pakistans, sehr genau zwischen Formen der Mystik, die er goutieren konnte, und solchen, die er ablehnte. Zu letzteren zählte er jene, die gar zu sehr quietistischer Beschaulichkeit huldigten und dadurch, wie er meinte, mit zum Niedergang des Islam beigetragen hätten. Zu seiner Zeit galt es jedoch, sich von der Herrschaft der Kolonialherren zu befreien und dann die Gesellschaft neu aufzubauen; aktiv zu sein, nicht beschaulich – das schien das Gebot der Stunde. Und auch ausgesprochen islamistische Denker, wie der 1979 gestorbene Abul Alaa al Maududi aus Indien, stießen in dieses Horn, wenn auch in ihrer Sichtweise verengter und eingeschränkter als Iqbal. Mustafa Kemal Atatürk, der Gründer der neuen Türkei, verbot 1925 sogar alle traditionellen Bruderschaften und Orden (tarikat), nachdem er sich zuvor im nationalen Befreiungskampf ihrer noch bedient hatte. Das offizielle Verbot führte, nebenbei bemerkt, nicht zu ihrem Absterben, zu sehr waren sie mit dem religiösen und sozialen Leben des Volkes verfugt. Sie blieben aktiv und sind es heute im Volksislam fast mehr denn je. Und gerade Mevlana Celalettin Rumi hat in der Türkei Konjunktur wie selten zuvor in den vergangenen hundert Jahren. Doch auch moderne Erweckungsbewegungen, die man in der Türkei als cemaat bezeichnet, haben Elemente des volkstümlichen Sufismus in sich aufgenommen.

In einem Land wie dem Iran, dessen Geistesgeschichte, wie wir gesehen haben, maßgeblich von der Mystik geprägt worden ist, werden die Sufis heute diskriminiert, etliche sogar verfolgt. Der beschauliche, gegenüber anderen Religionen und Weltanschauungen offene Geist der Nematollahi-Derwische, die auf Nematollah Wali zurückgehen, zum Beispiel, ist den herrschenden Mullahs der Islamischen Republik Iran ein Dorn im Auge. Schon einmal, im 19. Jahrhundert, wurden diese Orden vom Klerus bekämpft, der sich damals fester als zuvor zu organisieren begann. Im Iran ist seit der Revolution von 1979 ein kämpferischer islamischer Aktivismus gefragt, da sich die Mullahs von imperialistischen Verschwörungen eingekreist sehen. Diesen gilt es zu widerstehen. Und die großen Dichter des Iran, in denen sich der Geist der Mystik und häufig auch des Antinomismus niedergeschlagen hat, sind für das Volk wieder zu Helden des inneren Widerstandes geworden. Die Mullahs sind unter Ajatollah Chomeini einstmals angetreten mit dem Ziel, die islamische schiitische Kultur des Iran zu retten, doch sie haben sie – wir werden noch darauf zurückkommen – längst zerstört. Der Sufismus ist nämlich deren Essenz, abgesehen davon, dass die Religionsdiktatur im Iran viele junge Iraner zu Agnostikern, wenn nicht zu offenen Atheisten gemacht hat, die sich vom Islam überhaupt abwenden. Es ist schon richtig, dass im Iran das Sufitum in der Epoche des Verfalls zeitweise auf das Niveau von Taschenspielertricks und Volksverdummung herabgesunken ist; doch mit dessen wahren Intentionen hatte das eben nichts mehr zu tun. Eine Erneuerung des Sufitums aus modernem, zeitgenössischem Geist könnte für die iranische Kultur und ihre Wiederbelebung leisten, was der Rigorismus nie und nimmer leisten kann, sondern eher zerstört.

Auch in Pakistan, einem Land, das zutiefst von islamischer Volksfrömmigkeit durchwoben ist, stehen die „Gläubigen des Herzens und der Liebe" heute mit dem Rücken zur Wand. Folgt man etwa den Aufzeichnungen von Jürgen Wasim Frembgen, der sich seit Jahrzehnten durch seine kulturanthropologische Feldforschung unter der Bevölkerung des Pandschab oder Sindhs einen Namen gemacht hat, so erkennt man, dass sich die hartgesottenen Islamisten des Landes immer heftiger gegen diesen Volksislam wenden, der um berühmte Sufi-Heilige kreist. Alljährlich kommen die Gläubigen an den Schreinen bestimmter Sufis zusammen, um zu beten, zu meditieren, aber auch zu feiern, etwa am Mausoleum des Lal Schabaz Qalandar, des Roten Sufis, der vielleicht er berühmteste Heilige der gesamten Region ist. Am Schrein des Heiligen wird Musik gemacht und getanzt; man berauscht sich. Die strenge Geschlechtertrennung der orthodoxen Observanz ist aufgelöst. Sogar die „Hidschras", die Hermaphroditen, finden im Schatten des Heiligen ihren Platz. Dieser pluralistische, andere Lebensentwürfe durchaus zulassende Volksislam ist heute in Pakistan bedroht, ebenso in Afghanistan, wo man vor dem Ausbruch der islamistischen Welle sehr wohl zu leben und zu feiern verstand.

Zumindest der Geist und die Ziele der inwendigen Mystik freilich sind in den Ländern des Islam heute bei manchen Intellektuellen beliebt, die sich von der islamischen Orthopraxie abgewandt haben, sich aber dennoch nicht vom Islam entfernen wollen. Dies ist besonders in der Türkei verbreitet, wo insbesondere die Lehren Mevlana Celalettin Rumis, des großen Weisen von Konya, wir sagten es schon, mit ihrer Spiritualität und Toleranz populär geblieben sind. Nicht nur Theologen und andere Religionsgelehrte, auch Schriftsteller und Dichter beschäftigen sich mit seiner Lehre, die ebenfalls eine Doktrin von der göttlichen und menschlichen Liebe, die einander bedingen, ist, mit dem speziellen Tanz-Ritus (Sema) der Mevlevis und vor allem auch mit der poetischen Tradition dieses tiefgründigen Sufiordens.

Der Islam mit seiner oft nüchternen Gesetzes-Kasuistik wird durch die Mystik spiritualisiert; sie macht sichtbar, was wir auch als den vorherrschenden Ausdruck vieler islamischer Künste wahrnehmen, der Kalligraphie vor allem und der Architektur, aber auch der Musik: Vergeistigung des Materials, der Materie. In einem der folgenden Kapitel wollen wir auf diese Formen, die ein typisch islamisches Kulturdesign bilden, eingehen. Man betrachte das Tadsch Mahal zu Agra, ein Kunstwerk der Liebe, und den Löwenhof der Alhambra in Granada, nicht nur mit den Augen, sondern mit dem Tiefenblick der Seele und des Herzens, mit dem Mittel des „Empfindungsdenkens", und man wird verstehen, was damit gemeint ist.

Die zeitgenössische Welt des Islam weist leider viele Defizite auf. Beständige Klagen über Unfreiheit und eklatante Menschenrechtsverletzungen, über offene und subtile Gewalt gegen Andersdenkende sind an der Tagesordnung – und das völlig zu Recht. Ein Wandel, ein Aufbrechen versteinerter Strukturen ist notwendig, um die Not zu wenden. Es sollte allerdings den Menschen unserer Hemisphäre zu denken geben, wenn Muslime sagen, hier, bei uns, sei es nicht nur meteorologisch kalt, sondern vor allem seelisch, und diese Kälte nehme zu. Die Logik des Herzens ist aber leider auch im Islam vom Verschüttetwerden bedroht. Gerade die Gläubigen der Liebe, die fidèles d'amour, wie Corbin sie nennt, könnten da beispielhaft wirken, wenn man sie denn ließe. Doch einer Spielart des Rationalismus war dieser Enthusiasmus schon immer verdächtig, gleichgültig, ob es starre Theologie oder vereinseitigte Wissenschaft war.

So sind Stimmen zu erklären, die den Geist der Mystik als das negative Gegenteil eines aufgeklärten Rationalimus denunzieren, anstatt in ihm eine willkommene Ergänzung der abstrakten Fähigkeiten des menschlichen Geistes zu erkennen, dessen eigentlicher Ort die menschliche Seele, vor allem das Wert-Fühlen (im Sinne Max Schelers) ist. Der Sufismus ist in unseren Augen – wie alle ernsthaften Formen gelebter Mystik – ein probates Antidot gegen eine übertriebene Betonung zerebraler, bloß diskursiv-kausaler Denkweisen, die aus dem Menschen ein ziemlich eindimensionales Wesen machen und ihn abschneiden von einem Schatz kollektiver Weisheit und innerer Erfahrungen, der nicht schon deshalb verworfen werden muss, weil er alt ist.

Die Welt der Dichter: Islamische Literaturen als Element der Verweltlichung

Vor allem in seinen Literaturen hat sich der islamische Orient in den vergangenen hundert Jahren stark verweltlicht (und auch verwestlicht); doch gab es „Weltliches" auch schon zuvor. Mit der Bezeichnung „islamische Literaturen" sind hier vor allem die Werke arabischer, persischer und türkischer Autoren gemeint. Sie stehen seit eh und je stärker im Mittelpunkt als die Werke von Autoren außerhalb des traditionellen islamischen Kernraums, der die arabischen Länder Vorderasiens sowie Ägypten, den Iran und die Türkei umfasst. Erst in jüngster Zeit scheint sich der Schwerpunkt, was die literarische Produktion, doch auch deren Bekanntheitsgrad außerhalb der Region anbelangt, stärker nach Osten hin zu verschieben, was dringend nottut. Dies hat natürlich auch damit zu tun, dass mittlerweile die große Mehrheit der 1,4 Milliarden Muslime nicht mehr in diesem nahöstlichen Kernraum lebt, sondern in den östlich davon gelegenen Gebieten Asiens. Unterschieden werden muss dabei freilich zwischen Autoren, die – wie etwa Salman Rushdie (geb. 1947), Hanif Kureishi (geb. 1954 in Großbritannien) und andere – im Westen leben und auf Englisch schreiben, und solchen, die in der alten Heimat leben und in ihrer jeweiligen Muttersprache publizieren. Zwischen ihnen und uns liegt eine hohe Sprachbarriere, die primär durch Übersetzungen eingerissen werden kann, wie das bei arabischen, persischen und türkischen Schriftstellern schon in großem Umfang geschieht, weitaus weniger jedoch bei den anderen: Wer kann schon Urdu, Pandschabi, Bengali oder Bahasa Indonesia so gut, dass er als literarsicher Übersetzer tätig werden könnte? Befremden muss freilich, dass selbst die in guten Übersetzungen vorliegenden Werke zweier Nobelpreisträger der islamischen Welt, Naguib Mahfuz (1911–2006) und Orhan Pamuk (geb. 1952), weniger gelesen werden, als sie es verdienten. Die Frage, woran das liegen könnte, ist nicht einfach zu beantworten.

Europäische und amerikanische, also westliche Literaturwissenschaftler haben früher gerne von „Epigonentum" gesprochen, wenn es darum ging, sich mit zeitgenössischen „literati" aus dem islamischen Raum zu befassen. Solche Urteile sind vorschnell und auch selbstgerecht. Ist denn nicht die gesamte Kulturgeschichte ein beständiges Geben und Nehmen der jeweiligen Kulturen und ihrer kulturellen Äußerungen gewesen? Was würden, um nur dieses Beispiel zu bringen, etwa deutsche Germanisten dazu sagen, wenn arabische Literaturwissenschaftler unter Hinweis auf die andalusische Liebesdichtung der Muwaschschaha-Poeten und ihre platonische Frauenverehrung den mittelalterlichen Minnesang mit seinem Ideal der „hohen Minne“ und der „frouwe“ als bloß epigonales Phänomen, als bloße Nachahmung arabisch-muslimischer Vorbilder abstempeln würden? Zu Recht wehrt man sich dagegen. Damals aber waren arabisches Lebensgefühl und auch arabische Dichtung gebende Elemente der Literatur in Europa wie in der Geistesgeschichte überhaupt, wie eng der Einfluss im Einzelnen auch immer gewesen sein mag. Der Ruf Andalusiens drang über den Sperrriegel der Pyrenäen hinweg nach Norden, das Kalifat von Córdoba galt vielen als ein Wunderreich – ob zu Recht oder nicht spielt dabei eine unwesentliche Rolle. Oder man denke an den für wahrscheinlich geltenden Einfluss orientalischer Werke, etwa des mystischen Denkers und Poeten Ibn Arabi auf Dante und seine Visionen von Himmel und Hölle in der Göttlichen Komödie. Das Prinzip der Rahmenerzählung, das für viele europäische Literaturen so wichtig wurde, hat – wenigstens teilweise – die orientalischen Märchensammlungen zum Vorbild, die unter Europäern besonders beliebt wurden und bis heute Nachahmer finden, auch in der deutschen Literatur. Man denke an die indischen Fabeln des Bidpai, die in ihrer arabischen Fassung von Abdullah Ruzbeh Ibn al Muqaffa (hingerichtet 756) als „Kalila wa Dimna“ überliefert sind, an das „Tutiname“ oder Papageienbuch oder, schlussendlich, an die berühmteste Märchensammlung des Orients „Tausendundeine Nacht“. Der Orient war in manchen Belangen Lehrmeister, der Okzident sein gelehriger Schüler, der ihn am Ende sogar weit übertraf, nicht nur in der Literatur.

Im 19. Jahrhundert jedenfalls war es der Orient, der als Folge der gewaltsamen „Öffnung“ durch Napoleon Bonaparte unter den Einfluss der westlichen Literatur und Dichtung geriet und somit zum Schüler wurde – in allen Ehren. Zwar trifft die immer wieder vorgebrachte Behauptung, dass Prosa wie Lyrik in den orientalischen Ländern gänzlich erstarrt und ohne Entwicklung gewesen seien, in ihrer pauschalen Form nicht zu, denn sowohl in der osmanisch-türkischen als auch in der persischen Dichtung kann man sehr wohl Stile und Epochen unterscheiden; aber das Ausmaß an traditioneller Nachahmung überkommener literarischer Vorbilder (taqlid) war doch beträchtlich. Es war in der Literatur des Islam nicht anders als in der Theologie (kalam) und Jurisprudenz (fiqh), wo auch die unentwegte Nachahmung der Tradition als non plus ultra galt, alles andere hingegen als „unerwünschte Neuerung" (bid'a). Dazu hatte auch eine Vorstellung vom Schriftsteller und Dichter beigetragen, die ganz und gar vor-modern und anti-individualistsich gewesen war.

Die großen Dichter der islamischen „Völker" – ein Begriff, den es im modernen Sinne gar nicht gab – hatten sich niemals als „Originalgenies" im westlichen Sinne des Wortes verstanden und auch die Gesellschaft, die Leser und die übrigen Rezipienten verstanden sie nicht auf diese Weise. Ihre Originalität bestand nicht darin, immer neue, nie dagewesene und überraschende Themen und poetische oder andere literarische Formen zu erfinden; die Größe und der Ruhm eines Dichters bemaßen sich vielmehr nach seiner Fähigkeit, die poetischen Formen und sprachlichen Bilder, Metaphern und Allegorien der überkommenen, traditionellen Poetik möglichst kunstvoll neu zu gestalten, ja geradezu zu drapieren und zu arrangieren – etwa so, wie die allseits bekannten Muster eines persischen Teppichs, in denen man „lesen" kann, wenn man sie parat hat, in immer neuen Teppichen verwoben werden.

Auch die Sujets der Dichter standen im Allgemeinen fest. In der Lyrik beherrschte die Panegyrik, die Lobdichtung im Dienste der Herrscher, für viele Jahrhunderte das Feld. Von ihr lebte ein großer Teil der Dichter – und zwar in einem buchstäblichen Sinn, da die Herrscher sie bezahlten. Da nimmt es nicht wunder, dass die Panegyrik in eine unerträgliche Lobhudelei ausarten konnte. Darüber hinaus blühte die religiöse Lyrik, beeinflusst von der Mystik, und – in einem nicht geringen Ausmaß – eine besondere Form der Anakreontik, die – fußend auf Vorbildern – ihren Höhepunkt am Kalifenhof der Abbasiden im Bagdad des achten und neunten Jahrhunderts erreichte. Hier wären Dichter wie der berühmt-berüchtigte, als Poet rein weltlich orientierte Abu Nuwas (757–815) zu nennen, die durch ihre den Wein, das Weib (oder den Knaben) und den Gesang feiernden Gedichte den Zorn der Rechtgläubigen herausforderten und auch Gegenbewegungen stimulierten. Die Anakreontik ist ein erstes, durchaus *weltliches* Element in der islamischen Literatur, das auch den Lebensstil der Reichen widerspiegelt, der häufig nicht gerade den Vorstellungen der Theologen oder gar der Frömmler entsprach. Askese (zuhd) prägte hingegen in eben derselben Epoche die Dichtung eines Abul Atahija (748–825), dessen Werk sich bei manchem Mystiker später fortsetzte.

Die poetischen Formen, in der Hauptsache das ghazal (Ghasel) und die qasida (Kasside) sowie die dem Arabischen entsprechende, mit Längen und Kürzen der Silben arbeitende Prosodie waren schon seit Jahrhunderten verbreitet. Bereits die vorislamische Beduinendichtung handhabte sie mit großer, geradezu Staunen erregender Meisterschaft. Die Kasside galt als Zweckgedicht im weitesten Sinne, in dem oft der eigene Stamm gelobt und seine Tapferkeit besungen wurde, während das ghazal das bevorzugte Ausdrucksmittel der Dichter für die Liebe und mit ihr verwandte Stimmungen und Befindlichkeiten war. Bis zum Einbruch der Moderne waren diese Formen, wozu auch die Versepen historisierender und religiös-mystischer Provenienz gehörten, so gut wie unantastbar. Und in manchen Gebieten Arabiens, des Iran oder Afghanistans sind sie es bei konservativen Literaten noch heute. Die Lobpreisung eines Staatspräsidenten in spontanen Versen, etwa während einer Rede als Parlamentsabgeordneter, das kann einem selbst im modernen Ägypten und anderen Ländern begegnen. Huldigungsgedichte auf den König oder andere Notable sind in Saudi-Arabien gang und gäbe.

In der Prosa – wir übergehen hier die umfangreiche theologische, mystische und wissenschaftliche Literatur – schuf der Islam den „Adab", die Literatur der feinen Bildung, die ebenfalls in der Glanzzeit der Abbasiden im neunten Jahrhundert mit dem Schriftsteller Amr Ibn Bahr al Dschahiz (776–868) aus Basra einen ihrer größten Vertreter hervorbrachte und bei Dichtern wie Badi al Zaman al Hamadhani (969–1007) und Abu Muhammad al Hariri (1054–1122), ebenfalls aus Basra stammend, in der Form des Stegreifgedichts (maqama) ihre raffinierteste Vollendung fand. Auch das sind Beispiele weltlicher Literatur, in denen über witzige, ja sarkastische Passagen gelegentlich auch Kritik an den herrschenden Zuständen und ihren Verursachern geübt wurde.

All diese Vorbilder ursprünglich arabischer Herkunft prägten nach Wortschatz, Bildersprache und Inhalt in der Folgezeit in allen Literatursprachen des Islam unzählige Dichter zwischen Marokko und der Insulinde. Ein Sonderfall stellt die – ursprünglich auf indische und persische Muster zurückgehende – Sammlung von Tausendundeine Nacht (Alf laila wa laila) dar, die in ihrer jetzigen Gestalt hauptsächlich auf ägyptische Fassungen zurückgeht: Diese Erzählungen, in einem relativ einfachen Arabisch gehalten und formal eher kunstlos, sind ein Spiegel der Sehnsüchte der einfachen, oft armen Menschen, die Untertanen der Kalifen waren und jenen Erzählern lauschten, die ihre Phantasmagorien von Reichtum, Liebe (Sexualität) und fernen Ländern bedienten. Realismus und Magie sind in diesem ungeheuren Corpus mündlicher Erzähltradition miteinander verbunden, man kann mit Recht von einem „magischen Realismus" sprechen. Erst in neuerer Zeit hat die Sammlung auch in den arabischen Ländern selbst an Ansehen gewonnen, während man sie in früheren Epochen als bloße Volksliteratur nicht besonders schätzte – u.a. wegen ihres oft freizügigen Inhalts – und nicht zum Adab zählte. Erst die Wertschätzung durch europäische Literaten erzeugte zu einem nicht unwesentlichen Teil die Anerkennung der Erzählungen in den Ursprungsländern der Sammlung.

Das Wiedererwachen der arabischen Sprache und Literatur nach vier Jahrhunderten der „Osmanisierung“ wird als Nahda bezeichnet, als nationale und kulturelle Wiedergeburt (Renaissance). Sie datiert in das letzte Drittel des 19. Jahrhunderts und vollzog sich in Syrien, im Libanon sowie teilweise auch in Ägypten. Ihre wichtigsten Protagonisten waren oft Christen syrisch-orthodoxer oder maronitischer Konfession, die in den Missions-Schulen oder auf andere Weise westliche Sprachen, wie Französisch und Englisch, gelernt hatten und so auch mit der Literatur in diesen Sprachen bekannt geworden waren. Ihr Ziel war es unter anderem, die arabische Sprache nach dem Beispiel der westlichen Nationen zu reinigen, denn diese war vom Osmanischen, der Amtssprache des Reiches seit vier Jahrhunderten, überwuchert. Auch ging es darum, sie zum Vehikel einer national geprägten Kultur und arabischer politischer Selbstbestimmung zu machen. Das richtete sich natürlich in erster Linie gegen die Türken. Sogar der Einfluss des deutschen Dichters und Kulturphilosophen Johann Gottfried Herder (1744–1803) drang bis in das ferne Arabien vor. Die Nahda war also in höchstem Maße auch politisch und ging mit gesellschaftlichen (wie auch religiösen) Erneuerungsbestrebungen einher. Da meistens Christen für die Nahda stritten, erfuhr das säkularistische, laizistische Denken, das man aus Frankreich adaptierte, kräftige Impulse. Trennung von Politik und Religion war (und ist noch immer, ja in letzter Zeit wieder mehr) für die bedrohten orientalischen Christen der einzige Weg, um wirkliche Gleichberechtigung zu erlangen.

Die Entstehung einer modernen Literatur, die Reinigung der Sprache eingeschlossen, unter Türken und Persern muss parallel zur Entwicklung in den arabischen Gebieten gesehen werden. Wenn man so will, war das gesamte 19. Jahrhundert eine Ära mehr oder weniger gelungener Reformen (tanzimat, islahat); auf dem Feld der Sprache galt das insbesondere für dessen zweite Hälfte. Die Ansätze zu einer Reformierung und Nationalisierung der Sprache fanden freilich erst im 20. Jahrhundert ihre Vollendung, als, wie etwa 1928 in der Türkei, die arabische Schrift abgeschafft und der Wortschatz des Osmanischen ausgedünnt oder türkisiert wurde. Entsprechende Bestrebungen beim Persischen (Farsi) verliefen weniger radikal. Die Perser wollten sich den Zugang zu ihrer klassischen Epoche nicht mit einem Mal abschneiden, wie das unter Kemal Atatürk (1880–1938) in der Türkei geschehen war. Obgleich vieles für die Schriftänderung und die Sprachreinigung spricht, muss man eingestehen, dass die Türken gewisse Schwierigkeiten mit der kulturellen Identität und dem Zugang zu früheren Quellen haben. Das gilt vor allem auch für ihre klassische Literatur, die man heute jedoch mehr und mehr wiederentdeckt.

Es ist verständlich, dass Reformen und Verwestlichungen in der Sprache nicht ohne gravierenden Einfluss auf die jeweiligen Literaturen bleiben konnten. Häufig waren es dieselben Leute, die Sprache und Dichtung modernisierten. Als Pionier der Verwestlichung wird für alle Zeiten der muslimische Ägypter Rifaat at-Tahtawi (1801–1873) gelten, der in seinen Aufzeichnungen über seine Reise nach Frankreich (deutsch: „Ein Muslim entdeckt Europa", München 1989) wichtige Informationen über westliche Denk- und Lebensart unter seine Landsleute brachte. Diese Aufzeichnungen stachen dadurch hervor, dass sie – trotz aller Wertungen – in der Regel zunächst einfach die Beobachtungen des Autors wiedergaben, als Wissensvermittlung der Umstände, in denen die „Franken" leben. Und durch Tahtawis Buch konnten die Ägypter jene Erfahrungen mit der Moderne ergänzen, die sie seit Bonapartes Invasion in den Orient gemacht hatten. Viele Namen wären zu nennen, um die literarischen Modernisierungsschübe zu illustrieren, die einsetzen: im Libanon und in Ägypten Dschurdschi Zaidan (1861–1914) und die Familie Bustani, aus deren Umkreis die so wichtige erste arabische Enzyklopädie nach dem französischen Vorbild des 18. Jahrhunderts hervorging, in der Türkei Namik Kemal (1840–1888) und Ziya Gökalp (1976–1924), der nicht nur mit abstrakten Traktaten als Wortführer der nationalen Revolution der Türkei hervortrat, sondern auch als Dichter, geleitet von denselben Anschauungen. Im Iran traten Autoren auf, die niemand in unseren Breiten kennt: Mirza Malkom Khan (1833–1908), Abdorrahim Taleboff (1855–1910), Kermani Agha (1853–1897) und viele andere. Unter den Gebildeten des Orients gewann das Französische als die damalige Weltsprache im Verlauf des 19. Jahrhunderts eine überragende Bedeutung. Von den literati wurden besonders französische (späterhin auch englische) Romane rezipiert. Voltaires Werke stimulieren eine neue Weltsicht und Art des Schreibens, die einer – freilich ganz kleinen – Gruppe der Bevölkerung im Original, später auch in Übersetzungen nahegebracht wurde. Der „Candide" oder „Die Geschichte Russlands im Zeitalter Katharinas" haben auch im Orient ihre Wirkung entfaltet, allerdings längst nicht mit derselben Tiefenwirkung wie in Europa.

Noch heute findet man in der Türkei oder in Syrien alte Menschen, die gut französisch sprechen, während die Jugend, wie überall auf der Welt, lange schon zum Englischen übergegangen ist. Diese türkischen und persischen Autoren sorgten in der Regel für eine „Entschlackung" der Prosa in ihren Sprachen, nahmen endgültig Abschied von jenem überladenen Kanzleistil, der jahrhundertelang gang und gäbe gewesen war. Ein Mann wie Namik Kemal trug mit seinem Drama „Das Vaterland oder Silistra" (Vatan yahut Silistre) nicht nur zur Verbreitung einer neuen Literaturgattung, des westlichen Theaterstücks, im islamischen Orient bei, sondern förderte auch ein weltlich-patriotisches Denken im Sinne der späteren Jungtürken. Dabei blieb Kemal fest im Islam verwurzelt, dessen Geschichte er in seiner „Großen Geschichte des Islam" (Büyük Islam Tarihi) ausführlich darstellte.

Einen nicht zu unterschätzenden Einfluss auf die Intellektuellen und Autoren im Iran, dem alten Land Persien, gewann die russische Literatur. Dies war sowohl der geographischen Nähe geschuldet als auch der Tatsache, dass viele persisch sprechende Muslime im 19. Jahrhundert Untertanen des Zaren geworden waren, im Kaukasus vor allem und in Mittelasien. Umgekehrt hatten Autoren wie Lermontow, Puschkin und Tolstoi auch „orientalische Themen" für ihre Werke entdeckt, herrschten die Zaren doch, seitdem Iwan der Schreckliche 1552 das Khanat von Kasan überwältigt und Katharina im Jahre 1783 die Herrschaft der Krimtataren beendet hatte, über Millionen von muslimischen Untertanen, im 19. Jahrhundert dann auch in Kaukasien, Transkaukasien und Transkaspien. Die reformerischen, ja revolutionären Ideen der russischen Intellektuellen wirkten auch auf jene intellektuellen Perser, die Zugang zu diesen Quellen hatten. Wichtiger allerdings wurden dennoch Autoren wie die beiden Dumas und, unter britischem Einfluss, Charles Dickens, der vor allem im Land am Nil viel gelesen wurde. In der Poesie der Ägypter ging der interessante Dichter Ahmad Schauqi (1868–1932) neue, eigene Wege. Schauqi lebte eine Zeit lang in Montpellier und Paris, unter dem Einfluss der französischen Moderne schuf er nach seiner Rückkehr nach Ägypten neuartige lyrische Theaterstücke und Gedichte, in denen Alt und Neu eine Synthese eingingen.

Von den Dumas, père et fils, lernten muslimische Autoren das moderne Erzählen, von Dickens den Einblick in die soziale Schichtung der englischen Gesellschaft, ein Thema, das man mehr und mehr auch in der eigenen Gesellschaft zu entdecken begann. Damit einher ging die allmähliche Abwendung von rein religiös-traditionalistischen Themen. Ein zunehmend säkulares und alltägliches Milieu ersetzte das Ambiente der Scheichs (schujuch) und Derwische, die im einfachen Volk verwurzelt waren.

Im 20. Jahrhundert stehen sich dann in der Literatur Traditionalisten und verwestlichende Neuerer gegenüber. Was die arabische Literatur angeht, so konkurrieren der Libanon und Syrien mit Ägypten. In dem geschichtsmächtigen Land am Nil kann Taha Husain (1889–1973) als der große Erwecker einer modernen, sich in Richtung auf den Säkularismus bewegenden Literatur und Literaturwissenschaft gelten. Seine Kindheits- und Jugenderinnerungen („al Ajam" – Die Tage) schildern eindringlich seine Begegnung mit der schon weitgehend verweltlichten Kultur des Westens, so war zum Beispiel das Herangehen westlicher Orientalisten, wie Giuseppe Nallino, und Historiker an den Islam und seine Quellen etwas ganz Neues und in hohem Maße Spannendes für den ägyptischen homme de lettres, der auch das akademische Leben in Paris kennenlernte. Taha Husain pflegte in seinen Werken eine subjektive Weltsicht, wie sie in dieser Form nur vom Westen übernommen sein konnte. Doch war es ebenso der schon erwähnte Abbasiden-Schriftsteller al Dschahiz, mit dem er sich besonders auseinandersetzte und der ihn ebenfalls inspirierte. Fast alle ägyptischen Prosaisten des 20. Jahrhunderts, von Yusuf Idriss (1927–1991) bis zu dem Nobelpreisträger Naguib Mahfuz (1988), sind von der Prosa und vom fortschrittlichen Denken Taha Husains beeinflusst worden. Wie schwierig dessen Situation war, zeigt sein nur kurzes Amtieren als ägyptischer Kultur- und Erziehungsminister Anfang der fünfziger Jahre. Da seine Reformideen vielen nicht gefielen, blieb dies ein Zwischenspiel in der „Karriere" des wichtigsten Kulturvermittlers Ägyptens im vorigen Jahrhundert.

Was eine Persönlichkeit wie Naguib Mahfuz (1911–2006) nicht allein für die ägyptische Literatur, sondern für die der Muslime insgesamt bedeutet, kann kaum überschätzt werden. Jenes liberale islamische Denken, das sich bei vielen jungen Leuten und bei solchen mittleren Alters im Winter und Frühjahr des Jahres 2011 in der Arabellion zeigt, ist in erheblichem Maße auch vom schriftstellerischen Wirken eines Nagib Mahfuz geprägt worden. Er war und ist der Repräsentant des liberalen ägyptischen Bürgertums, dem das Land, bevor Gamal Abdel Nasser und die Freien Offiziere 1952 die Macht ergriffen und bevor es in den Sog des Islamismus geriet, im gesellschaftlichen wie kulturellen Leben seine Öffnung verdankt. In zahlreichen Romanen und Erzählungen thematisiert Mahfuz alle Facetten der ägyptischen Gesellschaft; die Gattungen, die er benutzt, reichen vom typischen Gesellschaftsroman bis zum historischen Roman. Vor allem nach der Verleihung des Literaturnobelpreises wurde Mahfuz auch dem deutschen Lesepublikum allmählich bekannt. Ägypten errichtete ihm in Kairo ein Denkmal, doch die Islamisten beschimpften ihn als „Knecht des Westens", der ihn dafür prämiiert habe. In seinem über neunzig Jahre währenden Schriftstellerleben hat Mahfuz die Veränderungen seiner Gesellschaft wie ein Seismograph aufgezeichnet und gestaltet. In seiner „Kairo Trilogie", einem Sittenbild einer Kaufmannsfamilie über drei Generationen hinweg, erkennt man unschwer das Vorbild der Buddenbrooks. Vor allem der erste Teil „Palast der Sehnsucht" (Qasr al schauq) machte ihn populär, die Trilogie wurde auch verfilmt. Als Skandalbuch für die Konservativen entpuppte sich „Die Kinder unseres Viertels" (Aulad haritna), eine Allegorese auf die Menschheitsgeschichte, speziell unter dem Gesichtspunkt der prophetischen Religionen und ihres problematischen Verhältnisses zueinander. Nur in einer demokratischen, weltlichen Gesellschaft, in der Religion und Staat getrennt sind, kann es letztlich ein gedeihliches Zusammenleben der Religionen geben. Lange Zeit durfte dieses Werk in Ägypten gar nicht erscheinen; dennoch gehörte auch in den nachfolgenden Büchern das Problem der Toleranz direkt wie indirekt zum festen Themenbestand dieses Autors. 1994 unternahmen Islamisten ein Attentat auf ihn, dem er gerade noch lebend, aber schwerverletzt entrinnen konnte. Schon im Jahre 1985, zu einem Zeitpunkt, da die Reislamisierung rasch voranschritt, veröffentlichte Mahfuz einen Roman über Echnaton, den ketzerischen Pharao der 18. Dynastie, das heißt, er weitete das Religiöse bewusst in die vorislamische, von den Islamisten so geschmähte Zeit aus. Auch Schauqi hatte das bereits getan. Der Muslim Mahfuz feierte den religiösen Universalismus; schon zuvor hatte er sich hier und da pharaonischen Themen zugewandt, als es darum ging, die Frage nach der Identität Ägyptens im Kampf um die Unabhängigkeit von den Briten zu beantworten. Mahfuz selbst hat Dickens und Tschechow als jene Autoren benannt, die ihn am meisten beeinflusst haben.

Im nordafrikanisch-arabischen Raum, besonders in dem von den Franzosen patronalisierten Maghreb, ist natürlich die Einwirkung der französischen Sprache und Literatur immer stark gewesen. Fast alle modernen Schriftsteller von einiger Bedeutung sind zweisprachig. Einige von ihnen, wie der in Paris lebende Marokkaner Tahar Ben Jelloun (geb. 1943), publizieren mehr in der Fremdsprache als in Arabisch. Jelloun gewann 1989 den angesehenen Prix Goncourt, als erster arabischer Autor überhaupt. Seine zumeist schmalen Bände bieten ein Kaleidoskop verwirrender Gedanken und Gefühle der Protagonisten, die den Zusammenprall zweier Welten erleben. Er war auch der erste arabische Autor, der schon 2011 ein schmales Bändchen über die Veränderungen in der arabischen Welt, den Arabischen Frühling, publizierte.

Dieser Zusammenprall zwischen Tradition und Moderne bestimmt naturgemäß auch die Werke all jener Autoren, die in ihrer Heimat von sich reden gemacht haben, bevor ihr Ruhm nach draußen drang. Zu diesen zählen in der zweiten Hälfte des 20. Jahrhunderts Kateb Yacine (1929–1989, gestorben in Südfrankreich), der Herkunft nach ein Berber, mit seinem Roman „Nejma", Mohammed Dib (1920–2003, gestorben in Paris), Mohammed Schukri (1935–2003) mit seinem Werk „Das nackte Brot" (al chubz al hafi) und Abdelhakk Serhane mit „Messauda". Besonders Letzterer, ein Marokkaner wie auch Schukri, provozierte in einer äußerlich prüden Gesellschaft durch eine realistische Sprache. Dies gilt auch für den Algerier Raschid Boudjedra (geb. 1941). Die modernen Autoren Arabiens, der Libyer Ibrahim al Koni (geb. 1948 im libyschen Ghadames) mit seinen Erzählungen aus der Wüste, der Saudi-Araber Abdarrahman al Munif (1933–2004) mit dem riesigen Werk „Salzstädte" (mudun al milh) und viele andere, haben es geschafft, der Prosa einen herausgehobenen Rang in der arabischen Literatur zu verschaffen, den sie früher, als die Lyrik dominierte, nicht innehatte. Und durch die Einbeziehung völlig neuer Themen, die mit dem Einfluss des säkularisierten Westens aufkamen, trugen sie zur Veränderung des Bewusstseins bei, erregten andererseits jedoch den Widerspruch traditioneller und islamistischer, auch militanter Kreise. Auffällig ist auch die immer häufiger werdende Verwendung der Volkssprache, eine gewisse Emanzipation des Dialekts (al amma) in der Hochliteratur. Das ist umso bemerkenswerter, als das Hocharabische (al fusha) in gewisser Weise noch immer als Sakralsprache gilt.

Die traditionell hoch angesehene Lyrik hat sich ebenfalls vorwiegend an westlichen Mustern orientiert, was ihre Erscheinung in beinahe revolutionär zu nennender Weise verwandelt hat. Gewiss hat jeder moderne oder zeitgenössische arabische Lyriker seinen „Liebling" aus alter Zeit, den er besonders schätzt, aber im eigentlichen Sinne dazugelernt haben die neueren Poeten Arabiens von den großen Dichtern der westlichen Moderne: Baudelaire, Rimbaud, Mallarmé, Valéry, Neruda, Lorca, T. S. Eliot, Ezra Pound sowie den großen Russen Blok, Mandelstam und so weiter. Man kann im Westen nur schwer ermessen, was etwa die Einführung des „freien Verses" (vers libre) in die zeitgenössische arabische, aber auch persische und türkische Dichtung bedeutet hat. Es war eine Befreiung von ungleich größerer Tiefe als in unserer euro-amerikanischen Literatur. Zu den Stammvätern, ja Patriarchen des modernen

Gedichts, wie Dschubran Khalil Dschubran (Khalil Gibran, 1883–1931, gestorben in New York), Mikhail Nu'aima (1889–1988), Badr Schakir al Sayyab (1926–1964), Abdal Wahhab al Bayati (1926–1999), die aus dem Libanon respektive dem Irak kommen, haben sich experimentierfreudige, avantgardistische Poeten wie Adonis (Ali Ahmad Said, geb. 1930) gesellt – dazu viele andere, die längst mit allen Feinheiten der modernen Poetik und mit allen westlichweltlichen Philosophien und Weltanschauungen vertraut sind. Adonis ist besonders vom „Existenzialismus“ und „Surrealismus“ geprägt worden, den er freilich auch in dem Mystiker und Dichter al Husain Ibn Mansur Al Halladsch (hingerichtet im Jahre 922 in Bagdad) vorzufinden glaubte.

Bei den beiden anderen Völkern des islamischen Kernraums, den Persern und den Türken, hat sich die Entwicklung einer modernen Literatur und Dichtung in ganz ähnlichen Bahnen bewegt. Noch mehr als die Araber schleppten die Perser die schwere Last einer alles überragenden, bewunderungswürdigen poetischen Tradition mit sich herum. Es ist die hohe Wortkunst eines Mohammad Schams al Din Hafez, genannt Hafis (1320–1389), und der zahlreichen anderen persischen Dichtergrößen, die mit ihren beispielhaften Werken sogar einen Goethe, dann Friedrich Rückert, Graf von Platen, Friedrich Bodenstedt und andere Vertreter der deutschen Romantik inspirierten. Bis heute hat diese Dichtung, gerade auch beim einfachen Volk im Iran, nichts von ihrer Faszination und Ausstrahlung verloren. Das hat auch damit zu tun, dass die Perser insgesamt betrachtet wahrlich das „Volk der Dichter und Denker“ in der islamischen Kultur sind. In hervorragender, ihnen ganz eigener Weise haben sie das Geistesleben des Islam auf fast allen Gebieten nicht nur geprägt, ja zum Teil auch verändert. Und ihr Stolz darauf ist bis heute groß. In der Literatur räumten sie der gereimten Dichtung allerhöchsten Rang ein, während die Prosa lange Zeit als halbwegs inferior empfunden wurde. Ausnahmen bilden natürlich die philosophischen, mystischen und wissenschaftlichen Werke, die sie in großer Zahl hervorbrachten. So hatten die Schöpfer der modernen persischen Prosa, wie Bozorg Alavi (1904–1997, gestorben in Berlin) in seiner modernen Literaturgeschichte bestätigt, gegen die Übermacht der Lyrik im Kunstverständnis ihrer Landsleute anzukämpfen. Nach den Pionierarbeiten am Ende des 19. Jahrhunderts, die – wie auch im arabischen Raum – maßgeblich von Übersetzungen geprägt waren, gelang im 20. Jahrhundert endgültig der Durchbruch zur Moderne: Die führenden persischen Prosaschriftsteller sind westlichen Autoren längst ebenbürtig geworden. Als Gründerfigur kann der noch im 19. Jahrhundert, nämlich 1895, geborene Mohammad Ali Dschemalzade gelten, der schon als junger Mann mit sechs exemplarischen Erzählungen unter dem Titel „Yeki bud yeki nabud“ (Es war einmal …) Aufsehen erregte. Mit diesen Novellen schuf Dschemalzade die moderne, allmählich dann auch anerkannte Kunstprosa, vielmehr, er legte den Grundstein für sie. Er zeigte, dass man auch in der Prosa „Dichter“ sein konnte, dabei allgemeinverständlich und weit entfernt vom dekadenten Schwulst und der Übertreibung der früheren persischen Kanzlei- und Hofsprache. Die Themenwahl Dschemalzades war realistisch-weltlich, dem Leben der Menschen entnommen, gehalten in einer verständlichen Sprache, die auch Ausdrücke des Alltags enthielt und nicht „poetisierte“. So befreite dieser Autor die persische Literatur aus jahrhundertealter sprachlicher wie thematischer Erstarrung. Man ginge freilich fehl, wenn man vermutete, Dschemalzade sei ein fanatischer Rebell oder gar Revolutionär gewesen, ganz im Gegenteil: Der Dichter, im Hauptberuf Diplomat und auf dem internationalen Parkett versiert, wollte sein Land zwar reformiert sehen, kämpfte aber nicht verbissen gegen alles Traditionelle, auch nicht auf dem Feld der Religion. Gleichwohl dachte er durchaus über Reformen in der schiitischen Ausprägung des Islam nach. Er wollte die Religion aus Erstarrung und Versteinerung herausführen. Mit stärker der Tradition verbundenen Autoren, wie dem seinerzeit berühmten Mohammad Hedschazi, wollte er nichts zu tun haben. Auch dieser Prosaist versuchte einen volksnäheren Wortschatz zu verwenden, verherrlichte allerdings die althergebrachten, orientalisch-patriarchalischen Verhältnisse im Iran über Gebühr. Mit seinen späteren Werken geriet Dschemalzade in etwas ruhigeres Fahrwasser.

Das größte Genie der modernen persischen Literatur war Sadegh Hedayat (1903–1951). Er kann, ja muss mit Fug und Recht als „revolutionär“ bezeichnet werden. In einen islamischen Kontext gehört er nur formal, denn er interessierte sich besonders für die vorislamische Kultur des Iran. Dies lag damals im Zug der Zeit, denn die Parole „Zurück zur nationalen Kultur“, das heißt der alt- und mittelpersischen, war auch von den herrschenden Pahlewis ausgegeben worden, die sich nicht ohne Grund den Namen „pahlewi“ (so nannte man die mitterlpersische Sprache vor dem Einbruch des Islam in das persische Hochland) für ihre „Dynastie“ ausgewählt hatten. Ein Freund der Dynastie konnte Hedayat indessen schon deshalb nicht sein, weil sie dem Volk die politische Freiheit verweigerte. Doch die nationale, weltlich ausgerichtete Bewegung liebäugelte mit solchen Gedanken durchaus und Hedayats Werk hat beträchtlich zur Förderung weltlicher Lehren im intellektuellen Milieu beigetragen. Hedayat entstammt einer adeligen Familie, lehnte es aber zeitlebens ab, ein Amt im Dienste der Pahlewis zu bekleiden. Er hasste diese Emporkömmlinge geradezu und sympathisierte mit der Nationalen Front (dschabhe-ye melli-ye Iran). Sein schriftstellerisches Paradegebiet wurde die Kurzgeschichte (qesse), für deren Entwicklung Dschemalzade und andere die Vorarbeit geleistet hatten. In den Werken Hedayats verbanden sich iranische Elemente mit solchen aus dem Westen.

Der Autor war ein Gegner des Islam, vor allem der Rechtsgelehrten und Mullahs; diese Kaste verabscheute er. Das uralte Erbe des iranischen Propheten Zarathustra interessierte ihn viel mehr, doch im Grunde blieb er immer ein metaphysischer Skeptiker, ein Skeptiker orientalischen Zuschnitts freilich, denn sein metaphysisches Bedürfnis nach dem Absoluten war noch in seiner Negation unstillbar und auf Absolutes gerichtet. Als Philologe und Literaturhistoriker befasste er sich intensiv mit dem persischen Mathematiker, Astronomen und Dichter Omar Khayyam (1048–1131), in dessen mystisch-skeptischer, zweiflerischer Geistigkeit er sich selbst in hohem Grade wiedererkannte. Er versuchte sich deshalb an einer Aufgabe, die schon viele persische literati gereizt hatte: herauszufinden, welche der berühmten Vierzeiler (roba'iyat) Omar Khayyam untergeschoben wurden und welche echt sind. Hedayats Erfolg bei dieser Aufgabe war jedoch ebenso zweifelhaft wie der seiner Vorgänger und Nachfolger.

Unsere Charakterisierung seiner geistigen Wesensart macht allerdings begreiflich, dass er eine enge Beziehung auch zu bestimmten westlichen Schriftstellern aufnehmen musste. Dies gilt vor allem für die französischen Existenzialisten, aber auch für einen Autor wie Franz Kafka, mit dessen Werk und Weltbild sich Hedayat, soweit ihm das damals möglich war, beschäftigte. Der Existenzialismus ist mit seiner radikalen Unbedingtheit, mit seiner schroffen Dialektik von Sein und Nichts (Sartre) eine philosophische Lehre und Verhaltensweise, die den im islamischen Orient sozialisierten Intellektuellen besonders zusagt. So eben auch Hedayat. Seine eigenen Erzählungen sind oft kafkaesk in einer ganz allgemeinen Bedeutung des Wortes. An Intensität und Emphase übertrifft der Perser sein Vorbild Kafka freilich um einiges. Je älter der Autor wurde, desto mehr neigte er zu einem tiefschwarzen Nihilismus, wie er schwärzer kaum gedacht werden kann. Hedayat repräsentiert mit seinem Werk so etwas wie eine „dark tradition“ in der Literatur des Iran. In einer Welt metaphysischer Ungewissheit und seelischer Unbehaustheit vermag noch nicht einmal der Rausch Abhilfe zu schaffen, Vergessen zu schenken. In seiner berühmtesten Erzählung „Die blinde Eule“ (buf-e kur) verschwimmen Realität,

Traum, Phantasmagorie und Rausch zu einer imaginären, substanzlosen Welt der Sinnlosigkeit und Nichtigkeit, die dem Autor bei manchem westlichen Kritiker den Ruf eines persischen Edgar Allan Poe eingetragen hat, verständlicherweise vielleicht, vielleicht aber auch zu Unrecht; denn mit seiner unheilbaren Melancholie, mit seinem Weltschmerz steht Hedayat – trotz aller Beschäftigung mit westlich-weltlichem Denken – durchaus in einer authentischen iranischen Tradition des Trauerns und des Weltschmerzes, die gerade auch das Schiitentum stark geprägt hat. Man denke nur an deren kollektiven Trauerkult um die Märtyrer am Aschura-Tag. Zwar hatte sich der Dichter innerlich davon gelöst, doch verschwinden solche Prägungen ja nicht automatisch aus der Seele und dem Geist, von den kollektiven Archetypen (C.G.Jung) einmal ganz zu schweigen. Und wie oft hat nicht der berühmte Hafis von der „schnöden Welt" gesprochen, die es „mit tausend Freiern" halte. Allerdings blieben einem Mann wie Hedayat die Tröstungen des Glaubens versagt. In einem Pariser Hotel nahm er sich das Leben.

Von seiner kunstvoll-sparsamen Art des Schreibens wie von seinem individuellen Blick auf die Welt haben fast alle iranischen Autoren nach ihm gelernt. Seien es Prosaisten wie Sadegh Tschubak (1916–1998) und Mahmud Doulatabadi (geb. 1940) oder Lyriker wie die jung verstorbene Forugh Farrokhzad (1934–1967), die in ihren Gedichten Unerhörtes wagte: Sie – als eine Frau – verbarg ihre innersten Gefühle und Empfindungen nicht hinter dem Schleier (hedschab) der Seele, sondern gab sie preis, schrie sie in ihren subjektiven Versen geradezu hinaus. In der Anthologie „Jene Tage" (an ruz-ha) beispielsweise wird das besonders deutlich.

Rafti o ba to raft hame hawas o schad-e man
Wa man sad-e del bi-mehri o dschefa-ye to
bawar namikonam…

Du gingst, und mit dir gingen alle Lust und Freude,
Noch glaub ich's nicht, so tief betrübt,
dass du so grausam bist …

Das waren, zumal von einer Frau, unerhörte Töne, und dies keineswegs nur im Iran.

Die zeitgenössische Literatur der Türkei bildet insofern eine Ausnahme, als dieses Land früher und gründlicher als die meisten anderen in der Region verwestlicht und damit auch verweltlicht worden ist, zuletzt am stärksten, wie man weiß, unter Mustafa Kemal Atatürk. An diesen gesellschaftlichen und politischen Prozessen waren die Literaten des späten Osmanischen Reiches wie danach auch der Türkischen Republik maßgeblich beteiligt. Bereits die spätosmanische Dichtung schwamm schon ganz in westlichem Fahrwasser. Die Prosaisten imitierten, ebenso wie die Lyriker, hauptsächlich französische Vorbilder. Ein zweites Stichwort in der Literatur lautete: Nationalisierung der Dichtung einschließlich der Sprache; der gesellschaftliche Kontext dafür war die Epoche der großen Reformen (tanzimat, inkilab), die schon 1839 einsetzte und bis 1876 währte, als die osmanische Türkei, wenn auch nur für kurze Zeit, eine Verfassung und ein Parlament erhielt. Es spricht für sich, dass unter jenen führenden Theoretikern einer Umgestaltung der türkischen Gesellschaft, die am meisten Wirkung erzielten, viele Literaten waren: Namik Kemal, Ziya Pascha (1825–1880), Ibrahim Şinasi (1826–1871), Ziya Gökalp, Mehmet Emin Yurdakul (1869–1944) und viele andere mehr.

Zu schon ganz verweltlichten Revolutionären der modernen türkischen Dichtung wurden der weltbekannte Nazim Hikmet (1902–1963), der vom Marxismus geprägt war, und der Einzelgänger (war er ein Existenzialist?) Orhan Veli (1914–1950), in dem viele Kenner den vielleicht originellsten türkischen Lyriker des 20. Jahrhunderts sehen. Die bedeutendste zeitgenössische Literatur der Türkei ist gänzlich säkular, auch wenn religiöse und metaphysische Fragen thematisiert werden. Der Sufismus und manche osmanische Traditionen werden in jüngster Zeit wieder aufgegriffen, allerdings in völlig verwandelter Gestalt. Und selbst der Marxist Hikmet hat sich in seinem Epos „Scheich Bedrettin" (Şeyh Bedrettin'in destani) einem Thema gewidmet, das dem Gebiet der schiitisch-orthodoxen, alevitischen Theologie und Geschichte entnommen ist – ganz ins Politische und Gesellschaftliche transponiert. Unter den zeitgenössischen Volksbarden der Türkei, den ozanlar, spielt diese mit volkstümlicher Mystik durchtränkte Literatur des Alevilik und Bektaschilik eine aktuelle Rolle. Da die Aleviten immer unter dem Druck der sunnitischen Bevölkerungsmehrheit gestanden haben, sind bei ihnen die Neigungen zum Säkularismus besonders ausgeprägt. Nur von einer demokratisch-laizistischen Gesellschaft, nicht von einer orthodoxen oder gar fundamentalistischen, erhoffen sie sich eine Gleichberechtigung, die diesen Namen wirklich verdient, die aber bis heute nicht existiert. Wenn die weltliche Gesinnung durchaus längst das Wesen der modernen türkischen Literatur ausmacht, so spiegelt diese insgesamt doch auch ein Ringen um kulturelle Identität der Türken wider, in der die Religion des Islam einen gewissen Raum einnimmt. Man denke an so bekannte Dichter wie Mehmet Akif Ersoy (1873–1936), von dem sogar der Text der türkischen Nationalhymne, der Istiklal Marşi, stammt, oder an Necip Fazil Kisakürek (1904–1983), einen Poeten, der als „outcast der Städte" begann, als Fundamentalist endete und der die Ideologie des „Großen Ostens" (Büyük doğu) schuf.

Ohne Zweifel hat die Welle des Islamismus, die seit der Niederlage der Araber gegen Israel im Juni 1967 Aufwind bekam und schließlich zu einem Sturm anschwoll, manche weltliche Errungenschaften wieder zunichtegemacht oder wenigstens in Frage gestellt. Am schlimmsten traf es die Autoren des Iran, deren Rahmenbedingungen seit der Revolution von 1979 erheblich eingeschränkt wurden. 130 Autoren, darunter Schriftsteller wie Ahmad Schamlu, Huschang Golschiri, Mahmud Doulatabadi oder Simin Daneschwar, wandten sich schon 1994 mit einer Erklärung gegen die „Unterdrückung der Meinungsfreiheit" an das Regime, ohne messbaren Erfolg allerdings. Doch der Kampf der Autoren geht weiter, mögen sie auch, wie der Romancier Abbas Maroufi (geb. 1957) und viele andere im Ausland leben. Dies gilt übrigens auch für arabische Dichter, die trotzdem hoffen, eines Tages die Befreiung ihrer Gesellschaften von Bevormundungen aller Art erleben zu können. Insbesondere betrifft das die palästinensischen Autoren, die noch immer kein eigenes Land haben, sondern nur ein „Gebiet", besetzt und dominiert von Israel. Der größte Lyriker Palästinas, Mahmud Darwisch (1941–2008), sang jahrelang das Lied eines unabhängigen Palästinas, konnte dies jedoch nicht mehr erleben.

Wenn nicht alle Zeichen trügen, so ist die Arabellion zu einem nicht geringen Teil auch dem Wirken der Schriftsteller und Dichter in der islamischen Welt zu verdanken. Steter Tropfen hat da den Stein gehöhlt. Im Grunde unterscheidet sich diese Entwicklung nur wenig von jener, die in Europa zu ähnlichen gesellschaftlichen und politischen Veränderungen geführt hat. Man denke an die Rolle Voltaires und der übrigen „philosophes" am Vorabend der Französischen Revolution. Die Autoren Arabiens, des Iran und der Türkei haben dafür gegebenenfalls auch Inhaftierung und Folter auf sich genommen. Dies geschah in einem Land wie der Türkei gewiss schon unter etwas anderen Vorzeichen als in Ägypten oder im Irak und im Iran, aber es geschah. Das beharrliche Wirken der Autoren für Veränderungen, für Gedanken und Verhaltensweisen, die nicht immer nur vom Gesichtspunkt der Religion oder versteinerter Traditionen abhängig sind, hat schließlich Früchte getragen. Natürlich haben auch

Philosophen und Geisteswissenschaftler wie Sadiq Dschalal al Azm, Aziz al Azmeh, Nasr Hamid Abu Zaid, Mohammed Abed al Jabri, Mohammed Arkoun, die in diesem Buch ebenfalls eine Rolle spielen, und viele andere daran einen nicht geringen Anteil. Es fällt auf, dass vergleichsweise viele der islamischen Dichter in modernen Zeiten ins Exil gehen mussten und auch dort starben. Ich möchte die Aussage wagen, dass weltlich gesinnte Autoren sogar auf manche islamische Fundamentalisten nicht ohne Wirkung geblieben sind. Innerhalb der Reformbewegungen und künftiger politischer Ordnungen suchen natürlich die Gläubigen gleichfalls ihren Platz, und manches spricht dafür, dass sie sich in Zukunft verändern werden.

Andererseits wurde sowohl bei den Umstürzen in Tunesien als auch in Ägypten deutlich, dass während der revolutionären Ereignisse selbst die Intellektuellen – und unter ihnen auch die Schriftsteller – ein wenig abseitsstanden. Getragen wurden die Proteste in ihrem Kern zunächst von jungen Leuten, die sich der Techniken des Internets bedienten. Man kann sagen: Was in früheren Umwälzungen Pamphlete und Plakate der Intellektuellen waren, sind mittlerweile die Eintragungen und Aufrufe der Blogger im Internet geworden, national wie international. Allerdings scheinen diese eine mehr spontane, auf den Tag ausgerichtete Wirkung zu entfalten. Auf die Dauer wird die Arabellion nicht ohne gründliche Analysen der klassischen Werke auskommen. Doch die verschließen sich wohl der raschen Verfügbarkeit, die das Internet bietet.

Der lange und steinige Weg der Arabellion – man wird wahrscheinlich ein ganzes Jahrhundert dafür veranschlagen müssen – bleibt darauf angewiesen, dass die Autoren kritische Beobachter, aber auch Stichwortgeber für die weitere Entwicklung, deren Richtung keineswegs feststeht, bleiben. Und noch eines ist dabei wichtig: Noch nie war der Austausch zwischen Schriftstellern unterschiedlichster Kulturen so intensiv wie heute. Die Dichter und Romanciers, die Poeten und Essayisten der muslimischen Welt haben auch uns Europäern etwas zu sagen, sie beeinflussen ja keineswegs nur ihren Teil der Welt, einer Welt, die ohnehin immer mehr zusammenrückt, nicht zuletzt qua Internet, und dies natürlich auch in der Kunst.

Die Welt der Denker: Der islamische Rationalismus und seine modernen Erben

Am 25. November 2011 wurde der tunesischen Journalistin Sihem Bensedrine in Berlin der Ibn Ruschd-Preis für freies Denken verliehen. Die Jury ehrte damit eine Frau, die sich vor und nach dem Beginn der Arabellion in ihrem Land für Demokratie und geistige Freiheit, für Aufklärung und Toleranz eingesetzt hatte. Unter dem alten Regime von Zine al Abidine Ben Ali hatte sie dafür Nachteile und Restriktionen in Kauf genommen, die praktisch bis zum Berufsverbot reichten. Sie war die 13. Preisträgerin dieser Auszeichnung, die seit 1999 vergeben wird. Unter anderem waren der algerische Philosoph Mohammed Arkoun (1928–2010) und der von den Behörden seines Landes nach Holland vertriebene ägyptische Koranforscher Nasr Hamid Abu Zaid (1943–2010) mit diesem Preis geehrt worden. Er ist benannt nach dem Philosophen und Juristen Abul Walid Mohammed Ibn Ruschd aus Córdoba, der von 1126 bis 1198 lebte und – neben seinen eigenen philosophischen Werken – besonders als Kommentator der Werke des Aristoteles hervorgetreten ist. Unter seinem latinisierten Namen Averroes übte Ibn Ruschd gerade als Kommentator auch auf die mittelalterliche christliche Philosophie einen enormen Einfluss aus, der von der Scholastik bis in die Epoche der Renaissance hinein reichte. Die europäische Philosophiegeschichte spricht von einem lateinischen Averroismus, der zeitweise sogar in Paris an der dortigen Artistenfakultät gelehrt wurde und so einflussreich war, dass sich eine philosophisch-theologische Größe wie Thomas von Aquin (1225–1274) kritisch mit ihm und seinen Lehren auseinandersetzen musste. Wir werden gleich darauf eingehen.

Vieles spricht dafür, dass gerade die Lehre Ibn Ruschds im muslimischen Teil der Welt noch eine große Zukunft vor sich haben wird, bietet dieser Rationalist doch all jenen ein Corpus von Gedanken und Ansätzen an, die zwar den islamischen Charakter ihrer Kultur weder leugnen noch tilgen wollen, aber primär einem nicht-religiösen, rationalistischen Diskurs verpflichtet sind, wie das auch für die geehrte Sihem Bensedrine galt. Ibn Ruschd war ein Religionsphilosoph, dessen Bestreben es war, die islamischen Glaubenslehren durch den Verstand „einsichtsvoll" zu interpretieren; zwar kann bei ihm eine skeptische Tendenz hinsichtlich der wörtlichen Aussagen des Koran nicht verleugnet werden, doch ist er kein ausgesprochener Religionskritiker. Es geht ihm mehr um eine einsehbare Interpretation der Offenbarung.

Mit der Welt der Denker, der dieses Kapitel gewidmet ist, meinen wir eben jene zeitgenössischen Geister, die sich – die Arabellion damit durchaus vorbereitend – in den vergangenen Jahrzehnten nicht so sehr mit dem sufischen oder esoterischen Denken in ihrer Tradition beschäftigten, sondern vor allem bei jenen nachdenklichen Geistern der eigenen Vergangenheit Auskunft suchten, deren Philosophieren man als „hellenisierend" bezeichnet hat, das heißt: dem Vorbild der alten Griechen folgend. Und unter diesen nimmt Ibn Ruschd offenbar einen ganz besonderen Platz ein. Weitaus mehr als Ibn Sina (Avicenna), dessen Erbe im Iran besonders gepflegt wird, ist er ein überzeugter Aristoteliker gewesen und weitaus weniger als al Farabi (gest. 950) ein Platoniker oder Neuplatoniker. Von der Mystik ist er, anders als manche seiner maghrebinischen Vorgänger, etwa Ibn Baddscha oder Ibn Tufail, sogar weitgehend unberührt.

Um die hellenisierende Philosophie im Islam, die sogenannte Falsafa, war es, von Ausnahmen abgesehen, lange Zeit relativ ruhig geworden, wenn dies auch keineswegs das Ende des philosophischen Denkens in der islamischen Hemisphäre insgesamt bedeutet hatte. Erst gegen Ende des 19. Jahrhunderts, im Zeitalter der Nahda oder arabischen Renaissance, führten Reformbestrebungen dazu, dass manche Intellektuelle sich der „arabischen Philosophie" dieser Traditionslinie wieder näherten. Die deutsche Islamwissenschaftlerin Anke von Kügelgen hat in einer umfangreichen Arbeit dargestellt, wie sich diese Neu-Adaption beispielsweise des Averroes-Ibn Ruschd vollzog und auf welche Schwierigkeiten sie von Seiten der Orthodoxie immer wieder stieß. Diese Vorbehalte existieren, das muss man in aller Deutlichkeit sagen, und zwar gegenüber der Falsafa wie dem philosophischen Denken überhaupt.

Trotzdem will mir scheinen, dass in den vergangenen Jahren das Werk des Ibn Ruschd einen neuen Siegeszug unter muslimischen Intellektuellen angetreten hat, wovon nicht zuletzt der nach ihm benannte Preis zeugt. Zusammen mit dem Geschichtsphilosophen Abd al Rahman Ibn Khaldun (1332–1406) aus Tunis, der sich in seinem Werk „al Muqaddima" – einer umfangreichen Einleitung in die von ihm selbst verfasste Universalgeschichte – nicht nur mit dem Wechsel der Dynastien im Gang der arabischen Geschichte beschäftigt hat, sondern auch mit Fragen des inneren Zusammenhalts einer Gesellschaft und der deshalb häufig als der erste „Soziologe" der Wissens-Geschichte tituliert wird, bildet Ibn Ruschds Werk einen aufklärerischen Ansatz des Denkens, von dem aus man heute fortschreiten könnte.

Die Geschichte der Philosophie, die bis heute weitgehend im Abendland geschrieben wurde, kennt Ibn Ruschd, wie wir schon sagten, vor allem als Kommentator des Aristoteles, schreibt ihm darüber hinaus jedoch zwei Theorien zu, die sich in der abendländischen Scholastik zu dem erwähnten „lateinischen Averroismus" entwickelt haben, zu einer philosophischen Strömung, die alsbald von der Kirche als ketzerisch abgelehnt und von einem Denker wie Thomas von Aquin in seinen Schriften heftig bekämpft wurde – mit Argumenten allerdings.

Die erste Theorie, die sich auf Ibn Ruschd bezog, behauptete die „Einheit des Intellekts" (unitas intellectus), was insbesondere von den christlichen Denkern so ausgelegt wurde, als leugne Ibn Ruschd mit seiner These, der Geist (intellectus, aql) sei ungeteilt nur einer, die Existenz einer Einzelseele, vor allem jedoch deren individuelle Fortdauer nach dem Tod, die vom Glauben verheißene Unsterblichkeit der Seele, als eine geistige Wesensform nach dem körperlichen Ende. Der heilige Thomas schrieb darüber seinen ablehnenden Traktat „De unitate intellectus, contra Averroistas" – Über die Einheit des Intellekts, gegen die Averroisten, in dem er, den gängigen Intellekt-Lehren der Platoniker und Aristoteliker folgend, nach seiner Auffassung die Existenz und Subsistenz individueller Intellekte aufzeigte.

Zunächst freilich ging es Ibn Ruschd wahrscheinlich um etwas anderes: um Erkenntnistheorie. Ihn beschäftigte die Frage, wie sich die Menschen vernünftig und allgemein verbindlich über etwas verständigen können, was sie doch individuell als Einzelne von der Welt wahrnehmen und über sie denken. Wie ist da überhaupt eine gemeinsame Basis möglich? Es ist eine Frage, die natürlich auch mit dem für die Philosophie des Mittelalters so wichtigen Problem der Universalien, des „Charakters" oder der Seinsweise der Allgemeinbegriffe (universalia), zusammenhängt. Ist beispielsweise der Begriff „Pferd" eine bloße Abstraktion des Intellekts aller wahrnehmbaren einzelnen Pferde zu einem Begriff „Pferd"? Oder kommt ihm als „Pferdheit" im Sinne der platonischen Ideenlehre – in welcher Form auch immer – irgendwie doch eine ontologische Existenz zu, wie die Universalien-Realisten behaupteten, aufgrund derer es überhaupt erst möglich ist, einzelne Pferde als solche zu identifizieren? Was heißt es dann konkret, wenn gesagt wird, der Intellekt sei für alle Menschen nur einer, ein und derselbe?

Die (westliche) Moderne hat sich in dieser Frage, die keineswegs endgültig geklärt ist, aus vielerlei Gründen für die nominalistische Lösung entschieden – die Universalien sind Abstraktionen im Verstand, nichts weiter; außerhalb kommt ihnen keine reale Existenz zu – nur die jeweiligen Merkmale der „Einzeldinge" gibt es wirklich.

So vielschichtig und brisant diese Thematik damals auch gewesen sein mag, wichtiger wurde die zweite These Ibn Ruschds, die von der sogenannten „doppelten Wahrheit" (duplex veritas). Averroes habe gelehrt, so jedenfalls wurde es immer in allzu populärer Weise kolportiert, es gebe zwei Wahrheiten: eine religiöse und eine philosophische (heute würde man sagen „wissenschaftliche"). Etwas, das religiös wahr sei, könne philosophisch (wissenschaftlich, dem Verstande nach) durchaus falsch sein und umgekehrt. Dieses Konstrukt wird in einem Sinne interpretiert, der Glauben und Wissen auf eine merkwürdige Weise harmonisieren, respektive voneinander trennen soll, damit sie sich nicht ins Gehege kommen. Dies war, nebenbei gesagt, das große Thema des philosophischen Denkens im Mittelalter überhaupt, nicht nur bei den Muslimen, sondern vor allem in der Christenheit: fides quaerens intellectum – Glaube, der nach Einsicht sucht, der die Glaubenswahrheiten ebenso begründen kann wie die Erkenntnis-Wahrheiten. Und es versteht sich, dass die christlichen Denker diesen Weg einer „Versöhnung" lange Zeit nicht gehen konnten. Er ist bis heute nicht wirklich ausgeschritten. Die Frage ist allerdings, ob Ibn Ruschd so etwas tatsächlich geschrieben und gelehrt hat oder ob man ihn nicht einfach missverstand. Kann ein Philosoph, ein Rationalist zumal, lehren, dass es zwei Wahrheiten gibt, die sich radikal widersprechen, die jede für sich aber gleich wahr sind? Muss er denn nicht die eine und einzige Wahrheit, nach welcher der Erkennende, der Freund der Weisheit (philosophos) strebt, im Auge behalten? Die Lehre von der doppelten Wahrheit wird denn von einigen Historikern der Philosophie auch mehr dem scholastischen Denker Siger von Brabant (1235–1284) als Ibn Ruschd selbst zugeschrieben.

Dass man Averroes eklatant missverstanden habe – dies behauptete beispielsweise der moderne ägyptische Philosoph Abd al Rahman al Badawi (1917–2002), ein Fachmann für Averroes, der eindeutig darlegt, eine Lehre von der doppelten Wahrheit komme bei Ibn Ruschd schlichtweg nicht vor; er jedenfalls habe sie dort nicht entdeckt. Badawis Wort wiegt schwer, ist er doch einer der führenden arabischen Philosophen des 20. Jahrhunderts gewesen, ein kundiger und bewusster Erbe der Rationalisten, mit einer tiefen Kenntnis nicht nur der Philosophie, sondern der arabischen Geistesgeschichte überhaupt. Der Ägypter war der erste moderne arabische Denker, der sich – neben den Einflüssen aus der eigenen philosophischen Tradition – von der westlichen Existenzphilosophie inspirieren ließ.

Möglicherweise wird auch diese philosophische Richtung, der Existenzialismus, in jenem Maße wichtiger werden im Islam, in welchem die Arabellion voranschreitet, denn die Existenzphilosophie ist in ihrem klaren Zuschnitt auf die eben existenziell wichtigen Fragen des Lebens etwas, das den „Orientalen" in gewisser Weise „liegt". Bei Badawi sind es vor allem der religiöse Existenzialist Sören Kierkegaard (1813–1855) und die deutschen Existenzphilosophen Martin Heidegger und Karl Jaspers, die im Mittelpunkt seiner Aneignung dieses Denkens stehen. Doch auch zu Ibn Ruschd ist Badawi immer wieder zurückgekehrt.

Die vorläufig letzte Arbeit in deutscher Sprache über Ibn Ruschd – neben zahlreichen englischen und französischen – stammt von Frank Griffel, der im Jahre 2010 im Verlag der Weltreligionen den Traktat „Fasl al-maqal" (Die maßgebliche Abhandlung) übersetzt, ediert und kommentiert hat. Dieser Traktat ist die wichtigste der originalen philosophischen Arbeiten dieses andalusischen Denkers, wenn man einmal von der umfangreichen „Tahafut al-tahafut" (Zurückweisung (refutatio) der Zurückweisung) absieht, in der Ibn Ruschd die prinzipielle Kritik des Theologen und Philosophen al-Ghazali (gest. 1111) an den Möglichkeiten und Fähigkeiten der Philosophen seinerseits widerlegt hatte. Ghazali nämlich hatte in seiner Schrift „al-Tahafut al-falasifa" (Die Zurückweisung (refutatio) der Philosophen) zu zeigen versucht, dass die Philosophie nicht, wie sie behauptet, imstande sei, die wichtigsten Glaubenswahrheiten rational aufzuweisen. Damit hatte auch er abermals jenes Thema angeschnitten, das offenbar zu den ewigen der Denkgeschichte gehört: das Verhältnis von Glauben und Wissen. Und al-Ghazali war zu einem Glaubens-Quietismus gelangt, der in der Ratio zwar ein nützliches, doch ziemlich begrenztes Instrument sah.

Was aber war denn, um auf jene spezifische Interpretation Averroes' zurückzukommen, gemeint, wenn nicht der Irrtum einer doppelten Wahrheit? Seit Jahrzehnten wird darüber in der gelehrten Welt diskutiert und der andalusische Denker ist ein Objekt hochkarätig bestückter Philosophie-Kongresse geworden, bei denen die unterschiedlichen Meinungen teilweise scharf aufeinanderprallen. Man kann wohl sagen, dass praktisch alle in der arabisch-muslimischen Welt, die sich mit Philosophie und verwandten Gebieten befassen, heutzutage auch den Ibn Ruschd immer wieder traktieren. Andere tun das mit al-Ghazali und geben diesem „rationalen Theologen“ den Vorzug vor dem „theologischen Rationalisten“, was die Innovationsfähigkeit islamischen Denkens anbelangt.

So bleibt Ibn Ruschd weiterhin ein inspirierender Denker; desgleichen spannend bleibt auch der lateinische Averroismus, der mit manchen seiner Thesen vielleicht sogar weiter ging als Averroes selbst, so dass schon gesagt worden ist, Averroes sei gar kein Averroist gewesen. Seit seiner „Wieder-Entdeckung“ durch den französischen Orientalisten und Religionskritiker Ernest Renan (1823–1892) und sein Werk „Averroes et l'averroisme“ im Jahre 1852 gibt es nun eine Debatte über die Frage, ob Ibn Ruschd ein Aufklärer – und damit auch ein Vorläufer der europäischen Aufklärung – gewesen sei oder ob man ihn mehr als Religionsphilosophen ansehen müsse, eventuell auch als Religionskritiker.

Ein Gegensatz kann das nur für all jene sein, die schon eine Religionsphilosophie, das heißt den Versuch, Religion philosophisch zu deuten, für etwas Anti-Aufklärerisches halten, eine Ansicht, die auf Arthur Schopenhauer (1788–1860) zurückgeht, der jede Religionsphilosophie als eine Art „Missgeburt“, gar als einen philosophischen „Zwitter“ ansah. Dies freilich hinderte ihn nicht daran, selbst fleißig Gedanken niederzuschreiben, die man durchaus unter dem Rubrum einer Religionsphilosophie zusammenfassen kann. Interessanterweise ist seine Charakterisierung der Religion als einer Allegorese, in der die Wahrheit im Gewande von Bildhaftigkeit und Allegorie daherkomme, vielleicht gar nicht so weit entfernt von Ibn Ruschds Auffassungen, die zu dem Missverständnis der „doppelten Wahrheit“ führten. Schopenhauer sieht in der Religion eine „Volksmetaphysik“, die allegorischer Ausdruck des metaphysischen Bedürfnisses der Menschen ist. Was beide Denker natürlich trennt, ist der Gottesbezug: Während Schopenhauer dezidiert atheistische Positionen einnimmt, ein Absolutes im Sinne der theistischen Religionen also schlicht leugnet, sind solche Äußerungen von dem Muslim Averroes nicht überliefert.

Über den Stand dieser Diskussionen sind seit Mitte der neunziger Jahre mehrere Sammelbände erschienen, deren Texte auf internationale Symposien über Leben und Werk Ibn Ruschds zurückgehen, etwa auf eine Veranstaltung in Kairo, an der führende Averroes-Forscher wie Oliver Leaman, Paul Kurtz, Mourad Wahba oder Stefan Wild teilnahmen. Man sieht, Ibn Ruschd ist ein dankbares Forschungsobjekt für Muslime wie auch für Andersgläubige, für Araber und Europäer, die sich Gedanken über eine Erneuerung der muslimischen Kultur machen, darüber hinaus jedoch teilhaben an jenem geistigen

Weltbürgertum, das die Philosophie mit ihren Großen zu stiften vermag. Für Griffel etwa ist Ibn Ruschd alles andere als ein Säkularist, was ja auch angesichts der Zeitumstände nur schwer vorstellbar ist. Damals waren die maßgeblichen Kulturen, das lateinische Christentum, das orthodoxe Christentum wie auch der Islam, mit Religion förmlich durchtränkt. Der Philosophiehistoriker und Orientalist Friedrich Niewöhner (1941–2005) sieht in Ibn Ruschd denn auch weniger einen Aufklärer, der Religionskritik betrieben habe wie Spinoza und die ihm Folgenden, als vielmehr einen Religionsphilosophen, für den die Wahrheiten des Glaubens für die Menge in einer Form vorgetragen werden müssen, die sie versteht, während die Philosophen („Wissenschaftler") sich um ihre rationale Erhellung bemühen, die aber nur wenigen wirklich zugänglich ist. So konnte das Missverständnis einer doppelten Wahrheit aufkommen.

Sehr stark auf Ibn Ruschd hat sich zeitlebens der marokkanische Philosoph Mohammed Abed al Jabri (1936–2010) berufen, der in Berlin ebenfalls schon mit dem Preis seines philosophischen „Helden" Ibn Ruschd ausgezeichnet worden ist. Seine geistige Persönlichkeit könnte man mit den drei Stichworten „Rationalist, Muslim und Araber" zusammenfassen. Jabri ist bewusster Averroist und legt dies in seiner Arbeit „Kritik der arabischen Vernunft" auch dar, die zudem – schon der Titel macht es deutlich – auf Immanuel Kant (1724–1804) anspielt.

Zwei moderne Rationalisten ganz eigenständiger Art sind Sadiq Dschalal al Azm und Aziz al Azmeh, beide aus der arabischen Levante stammend. „Das Unbehagen in der Moderne" lautet einer der Titel, mit denen al Azm auch bei uns bekannt wurde. Der Titel ist nicht ohne Grund Sigmund Freud (1856–1938) nachgebildet, dessen Abhandlung „Das Unbehagen in der Kultur" dabei Pate stand. Die Laufbahn al Azms, der in Damaskus geboren wurde, begann in Beirut, setzte sich dann aber jahrelang in Syrien sowie im westlichen Ausland fort. Seine in Vorlesungen und Büchern vorgetragenen Zweifel an der Kompatibilität traditionellen Religionsverständnisses mit der Ratio haben ihm Nachstellungen aller Art eingebracht.

Ein Damaszener, Jahrgang 1947, ist auch Aziz al Azmeh. Seit Jahrzehnten gilt er als einer der scharfzüngigsten Gelehrten der arabischen Welt, dessen Wissen nicht nur in Beirut gefragt ist, sondern auch in Amerika, Großbritannien und Deutschland, wo er lehrt und forscht, sich an gemeinsamen Projekten beteiligt.

Der Hintergrund, auf dem er sich intellektuell abarbeitet, ist zunächst der Islamismus (al-islamija, al-usulija). Dies tut er jedoch auf zweierlei Weise: endogen und exogen. Unter dem Stichwort einer „Islamisierung des Islam" (so lautet einer seiner Buchtitel auf Deutsch) übt Azmeh an jenen Kritik, die den Islam als Religion wie Kultur ideologisieren und essenzialisieren, den Islam noch islamischer machen als er es ohnehin ist, aber auch an jenen im Westen, die daran Anteil haben, obschon sie es weder wollen noch wissen. Letztere, die Orientalisten, tun dies oft im guten Glauben, sie klärten auf, unterstützen aber durch eine, wie Azmeh meint, einseitige Betrachtungsweise jene, die sie eigentlich gar nicht haben wollen: der Islamisten. Die Orientwissenschaft müsse neu erfunden werden, meint al Azmeh ziemlich polemisch, denn die westlichen Gelehrten hätten es versäumt, den Islam zu historisieren. Da weht mehr als ein Hauch von Edward Said (1935–2003) und seiner umstrittenen These vom „westlichen Orientalismus" durch die Hörsäle, wenn er spricht. Natürlich ist die Behauptung provokant und in ihrer Pauschalisierung auch nicht haltbar; doch dass es ein von Wissenschaft wie auch Kunst erstelltes „Bild vom Orient" gibt, das man viel zu wenig hinterfragt, kann kaum ernsthaft bestritten werden. Allerdings sind es oft gerade kritische Muslime selbst, die gewisse, zumindest essenzialistisch anmutende Strukturen islamischer Gesellschaften und ihrer Werte, die in Marokko ungefähr dieselben sind wie in Malaysia, kritisieren. Sie sind Azmeh natürlich bekannt. Das Nachdenken über den Orient – hier hatte die Orientalistik bisher das Monopol – erfordert nach seiner Auffassung indessen Kenntnisse aus vielerlei Wissenschaften. Denn es gibt eben Welten des Islam, die ein Herangehen durch Soziologie, Anthropologie, Kulturanthropologie und andere Wissenschaften verlangen.

Al Azmeh plädiert in diesem Zusammenhang auch für eine Wiederentdeckung der Muqaddima des Ibn Khaldun. Dieser Gelehrte warf schon an der Schwelle zur Neuzeit folgende Fragen auf: Welches sind die bewegenden Elemente der Geschichte? Und: Was hält eine Gesellschaft zusammen? Das sind die beiden Hauptfragen, mit denen sich Ibn Khaldun im 14. Jahrhundert beschäftigt hat. Die erste Frage beantwortet er durch seine empirisch belegbare Theorie vom beständigen Machtwechsel zwischen Nomaden (bedu) und Sesshaften (hadar), die er anhand seines Studiums der nordafrikanisch-berberischen Dynastien und ihres bewegten Auf und Ab aufstellte. Dafür boten die Jahrhunderte zuvor ja einen günstigen Anschauungsunterricht in Gestalt zahlreicher, sich gewissermaßen zyklisch ablösender Herrscherhäuser, wie der Aghlabiden, Fatimiden, Almohaden, Almoraviden, Meriniden und so weiter. Ihr Aufstieg und Verfall ist sein großes Thema. Was hielt sie zusammen, als sie erfolgreich um die Macht kämpften, bevor sie ihrerseits das Opfer frisch herbeistürmender, unverbrauchter Beduinenstämme wurden, die sich dann an ihre Stelle setzten?

Der beständige Wechsel von Nomaden zu Sesshaften und wieder zu Nomaden über Jahrhunderte hinweg ist natürlich als Movens der Geschichte schon lange obsolet geworden (seitdem nämlich die Artillerie imstande war, die Nomaden in Schach zu halten); er taugt heute nicht mehr viel. Doch bedeutsam war in der Tat, dass dieser Denker bereits so früh überhaupt natürliche Faktoren, nicht Gott oder das Fatum, als bestimmende Gesetzmäßigkeiten der Geschichte herausarbeitete.

Dabei spielt der Begriff der „Asabija“ eine überragende Rolle. Er gehört zu den Schlüsselbegriffen dieses Denkers, der beschreiben soll, warum, vor allem jedoch wodurch und wie eine Gesellschaft zusammenhält oder zerbricht. Es ist nicht einfach, ihn in europäische Sprache und Denkweise zu übertragen, so dass eine Vielzahl mehr oder weniger adäquater Termini vorgeschlagen wurde: Zusammenhalt, Gemeinsinn, ésprit du corps, gesellschaftlicher Kitt, innere Bindekraft, gemeinsame Werte. Ist dieser Begriff biologisch, moralisch-ethisch oder soziologisch zu fassen? Oder spielen gar alle diese Elemente bei seiner Definition eine Rolle?

Aziz al Azmeh möchte nun auch beim Studium dieses Elements von Ibn Khaldun neu ansetzen, wie er in seinem 1982 erstmals erschienenen „Ibn Khaldun. An Essay in Reinterpretation“ hervorhebt. Wieder werden die Orientalisten gescholten, die sich zwar als Erste mit diesem Denker befassten, ihn aber „islamisierten“ und zu sehr in den Kontext „islamischer Philosophie“ stellten. Ibn Khaldun ist jedoch in der Sicht al Azmehs der weltliche Aufklärer an sich, da er natürliche Kräfte und Handlungen der Menschen für die Bewegung in der Geschichte verantwortlich macht, nicht Gott oder das Geschick. Dies ist der Beginn von Säkularisierung in einem sehr weit gefassten Sinn. Deshalb sollte man Ibn Khaldun trotzdem nicht über Gebühr „modernisieren“ und mit einem Wissensbegriff überfrachten, der ebenso fragwürdig ist wie seine harmonisierende Einfügung in das islamische Denken allein.

Als noch viel fruchtbarer für künftige Diskurse im Gefolge der Arabellion könnte sich jedoch die Asabija-Debatte erweisen. Was, außer dem Islam, wird die neu entstehenden Staaten und Gesellschaften im Nahen Osten und in Nordafrika in Zukunft zusammenhalten? Diese Frage betrifft ja ausnahmslos alle menschlichen Gesellschaften auf dieser Erde, und zwar ganz unabhängig von ihrer Größe. Ein kleiner Stamm muss ebenso von irgendetwas zusammengehalten werden wie eine Weltmacht.

Im Augenblick sieht es so aus, als suchten die islamischen Gesellschaften – nachdem sie unterschiedlich lange von einer modernisierenden Militärkaste und ihren intellektuellen Unterstützern getragen wurden – wieder verstärkt Zuflucht im Islam. Gerade die Arabellion hat in ihrer Anfangsphase, zur Überraschung vieler, diese Kräfte ganz offenkundig begünstigt, so dass sie in Tunesien, Ägypten, Libyen, aber auch in Syrien wieder auf dem Vormarsch sind. Allerdings haben sie sich in den vergangenen drei Jahrzehnten insoweit gemäßigt, als sie jetzt bereit zu sein scheinen, mit säkularen Kräften in Staat und Gesellschaft zusammenzuarbeiten. Hierbei könnte eine Beschäftigung mit einem neuerlich gelesenen Ibn Khaldun eine nützliche Rolle spielen, obgleich die Widerstände gegen dieses rationalistische Erbe des Islam, wie auch im Fall Ibn Ruschds, noch immer beträchtlich sind.

So gibt es noch eine sozusagen dritte Position, wie sie etwa von dem ägyptischen Gelehrten Muhammad Zaqzuq vertreten wird. Doch auch der deutsche Philosophie-Historiker und Orientalist Friedrich Niewöhner und andere teilen diesen Standpunkt. Niewöhner, der sich sein Leben lang mit dem jüdischen (Maimonides) und islamischen Rationalismus (Ibn Ruschd) beschäftigt hat, hält viel von der These, die Muslime möchten denn, bevor sie eine radikale Entweltlichung ihrer Kultur einleiten, erst einmal wieder einen religiösen und theologischen Pluralismus, der diesen Namen verdient, zulassen und zur Blüte entwickeln. Damit sei ihnen, zumal angesichts der starken fundamentalistischen Tendenzen, möglicherweise besser gedient als mit der Aktualisierung radikal-kritischer Standpunkte, die an der Masse der gläubigen Bevölkerung vorbeigingen, ja dort vielleicht sogar kontraproduktiv wirkten. Zaqzuq ist ein großer Verehrer des Theologen al Ghazali, der bis heute ohnehin als der bedeutendste Gottesgelehrte im sunnitischen Islam gilt. Auch bedeutende westliche Gelehrte wie William Montgomery-Watt („The muslim intellectual") haben sich mit Leben und Werk al Ghazalis ausführlich auseinander-gesetzt. Ghazalis Werk „Ihja ulum al din" (Die Wiederbelebung der religiösen Wissenschaften) hat die Jahrhunderte geprägt. Und natürlich hat es die Dogmatik beeinflusst. Andererseits ist al Ghazali kein Fundamentalist, sondern jederzeit offen für Diskussion und Streit. Verhasst war ihm der bloße „Augendienst" (rija) jener Frommen, die mechanisch das Religionsgesetz, vor allem die Riten befolgen. Theoretisch votierte al Ghazali auch dafür, alles im Diskurs in Frage stellen zu dürfen, ausgenommen, dass der Prophet Mohammed die Unwahrheit gesagt habe; alles andere aber sei diskutabel, befragbar und intellektuell traktabel. Ghazali betont dies in seinem Traktat „Faisal al tafriqa bain al islam wa al zandaqa“ (Kriterium der Unterscheidung zwischen dem Islam und der Ketzerei). Für die damalige Zeit war dies ein unerhörter Standpunkt und er könnte auch heute, wo vieles verfestigt ist, wieder eine positive Wirkung entfalten. Denn vom Pluralismus der Meinungen ist man in einem großen Teil der muslimischen Welt zurzeit weit entfernt.

Hinzu kommt bei al Ghazali, dass er kein sturer Gelehrter und einseitiger Rationalist war, sondern auch der Religion des Herzens, dem Sufismus, Wichtigkeit und Bedeutung beimaß. Zwar führte er die aristotelische Logik (Syllogistik) in die Theologie ein, doch zweifelte er, wie wir sahen, an der Behauptung der Philosophen, sie könnten die Glaubenswahrheiten rational beweisen. Er integrierte die gemäßigten Formen der Mystik in sein „System“; ihm war klar, dass man zwar intellektuell über den Glauben nicht nur räsonieren durfte, sondern auch musste, dass der Glaube aber nicht allein darin besteht und nicht bestehen kann. Ghazali hatte ebenso Verständnis für Quietismus und Innerlichkeit. Die Spannweite seines Denkens reicht somit vom rationalen Denken bis zu einem maßvollen, mystisch grundierten Illuminismus des gläubigen Vertrauens auf Gott (tawakkul). In der Frage der menschlichen Willensfreiheit, die für die frühislamischen Mutaziliten so wichtig war, neigt al Ghazali zu einer Auffassung, die dem Determinismus seine Rechte gibt, aber dennoch dem Menschen die Fähigkeit zuspricht, sich für oder gegen eine Handlung zu entscheiden. Theoretisch ist das islamische Denken bis heute offen und wird von denselben Fragen bewegt wie die abendländische Philosophie. Die Muslime müssten sich ihm nur in stärkerem Maße stellen.

Die Welt des Wissens: Der Islam – einst geistig führend, heute im Abseits

Dass der Islam einmal die führende geistige Macht auf dieser Erde gewesen ist, hat sich inzwischen herumgesprochen, obwohl viele Beobachter noch immer nicht bereit sind, dieses historische Faktum wirklich zu akzeptieren. Doch zwischen dem Jahre 700 nach Christus und jener Zeit, die wir Europäer als das frühe und das Hochmittelalter bezeichnen, erblühte eine Kultur des Wissens zwischen dem Guadalquivir im Westen und dem Indischen Subkontinent und Mittelasien im Osten, die zu jener Zeit ihresgleichen suchte. Nachdem der Islam in nur wenigen Jahrzehnten, von der Arabischen Halbinsel ausgehend, Nordafrika, Spanien, Vorderasien bis zum Indus sowie Zentralasien bis zu den Steppen der Kirgisen erobert hatte, setzte – gefördert durch den Koran einerseits und die Existenz einer einheimischen, aber nicht-islamischen Elite andererseits – eine Explosion der Gelehrsamkeit, des Denkens wie des Wissens ein, die Staunen erregt. In Theologie, Philosophie, Mystik, Literatur und Dichtung, in Baukunst und Musik erreichten die Muslime schon bald Höchstleistungen; doch auch in den Naturwissenschaften und in der Mathematik haben sie in diesen Jahrhunderten Großes, ja Einmaliges geleistet, das in Europa erst Jahrhunderte später wieder aktuell wurde. Auch die Beiträge in der Geographie, etwa zur kartographischen Entschleierung des Erdballs, waren bedeutend; was bis heute viel zu wenig bekannt ist. Der Islam hatte beispielsweise ebenfalls seinen Marco Polo: Es war Ibn Battuta (1304–1369) aus Tanger, der den größten Teil des damals bekannten Erdkreises ausschritt. Jahrhunderte später tat es ihm der osmanische Reisende Evliya Çelebi (1611–1685) gleich und verfasste darüber ein riesiges Werk, das berühmte „Seyahatname“ (Reisebuch), welches heute in einer zehnbändigen Ausgabe in modernem Türkisch vorliegt. Nicht jedoch auf Deutsch. Überhaupt fand die islamische Gelehrsamkeit kein abruptes Ende, wie man vielleicht glauben mag; sie verstummte gewissermaßen ganz allmählich, hallte jedoch noch lange nach und brachte auch immer wieder einmal – wie etwa unter den Osmanen – durchaus bedeutende Gelehrte hervor, etwa den Astronomen Takieddin (gest. 1586), der in Istanbul ein eigenes Observatorium unterhielt, oder den Polyhistor Katip Çelebi (1608–1657), der auch unter dem Namen Haci Kalfa bekannt ist. Katip Çelebi war ein Universalgelehrter, der an der Schwelle zur Moderne stand.

Insgesamt betrachtet blühten Wissenschaften wie die Astronomie oder Mathematik länger als beispielweise die Philosophie, die zumindest im westlichen Teil der islamischen Hemisphäre ziemlich genau zu jenem Zeitpunkt erlosch, da unsere christliche Scholastik ihren Höhenflug begann. Dies schloss freilich nicht aus, dass immer wieder einzelne wichtige Denker auftraten, wie der im Jahre 1406 gestorbene Abd al Rahman Ibn Khaldun aus Tunis, den man als Vater der modernen Geschichtsphilosophie bezeichnen kann. Er versuchte herauszufinden, welches die rational erkennbaren Faktoren für die Rhythmen der Geschichte waren, für Aufstieg, Blüte und Verfall von Dynastien und „Staaten"; zudem interessierte ihn, was eine Gesellschaft „im Innersten zusammenhält". Ibn Khaldun entschied sich für ein Prinzip, das er „asabija" nannte – ein Begriff, der schillert und nicht einfach zu übersetzen ist. Heute würden wir ihn vielleicht mit „Gemeinsinn" wiedergeben, mit einem Zusammenhalt, der in gemeinsamen Werten gründet: mit Minima moralia.

Begonnen hatte die islamische Wissenskultur durchaus im Sinne des Propheten Mohammed, der die Muslime aufforderte, Wissen zu suchen, „und sei es in China". Man kann darüber streiten, welche Art von Wissen da gemeint war, möglicherweise zunächst wohl keines, das wir heute als exakt „naturwissenschaftlich" definieren würden; doch fand keiner der frühen Kalifen, etwa aus der Epoche der Omajjaden, aus der Abbasidenzeit oder einer der Fatimiden-Sultane in Ägypten etwas dabei, die Natur erforschen zu lassen. Offenbar sah man darin nichts Unfrommes oder Ketzerisches. Während es schon recht bald geschworene Feinde des Rationalismus – etwa der mutazilitischen Schule von Basra und Bagdad – in der Gottesgelehrsamkeit, das heißt unter den Theologen gab, traf dies bei den sogenannten „arabischen Wissenschaften" lange Zeit nicht zu. In der sich rasch entwickelnden islamischen Stadtkultur, die auch das Buchwesen pflegte und zwischen Córdoba und Buchara große Bibliotheken einrichtete, wurde es quasi selbstverständlich, den Geheimnissen der Schöpfung Allahs auf die Spur zu kommen. „Inspiriert durch den islamischen Glauben, glaubten diese Gelehrten, dass sie durch das Verstehen und Begreifen seiner Schöpfungen Gott (Allah) näherkommen könnten", schreibt etwa der amerikanische Autor Bill Scheppler in seinem Buch über al-Biruni im Jahre 2006. Gott hatte das Universum geschaffen, und wie seine Gesetze funktionierten, versuchte man herauszufinden.

Zu einer wahren Explosion des Wissens kam es, als der Kalif al Mamun (reg. 813–833) in der im Jahre 762 von Abu Dschaafar al Mansur neu gegründeten Hauptstadt Bagdad am Tigrisufer das Bait al Hikma etablierte, das so berühmt gewordene Haus der Weisheit. In letzter Zeit sind in Europa einige neue Werke erschienen, die sich speziell der Aktivität dieses islamischen *brain trust* widmen. So hat der amerikanische, viele Jahrzehnte in Istanbul Wissenschaftsgeschichte lehrende Autor John Freely in seinen Büchern „Aladdin's Lamp" (deutsch: Platon in Bagdad 2012) und „Light from the East. How the Science of Medieval Islam Helped to Shape the Western World" (2011) die eminent schöpferischen Aspekte der arabisch-islamischen Wissenschaft herausgearbeitet. Und der britische Wissenschaftshistoriker Jim al-Khalili, dessen Familie aus dem Irak stammt, hatte schon zuvor, im Jahre 2010, ein Gleiches getan mit seinem Werk „The Golden Age of Arabic Science" (deutsch: Im Haus der Weisheit. Die arabischen Wissenschaften als Fundament unserer Kultur).

Die Übersetzertätigkeit im Bait al Hikma strahlte weit in die islamische Welt aus. Gelehrte in Andalusien oder Ägypten profitierten davon ebenso wie ihre „Kollegen" im östlichen Persien (Chorasan) oder in Mittelasien (Transoxanien). Dies führte dazu, dass die islamischen Gelehrten keineswegs nur schon Vorhandenes wiederkäuten, sondern selbständig empirisch weiterforschten. In Europa hat man das nicht immer anerkannt, vielmehr in den Arabern vor allem „Vermittler" und „Überlieferer" des antiken Wissens an die Christenheit Europas gesehen, insbesondere an die Scholastiker, deren Stern im 13. Jahrhundert aufging, als Aristoteles ihr Lehrmeister wurde. Vermittler von Wissen waren sie selbstverständlich auch, doch so pauschal formuliert ist die Vorstellung einer bloßen Botschafterrolle heute nicht mehr haltbar.

Vor allem in der Medizin (al tibb) kam es, auf der Grundlage der Schriften Galens, des Hippokrates und anderer griechischer Ärzte faktisch zu einem Quantensprung des Wissens. Wichtig wurden auch die medizinischen Kenntnisse der Familie Buchtischu aus dem iranischen Gundischahpur, die in den Islam eindrangen und die arabischen Mediziner weiterbrachten. Die aus Byzanz geflüchteten monophysitischen Nestorianer bildeten den Kern einer persischen Schule der Heilkunde. Der berühmte „Kanon der Medizin" (al qanun fi al tibb) des Philosophen und Arztes Ibn Sina (Avicenna) wurde in seiner lateinischen Übersetzung noch bis zum Beginn der Neuzeit in Europa als Lehrstoff an den Universitäten verwendet. Ebenso der „Liber Continens" (kitab al hawi) von Abu Bakr al Razi (865–925), dem berühmtesten Arzt aus Bagdad und Leiter eines Krankenhauses, der auch mit originellen, durchaus naturalistisch eingefärbten philosophischen Traktaten hervortrat. Und der Gelehrte Ibn al Nafis hatte den kleinen Blutkreislauf entdeckt, viele Jahrhunderte bevor man ihn schließlich in England „wiederentdeckte“. Die arabischen Ärzte entwickelten neuartige Instrumente, mit denen es gelang, bis dahin kaum mögliche Operationen durchzuführen.

Es ist unmöglich, hier all die Namen bedeutender Gelehrter und ihrer Werke aufzuzählen, die jene Hochblüte islamischen Geisteslebens ausmachten. Aus der langen Reihe bedeutender muslimischer Forscher und Gelehrter möchte ich nur einige wenige herausgreifen, um diesen Höhepunkt der islamischen Kultur zu illustrieren. Dabei sollen neben den oben erwähnten allerjüngsten Werken besonders die Arbeiten des Frankfurter Professors Fuad Sezgin angeführt werden, der in akribischer Arbeit die Werke dieser muslimischen Gelehrten aufgelistet hat und auch Instrumente nachbauen ließ, die von ihnen im Mittelalter benutzt worden sind. Die medizinischen Geräte selbst kann man im Institut für die Geschichte der islamischen und arabischen Wissenschaften der Frankfurter Universität in Augenschein nehmen.

Immer deutlicher wird also, dass islamische Gelehrte nicht nur das Wissen der Griechen oder Perser rezipierten, sondern eigenständige wissenschaftliche und technische Leistungen erbrachten, mit denen sie Neuland betraten. So brachte der Physiker Ibn al Haitham (der Alhazen der Lateiner, 965–1041) mit seiner neuartigen Theorie des Sehvorgangs und seinen Versuchen mit einer Art camera obscura – viele Jahrhunderte vor Leonardo da Vinci – in Kairo die Optik um Jahrhunderte weiter, bevor in Europa Christiaan Huygens im 17. Jahrhundert auf demselben Feld auf ähnliche Weise tätig war. Der Astronom und Mathematiker al Chwarizmi (ca. 780–850) arbeitete sich so sehr in das Wesen komplexerer Gleichungen ein, dass er ein absoluter Meister darin wurde. Auch al Chwarizmi war im Haus der Weisheit in Bagdad tätig. Unser Wort „Algebra“ geht auf seine Rechenart, die er weitgehend selbst erfand, zurück, vornehmlich auf den Titel seines bekanntesten Werks darüber: „Kitab al gabr wa al muqabala“ (sehr frei übersetzt etwa: Buch über den Prozess algebraischer Gleichungen); ebenso der Terminus „Algorithmus“, der nichts anderes ist als eine latinisierte Verballhornung des Namens al Chwarizmi: Algorithmus dixit, al Chwarizmi sagte – mit dieser Formel aus den lateinischen Übertragungen seines Werkes begannen viele Sätze, so dass am Ende der Name des Mathematikers zum Begriff für jede feste Rechenoperation wurde.

Aus der langen Reihe bedeutender Astronomen sei, neben dem Andalusier al Zarqali, insbesondere Ulug Beg (ermordet 1449) hervorgehoben. Dieser

Herrscher aus dem Hause der Timuriden, Enkel des grausamen Eroberers Tamerlan, des „Lahmen Timur“, interessierte sich weitaus mehr für die Geheimnisse des Himmelsrades als für das Regieren; in seinem Observatorium in Samarkand, dessen riesigen Sextanten man noch heute besichtigen kann, ging er seinen gelehrten Studien nach. Und Abu Raihan al Biruni (973–1048) schließlich, auch er aus Transoxanien, genauer aus Choresm südlich des Aral-Sees stammend, war so etwas wie der Leibniz der islamischen Welt, ein Universalgelehrter, der mit seinem Zeitgenossen Avicenna über philosophische und physikalische Fragen stritt, geographische, astronomische und mathematische Studien betrieb und mit seinem berühmten Buch über Indien, dem Tarich al Hind, zudem die vergleichende „Religionswissenschaft“ begründete. Er studierte – als frommer Muslim – ohne Berührungsängste die Lehren der Christen, der Juden, der Hindu und der Manichäer. Al Biruni ist vielleicht aufgrund der Breite und Originalität seiner Forschungen und Erkenntnisse der größte Gelehrte, den der Islam bis heute überhaupt hervorgebracht hat. Insgesamt trat die Mehrheit der islamischen Forscher auf vielen Feldern des Wissens in Erscheinung, was freilich in jenen Tagen noch weitaus leichter war als in späteren Epochen der Wissenschaftsgeschichte, von unserer Zeit des Spezialwissens einmal ganz abgesehen.

Gefördert wurde die Wissensexplosion des klassischen Islam auch durch günstige geographische, wirtschaftliche und sprachliche Umstände. Zwischen dem maurischen Andalusien und Mittelasien erstreckte sich ein weitgehend homogener islamischer Raum mit städtischen Zentren wie Cordoba, Granada, (später Fes, Tunis und sogar Timbuktu), Kairo, Damaskus, Bagdad, Rayy, Tus-Nischapur, Merw, Buchara, Samarkand. Die Gelehrten waren flexibel und reisefreudig, reisten aus dem Osten nach Bagdad oder Kairo und Damaskus, bisweilen auch umgekehrt, von Andalusien in den Osten, wie der mystische Philosoph Ibn Arabi aus Murcia. Dies förderte den geistigen Austausch ungemein. Es entstand auch, wie Maurice Lombard und Maxime Rodinson gezeigt haben, ein weitgehend einheitlicher Wirtschaftsraum, Handelsrouten verbanden die großen Städte; Bagdad hatte auf dem Höhepunkt seines Glanzes wohl weit mehr als eine Million Einwohner, Cordoba mindestens eine halbe Million. Sogar die menschenfeindlich erscheinende Sahara wurde seit dem 8. Jahrhundert durch westöstliche und nordsüdliche Karawanenwege für den Handel erschlossen, was mit zum Aufblühen vieler nordafrikanischer Städte und auch Andalusiens beitrug. Vor allen Dingen Gold wurde über diese Karawanenwege transportiert, wobei die Karawanen bis zu 5000 Kamele haben konnten. Überhaupt wurde das maurische Spanien, al Andalus, ein blendendes Zentrum arabisch-islamischer Kultur, mit einem zivilisatorischen Höhepunkt, der damals den Neid, aber auch die Bewunderung des christlichen Abendlandes hervorrief. Ähnliches gilt, obgleich in geringerem Ausmaß, für das arabische Sizilien; noch lange nach dem Ende der Mauren-Herrschaft wirkte in Palermo und im südlichen Teil Italiens das künstlerische und wissenschaftliche Erbe der Araber nach. Der Stauferkaiser Friedrich II., der in Palermo und in Foggia in Apulien residierte, war ein „Fan" der damaligen maurischen Kultur; über Süditalien und Spanien erfolgte dann ja auch die Weitergabe des Wissens der Muslime an die Christenheit, etwa über die berühmte Übersetzerschule von Toledo. Dort übertrugen arabische, jüdische und christliche Gelehrte (der bekannteste ist wohl Michael Scotus) die wichtigsten Arbeiten der muslimischen Gelehrten, etwa die Kommentare des Philosophen Ibn Ruschd (1126–1198) zu Aristoteles, doch auch eigenständige wissenschaftliche Werke der Naturwissenschaft und Mathematik ins Lateinische. Toledo war seit seiner Rückeroberung im Jahre 1085 wieder christlich. Insbesondere unter König Alfonso X. von Kastilien, genannt El Sabio, der Weise, kam es zu einer erstaunlichen geistigen Synthese der Angehörigen der drei monotheistischen Religionen. In Sizilien waren es insbesondere die Normannen, die nach der Übernahme der Herrschaft offen blieben für maurische Gelehrsamkeit, vor allem König Roger II., der diese besonders förderte. Und noch im mittelhochdeutschen Epos „Der Arme Heinrich" von Hartmann von Aue wird die arabische Ärzteschule von Salerno erwähnt, deren medizinische Kenntnisse als legendär galten. Das Europa des christlichen Mittelalters war besonders gegen Seuchen und Epidemien machtlos und suchte deshalb Rat und Heilung bei den „Sarazenen".

Ein einigendes Band der Wissenskultur im Islam war die heilige Sprache des Koran, das Hocharabische. Zwar sind wissenschaftliche und philosophische Traktate auch in anderen Sprachen, etwa Persisch oder Osmanisch-Türkisch, überliefert, doch beherrschten alle Gelehrten die arabische Hochsprache, die Fusha. Der Löwenanteil der Schriften liegt daher in Arabisch vor, wobei zu berücksichtigen ist, dass wohl erst der geringere Teil der Literatur überhaupt ediert worden ist. In den Bibliotheken des Orients schlummern noch viele ungehobene Schätze, sprich Manuskripte. In dieser ungeheuer flexiblen, auch für abstrakte Sachverhalte geeigneten Sprache der Araber konnten alle miteinander kommunizieren, gleichgültig, welches ihre Muttersprache war. Schon bald entwickelte sich eine Philologie, die dazu beitrug, das Arabische als Sprache der Wissenschaft weiter zu schärfen.

Auffällig ist, dass unter Philosophen, Dichtern und Wissenschaftlern vor allem die Perser herausragen, schon rein zahlenmäßig. Dies mag damit zu tun haben, dass sie schon vor der Entstehung und Ausbreitung des Islam auf viele Jahrhunderte einer Hochkultur zurückblicken konnten – im Unterschied zu den Arabern auf der Arabischen Halbinsel (eine Ausnahme bildet der Jemen, der bereits in vorchristlicher Zeit Hochkulturen hervorgebracht hatte), die ganz am Rande der antiken Kulturzone gelebt hatten, bevor sie mit dem Islam in die Weltkultur-Geschichte eintraten. Allerdings waren auch sie nicht so geschichtslos, wie man bis vor kurzem geglaubt hatte. Auf dem Felde der vorislamischen Kulturen Arabiens gibt es ebenfalls noch vieles zu entdecken.

Was war nun das Charakteristikum der arabisch-islamischen Wissenschaft? Während die griechische Wissenschaft in hohem Maße spekulativ ausgerichtet war – ihr Ursprung ist die ionische Naturphilosophie –, standen große Teile der arabisch-muslimischen Wissenschaft auf festerem Boden. Die Muslime maßen dem *Experiment* überragende Bedeutung bei, wie man an den optischen Forschungen Ibn al Haithams erkennen kann, während große Teile der griechischen Wissenschaft abstrakt daherkamen. Erst im Hellenismus, das heißt in der Spätantike, setzte sich auch bei den Griechen das Experiment durch, möglicherweise bewirkt durch die Bedürfnisse der eher praktisch veranlagten Römer. Die griechische Wissenschaft war – bis hin zu dem Mathematiker Euklid – stark geometrisch orientiert, während die Araber in der Algebra große Fortschritte erzielten und diese in die experimentelle Forschung einbrachten.

Dass hier nicht nur Wissen weitergegeben, sondern neue Ergebnisse erzielt wurden, wird allein schon aus der Tatsache deutlich, dass in bestimmten Wissenschaften – vor allem in der Astronomie – bis heute Namen und Begriffe verwendet werden, die arabischen Ursprungs sind und die heutzutage jeder schon einmal gehört hat: Ich erinnere an Sternennamen, wie Atair, Beteigeuze, Rigel, Aldebaran und so weiter, oder an astronomische Fachtermini, die noch jetzt im Gebrauch sind, wie Azimut, Perihel und andere.

Die heutige Situation der Wissenskultur im Islam unterscheidet sich nun gewiss auf die krasseste Weise von jenem Höhepunkt vor tausend und mehr Jahren. Gerade auf dem so weiten und immer wichtiger werdenden Feld der Naturwissenschaft hinkt die islamische Welt weit zurück. Wie kommt das? Es hat in jüngerer Zeit, bewirkt auch durch die teilweise gewaltsame Konfrontation beider Welten, nicht an Versuchen gefehlt, das Zurückbleiben des Islam in Wissenschaft und Technik pauschal der islamischen Religion anzulasten. Die Lehren des Koran, vor allem ihre Ausgestaltung durch die Theologen und Rechtsgelehrten zu einem orthodoxen islamischen „System", das völlig im prädestinatorischen Glauben, dem berüchtigten „Kismet", ruhe, das zudem der Gesellschaft die Scharia als Regelwerk oktroyiere und keinen Platz mehr lasse für ein selbständiges Entdecken der Welt durch den Verstand, trage Schuld daran.

Gewissermaßen geistiger Stammvater der hier angeführten Theorie ist der große französische Gelehrte Ernest Renan (1823–1892), Orientalist und Politik-Denker, der in einer seiner religionskritischen Arbeiten eben dies behauptet hatte: Der Islam sei konstitutionell unfähig, Wissenschaft im modernen Sinne des Wortes zu betreiben, was natürlich umgehend den Widerspruch intellektueller Muslime weckte.

Heute wäre man allerdings nicht selten geneigt, Renan recht zu geben. In den mehr als hundert Jahren, in denen der Nobelpreis für herausragende Leistungen vergeben wird, hat die islamische Welt auf dem Gebiet der Naturwissenschaft lediglich zwei Laureaten hervorgebracht, den Pakistaner Abdussalam, der 1979 den Preis für Physik zugesprochen bekam, und den Chemiker Ahmad Zewail aus Ägypten, Gewinner des Preises 1999. Mit Eurozentrismus allein, das heißt einer unbewussten Benachteiligung der Muslime bei der Vergabe aus christlichem oder europäischem Chauvinismus heraus ist das wohl nicht zu erklären. Erfindungen und Patente kommen heute hauptsächlich aus Amerika, Europa oder fernöstlichen Ländern wie Japan; die revolutionären Entwicklungen in der Informatik, die etwa qua Internet die Welt ins Virtuelle hinein erweitert haben, verdanken wir der Erfindungsgabe einzelner Forscher und „Tüftler", insbesondere in Amerika; die großen Entdeckungen der Neurobiologie sind Resultate der westlich organisierten Wissensgesellschaft. Nicht eine einzige der grundstürzenden Theorien der vergangenen zweihundert Jahre, von Darwins Entwicklungslehre über die Quantentheorie, die beiden Relativitätstheorien, die Psychoanalyse und so weiter, kommt aus dem Orient. Speziell die Evolutionslehre Darwins wird in weiten Teilen der islamischen Kultur noch immer entschieden abgelehnt, obwohl die Argumente für die Evolution des Lebendigen erdrückend sind und aus zahlreichen Wissenschaften – von der Paläontologie bis zur Sprachwissenschaft – angeführt werden können. Hier ist es tatsächlich, wie Renan vermutete, das religiöse

Dogma des Islam, eine Interpretation des essenzialistisch verstandenen Koran *sola scriptura*, welche der Akzeptanz dieser epochalen Lehre entgegensteht und dies, obwohl die esoterischen Denker im Islam gezeigt haben, dass manche von ihnen vor tausend Jahren auf diesem Feld bereits viel weiter waren als heute. Ansätze zu einer evolutionären Theorie, zur Vorstellung eines inneren Zusammenhanges aller Wesen und alles Lebendigen, finden sich etwa bei den Lauteren Brüdern von Basra im 10. Jahrhundert, aber auch bei mystischen Dichtern wie Maulana Rumi im 13. Jahrhundert. Der Gerechtigkeit halber muss allerdings hinzugefügt werden, dass sich auch die katholische Kirche bis vor kurzem schwergetan hat mit der Anerkennung der Evolutionslehre; und die religiöse Rechte im Christentum, so die Evangelikalen in den Vereinigten Staaten, kann sich bis heute noch nicht mit ihr anfreunden.

Natürlich nutzen die islamischen Gesellschaften längst die moderne Technik, verwenden deren Technologien, doch werden die weitestgehend mit Ölgeld eingekauft. Zwischen Marokko und Indonesien sind selbstverständlich Computer in Gebrauch und gerade die Computerisierung und Digitalisierung der Welt hat nicht wenig dazu beigetragen, zum Beispiel die Arabellion, den sogenannten Arabischen Frühling, loszutreten. Ein Kommunikationsmittel war da entstanden, das sich – wie auch die Moscheen – der Überwachung durch den Staat eher entzieht als klassische Weisen der Kontaktaufnahme und Information. Das Internet hat sich insofern als eine viel wirksamere Waffe der Demokratisierung und auch der Aufklärung erwiesen als alle anderen Formen eines organisierten Kulturaustauschs. Doch der Einfluss des religiösen Fundamentalismus ist in unseren Tagen stark, wie gerade aus der stockenden Fortentwicklung der politischen Neuordnung in Ägypten und anderen Ländern deutlich wird. Wie sich das auf die künftige Entwicklung des akademischen, des wissenschaftlichen Lebens in diesen Ländern auswirken wird, bleibt abzuwarten. Die Islamisten nutzten und nutzen jedenfalls das Internet, wie das moderne Computerwesen überhaupt, massiv zur Propagierung ihrer Ideen, aber viele von ihnen lehnen auf der anderen Seite die westliche Wissenschaft, die zur Entwicklung all dieser Technologien und Medien geführt hat, so „wertfrei" sie sich heute auch darstellen mag, pauschal als „materialistisch" und zutiefst „gottlos" ab.

Alle internationalen Statistiken weisen infolgedessen aus, dass die islamische Welt in der modernen Wissenschaftsgemeinschaft nicht gut dasteht. Das gilt für die geringen prozentualen Aufwendungen an Geld in den jeweiligen Haushalten der Länder für die Forschung genauso wie für die mangelnde Offenheit für die Prinzipien der modernen Wissenschaft, aber ebenfalls für das allgemeine Desinteresse an Wissenschaft generell. Ausnahmen bestätigen da die Regel: So haben vor allem die kleinen Golfstaaten, etwa Qatar, aber auch Dubai in den vergangenen Jahren viel dafür getan, auf diesem Feld aufzuholen, was die Etablierung moderner Technik betrifft, aber ebenso die Ausbildung junger Leute, besonders der Frauen. Der Nachholbedarf ist freilich groß. Hemmend auf den Fortschritt wirkt außerdem, dass es noch keine flächendeckende Alphabetisierung gibt, hier sind die Unterschiede zwischen einem Land wie der Türkei einerseits und Afghanistan oder dem Jemen andererseits eklatant. Dies gilt insbesondere für die Alphabetisierung von Frauen und Mädchen. In gebildeten Kreisen setzt sich allerdings immer mehr jene Auffassung durch, die vor tausend Jahren schon der Philosoph Ibn Ruschd äußerte: Der Islam selbst schade sich, wenn er auf die geistige Potenz der Hälfte seiner Anhänger mutwillig verzichte. Als absolut kontraproduktiv wirkt sich zudem aus, dass das Interesse an anderen Kulturen und deren Lebensweise jenseits moderner Technik von den Regierungen oft nicht genügend gefördert, sondern, im Gegenteil, sogar behindert wird. In Ägypten mit seinen 85 bis 90 Millionen Einwohnern werden weitaus weniger ausländische Bücher übersetzt als in dem kleinen Israel mit seiner geringen Bevölkerung von nur sieben Millionen. Und der Staat schaut sich die Bücher sehr genau an, die der eigenen Bevölkerung „zugemutet" werden sollen. Dies hat ein Klima der geistigen Kastration zur Folge, das freilich nicht allein mit religiösen Bedenken zu tun hat: Die Selbstherrscher sorgen sich vor allem um ihre Macht und das, wie die jüngsten Ereignisse der Arabellion zeigen, nicht ohne Grund. Sie fürchten die Freiheit nicht nur in der Wissenschaft, sondern auch als zentrales politisches Prinzip der Demokratie, das damit untrennbar verknüpft ist.

Unter dem Einfluss des Westens haben die islamischen Gesellschaften ein modernes akademisches Leben entfaltet. Ein weltliches Schulwesen, Universitäten und Akademien, Forschungsinstitute und Think tanks – das alles gibt es schon lange, neben den religiösen Ausbildungsstätten. Vorreiter auf diesem Gebiet war die osmanische Türkei, in der bereits im Jahre 1847 mit dem Darülfünun, dem – wörtlich – Haus der Künste, der Vorläufer der Istanbuler Universität (Istanbul Üniversitesi) gegründet wurde. Der Libanon und Ägypten folgten, auch mit Beteiligung westlicher Mächte, die in Beirut oder Kairo eigene Schulen oder gar Universitäten ins Leben riefen. Bis heute hat die Amerikanische Universität in Beirut, um nur eine zu nennen, einen besonders guten Ruf als Ausbildungsstätte für junge Araber. In den Maghreb-Ländern wurde das Bildungssystem weitgehend an französischen Vorbildern ausgerichtet, wobei ein großer Teil der einheimischen Elite bis heute in Paris oder Montpellier studiert hat. Insgesamt zeigte sich, dass die arabischen Christen weniger Berührungsängste in Bezug auf diese Bildungsstätten hatten als die Muslime, was verständlich ist, aber nach der Unabhängigkeit vieler Länder von ihrer ehemaligen (christlichen) Kolonialmacht zu neuen Problemen führte. Zum einen hatten die arabischen Christen, weil sie weniger Berührungsängste mit der Moderne hatten, einen Vorsprung und wurden deshalb von vielen Muslimen beneidet, wenn man sie nicht gar der Sympathie oder Kollaboration mit den Kolonialmächten verdächtigte; zum andern kamen Tendenzen auf, sich gegen die Überwältigung und Fremdbestimmung durch das westliche Bildungswesen massiv zur Wehr zu setzen, respektive das Bildungswesen nach den eigenen Bedürfnissen umzubauen. Dabei wirkten sich zwei Tendenzen verheerend aus: einmal die politische Ideologisierung, die der arabische Nationalismus mit sich brachte, und, gegebenenfalls, der Ruf mancher Islamisten nach einer „Islamisierung" der Wissenschaft, das hieß ihrer „Befreiung" vom westlichen, „entfremdenden" Einfluss der als christlich empfundenen fremden Kultur der Imperialisten. Dieser Ruf erschallte in den verschiedenen Ländern unterschiedlich laut, besonders stark natürlich dort, wo jene als „Revolutionen" getarnten und verkauften Umwälzungen die Machtverhältnisse änderten oder auch die alten wiederherstellten. So verständlich – und in manchen Teilen sogar notwendig – etwa eine Arabisierung in Algerien unter dem Gesichtspunkt einer Wiedergewinnung der eigenen Authentizität war (denn das Land war geschlagene 130 Jahre französisch gewesen und in das „Mutterland" verwaltungsmäßig völlig integriert), so problematisch erwiesen sich solche Eingriffe jedoch insgesamt. Mit der Arabisierung wuchsen nämlich auch die Aversionen mancher Kreise gegen westliche Bildung und moderne Wissenschaft und damit automatisch gegen die Moderne an sich, die sich nun einmal auf die geistige Entwicklung Europas und Amerikas in den vergangenen 500 Jahren gründet.

Besonderen Eifer bei dieser problematischen Wende rückwärts legten die islamischen Revolutionäre des Ajatollah Chomeini im Iran nach ihrer Machtergreifung 1979 an den Tag, als sie eine umfassende Islamisierung der Universitäten und der Wissenschaft beschlossen. Kommentatoren warnten schon damals, in den achtziger Jahren des vorigen Jahrhunderts, vor einer solchen Entwicklung; sie werde das alte Kulturland Iran noch weiter isolieren. Es kam dann nicht so schlimm, wie befürchtet worden war. Die Islamisierung betraf dort auch mehr die Geisteswissenschaften als die Naturwissenschaften. Mit Recht beharren hier die Iraner auf einer großen eigenen Tradition, die sie außerhalb nicht genügend gewürdigt sehen, die zudem geeignet ist, bestehende Minderwertigkeitskomplexe gegenüber dem Westen abzubauen. Freilich sorgt der religiös-politische Dogmatismus – wie auch anderswo – für eine gewisse Selbstzensur, die das Gegenteil von Offenheit ist. Werke westlicher Philosophen oder Wissenschaftler werden zwar ins Farsi übertragen, doch erscheinen sie oft – wie es ein europäischer Beobachter einmal sarkastisch ausdrückte – in „merkwürdig dünnen" Ausgaben. Da liegt der Verdacht nahe, dass die Übersetzer manche Passagen einfach weglassen, die nicht in das von der Theologie und staatlich verordneten religiösen Lehre vorgegebene weltanschauliche Gerüst passen. Dies wurzelt, in der Tat, in der Angst mancher Religionen vor Lehren und Anschauungen, die sie als Bedrohung ihrer Glaubenssubstanz empfinden. Wir kennen das aus unserer eigenen Religionsgeschichte. Doch es ist auch für den Islam an der Zeit, die Spannungen zwischen zeitgenössischen wissenschaftlichen Vorstellungen und der Religion auszuhalten und schöpferisch damit umzugehen. Wie wir sahen, war hier wieder ein Mann wie al Biruni mit seinem Selbstverständnis als islamischer Wissenschaftler vor tausend Jahren schon weiter.

Es gibt in der islamischen Welt Hochschulen mit gutem Ruf und solche mit weniger gutem. Das ist anderswo genauso. Es gibt auch einzelne hervorragende Wissenschaftler zwischen Rabat und Rawalpindi. Allerdings fällt auf, wie viele muslimische Gelehrte, und zwar in den Naturwissenschaften ebenso wie in den Geisteswissenschaften, mittlerweile in westlichen Ländern tätig sind, gerade auch im verhassten Amerika. Dies ist in der Regel nicht nur wegen der besseren Arbeitsbedingungen der Fall, sondern vor allem, weil sie in den Ländern der „Ungläubigen" eine ungleich größere Freiheit des Forschens und Denkens genießen.

Hat also Ernest Renan doch recht mit seiner These, dass der Islam den Fortgang der Wissenschaft behindert? Ja und nein. Dass muslimische Fanatiker (wie früher christliche) durch ihre Starrheit den Fortschritt des freien Denkens und Forschens indirekt oft behindert haben und dies auch heute noch tun, dass sie in ihrem anti-modernen Eiferertum ein Klima erzeugen, in dem der freie Gedanke es schwer hat, wird man kaum in Abrede stellen können. Die Gründe sind bekannt. „Glauben heißt – nicht wissen", wie ein Sprichwort ein wenig despektierlich sagt. Jede monotheistische Religion, die an einen Gott als Schöpfer der Welt glaubt, muss sich dem – rational vielleicht nicht endgültig auflösbaren – Konflikt zwischen Glauben und Wissen irgendwann einmal stellen. In einer modernen Gesellschaft, die auf der Wissenschaft basiert, hat es die Religion schwerer als früher; allerdings ist der Glaube, wenn er denn erfolgreich durch das Stahlbad des Zweifels und der Skepsis hindurchgegangen ist, fester, als wenn er geheuchelt wird, und vor allem ehrlich. Diese äußerliche Heuchelei von Frömmlern lehnte schon der große Theologe al Ghazali vor tausend Jahren als bloßen „Augendienst" ab.

Andererseits weist gerade Jim al Khalili in seinem Werk darauf hin, dass der Islam in seiner Blütezeit jene Explosion des Wissens ganz und gar nicht behindert, sondern sogar gefördert hat. Der Islam war damals ganz weit offen für das Wissen der Griechen, ja überhaupt der Gelehrten früherer Zeiten, zu denen auch die sassanidischen Perser oder die alten Ägypter, die Babylonier und Sabier aus Harran oder die Wissenschaftler aus hellenistischer Zeit gehörten. Im Bagdad des Bait al Hikma, aber auch noch Jahrhunderte später in Transoxanien oder in Ägypten unter den Fatimiden, die in ihrer neuen Hauptstadt Kairo ein Dar al Hikma nach dem Vorbild der Abbasiden ins Leben riefen, hatte man keine Angst vor einer „Überfremdung" des Wissens, und die Muslime zur Abbasidenzeit, unter den Fatimiden, Ajjubiden oder den Samaniden und Timuriden im Iran und Transoxanien waren allemal gute Muslime und treue Anhänger des Propheten. Der Islam störte sich damals auch nicht daran, dass viele der Gelehrten und Übersetzer anderen Religionen angehörten, gerade die bekanntesten Übersetzer zur Abbasidenzeit, wie Hunain Ibn Ishaq oder Abu Bischr Matta, gehörten dazu. Hunain war Christ, ebenso Abu Bischr, einer der Lehrer des großen islamischen Philosophen al Farabi (gestorben 950).

Nicht der Islam, sondern bestimmte fundamentalistische Verengungen im Islam sind es denn auch gewesen, die jene ursprüngliche und so überaus fruchtbare Offenheit dieser Religion und Zivilisation für die übrige Welt beeinträchtigt, am Ende gar für eine lange Zeit beseitigt haben. Es wurde Allgemeingut der ulama, das Wissen der Griechen und anderer als „Wissenschaften der Alten" (ulum al qudama) zu diskreditieren und vor allem dem religiösen, theologisch aufbereiteten Wissen Wert beizumessen. Das hat sich für den Islam bitter gerächt, wenn auch der Hochstand des Wissens aus der Glanzzeit nicht, wie wir schon hervorgehoben haben, völlig übergangslos verschwand, vielmehr noch einige Zeit einen Nachhall fand – bis etwa ins 16. Jahrhundert hinein. Der Aufstieg des Westens und der Abstieg des Orients „überlappten" sich gewissermaßen. Und so wie es in der Theologie und Sakraljuristerei des Islam Mode wurde, nur noch das nachzuahmen (taqlid), was die vorausgegangenen Generationen gedacht und entschieden hatten, so legte sich auch dieses unschöpferische Prinzip des Taqlid wie Mehltau auf die übrigen Wissensgebiete. Und nicht nur das: Sogar das Bildungssystem in den muslimischen Ländern hat selbst nach Anbruch der Moderne nicht mit dem Taqlid gebrochen. Es schleppte sich durch die Jahrhunderte hindurch bis heute. Noch immer ist das bloße Memorieren die am meisten verbreitete Form der Wissensvermittlung in Schulen und Hochschulen. Der ganze Betrieb ist hierarchisch und auf bloßer Autorität aufgebaut. Die fundamentalistischen, isolationistischen Tendenzen haben in manchen Ländern offenbar auch dazu geführt, dass beispielsweise die Kenntnisse in der englischen Sprache schlechter geworden sind. In der globalisierten Welt ist das eine Katastrophe, denn das Englische ist nun einmal, ob einem das passt oder nicht, die Wissenschaftssprache unserer Zeit.

In der Gegenwart versuchen die Muslime, ihr wissenschaftliches Zurückbleiben sowie die durch „shopping“ erfolgende Übernahme der modernen Technik durch die Behauptung zu kompensieren und zu rationalisieren, sie holten sich ja nur zurück, was sie dem Westen früher einmal gegeben hätten. Dies ist natürlich eine apologetische, unzutreffende Vereinfachung, Überhöhung und Überspitzung des Einflusses ihrer Glanzperiode. So richtig es ist, dass ein erheblicher Teil (nicht alles) des antiken Wissens über die „Araber“ durch Übersetzungen ins Lateinische nach Europa gedrungen ist, so notwendig ist es freilich hervorzuheben, was Europa schließlich daraus gemacht hat. Schon die Renaissance war durch eine Wissensexplosion gekennzeichnet, die mit Kopernikus, Kepler, Galilei, danach Newton, Leibniz und vielen anderen an Umfang und Tiefe alles übertraf, was zuvor gewesen war. Der geistige Siegeszug Europas begann. Es heißt, damals sei in Europa ein spezielles „Könnens-Bewusstsein“ entstanden (auch die Formel „Wissen ist Macht“ gehört dazu), das ganz neue Horizonte für die Menschheit aufgerissen habe. Es war die Geburt des modernen Prometheus, des – durchaus auch problematischen – faustischen Menschen der Moderne (wie Goethe ihn so treffend in seiner größten Dichtung charakterisiert hat) – mit allen Vor- und Nachteilen, die das gebracht hat. Die europäisch-christliche Welt nahm allmählich Abschied vom Theozentrismus und wurde anthropozentrisch: Der Satz des Protagoras, dass der Mensch aller Dinge Maß sei, gewann die Oberhand. Diese Mentalität schuf die moderne Wissenschaft und Technik, wurde zum Umgestalter des Lebens und seiner Verhältnisse. Aufklärung und Wissenschaft, weniger die Religion, bestimmen seither unser Dasein.

Ermöglicht wurde dies auch durch jene epochale Entdeckung des Kolumbus im Jahre 1492, die weitaus größere Folgen hatte, als der Genueser Seefahrer in spanischen Diensten vorhersehen konnte: Durch das Befahren der Ozeane im großen Stil griff der Mensch des Westens erstmals auf den gesamten Globus zu, die erste Globalisierung begann. Sie bedeutete nicht nur eine buchstäbliche Horizonterweiterung, sondern auch einen Zugewinn an Ressourcen aller Art, ganz konkret an Bodenschätzen, vor allem aber an Kommunikationslinien für einen ersten „Welthandel" über alle Ozeane hinweg, der diesen Namen verdiente.

Auch diese „handfesten", rein materiellen Zugewinne Europas trugen dazu bei, dass der Westen die Oberhand gewann, nicht nur religiöse oder ideelle Faktoren. Wenn eine Kultur ihren Höhepunkt überschreitet, ist das wohl niemals monokausal zu erklären; es ist vielmehr ein Bündel von Ursachen materieller wie geistiger Art, das zu solchen oft langwierigen Prozessen führt. Kriegerische Verwüstungen von außerhalb wie auch innerhalb der islamischen Welt, etwa der Mongolensturm, haben ebenfalls viel zum Zurückbleiben der islamischen Wissenschaften beigetragen. In Teilen des Iran oder Afghanistans kann man noch heute die Verwüstungen erkennen, welche die Mongolen angerichtet haben. Eine massive Beeinträchtigung der materiellen Kultur, wie sie durch den mehrfachen Einfall der Mongolen oder auch durch die Kreuzzüge erfolgte, blieben gewiss nicht ohne Auswirkung. Doch auch innerislamische Kriege und Machtkämpfe spielten eine Rolle.

Die kommenden Jahrzehnte werden darüber entscheiden, ob es dem Islam nach dem Ausbruch der Arabellion gelingen wird, im Laufe einer Umgestaltung der politischen und gesellschaftlichen Verhältnisse jene alte Offenheit wiederzuerlangen, die die islamische Kultur einmal zur weltweit führenden gemacht hatte. In unserer westlichen Welt selbst scheint das vorherrschende Paradigma des mehr und mehr rein weltlich orientierten wissenschaftlichen Prometheus, der sich als „Ingenieur" der Natur betätigte, im Angesicht der ökologischen Fragen und Krisen einer Korrektur zu bedürfen. Das Bewusstsein eines grenzenlosen Fortschritts um seiner selbst willen ist im Westen vielerorts geschwunden. Dies böte dem Islam mit seinem stärker ganzheitlichen Denken eine Chance, moderne Wissenschaft und eine Heiligung der Schöpfung, die dringend nottut, miteinander zu verbinden, wenn er sie denn mutig ergriffe und sich der alten Ängste vor aufklärerischen Prinzipien und deren – in Wirklichkeit vielfältigen – Folgen entledigte.

Die Welt der Sakraljuristen: Die Macht des Gesetzes – Über die Scharia als etwas zu Überwindendes

Erst als der libysche Diktator Muammar al Gaddafi am 20. Oktober des Jahres 2011 getötet worden war, konnten die Aufständischen ganz sicher sein, dass seine Herrschaft nicht mehr wiederkehren wird. Der damalige Vorsitzende des Nationalen Übergangsrates, Mustafa Abd al Dschalil, ein frommer Mann, wandte sich in einer Rede an das Volk, in der er unter anderem bekräftigte, Grundlage der neuen Ordnung werde die Scharia, das Religionsgesetz des Islam, sein. Während dies die Libyer ganz und gar nicht erregte, sondern, im Gegenteil, Dschalils Worte ausdrücklich begrüßt wurden, reagierte man im Westen befremdet, ungehalten, bisweilen fast hysterisch. Sollte Gaddafi gestürzt worden sein, damit Libyen am Ende zum „Gottesstaat" mutieren würde? Werden im künftigen Libyen Hände abgehackt werden und Delinquenten, wie in Saudi-Arabien, enthauptet?

Dschalil hatte mit seinen Worten zunächst etwas ganz anderes gemeint: Das Regime Gaddafis ist Geschichte, und ebenso dessen eigentümliche Religionsauslegung. In erster Linie sollte durch seine Worte also zum Ausdruck gebracht werden, dass nun eine neue Ordnung entstehen werde, die sich zudem nicht gegen die islamischen Wertvorstellungen und die Kultur des Islam richte, sondern auf ihnen fuße. Wie wir bereits sahen, ist der Islam nicht nur eine Religion mit dogmatischen Glaubenssätzen, ein Bündel abstrakter Wahrheiten, die geglaubt werden müssen, sondern auch und vor allem eine Lebensweise (Orthopraxie) und „Ordnung der Dinge", wie die Offenbarung sie vorsieht. Die Scharia liegt auch nicht in Form eines Bürgerlichen Gesetzbuches oder eines Strafgesetzbuches vor, die man unter dem Arm tragen könnte, sondern ist ein Schatz sakraljuristischen Wissens, der sich in mehr als tausend Jahren – mit unterschiedlichen Ausprägungen – in verschiedenen Regionen der islamischen Welt entwickelt hat.

Die Hüter dieses Rechts sind die Sakraljuristen (fuqaha), die es studieren und durch Interpretation und Anwendung weiterentwickeln. Im heutigen sunnitischen Islam gelten vier Rechtsschulen (madhahib) als anerkannt, die man nach ihren Begründern als die malikitische, die hanafitische, die schafiitische und die hanbalitische Rechtsschule bezeichnet. Die Schiiten haben mit der Dschaafari-Schule ihre eigene Ausgestaltung des islamischen Rechts geschaffen. Andere Rechtsschulen, wie die von dem bekannten ungarischen Orientalisten Ignaz Goldziher (1850–1921) erforschte zahiritische, konnten sich nicht durchsetzen, jedenfalls nicht im Hauptstrom islamischer Geistesgeschichte. Selbst wenn die Scharia im gesamten Islam durch einen Federstrich abgeschafft würde, blieben doch Denk- und Verhaltensweisen der Muslime noch eine ganze Weile von ihr bestimmt – als Mentalität und Verhaltenskodex, als Tradition und liebgewordene Gewohnheit. Das sieht man etwa in der Türkei, wo unter Atatürk schon vor neunzig Jahren das religiöse Gesetz aufgehoben und alle Institutionen, die mit ihm zu tun hatten, die Bildungsstätten und die Scharia-Gerichte, aufgelöst wurden. Die Republik führte westliches Recht ein, nach italienischem, deutschem und Schweizer Vorbild; doch viele Sitten und Gebräuche, zumal auf dem flachen Lande in Anatolien, sind noch ein Nachhall der Scharia, die die Volkskultur zumindest in Teilen geprägt hatte. Hinzu kommen dort, etwa in Kurdistan, stammesmäßige, teilweise uralte Gebräuche und Anschauungen, die sich der Scharia anverwandelt haben. Diese voneinander zu trennen, ist eine der wichtigsten Aufgaben der zeitgenössischen Ausleger geworden, der Theologen ebenso wie der eigentlichen Sakraljuristen. Vielerorts wird die Scharia zudem ergänzt durch ein Gewohnheitsrecht (adat), das mit örtlichen Traditionen, lokalen Bräuchen zusammenhängt und ebenso Geltung beansprucht. Eklatantestes Beispiel dafür ist das Paschtunwali, jenes Stammesgesetz des Volkes der Paschtunen, das in Afghanistan die Mehrheit der Bevölkerung ausmacht. Dieses Gesetz wird ergänzend zur Scharia-Gesetzgebung auch von anderen Völkern in Afghanistan akzeptiert, ebenso wie die Einrichtung der Loya Jirga, der Großen Stammesversammlung, die Beschlüsse bestätigen muss.

Es ist nicht einfach, über die Scharia ein treffendes Urteil abzugeben, das nicht irgendwo einseitig wäre. Richtig ist, dass das religiöse Gesetz des Islam heute *wie Blei* auf dieser Kultur und Religion lastet, was viele auch wissen, aber aus Furcht vor den Autoritäten sich nicht zu sagen getrauen; ebenso richtig ist allerdings, dass die Scharia Bestimmungen enthält, die völlig unproblematisch sind, etwa auf dem umfassenden Gebiet des Ritus (ibadat), der religiös vorgeschriebenen Akte. Im Laufe der Jahrhunderte hat die Scharia außerdem oft eine große Flexibilität und Anpassungsbereitschaft an veränderte gesellschaftliche und politische Verhältnisse bewiesen. Falsch ist es, sie allein mit der drakonischen Strafjustiz, mit den sogenannten Hadd-Strafen des ius talionis (Vergeltungsstrafrecht), überhaupt mit der rigiden Strafpraxis zu identifizieren, die im 21. Jahrhundert natürlich untragbar geworden ist. Es sind vor allem islamistisch regierte Staaten, wie Saudi-Arabien, der Iran, Afghanistan (insbesondere unter den Taliban) und der Sudan, in denen diese Strafjustiz voll zum Tragen kommt, während etwa unter den Palästinensern das Strafrecht längst neue Wege geht. Auf anderen Gebieten des Rechts kann unterschieden werden zwischen Bestimmungen, die auch noch in der Moderne akzeptabel, ja sogar erwünscht sind (so z.B. die Gleichstellung nichtehelicher Kinder oder Halbbrüder als Vollbrüder und -schwestern), sowie konservativen Wertvorstellungen, die mit dem zeitgenössischem Wertewandel ringen, wie überall auf der Welt einerseits, und Regelungen, die mit modernen Auffassungen unverträglich geworden sind, etwa im Familienstandsrecht, soweit hier die Frauen drastisch benachteiligt sind, andererseits.

Insbesondere in Fragen der individuellen Freiheitsrechte und der Gleichberechtigung der Geschlechter bleibt die Scharia weit hinter modernen Standards zurück, deren Ursprung freilich ein „westlicher" ist. Es gilt dabei zu berücksichtigen, dass viele Wertvorstellungen, die dem europäischen Menschen heute selbstverständlich geworden sind, auch in Europa vor einem Menschenalter noch ganz anders gesehen wurden. Im Nachkriegsdeutschland brauchten Ehefrauen eine Zeitlang noch die Genehmigung ihres Mannes, wenn sie arbeiten wollten. Nirgendwo sonst haben sich Wertvorstellungen, die viele Jahrhunderte lang galten, so rasend schnell verändert wie in Europa – vor allem auf dem Gebiet der Sexualität und der Vorstellungen von Ehe und Familie. Da mitzuhalten ist für die Muslime nicht einfach; und viele wollen es auch nicht.

Entstanden ist die Scharia, der „Pfad" zur religiösen Rechtleitung (huda), in den ersten drei Jahrhunderten der islamischen Kultur. Ihre Grundlagen sind der Koran und das Hadith, die Prophetenüberlieferungen. Beiden Quellen wird unmittelbar göttlicher Ursprung zugeschrieben, was das größte Hindernis für eine Modernisierung dieses Rechts oder gar die Abschaffung einzelner Regeln und Bestimmungen darstellt. Als göttliches Recht beansprucht die Scharia sozusagen einen ungleich höheren Wert und Autoritätsgrad als ein (nur) von Menschen gemachtes, allein durch Diskussion und Beratung geschaffenes Recht, das irren kann. Hüter und Ausleger – eben jene Fuqaha– werden, da es sich um ein Recht handelt, in dem religiöse Autorität mit praktischen Bedürfnissen verbunden ist, völlig legitim als Sakraljuristen bezeichnet. Sie sind ebenso Theologen wie Rechtskundige. Die Welt, in der sie sich bewegen, ist häufig eine der extremen Kasuistik. Wenn sie von den Gläubigen zu einem Sachverhalt befragt werden, tauchen sie in die Präzedenzfälle ihrer jeweiligen Rechtsschule hinab und versuchen, mit dem Mittel des Analogieschlusses (qiyas) zu einer Lösung zu gelangen. Eine Lösung, die vom *consensus omnium* (idschma) getragen wird, gilt als korrekt und verbindlich.

Die Geschichte des Islam zeigt, dass es Perioden gab, in denen die Sakraljuristen weitaus liberalere Stellungnahmen zu bestimmten Fragen abgaben, als das in letzter Zeit wieder der Fall war. So erlaubten oder duldeten zumindest die Hanafiten im Osmanischen Reich vieles, etwa den Weingenuss, was in anderen Rechtsschulen verboten oder doch verpönt war. Die schiitischen Sakraljuristen im Iran der Safawidenzeit waren in ihren Urteilen über gewisse Rauschmittel, wie der Iranist und Orientalist Rudolf Gelpke einmal bemerkt hat, in einer Weise tolerant, die man sich angesichts der offiziellen Rigorosität der heutigen Islamischen Republik Iran gar nicht mehr vorstellen kann. Streckenweise war es beispielsweise absolut verpönt, in die Privat- und Intimsphäre der Gläubigen einzudringen und Urteile darüber zu fällen. Andererseits sorgten Bewegungen von Frömmlern immer wieder auch dafür, dass sich das Blatt wendete und man in Sachen Moral zur „harten Linie“ zurückkehrte. Es war ein ständiger Wechsel dieser beiden Haltungen, unter den Sakraljuristen ebenso wie in der Gesellschaft. Dabei wäre es zu einfach, wie das oft geschieht, die Urteile der religiösen Juristen zu den Fragen der Gläubigen auf ein bloßes „haram“, verboten, oder „halal“, erlaubt, zu reduzieren. Feine Abstufungen sind bei den Handlungen der Menschen möglich zwischen einem „verdienstvoll im Jenseits“, „verdienstvoll nur im Diesseits“ und einem „neutral“ sowohl im Diesseits wie im Jenseits.

Obwohl der Islam Hierarchien im Grunde nicht mag, gibt es unter den Sakraljuristen doch Unterschiede im Rang, die freilich auf der Gelehrsamkeit beruhen, nicht auf der Abkunft oder anderen Kriterien. Im sunnitischen Islam sind es die Muftis, das heißt jene Gelehrten, die zum Erstellen von Fatawa (Rechtsauskünfte) berechtigt sind und demzufolge herausragen. Im Schiitentum ist diese Hierarchie viel ausgeprägter, vor allem seit dem 19. Jahrhundert, als man eine Verfestigung der Mullah-Kaste zu einem regelrechten Klerus beobachten konnte. Im Sunnitentum hingegen ist der Begriff „Klerus“ zu meiden. Die Stufenleiter reicht bei ihnen vom einfachen Dorf-Mullah, je nach theologisch-rechtlicher Ausbildung, die viele Jahre, oft Jahrzehnte dauert, über den Hudschat al islam (Beweis des Islam), über den Ajatullah oder Ajatollah (Zeichen Gottes) bis zum Ajatullah al uzma, landläufig als „Großajatollah“

übersetzt. Einen „Großmufti" gibt es bei den Sunniten hingegen nicht, sondern allenfalls einen höchsten Mufti von Syrien, Ägypten, Sudan und so weiter. Die Anzahl der „Großajatollahs" unter den Schiiten ist sehr gering, sie gelten als Maradscha-e taqlid, als Quellen der moralischen Nachahmung; ihre Gutachten und Urteile haben autoritative Kraft – ähnlich den Urteilen, welche die führenden Sakraljuristen der al Azhar-Moschee und Universität zu Kairo abgeben. Deren Urteile sind jedoch eine Sache für sich, da die Azhar – einmal mehr, einmal weniger – gewissen Vorgaben der Politik zu folgen hat. Wie sich das im künftigen Ägypten gestalten wird, kann niemand sagen.

Unter den iranischen Schiiten ist das Gefüge zwischen Gläubigen und Sakraljuristen immer recht locker gewesen. Man konnte sich sozusagen den Ajatollah „aussuchen", dem man am meisten vertraute, dessen Gelehrsamkeit man am höchsten bewertete und dessen gesamte Person den eigenen Vorstellungen am meisten entgegenkam. Leider zeichnet sich die seit 1979 bestehende Islamische Republik Iran heutzutage dadurch aus, dass dogmatischer Druck die wenigen liberalen Sakraljuristen und Theologen ins Abseits drängt oder sie sogar ins Ausland vertreibt. Einige Mutige halten indes die Stellung.

Wenn nicht alle Anzeichen trügen, so kommt auf die Kaste der islamischen Sakraljuristen in den nächsten Jahren und Jahrzehnten eine ungeheure Aufgabe zu: Die Umwälzungen in ihrer Region sind gewiss von starken religiösen Elementen nicht frei, doch werden jene Kräfte, die weltlich gesinnt sind und die Entwicklung einer islamisch geprägten Demokratie und Zivilgesellschaft vorantreiben wollen, danach trachten, den erhofften Pluralismus einer neuen Ordnung zu begründen und gegen die traditionellen, erst recht die islamistischen Auffassungen von Staat und Gesellschaft ins Feld zu führen. Ohne eine tiefgreifende Revision der Scharia, die weniger am Buchstaben und an der Vergangenheit und ihren Traditionen klebt, sondern vielmehr ihren jeweiligen ethischen Sinn hervorkehrt, wird das nicht abgehen.

Ansätze einer primären Ethisierung sind in der islamischen Welt durchaus vorhanden, wie etwa das Wirken von Bediüzzaman Said-i Nursi (1876–1960) oder des 1941 geborenen Fethullah Gülen in der Türkei deutlich macht. Auf beide bezieht sich die dort heute regierende islamische „Gegenelite", wie Rainer Hermann sie genannt hat. Weder Bediüzzamans noch Gülens Vorstellungen entsprechen in jeder Hinsicht den europäischen Standards, doch sind sie Versuche, zwischen einem traditionellen Islam einerseits und der Moderne andererseits zu vermitteln, ohne einer völligen Säkularisierung das Wort zu reden. Die Erfolge beider Islam-Ausleger zeigen, dass sie zumindest bei Teilen der türkischen Bevölkerung, die ansonsten das Atatürksche Erbe bewahren will, großen Anklang finden. Andere wiederum misstrauen diesen Bewegungen; sie sind der Meinung, diese würden unter dem Deckmantel einer äußerlichen Modernisierung und Bildung insgeheim eine islamistische Agenda abarbeiten.

Die Crux besteht nun darin, dass nach traditioneller Auffassung die Scharia ein theozentrisches (Bassam Tibi) Rechts- und Verhaltenssystem ist, das zwar interpretiert, doch nicht substanziell verändert oder gar ganz oder auch nur teilweise aufgehoben werden darf. Demokratie und Pluralismus jedoch verlangen eine entschiedene Hinwendung zum Anthropozentrismus. In der Demokratie machen sich die Menschen selbst ihr Recht und diskutieren vielfältig über ihre Werte – freilich nicht völlig losgelöst, sondern durchaus auf der Grundlage von Gewesenem, auch von überkommenen religiösen Lehren, moralischen Maximen und traditionellen Glaubensinhalten. Es war auch in Europa ein gehöriges Stück Arbeit, gegen christliche Dogmatik und Moral pluralistische Denk- und Verhaltensweisen als erlaubt, ja erwünscht durchzusetzen, kurz, der individuellen Freiheit im Rahmen der Gesellschaft zum Durchbruch zu verhelfen, dabei gleichzeitig allgemein akzeptierte Standards zu bewahren und neue herauszuarbeiten. Der erste europäische Denker, der dies leistete, war Baruch Spinoza mit seinem Theologisch-politischen Traktat 1670. Das ist lange her und ging ebenfalls nicht ohne Anfeindungen ab, wie Spinozas eigenes Leben zeigt.

Im Kapitel über die Welt der Denker haben wir auf moderne Ansätze der Veränderung in Theologie und Koranexegese hingewiesen. Wenn es möglich ist, den Koran im Sinne der islamischen Reformdenker als höchste Quelle des Glaubens zu „verzeitlichen“, zu historisieren, um wie viel mehr wäre das bei der Scharia möglich, denn sie ist in Wirklichkeit – auch wenn sie sich jeweils auf Gewährsmänner beruft, die den Propheten Mohammed noch gekannt haben – ein im konkreten Sinne „nachkoranisches“ Produkt und Konstrukt der Gelehrten. Als solches kommt sie im Koran noch gar nicht vor. Und so wie man den Korantext, ihn auch hermeneutisch und literarisch betrachtend, mit Nasr Hamid Abu Zaid oder Abdolkarim Sorusch in zeitlich bedingte Hülle und ewigen Kern trennen kann, so erst recht die Vorschriften und Anweisungen der Scharia. Schon einem al Ghazali war es vor tausend Jahren wichtiger, über die Scharia – wie auch über das Dogma – zu diskutieren, als dem Augendienst (rija) zu frönen, wie das die gesetzestreuen Frömmler in seinen Augen oft genug taten. Für al Ghazali gab es, wie bereits ausgeführt, nur ein Tabu: zu behaupten, dass der Prophet Mohammed nicht die Wahrheit sage; alles andere jedoch sei diskutabel und dürfe auch diskutiert werden. Zwar war am Ausgang des Mittelalters von den Religionsgelehrten das „Tor des Idschtihad“, das heißt die Möglichkeit der individuellen Auslegung der religiösen Quellen, für geschlossen erklärt worden; doch dies ist, die lebhaften Diskussionen und Streitereien der vergangenen Jahrzehnte bezeugen es, längst rückgängig gemacht worden. Und für die Schiiten hatte das ohnehin niemals gegolten. Sie pflegen seit Jahrhunderten ungebrochen den Idschtihad.

Daran beispielsweise knüpfte der iranische Gelehrte Mohammad Schabestari (geboren 1936) an, wenn er die Freiheit (azadi) zur Voraussetzung des Glaubens (iman) machte und ein Zurück zu den lebhaften Debatten der ersten drei Jahrhunderte im Islam forderte. Damals war weder die Theologie (kalam) noch die Sakraljuristerei der Scharia (fiqh) in irgendeiner Weise verfestigt, wie das heutzutage der Fall ist, sondern die Debatten waren durch geradezu dialektischen Geist lebendig. Interessant ist in diesem Zusammenhang, dass Schabestari Unterscheidungen einer „islamischen Demokratie“ von einer westlichen oder „islamischer Menschenrechte“ von westlichen immer ablehnte. Sie waren für ihn universal gültig. Sein Landsmann Abdolkarim Sorusch (geboren 1945) entwarf in seinen Werken ganz ähnliche Gedanken einer Dynamisierung der Religion, wobei sein Zugang zu solchen Vorstellungen zunächst ein naturwissenschaftlicher war: Der Chemiker Sorusch verglich das religiöse Wissen, recht verstanden, mit dem naturwissenschaftlichen Wissen. So wie Letzteres unablässig zunehme, so sei das auch bei der Religion. Es gebe da keinen Stillstand.

Sorusch will das auf das Religionsgesetz übertragen wissen. Auch bei ihm könne es keinen wirklichen Stillstand geben, sondern Veränderung und Anpassung, die freilich von den ethischen Zielen der Scharia geleitet werden müssten: dem Streben nach Gerechtigkeit für den Einzelnen und für die Gesellschaft. Soruschs Ansätze und Analogien stehen und fallen allerdings mit seinen Ansichten, die er über den Charakter der Offenbarung geäußert hat. Auch er will im Koran den eigentlichen Wesenskern von Glaube und Ethik von den bloß sekundären, zeitlich bedingten und damit zu relativierenden Vorstellungen trennen. Beide, sowohl Schabestari als auch Sorusch, und all jene Theologen und Sakraljuristen, die ihnen im sunnitischen Mehrheitsislam bei solchen und ähnlichen Ansätzen folgen, haben einen Vorgänger in der Person von Mahmud Taha, einem hoch angesehenen sudanesischen Gelehrten, der genauso dachte; er wurde 1985 in seiner Heimat wegen „Ketzerei“

hingerichtet. Zumindest kaltgestellt hatte man in Ägypten den bekannten Gelehrten Abdal Raziq (gest. 1961), der sogar lehrte, der Islam schreibe gar keine feste politische Form vor, er könne ebenso demokratisch sein wie autoritär.

Im Grunde sind alle Versuche, die Offenbarung und das Gesetz zu *verzeitlichen*, durchaus frühislamischen Ursprungs, denn es war die theologische Schule der Mutaziliten von Basra und Bagdad, die mit ihrer These von der „Geschaffenheit" des Koran diesen Weg beschritt. Für sie war der Koran kein überzeitliches Werk, keine ewige Universalie, sondern zeitbehaftete Offenbarung. Und gerade ihnen ging es nicht darum, besonders „liberal" zu sein, sondern die Lehren des Glaubens besonders akkurat zu verstehen, etwa die Lehre von der Gerechtigkeit Gottes (adl). Sie war in ihren Augen nur wirklich sinnvoll und gerecht und nicht Resultat eines blinden göttlichen Geschicks (maktub), wenn der Mensch auch in der Lage war, kraft freier Entscheidung seine Tathandlungen zu setzen. Dieser theologisch revolutionäre Ansatz enthielt auch den Keim zu einer Ethisierung der Scharia, die dem bloßen Gehorsam in den Tathandlungen, einer automatischen Erfüllung von Regeln und Normen, zuwiderlief. Zwar gingen die Gedanken der Mutazila nicht ganz verloren, doch war ihre eigentliche Schule um die Wende vom 10. zum 11. Jahrhundert am Ende. Aber: Wenn man schon über den Koran so denken konnte, wie viel mehr kann man es über die nachkoranische Scharia.

Trotz der heutzutage vorherrschenden Strömung des Islamismus sei hervorgehoben, dass die Zahl der Sakraljuristen, wie auch der eigentlichen Theologen, die neue Wege beschreiten, durchaus wächst. Sie sehen in der Scharia einerseits etwas, das es zu bewahren gilt, weil es als gelebte Tradition die Grundlage der eigenen Kultur ausmacht, andererseits jedoch ein in vielerlei Hinsicht zu Überwindendes, da es die Fortentwicklung behindert. Das gilt vor allem für Fragen zur individuellen Gestaltungsfreiheit des Lebens (den Individualismus und Personalismus überhaupt) und für den Komplex, der als Gleichberechtigung der Geschlechter ein Hauptthema der Debatten ist. Vieles spricht dafür, dass sich das künftige Schicksal des Islam stark mit der Frauenfrage verbinden wird. Zur Fairness der Beurteilung gehört es allerdings, hervorzuheben, dass die Unterschiede auf diesen Feldern zwischen den islamischen Ländern schon heute beträchtlich sind. Zwischen Saudi-Arabien und Tunesien, zwischen Kaschmir und der Türkei liegen da Welten.

Ein Phänomen, das dem „Westler" offenbar prinzipiell verschlossen ist, bleibt allerdings der *islamische Feminismus*, der unter Wahrung der Verschleierung, bisweilen sogar in ihrer extremsten Form, überaus emanzipatorische Forderungen erhebt – gegen weltliche und westliche Libertinage einerseits, gegen fundamentalistischen Gehorsam und Unterdrückung andererseits – und dies gerade im Zeichen der Verschließung, ja gänzlichen leiblichen *Versiegelung* der Frau. Hier versagt offenbar auch westliche Soziologie und Psychologie, jedenfalls bis jetzt.

Einstweilen gilt allerdings für die Scharia-Gelehrten, was auch für die eigentlichen Theologen im engeren Sinne im Islam zutrifft: Der Einfluss der Reformer ist in den Ländern der islamischen Diaspora oft stärker als im klassischen Dar al Islam selbst, wo sie in der Auseinandersetzung mit den Fundamentalisten einen schweren Stand haben. Allerdings scheint wenigstens die Zeit, da solche auf Veränderung dringenden Kräfte um Leib und Leben fürchten mussten, vorüber zu sein.

Die Arabellion hat sich so sehr ausgeweitet und an Intensität so sehr zugenommen, dass sie in Zukunft auch auf die Sakraljuristen des Islam nicht ohne Auswirkung bleiben kann. Doch die Veränderungen und Anpassungen des religiösen Gesetzes und der Tradition müssen eben in den muslimischen Gesellschaften *selbst* vonstatten gehen und von ihnen selbst betrieben werden. Wann und wie das geschehen wird, ist ungewiss. Die teilweise etwas arrogante, bisweilen auch herablassende Art, in der manche „Westler" in das gewachsene Corpus jener anderen Kultur und deren Traditionen eingreifen oder durch ständige Belehrungen „Trends" fördern wollen, wirkt in den meisten Fällen ohnehin schon kontraproduktiv. Dies hat die Islamische Revolution im Iran seinerzeit zur Genüge gelehrt. Man kann heute schon absehen, dass die Arabellion einen kräftigen Schub an Säkularismus in die muslimisch-arabischen Gesellschaften hineinträgt, auch wenn das im Falle Syriens noch anders zu sein scheint; diese Tendenz wird fortdauern, auch wenn zunächst islamische Kräfte bei Wahlen erfolgreicher gewesen sind. Es wird Jahrzehnte dauern, bis sich einschneidende, sprich substanzielle Veränderungen bis hinein in die Staatsauffassung durchgesetzt haben werden. Doch sowohl in Tunesien als auch in Ägypten ist schon abzusehen, dass sich jene, die einem weltlichen Diskurs huldigen, nicht mehr so schnell geschlagen geben werden wie früher. Dafür sorgen schon die Blogger-Szene und die internationale Vernetzung durch die neuen Medien. Zudem wird sich zeigen, dass auch gemäßigte Islamisten, sind sie einmal an der Macht, „nur mit Wasser kochen" können. Ihre in der Opposition gewachsene Exklusivität, die sie zu sozialen Wohltätern werden ließ, geht ihnen als maßgebliche Regierungsformation weitgehend verloren, denn jetzt werden sie mit den ökonomischen und politischen Wirklichkeiten der realen Welt konfrontiert. Sie werden nun auch offiziell mit jenen Maßstäben gemessen, die vordem nur insgeheim angelegt wurden und im Verborgenen galten. In Ägypten ist der Islamist Mohammed Mursi schon gescheitert.

So werden die Sakraljuristen in ihrer gemütlichen, historisch festgefügten Welt der Regeln und ihrer Auslegungen, der klügelnden Kasuistik und ihrer hitzigen Debatten durch die bedrängenden Herausforderungen der Globalisierung, die ihre eigenen Gesellschaften verändern, selbst herausgefordert sein und reagieren müssen. Spätestens dann, wenn der politisch-gesellschaftliche Umbruch im Orient alle Länder der Region erfasst haben wird, wird es mit ihrer Behaglichkeit und Ruhe endgültig vorbei sein.

Ganz besonders gilt dies für das im Großen und Ganzen noch immer von den Sakraljuristen beherrschte Saudi-Arabien und die von ihm beeinflussten oder abhängigen Länder, in denen die salafistischen Kreise in den vergangenen Jahren und Jahrzehnten mehr und mehr Einfluss gewonnen haben. Doch auch in den anderen Ländern werden bald Entscheidungen fallen müssen, ob die Scharia flächendeckend über die islamischen Gesellschaften ausgebreitet bleibt oder ob Spielräume des Säkularen und Profanen immer mehr Gewicht bekommen werden. In Ägypten ist vor allem die al Azhar gefordert, die leider in den vergangenen Jahren wieder konservativere Standpunkte eingenommen hat. Auch der Druck der Straße wird entscheiden, ob die Sakraljuristen fähig sind, nicht, wie früher, hin- und herzuschwanken zwischen etwas größerer Liberalität und Rigidität, sondern einen prinzipiellen Aufbruch zu wagen, der irreversibel ist und ihre Gesellschaften weiterbringt.

Die Welt der Musiker: Von östlichen und westlichen Klängen

Nach der Machtergreifung der islamischen Revolutionäre im Iran im Jahre 1979 wurde dort der Versuch unternommen, Musik zu verbieten oder deren Genuss doch wesentlich einzuschränken. Der Versuch war aussichtslos und scheiterte kläglich, denn schon bald musste das Regime dulden, dass die Jugend ihre Art von Musik hörte, zum größten Teil auf Kassetten, später auf CDs, die aus dem Westen stammten oder kopiert worden waren, sprich: „dekadente" Pop- und Rockmusik. Schon während des acht Jahre dauernden Krieges mit dem Irak zwischen 1980 und 1988, der dem Land vom irakischen Diktator Saddam Hussein aufgezwungen worden war, verstanden es die Mullahs dann meisterhaft, Musik, insbesondere klassische westliche Musik einzusetzen, um auf dem Bildschirm bestimmte Sequenzen emotional zu untermalen. Im Jahre 1984 sah ich in Teheran auf dem Fernsehschirm, wie die iranischen Soldaten in den Sümpfen des südlichen Irak unentwegt nach vorne stürmten, zu Musik von Peter Tschaikowskij und Ludwig van Beethoven. Offenbar hatten die Mullahs nichts dagegen, die teilweise heroisierende, teilweise tragische Musik dieser beiden europäischen Komponisten für ihre fatale Durchhaltepropaganda im Krieg einzusetzen.

Daneben wurde natürlich die klassische persische Kunstmusik gepflegt. „Wir haben nichts gegen die Musik", war immer wieder zu hören, „doch die westliche Pop-Musik ist heidnisch. Sie stimuliert die menschliche Sexualität, enthemmt die Jugend." Solcherart „Argumente" bekam man damals auch im kommunistischen Ostblock zu hören, dessen Ideologen freilich einen ebenso erfolglosen Kampf gegen die „dekadente" musikalische Jugendkultur unserer Zeit führten wie die Mullahs in der Islamischen Republik Iran.

Erfolgreicher waren da schon die Taliban in Afghanistan. Während ihrer Herrschaft zwischen 1996 und 2001 war Musik im islamischen Emirat des Mullah Omar und seines Verbündeten Usama Bin Ladin (1958–2011) verboten, wie vieles andere auch. Die Afghanen waren wie vor den Kopf gestoßen, verfügt ihre Kultur doch über ein reichhaltiges musikalisches Erbe – wie der gesamte Islam, trotz der Auffassung ultraorthodoxer Kreise, außer mit der menschlichen Stimme dürfe mit keinem Instrument Musik gemacht werden.

Mit dem Verbot der Musik und auch mit dem des Tanzes verhält es sich nämlich so ähnlich wie mit dem ominösen „Bilderverbot" des Islam, das im Koran in ausdrücklicher Form nirgendwo anzutreffen ist. Es ist ein Produkt nachprophetischer Sakraljuristerei, des Fiqh, und hat niemals verhindert, dass der Islam auch eine bedeutende bildende Kunst, allerdings besonderer Art, hervorgebracht hat. In der entsprechenden Koransure wird lediglich darauf verwiesen, dass nur Gott den Geschöpfen „Leben einhauchen" könne, nicht aber der Mensch, was natürlich in erster Linie die bildliche Darstellung von Mensch und Tier betrifft. Dies ist kein ausdrückliches Verbot, rät jedoch zur Zurückhaltung bei der Darstellung lebender Wesen. Schon oft ist darauf hingewiesen worden, dass diese Auffassung in der islamischen Kunst zur üppigen Ausgestaltung abstrakter Formen in der Ornamentik, auch floraler Motive und natürlich zur Kunst der Kalligraphie geführt hat. Sie ist gewissermaßen die Königin unter den islamischen Künsten und entspricht der Malerei im christlichen Bereich. Wir werden bald darauf zurückkommen. Gleichwohl gibt es keine Region im Dar al islam, in der nicht eine Geschichte der bildlichen Darstellung geschrieben werden könnte, vor allem in der östlichen Hälfte, wo die osmanische, persische und indo-moghulische Miniaturmalerei zu höchster Blüte gelangte. Ähnlich verhält es sich mit der Musik und verwandten Künsten.

Es ist kein Geheimnis, dass bereits die frühen Kalifen der Omajjaden-Dynastie, die bis 750 n. Chr. herrschte, den weltlichen Genüssen sehr zugetan waren. In ihren Lustschlössern, in der Syrischen Wüste (badiyat al scham), heute in Syrien und Jordanien gelegen, wurde eifrig musiziert, dazu auch dem Wein zugesprochen und der – teilweise durchaus lasziven – Tanzkunst gefrönt. Darstellungen an den Wänden geben darüber beredten Aufschluss. Wohl existierten immer Bestrebungen der Frömmler, Musik und Tanz einzudämmen, doch sie reüssierten nur selten. Dass am Hof der Abbasiden zu Bagdad (bis 1258 n. Chr.) Künste dieser Art gepflegt wurden, erfährt man schon aus den so berückend sinnlichen Erzählungen von „Tausendundeiner Nacht" (Alf laila wa laila). Auf die Musikkultur der damaligen Zeit wirkten neben der arabischen Musiktradition Einflüsse aus Persien, aber auch aus Byzanz ein. In abbasidischer Zeit war es insbesondere die Schule von Mossul (Mausil), die besondere Arten der Musik pflegte und deren bekanntester Vertreter, Ibrahim al Mausili, bis in den fernen Westen der islamischen Hemisphäre hinein wirkte, bis nach Andalusien. Der berühmte Musiker Ziryab wanderte sogar aus dem islamischen Osten dorthin, um seine musikalischen Kenntnisse, Fertigkeiten und Anschauungen unter den Muslimen auf der Iberischen Halbinsel zu verbreiten. Nicht nur in der Philosophie und Dichtung, auch in der Musik wurde al Andalus auf diese Weise ein Bindeglied zwischen Orient und Okzident; und bis heute ist die spanische Musik eines Manuel de Falla, Isaac Albeniz oder Joaquin Rodrigo nicht denkbar ohne die Einflüsse der arabisch-orientalischen Musik. Das „spanische Genre" hat auch Franzosen wie Bizet (Carmen) oder Ravel (Bolero) zu ihrer eigenen Musiksprache angeregt. Dass die Musik der andalusischen Zigeuner, dass insbesondere der Flamenco oder der canto jondo auf arabische Vorbilder zurückzuführen sind, ist nicht nur immer wieder in wissenschaftlichen Arbeiten hervorgehoben worden, man hört es dieser Musik auch an. Doch nicht allein die Musiksprache ist islamisch-arabisch grundiert, die gesamte Stimmung der Musik, Inhalt und Timbre der Lieder, die von Liebe und Tod handeln, sind es. Und selbst die portugiesischen Fado-Gesänge mit ihrer trauerseligen Melancholie atmen noch das Erbe der Mauren, der Moros. Ibrahim al Mausili und Ziryab waren Meister der Laute – ein Wort, das letztlich auf das arabische al Ud zurückgeht; aus al Ud wurde La Ud und schließlich Laute.

An den Höfen der islamischen Großreiche spielte Musik immer eine wichtige Rolle. Nicht nur Hofdichter, auch Hofmusiker unterhielten den Sultan, den Schah oder wie auch immer der Herrscher sich nannte. Von der Kunstmusik unterschieden war die volkstümliche Musik, deren jeweilige Traditionen sich bis heute gehalten haben. Außerdem gilt es, religiöse Musik von weltlicher zu unterscheiden, obgleich die Grenzen zwischen beiden oft fließend waren und sind. In der Türkei beispielsweise lassen sich die volkstümlichen anatolischen Tänze und Tanzweisen (oyun havalari), wie der Zeybek, unterscheiden von der mystisch inspirierten Musik und von der Kunstmusik, wie sie in hochosmanischer Zeit von Meistern wie Itri (1640–1712) oder Hamamizade Ismail Dede Efendi (1778–1846) komponiert wurde. In Anatolien sind hunderte von Tänzen überliefert. Die klassischen osmanischen Komponisten hingegen vertonten einerseits Poeme der Diwan-Lyriker, etwa die berühmte Frühlings-Ode des Ömer Nef'i aus dem 17. Jahrhundert, oder aber religiöse Hymnen. Dabei nahm die osmanische Kunstmusik vielerlei Elemente auf, die von der arabischen und persischen Musik über die armenische bis hin zu eigenen, etwa turkmenischen Traditionen reichen. Die bekannteste Instrumentalgattung war der Peşrev (ein persisches Wort, das ursprünglich „Vorspiel" bedeutete), ein mehrsätziges Stück, dessen Kompositionsprinzip der monoreimenden Dichtung der osmanischen (persischen) Klassik nachgebildet war.

Bei den Osmanen spielten religiös-mystische Zeremonien wie der Sema-Tanz eine wichtige Rolle. Für diesen mystischen Reigen, der die Kosmologie des großen sufischen Dichters und Denkers Mevlana Celalettin Rumi (1207–1273) sowie dessen religiös-philosophische Lehren illustriert, wurden Stücke komponiert, die bis heute zu hören sind. Überhaupt haben die auf Rumi zurückgehenden Mevlevi-Derwische, denen u.a. der schon erwähnte Komponist Itri angehörte, eine reichhaltige Musikliteratur hervorgebracht, die auch die weltliche Kunstmusik beeinflusste. Im Instrumentarium der Mevlevi-Musik spielt die persische Rohrflöte Ney eine herausragende Rolle neben dem Schlagwerk (kudüm). Sie ist die Stimmführerin und in ihrem klagenden Ton kann man ein Sinnbild der klagenden menschlichen Seele erblicken, die sich in einer kontingenten, vergänglichen Welt nicht heimisch fühlt und zurück in ihre kosmisch-himmlische, göttliche Heimat strebt.

Ohne den Einfluss Persiens, aus dessen Kulturbereich Mevlana Rumi stammte, ist die Mevlevi-Musik nicht denkbar. Alle dort wie auch in der weltlichen Kunstmusik der Osmanen verwendeten Modi, die man dastgah nannte, entstammen der persischen Musiklehre. Über die Musik der Osmanen drang diese Art des Komponierens und Musizierens bis weit auf den Balkan vor, so dass auch die Musik der dort lebenden Völker von ihr zumindest beeinflusst wurde. Man hört ihr das noch heute an, in Albanien, Mazedonien, Serbien, Rumänien usw.

Zu den größten Erforschern der osmanischen Musik gehört Dimitrie Cantemir (türkisch Kandemiroglu, 1673–1723), Hospodar der Wallachei, der als junger Mann viele Jahre am Sultanshof zu Istanbul/Konstantinopel als politisches „Faustpfand" lebte und dabei Gelegenheit fand, die osmanische Sprache zu lernen und die Kultur der Osmanen von Grund auf zu studieren. Aus der Feder Cantemirs, der später aus dem Reich der Osmanen flüchtete und sich zu deren Erzfeind, dem russischen Zaren begab, stammt auch die erste Geschichte des Osmanischen Reiches. Cantemir, selbst ausübender Musiker und Komponist, überlieferte die osmanische Musik, ihr Instrumentarium, aber auch deren Melodien und Modi. Das reichte von der Militärmusik bis zur höfischen „Unterhaltungsmusik".

Die Militärmusik der Osmanen war im Wesentlichen die Musik der Janitscharen, der Elitetruppe des Reiches, die aus der „Knabenlese" (devşirme) unter christlichen Knaben rekrutiert wurde. Die Märsche der Janitscharen wurden mit Schlagwerk (Pauken und Trommeln) sowie der Zurna gespielt, einem Blasinstrument mit aufreizend näselndem, ekstatischem Timbre. Hinzu kam eine Art Schellenbaum, dessen Verwendung irgendwann auf europäische Militärkapellen abfärbte. Die Janitscharen-Musik verfolgte zwei Zwecke: Einmal sollte sie das eigene Heer anfeuern, die Kampfbereitschaft wecken; andererseits sollte sie auf den Feind eine einschüchternde Wirkung ausüben: Furcht und Zittern. Heute werden diese Klänge in der Türkei bei offiziellen Anlässen von der historischen Mehter Marşi Takimi vorgetragen, wobei die Musiker in die Uniformen und Kostüme der damaligen Zeit gekleidet sind.

Interessant ist es zu wissen, dass gerade die Janitscharen-Musik unsere großen Komponisten in Europa beeinflusst hat: Haydn, Mozart und auch Beethoven. Zu ihrer Zeit stellten die Türken keine wirkliche Gefahr mehr dar, so dass man es sich leisten konnte, türkische Stoffe für die Opera buffa zu komponieren, wie das in der Epoche zwischen Mozart und Rossini, ja aber auch schon vorher der Fall war. Und Beethoven ließ sich für seine „Ruinen von Athen" eine Derwisch-Musik einfallen, die zwar mit den Klängen der Mevlevi keine Ähnlichkeit hat, aber immerhin Anleihen bei der orientalischen Chromatik machte. Das christliche Europa war auf dem Weg zu westöstlichen Klängen, eine Entwicklung, die vor zweihundert Jahren und mehr begann, jedoch immer noch am Anfang steht.

Umgekehrt ist das nicht ganz so. Wer weiß schon, dass Giuseppe Donizetti, der Bruder des Opernkomponisten Gaetano Donizetti (1797–1848), bereits in den vierziger Jahren des 19. Jahrhunderts von Sultan Abdülmecit II. (1839–1861) nach Konstantinopel gerufen wurde, um dort die westliche Musik zu pflegen? Donizetti, der sich zuvor in Italien hauptsächlich als Militärmusiker hervorgetan hatte, avancierte zum Chef der großherrlichen Kapelle des Sultans und Padischah, die bei festlichen Gelegenheiten zu musizieren hatte. Donizetti komponierte sogar, zusammen mit Franz Liszt (1811–1886), eine Art Sultans-Hymne für solche Anlässe und seine Kapelle, die auch westliche Musik vortrug, wurde zur Keimzelle des späteren staatlichen Symphonieorchesters der Türkei, das in Ankara zuhause ist und heute sogar einen recht guten Ruf genießt. Die Oper, eine Musikgattung, die im Orient völlig neu war, für die sich jedoch schon der frankophile Sultan Selim III. (1789–1808) interessiert hatte, erreichte mit Donizettis Wirken endgültig das Osmanische Reich. Wer Romane aus spätosmanischer Zeit liest, etwa das Werk „Aşk-i memnu" (Verbotene Liebe) von Halit Ziya Uşkaligil (1866–1945), erfährt, dass die osmanische Oberschicht in der Spätzeit des Imperiums ihren Kindern ebenso Klavierunterricht erteilen ließ, wie das in Europa der Fall war, und dass man in den Salons natürlich Chopin und Czerny spielte.

Dann, in den Jahren nach der Republikgründung, als es darum ging, den Gedanken einer türkischen Nation zu festigen, nahmen viele Abschied von der islamischen Musik der alten Zeit und studierten die türkische Volksmusik, bis hinein nach Mittelasien. Verstärkt und bewusst forciert wurde das Studium der europäischen Musik, in der jungen Hauptstadt Ankara wurde ein Opernhaus errichtet, das Konservatorium in Istanbul, letztlich auf Donizetti zurückgehend, wurde ausgebaut. Istanbul und Ankara blieben die Zentren der Musikausbildung. Im „Dritten Reich", als die kemalistische Türkei zahlreiche verfolgte Intellektuelle und Künstler aus Deutschland aufnahm und ihnen ein sicheres Exil bot, kam auch der Komponist Paul Hindemith (1895–1963) vorübergehend an den Bosporus. In Ankara gab er sein musikalisches Wissen an die türkischen Studenten weiter.

Zu den dem Islam eigentümlichen Werken, die von einem Sänger vorgetragen werden, gehört in der Türkei das berühmte „Mevlid-i şerif" aus der Feder von Süleyman Çelebi (1351–1422), einem religiösen Poeten. Diese Dichtung aus frühosmanischer Zeit, ein längeres Mesnevi in Paarreimen, thematisiert die Geburt des Propheten Mohammed und seine Einzigartigkeit unter den übrigen Propheten. Das Werk wird besonders zu Mevlut, das heißt am Geburtsfest Mohammeds, von einem Sänger öffentlich vorgetragen; man kann jedoch bei einem Sänger eine Aufführung auch aus einem privaten Anlass bestellen, der freilich ein religiöser sein muss. Solche gegebenenfalls auch melodiös vorgetragenen Propheten-Epen sind aus fast allen Gegenden der islamischen Welt überliefert; ihr Inhalt stützt sich zumeist auf die klassische „Lebensbeschreibung des Gesandten Gottes" (sirat rasul Allah) von Ibn Ishaq, in der Fassung von Ibn Hischam aus dem 8. Jahrhundert.

Eine reichhaltige Musiktradition haben auch die Aleviten, die türkischen Verehrer Alis, die man als „Schiiten ohne Scharia" charakterisiert hat. Gesang und Instrumentalmusik spielen in ihren Ritualen eine wichtige Rolle. Sie kennen keine Moscheen, sondern es sind Gemeindehäuser (cem evleri), in denen sie zusammenkommen, um zu beten und religiöse Hymnen zu singen. Diese Gesänge werden auf der Bağlama begleitet, einer türkischen Langhalslaute. Solche religiöse „Volksmusik" ist wieder sehr populär geworden und wird unter den Aleviten auch in der Diaspora gepflegt. Daher wurde schon festgestellt, dass die religiöse Wiedergeburt dieser heterodoxen Islam-Gemeinschaft, der türkischen Verehrer Alis, zu weiten Teilen mit einer Wiederbelebung der alevitischen Musik zusammenhängt. In der Türkei machen die Aleviten etwa zwanzig Prozent der Bevölkerung aus; sie lehnen das Scharia-Gesetz ab und befolgen eigene Gebräuche und Rituale, die in spezifisch türkischen und turkmenischen Traditionen ihren Ursprung haben – bis hin zur Verwendung des Türkischen als Ritualsprache anstelle des Arabischen, das bei der sunnitischen Mehrheit üblich ist. Das kosmisch-pantheistische Weltbild der Aleviten, das auf Haci Bektaş Veli im 13. Jahrhundert zurückgeht, ist von großen Dichtern gestaltet worden, wie Yunus Emre im 14. Jahrhundert oder Pir Sultan Abdal im 16. Jahrhundert, deren Dichtkunst beim Ritual des ayn-i cem vorgetragen wird.

Bis heute gibt es einen Antagonismus von europäischer, westlicher und orientalischer, islamischer Musik. In der Regel empfindet der Durchschnitts-Westler die Musik islamischer Orchester und Sänger als „eintöniges Gedudel", und umgekehrt ist es in der islamischen Welt nur eine mehr oder weniger kleine elitäre Minderheit, die europäische klassische Musik regelmäßig hört und schätzt. In der Regel ist lediglich die stark verwestlichte und verweltlichte Oberschicht dafür empfänglich. Viel weniger allerdings gilt das für die westliche Pop-Musik, die in den meisten islamischen Ländern längst zahlreiche Nachahmer findet. Türkischer Pop, wie ihn die Sängerin Sezen Aksu pflegt, ist auch bei uns mittlerweile ein Begriff. Überhaupt befindet sich die Türkei auf diesem Feld in einer Vorreiterrolle; sie hat auch in den vergangenen Jahrzehnten zahlreiche Virtuosen der klassischen westlichen Musik hervorgebracht, die zu internationalem Ruhm gelangt sind – Pianisten hauptsächlich, wie Fazil Say, Güher und Süher Pekinel oder Gülsan Onay. All diese Musiker sind damit beschäftigt, ästhetische Barrieren zwischen Okzident und Orient einzureißen.

Will man die Tonalität orientalischer Musik, speziell der Kunstmusik, charakterisieren, so kann man das vielleicht mit dem Begriff einer „Super-Chromatik" tun. Der Osten komponiert mit Halb- und Vierteltönen, die Intervalle sind sogar noch stärker gegliedert. Diese differenzierte Tonsprache erzeugt beim Hörer den stark lamentierenden, klagenden Eindruck, der vielen Westlern so fremd ist. Man hört die kleinen chromatischen Tonschritte schon im „adhan" oder „ezan", dem täglichen Gebetsruf des Muezzin vom Minarett, heute meistens über Lautsprecher vorgetragen. Die fein ziselierten Klänge der orientalischen Modi (makam) erfordern vom Hörer große Aufmerksamkeit, jeder makam steht für eine ihm eigentümliche Stimmungs- und Seelenlage, zwischen tragisch-kontemplativ einerseits und ekstatisch-abgehoben andererseits. Und die fein abgestimmten Tonsequenzen ähneln – auch wegen ihrer ständigen Wiederholungen – den Reimarten der höfischen Dichtung. Dies verleiht der Musik etwas Objektives, man muss schon ein großer Kenner etwa der osmanischen Kunstmusik sein, um herauszufinden, von welchem Komponisten ein bestimmtes Stück geschaffen worden ist. Schöpferischer Individualismus in Musik wie Poesie ist ein Ergebnis des Zusammenpralls mit der westlichen Moderne und war der islamischen Kunst lange unbekannt.

Inzwischen hat die Türkei eine ganze Reihe führender Komponisten hervorgebracht, deren bekanntester wohl Ahmet Adnan Saygun (1907–1991) ist. In Werken wie dem „Yunus Emre Oratorium" und anderen hat er versucht, so etwas wie eine türkische Nationalmusik zu kreieren. Sein Werkverzeichnis umfasst 75 Kompositionen. Ulvi Kemal Erkin (1906–1972) und Cemal Reşit Rey (1904–1985) sind zwei andere bedeutende Komponisten des vorigen Jahrhunderts, deren Werke auch außerhalb der Türkei mit großem Interesse aufgenommen wurden.

Als traditionell islamische Musik kann in der Türkei und in mit ihr ethnisch wie sprachlich verwandten Ländern und Regionen hingegen jene Volksmusik bezeichnet werden, die von den Saz-Spielern vorgetragen wird und sich großer Beliebtheit erfreut. Die Saz ist eine große türkische Langhals-Laute, zu deren Klang man Verse in der Volkssprache singt, Verse, die teilweise Volksliedcharakter angenommen haben. In Mittelasien, etwa unter Kasachen oder Turkmenen, heißt dieses Instrument Kopuz. Die Texte dieser Volksmusik wurzeln in der Mystik, freilich in einer volksnäheren Variante als bei den Mevlevis, die sprachlich wie musikalisch einen ausgesprochen aristokratischen Kunststil pflegten. Sie ist mit den Bektaşi-Lehren verknüpft, die ihrerseits mit dem weiter oben schon erwähnten Alevitentum (alevilik) verbunden sind. Der 1985 verstorbene Ruhi Su interpretierte diese Musik in ganz besonderer Weise und wurde deshalb auch außerhalb der Türkei bekannt. Der bekannteste zeitgenössische Interpret ist Zülfü Livaneli, der außerdem als Schriftsteller hervorgetreten ist.

Bei den Massen ungeheuer beliebt ist indessen die Arabesk-Musik, die man – von der musikalischen Seite ebenso wie von der textlichen – als eine Verflachung und Trivialisierung der beiden zuvor erwähnten Musiktraditionen ansehen kann. Aus den strengen Tonfolgen und Melodien der Makam sind eingängige Schnulzen geworden, aus den metaphysisch-kontingenten Texten der großen Liebesmystiker „normale" Herz-Schmerz-Songs. Die großen Stars dieser Musik, etwa Ibrahim Tatlises, genießen einen Ruf und Ruhm ähnlich dem unserer prominentesten Schlagersänger. Elemente der Kunstmusik und der Arabesk-Weisen finden seit etlichen Jahren auch schon in der ansonsten westlich inspirierten Pop- und Rockmusik der Türkei zusammen. Auf diesem

Feld des Musikalischen ist die Synthese aus orientalisch-islamischen und westlichen Elementen am augenfälligsten.

Das ist auch der Grund, warum wir die Türkei so stark ins Zentrum unserer Betrachtungen über die Welt der Musik gestellt haben. Indessen hallt natürlich auch die übrige islamische Welt seit vielen Jahrhunderten von Musik wider. Zwischen dem Hohen Atlas und dem Indus wurde Hofmusik ebenso gepflegt wie populäre, häufig vom Sufismus angeregte Musik, sei es instrumental, sei es mit Gesang. Die arabo-persische Grundlage der islamischen Musik verbreitete sich im gesamten Kulturraum des Islam, wie auch die Muster der Liebesdichtung und die transzendenten Inhalte des Sufismus. Lokale Musiktraditionen, etwa die der Berber in Nordafrika oder der Stämme am Hindukusch und im Pandschab, flossen in den Hauptstrom ein. Ähnliches gilt für das Instrumentarium, das man verwendete, vom Schlagwerk (tanbur, darabuka) angefangen bis zu Zupfinstrumenten (kanun, eine Art Zimbal oder Zither) und Streichinstrumenten (keman, rebab, Violine). Abwandlungen dieser Instrumente sind überall in Gebrauch.

In die arabischen Länder drangen, ebenso wie in Indien, genauer: auf den Indischen Subkontinent, westliche Musikformen ein, als sich die imperialen Mächte dort festsetzten. In Ägypten war das mit der Invasion Bonapartes 1798 der Fall. Im Zusammenhang mit der autoritären, rapiden Modernisierung, die Mohammed Ali und seine Nachfolger im 19. Jahrhundert betrieben, kam das Land am Nil auch mit europäischer Musik in Berührung. Schon der Suez-Kanal sollte, wie bekannt, mit Giuseppe Verdis „Aida" eingeweiht werden. Der Khedive (Vizekönig) Ismail Pascha hatte dafür den Auftrag erteilt, doch wurde die Oper nicht fertig. Derselbe Ismail war es, der mitten in Kairo das erste Opernhaus errichten ließ, im Stil der Gründerzeit, wie fast die gesamte moderne City Kairos. Dieses Opernhaus stand übrigens bis zum Jahre 1971, als es ein Raub der Flammen wurde. Doch die Kairoer Oberschicht wolle, schon aus Prestigegründen, nicht auf eine Oper verzichten und ließ auf der Nilinsel Gezira ein neues, kuppelgekröntes Haus errichten, dessen Architekt ein Japaner war. Ismail gab somit den Anstoß zur Beschäftigung der Ägypter mit europäischer Musik.

Wirklich populär geworden ist unsere Klassik dort nicht, auch wenn es längst einheimische Musiker gibt, die europäische Werke aufführen. Auch die Oper ist immer noch eine Angelegenheit für die oberen Zehntausend und für offizielle Repräsentanz. Die Masse der Ägypter – wie der übrigen Araber – lauscht lieber den Klängen volkstümlicher arabischer Musik. Da ist Ägypten, zusammen mit dem Libanon, führend. Die bedeutenden Sängerinnen und Sänger dieses Genres sind mittlerweile entweder tot, wie Mohammed Abdel Wahhab, oder in die Jahre gekommen und der Nachwuchs streitet um die Plätze. Jahrzehntelang beherrschten die „libanesische Nachtigall“ Fairuz, eine Christin, die Algerierin Warda oder Sabah, ebenfalls aus dem Libanon, die Bühnen und Studios – um nur die bekanntesten zu nennen. Ihre Lieder beruhen auf der orientalischen Harmonie-Auffassung, doch zu den traditionellen Instrumenten kommen moderne, etwa die Hammond-Orgel, und Geigen hinzu.

Eine absolute Ausnahmeerscheinung, deren Ruf als Sängerin die Zeiten überdauern wird, war Umm Kulthum, bisweilen auch Kalsum geschrieben, eine Ägypterin, die 1975 starb und ein Begräbnis erhielt, das einem großen Staatsmann zur Ehre gereicht hätte. Sie trug den Beinamen „Kaukab al scharq – Stern des Ostens“. Ihre Arien, die teilweise bis zu eineinhalb Stunden dauerten, rissen die Zuhörer zu frenetischen Beifallsstürmen hin. Mit ihrer sonoren, ziemlich tiefen Stimme, die vor erotischer Spannung vibrierte, sang sie meistens von vergeblicher oder vergangener Liebe, von Sehnsucht nach einer Erfüllung, die verweigert wurde oder tragisch endete. Grundlage dieser Texte war die klassische arabische Liebesdichtung, ihre Metaphern und ihre Topoi. Des Lebens Vergänglichkeit und Flüchtigkeit gehörte ebenso zu den Themen der Arien Umm Kulthums. Insbesondere die ältere Generation hält diese Lieder lebendig, und der Ruhm der Sängerin reichte weit über Ägypten hinaus sogar bis in die Türkei, wo man sie gelegentlich mit der berühmten Sängerin Muazzez Abaci verglich. Umm Kulthum hieß übrigens auch eine der Töchter des Propheten Mohammed.

Natürlich hat auch in Ägypten die zeitgenössische Popmusik längst Einzug gehalten und im Zeitalter elektronsicher Instrumente und des Computers macht man Versuche mit allen möglichen Stilmischungen und Sounds.

In den Maghreb-Ländern entstand gegen Ende des 20. Jahrhunderts eine neue Musikgattung, die den Namen Ra'i trägt. Das arabische Wort bedeutet eigentlich „Meinung“, „Ratschlag“. Ursprung des Ra'i ist die westalgerische Stadt Oran, heute strahlt dieses Genre jedoch in die gesamte arabische Welt aus, ja bis hinein in die arabische Diaspora. Auf unsere Kultur übertragen könnte man diese Musik – cum grano salis – mit dem Rap vergleichen. Es ist eine Unterschichten-Musik, in der der „kleine Mann“ Klage führt über den Lauf der Welt. Vorläufer des Pop Ra'i sind die Medahates, Frauenorchester, die vor dem Zweiten Weltkrieg bei Familienfeierlichkeiten spielten, aber auch in

Bordellen und Nachtlokalen. Es waren im Grunde stark politisierte Lieder, die von Vorsängerinnen intoniert wurden. Die Geburtsstadt von Albert Camus (1920–1961) wurde in jenen Jahren zwischen 1920 und 1940 von einer großen Liberalität geprägt, die sich die Sängerinnen zunutze machten – was ihrem Ruf in streng religiösen Kreisen naturgemäß abträglich war. Seit etwa 1980 nun griffen die Erfinder des Ra'i auf diese Tradition einer im ärmeren städtischen Volk verwurzelten Art des musikalischen Vortrags zurück und gaben ihr ein anderes Timbre, wohl nicht unbeeinflusst von westlichen Strömungen der Jugendkultur. Ra'i wird natürlich in Paris und London ebenso gehört und hat auch Liebhaber unter Europäern gefunden.

Was die Muslime in Asien anbelangt, so verfügen neben dem Iran und Aserbaidschan vor allem Afghanistan und Pakistan über eine reichhaltige Musikkultur. Auch dort ist es den Frömmlern niemals gelungen, die Lust an Gesang und Instrumenten-Spiel oder auch am Tanz auszurotten, im Gegenteil. Neben weltlichen Weisen und Liedern spielt auch in dieser Region des Islam der Sufismus eine zentrale Rolle, der insoweit wieder seinem Ruf gerecht wird, liberal und tolerant zu sein.

Der Orientalist und Ethnologe Wasim Frembgen, der sich wie kaum ein anderer in der pakistanischen Volksfrömmigkeit auskennt, hat die Musikpraxis der pakistanischen Sufis oft an Ort und Stelle studiert und darüber Aufzeichnungen verfasst. Zum Beispiel am Schrein des Roten Sufis, wie der berühmte mystische heilige Qalandar-Derwisch Lal Schahbaz von seinen Glaubensbrüdern genannt wird. Diese Schreine sind insgesamt Zentren einer Volksfrömmigkeit, deren Ausprägungen eklatant gegen das im Scharia-Islam Erlaubte verstoßen. Im Schatten der Schreine tummeln sich nicht nur die Musikanten aller Gattungen, sondern alle outcasts der islamischen Mehrheitsgesellschaft, von den Huren bis zu den Hidschras, den Transvestiten, deren Platz sonst eher das Abseits ist.

Der Sufismus ist die Keimzelle vieler Künste im Islam gewesen, nicht nur der Dichtung, der Kalligraphie und Architektur, sondern eben auch der Musik. In früheren Jahrhunderten schrieb man der Musik der Sufis auch eine therapeutische Wirkung zu. Ich selbst habe in Aleppo, in Syrien, ein mittelalterliches Bimaristan (Krankenhaus) besucht, das Hospital Nuri, in dem die seelisch Kranken nicht nur mit Medikamenten und Wasserspielen behandelt wurden, sondern auch durch schöne Melodien von ihrer Depression geheilt werden sollten.

Darüber hinaus hat die alltägliche Arbeit die Menschen dazu veranlasst, sich ihr Tagwerk durch Gesänge zu verschönern, seien das die Fischer an den Ufern des Indus oder die Fellachen, die, begleitet von Trommeln, in Oberägypten ihren Stocktanz aufführen. Die Berber im Hohen Atlas pflegen ihre rauen Gesänge ebenso wie die muslimischen Fischer Pakistans im Delta des Indus-Flusses oder die Bauern beim Pflügen.

Die Welt der Musiker, so schein mir, ist zu allen Zeiten flexibler gewesen als andere Welten, die der Mensch kulturell ausgestaltet. Wobei wirklich tiefgreifende Grenzüberschreitungen, trotz gelegentlicher Vorläufer, über die man viel zu wenig weiß, erst heute möglich geworden sind, dank der Globalisierung und der modernen Medien und Tonträger. Man hat oft davon gesprochen, die Musik verbinde – mehr als anderes – die Menschen, die Individuen und die Völker. Oft ist das wohl Wunschdenken, denn auch die Gegenbeispiele sind schnell zur Hand. Doch die zunächst so flüchtige Welt der (unterschiedlichsten) Töne und Weisen erschließt sich eben doch leichter als etwa die Dichtung der Völker und Kulturen, die zur Rezeption des geschriebenen Wortes enormer Sprachkenntnisse oder wenigstes der Übersetzungen bedürfen – im Orient wie im Okzident. Musik aber sollte, wie Ludwig van Beethoven (1770–1827) es einmal ausdrückte, von Herzen kommen und zu Herzen gehen.

Die Welt der Formen: Was die islamische Welt als solche erkennbar macht

Westliche Formen gibt es schon viele in der islamischen Welt. Das reicht von den Lebensformen der Muslime, die sich in den vergangenen hundertfünfzig Jahren trotz aller beharrenden Kräfte doch verändert haben und sich durch die Globalisierung weiter verändern werden, über die Kleidung bis hin zu den Städten, den Metropolen, das heißt bis hin zu moderner Architektur und verkehrstechnischer wie ökonomischer Infrastruktur. Umgekehrt hat es den Einfluss orientalischer Formen auf den Westen auch immer wieder einmal gegeben, etwa die Chinoiserien im Zeitalter eines Leibniz oder die Ägyptomanie im beginnenden und ausgehenden 19. Jahrhundert; und manch einer der europäischen Herrscher ließ sich sogar einen maurischen Pavillon in seinem Park errichten. Doch waren dies Randerscheinungen, Modetrends der oberen Zehntausend, Kuriositäten, die jedoch das Antlitz der modernen westlichen Zivilisation, ihr Groß-Design, nicht grundlegend verändert haben.

Im Orient sieht das hingegen ganz anders aus. Hier war der Einfluss des Westens ungleich größer. Er verwandelte das Bild der Städte, wie man an Teheran, Kairo, Algier, Casablanca – um nur diese Metropolen der islamischen Welt zu nennen – sehen kann. Während Istanbul/Konstantionpel durchaus noch als islamische Stadt zu erkennen ist, käme bei Teheran niemand auf diese Idee, jedenfalls nicht beim ersten oder zweiten Eindruck. Erst ein tieferes Eindringen in den Kern der Stadt und ein näheres Kennenlernen ihrer Bewohner belehren den Fremden darüber, dass hier islamisches Territorium ist. Eine Stadt wie Kairo tritt dem Besucher zunächst ebenfalls modern entgegen, die zeitgenössischen, westlichen Bauformen umgeben allerdings einen alten islamischen (Stadt-)Kern, der tausend Jahre und mehr zurückreicht – Alt-Kairo sowie die Stadt der Fatimiden und Mamluken, die diesem städtischen Zentrum doch noch eine islamische – im weitesten Sinne historische – Form geben.

Was aber soll in diesem Zusammenhang eigentlich unter „Form“ verstanden werden? Wir meinen damit jenes große Design, das diese Kultur von den übrigen Kulturen und deren Design signifikant abhebt, das in Kunst, Kultur und Alltag ihre Eigenständigkeit und Andersartigkeit ausweist – das charakteristisch Islamische also. Jenseits der zwangsläufigen Konkretheit des menschlichen Alltags, die auf dem gesamten Globus im Großen und Ganzen dieselben materiellen Bedürfnisse zu befriedigen hat, zeichnet sich das große Design des Islam, jene Formensprache, die ihn unverwechselbar und damit auch unterscheidbar macht, durch zwei besonders charakteristische Züge aus: das Streben nach *Abstraktion* einerseits und nach *Vergeistigung* der Materie andererseits. Beide sind am augenfälligsten in der religiösen Grundlage dieser Kultur zu fassen, in Theologie und gelebter Orthopraxie mit ihren „materiellen“, formalen Bedürfnissen in Gebet und übrigem Ritus. Von dort aus hat das große Design der islamischen Kultur jedoch in den Alltag ausgestrahlt und tut es bis heute. Auch alltägliche Gegenstände, die in unseren Breiten eine der bloßen Nützlichkeit abgeschaute Form haben oder allenfalls eine weltliche Ästhetik ausdrücken, gehorchen im Islam auch (noch) anderen Kriterien.

Wie stark diese Tendenz beispielsweise bei den Islamisten ist, zeigt eine Episode aus den Anfangstagen der islamischen Republik Iran, als Revolutionsführer Ajatollah Ruhollah Chomeini (1902–1989) nach seiner Machtübernahme 1979 sogar allen Ernstes über die Frage diskutieren ließ, ob aus den Ministerien und Ämtern nicht Tische und Stühle verbannt werden sollten, denn diese seien „formha-ye gharbi“ (westliche Formen). Dazu kam es dann doch nicht, aber allein das Ansinnen zeigt, wie dezidiert zumindest manche muslimische Kreise auf der Eigenständigkeit ihrer Kultur und ihrer formalen Erscheinungsformen bis in den Alltag hinein beharren können. Dabei hatte schon der osmanische Sultan Mahmud II. (1808–1839), ein bedeutender Reformer, kein Hehl gemacht aus seiner Meinung, dass er lieber auf Stühlen als auf Sitzkissen und „Ottomanen“ sitze. Demgemäß hatte er die Einrichtung im Topkapi Serail zu Istanbul verändert und seine Nachfolger bevorzugten dann ganz und gar westliche Formen, als sie Paläste wie das Dolmabahçe Serail und andere Bauten zu Istanbul errichten ließen.

Trotz aller Überwölbung durch den Westen, die früher ein Resultat des Kolonialismus war, heute jedoch vornehmlich der scheinbar unaufhaltsamen Globalisierung geschuldet ist, kann der Islam bis heute als eine Kultur verstanden werden, die in ihren künstlerischen Äußerungen bestrebt ist, das Materielle zu vergeistigen, zu verflüssigen, Grob-Stoffliches in Fein-Stoffliches überzuführen. Dies prägt seine Kunst von den Moscheen angefangen bis hin zu Alltagsgegenständen. Unsere westliche Kultur dagegen nimmt seit dem 19. Jahrhundert den entgegengesetzten Weg: Sie *materialisiert* das Geistige. Der augenblickliche Endpunkt dieser Tendenz ist die moderne Hirnforschung, die – obgleich unendlich subtiler als zuvor – im Geistigen ein im Grunde schattenhaftes Produkt der Gehirnmaterie, ein bloßes Epiphänomen sieht (Frage: Warum gibt es diesen Schatten überhaupt?). Die altmodische Seele ist abgeschafft, allenfalls ersetzt durch die „Psyche" – wobei dieses uralte griechische Wort ironischerweise auch nichts anderes als Seele bedeutet. Doch mit jener Menschenseele, von der Sokrates im platonischen Dialog Phaidon spricht oder die das Christentum meint, hat die heutige Psyche nichts mehr zu tun. Wenn man es nicht einfach Materialismus nennt, was heute vorherrscht, dann kann man es etwas vornehmer auch als Realismus und/oder Naturalismus bezeichnen.

In der Anfangszeit der islamischen Kultur verrichteten die Muslime das vorgeschrieben Ritualgebet auf durch Mauern oder Zäune eingehegten Flächen, die teilweise so groß waren, dass auf diesen Arealen Tausende von Betern zusammenkommen konnten. Auch wurde ein besonderer Gebetsplatz (musalla) eingerichtet. Diese ersten, einfachen „Versammlungsplätze", die man Dschami – Ort der Versammlung zum Zwecke des Gebets – nannte, machten freilich schon in omajjadischer Zeit zunehmend den von kleinen, dann großen Kuppeln gekrönten Moscheen Platz, wie wir sie heute kennen. In hochislamischer Zeit werden dann die Kuppel und die Zentralkuppel zum Markenzeichen islamischer Sakralbaukunst schlechthin (Iran, Mittelasien, Türkei, Indien). Dabei ragen die persischen und osmanischen Kuppel-Moscheen besonders hervor, während man in den Maghreb-Ländern die klassischen Kuppel-Moscheen weniger antrifft. Natürlich ist die Kuppel ein Abbild des Himmels, des Jenseits; der obere Teil der Moschee verweist somit auf das Nicht-Irdische.

Nach islamischer Lehre ist Gott nicht nur Schöpfer der Welt, sondern auch ihr Erhalter. Er erhält die Welt in jedem Augenblick ihres Daseins. Dies ist durchaus im Sinne des philosophischen Okkasionalimus gemeint, den auch das neuzeitliche europäische Denken kennt. Göttliche „Gesetze" beherrschten das Universum, deren Erforschung – die Hochblüte der islamischen Kultur beweist es – durchaus nicht immer dem Glauben widersprach, ganz im Gegenteil. Mit wenigen Ausnahmen empfanden sich die großen Naturforscher des Islam in alter Zeit als fromme Muslime und etwas von deren Geist, die Fähigkeit zur Abstraktion und Vergeistigung der Natur, findet sich in den Sakralbauten des Islam, in deren Formen.

Die Kuppel als architektonisches Bauelement ist nicht von den Muslimen erfunden worden. Vorbilder standen in Byzanz und im vorislamischen Iran. Die christliche Hagia Sophia zu Konstantinopel war fast ein Jahrtausend lang der größte Kuppelbau der Menschheit überhaupt. Doch auch das nähergelegene sassanidische Persien kannte Kuppeln. Die türkischen Osmanen wie die verschiedenen Dynastien im Irak und im Iran perfektionierten die Kuppel-Moschee, versahen das Äußere der Kuppel (kubba) mit Gold oder blautürkisfarbenen Kacheln. Das Gold sollte, im Sinne der von uns apostrophierten Vergeistigung, das göttliche *Licht* symbolisieren, das Blau den Himmel. Nur ganz selten tragen Kuppeln im Irak eine andere Farbe. Die osmanischen Großkuppel-Moscheen hingegen sind außen ohne besonderen Farbenschmuck. Dafür nimmt die Ornamentik im Inneren den Bauten alle Erdenschwere.

Weist die Kuppel für sich schon auf den göttlichen Geist und die Transzendenz hin, so verstärken die Minarette den Eindruck des In-die-Höhe-Strebens. Darin gleicht diese Baukunst unseren Kathedralen. Die Baumeister des Islam führten einen Kampf gegen die Schwere, den sie in den besten Exemplaren ihrer Kunst auch gewannen: Gemessen an ihrer Größe wirken Moscheen wie die Selim-Moschee zu Edirne, die Süleymaniye zu Istanbul, die Große Moschee von Isfahan (früher Schah-Moschee genannt), das Tadsch Mahal zu Agra in Indien (das nichts anderes ist als eine Grab-Moschee) ausgesprochen filigran, ihre Kuppeln fast wie schwebend. Für einen europäischen Denker wie Schopenhauer war die Architektur die „bodenständigste" aller Künste, in der die Schwere ihren Ausdruck fand; im Islam versuchte man gerade das zu verändern, allen wichtigen Bauwerken etwas Leichtes, Schwebendes, eben Geistiges zu verleihen. Die Mathematik war im mittelalterlichen Islam eine Sphäre des Wissens und der Erkenntnis, die den Muslimen – ähnlich wie auch die Astronomie – ein Herzensanliegen geworden war. Und die großen Moscheen mit ihrer strengen Form, mit der beeindruckenden Symmetrie und Proportion der einzelnen Teile der Bauwerke künden davon. So wird man – um nur ein Beispiel zu nennen – in der großen Moschee zu Isfahan kaum etwas anderes sehen können als zu Stein gewordene Mathematik und Astronomie, ein Wunderwerk der Abstraktion und Vergeistigung von Materie, das Gott zugewandt ist. Nicht eigentlich eine Moschee, sondern ein Grabmal ist das indische Tadsch Mahal. Bei diesem Bauwerk ist die Tendenz, der Erdenschwere zu entfliehen, besonders sichtbar. Man stelle sich nur einmal die Gesteinsmenge vor, die darin verbaut wurde, und halte sich dann den Gesamteindruck dieses weißen Wunders vor Augen, das aus der Ferne wirkt, als sei es schaumgeboren.

Dass im Islam auch profane Bauwerke in dieser Weise gestaltet werden, hat damit zu tun, dass schon der Begriff „profan" in einer Kultur, die alles sakralisiert (Seyyed Hossein Nasr), unbekannt ist. Erst allmählich dringen säkulare Elemente von Kultur dort ein. So verwundert es auch nicht, dass etwa die Alhambra in Granada, eine Burg, ein Herrschersitz, demselben Design gehorcht wie die großen Moscheen, das heißt, dass auch hier das Bestreben nach einem „Entschweren“ der Materie und nach Durchgeistigung ihrer materiellen Präsenz und ihres vordergründigen Zwecks erkennbar ist. Am vollkommensten zeugen davon der Löwenhof und der Myrtenhof, deren verbaute steinerne Masse unter den Händen der islamischen Baumeister geradezu filigrane Formen annahm.

Das Geheimnis dieses „Entschwerens“ in der Baukunst liegt nicht zuletzt in den besonderen Formen islamischer Ornamentik. Ihr Urtyp ist die Arabeske, deren spezifisch islamische Ausprägung kein Geringerer als Ernst Kühnel (1882–1964), der berühmte Berliner Islamwissenschaftler und Kunsthistoriker, behandelt hat. Als entweder floraler oder geometrischer Zierrat prägt sie die islamische Kunst zwischen dem Maghreb und dem Osten bis heute; das gesamte Kunsthandwerk lebt davon. Die Arabeske nimmt steinerne Gestalt an oder sie ziert das Kachelwerk, mit dem sakrale und profane Bauten geschmückt werden. Das reicht von den azulejos aus dem andalusisch-spanischen Raum mit ihren geometrischen Motiven über die osmanischen Kacheln aus Iznik und Kütahya bis zu den Kacheln der persischen und zentralasiatischen Moscheen und Türben (Mausoleen). Wer empfände nicht den grandiosen Eindruck einer Leichtigkeit des Seins im Innern der berühmten Blauen Moschee zu Istanbul, der nicht zuletzt daher rührt, dass die Arabesken-Muster die großen, steinernen Flächen so sehr strukturieren und teilen, dass der Blick ihr Ausmaß und ihre Wucht gar nicht mehr wahrnimmt und die Seele sie nicht als monumental empfindet. Die Arabeske teilt die Materie – am perfektesten bei den geometrischen Mustern – und lässt das Geistige hindurchscheinen. Man könnte daran denken, dass die Baumeister solcher Meisterwerke wie der Alhambra unbewusst das verwirklichten, was die frühen islamischen Denker, die mutakallimun, über die Materie dachten, nämlich dass sie aus Atomen zusammengesetzt ist, die der göttliche Geist zusammenhält. Freilich waren dies spirituelle Atome, nicht jene des Demokrit und Leukipp. Die spätere Ontologie islamischer Theologen und Denker wie al-Ghazali (gest. 1111) fußte stark auf atomistischen Vorstellungen; Gott ist es, der auf sozusagen okkasionalistische Weise die „Naturgesetzlichkeit“ herstellt und garantiert. Die Gesetze sind „Gottes Gewohnheit“.

Was in der Baukunst die Verwendung der Arabeske und ihr verwandter Zierrate war, wurde beim Schreiben die Kalligraphie. Auch wenn es im Islam niemals ein völliges Bilderverbot gegeben hat, so herrschte doch eine merkliche Zurückhaltung bei der Darstellung insbesondere lebender Wesen, wie Mensch und Tier. Dies förderte die Entstehung und Verwendung arabesker Formen sowie der Kalligraphie in der spezifisch islamischen Schriftkultur. Auch hier gilt, dass die Kunst des Schreibens eine Art Gottgedenken (dhikr) war, denn die arabische Sprache und dementsprechend die Schrift hatten ebenfalls sakralen Charakter – und haben ihn bis heute. Die Kalligraphie wurde auf diese Weise eine islamische Kunst par excellence, sie gehört wie kaum eine andere zum großen Design dieser Kultur. Natürlich ist Schrift auch im Islam niemals nur Zier, aber als dekoratives Element spielt sie natürlich ebenfalls eine wichtige Rolle. Dabei wurden arabische Zeichen keineswegs immer mit der Tuschfeder geschrieben, sie finden sich auch auf Kacheln und in Stein gemeißelt – und das in mannigfachen Formen der Buchstabengestaltung.

Als Beispiel mag wiederum die Alhambra dienen. „Es gibt keinen Sieger, außer Allah“ – la ghalib illa Allah – steht hundertfach in Stein dort zu lesen. Und natürlich war dies nicht nur als eine Art Glaubensbekenntnis gemeint, sondern auch hier als eine Bekundung der *Göttlichkeit* der Materie. Die in Stein gemeißelten Schriftbänder bringen ebenso die verbaute Masse zum Schweben. Die Kalligraphie war viele Jahrhunderte lang ein besonders geachtetes Handwerk und es macht glücklich zu wissen, dass es sogar in einem Land wie der Türkei, wo man im Jahre 1928 die alte Schrift abgeschafft und durch ein Lateinalphabet ersetzt hat, noch immer Meister der hohen Kunst der Kalligraphie gibt, die sogar noch – oder wieder – Schüler ausbilden. Dort zeigt sich, dass mit der Wiederbelebung und Rehabilitierung des Osmanenreichs das Interesse an der alten Schrift wieder wächst.

Auch in der Schrift und ihren kalligraphierten Formen offenbart sich der Hang des Islam zur Abstraktion. Zunächst ist jede Schrift ja etwas Abstraktes. Sie überträgt Wörter und Sätze (Gedanken) in Zeichen (Buchstaben), so dass der Gedanke jenseits des Sprechens überhaupt kommunikabel wird – durch Lesen oder Hören beim Vorlesen beziehungsweise Rezitieren. Freilich ist die arabische Schrift bis heute mehr als das, sie ist eine Hieroglyphe, ein heiliges Zeichen. Wie die arabische Sprache hat auch die arabische Schrift ihren sakralen Charakter nicht eingebüßt. So ist ihr Schreiben auch eine Art Kontemplation. Wie sehr dies zutrifft, wird schon aus der Tatsache deutlich, dass alle Buchstaben des arabischen Alphabets auch einen Zahlenwert haben, so dass Daten und Datierungen in Texten verschlüsselt enthalten sein können, denen man dies nicht im Geringsten ansieht. Muslimische Dichter haben mit dieser Möglichkeit gearbeitet; und die Hurufi-Sekte verlieh Buchstaben wie Wörtern und Satzfügungen im Arabischen sogar eine mystische Bedeutung.

Bis heute können die arabischen Zeichen in mannigfacher Weise kalligraphiert werden, und zwar im Druck ebenso wie handschriftlich oder natürlich mit der Tuschfeder. Es gibt einen maghrebinischen und einen östlichen Duktus. Als „Grundschrift", die man in Zeitungen und Büchern findet, fungiert die Naschi-Schreibung, die schon als solche recht dekorativ wirkt. Ein gröberer Duktus war das vor allem in der islamischen Frühzeit beliebte Kufi, benannt nach der Stadt Kufa im Irak. Aus dem Kufi seinerseits wurden Varianten entwickelt, die über ein dekoratives Kufi bis zu einem blühenden Kufi reichten. Das blühende Kufi kombiniert die Zeichen der arabischen Schrift mit floralen Zierraten, verbindet Buchstaben mit Arabesken. Nur der Kundige kann die Namen „Allah" und „Muhammad" auf manchen Kacheln lesen, auf denen die beiden Wörter in einem extrem geometrischen Duktus wiedergegeben sind, der den Laien wie ein Muster aus Linien und Vierecken anmutet. Arabische, türkische, vor allem aber persische Kalligraphen waren es, die später äußerst dekorative Schrifttypen wie das Nastalik oder das schwungvolle Schikeste (wörtlich: gebrochen) schufen. Das Schikeste mit seinen – westlich gesprochen – ausladenden Serifen und Schleifen wirkt besonders verspielt und hat die Schönschreiber Persiens, die Munschis, immer wieder gereizt.

Sakralbauten mit Kuppeln, dazu Paläste wie die Alhambra, die besondere dekorative Ornamentik der Arabeske und abstrakter Dekors sowie die Betonung des Schreibens mit seinen zahlreichen Ausfächerungen und Stilen haben wir als besonders hervorstechende Charakteristika des islamischen Groß-Designs dargestellt. Noch unverwechselbarer – und hier nur mit den Türmen christlicher Kirchen und Kathedralen zu vergleichen – ist die Form des Minaretts (manara). Ein Kuppelbau mag auch eine Kirche sein, doch wenn ein Minarett ihn ziert, ist die Zuordnung eindeutig: Wo es Minarette gibt, leben Muslime. Und kaum eine Baulichkeit hat im Laufe der Geschichte des Islam so viele Formen hervorgebracht wie das Minarett. Europäische Autoren haben immer wieder den Vergleich mit dem „Finger" angestellt, der nach „oben" zeige, auf die Transzendenz als Quelle eines vergeistigten Lebens. Nicht ohne Grund wird auch in europäischen Ländern darüber gestritten, ob Minarette – anders als Moscheen – überhaupt errichtet werden sollten.

Dabei musste der allererste Gebetsrufer der jungen Gemeinde, der schwarze ehemalige Sklave Bilal, noch ganz ohne Minarett auskommen. Doch bald wurde das Manara unentbehrlich, wenn sich der Gebetsrufer (mu'adhdhin)

Gehör verschaffen wollte mit seinem adhan (türkisch: ezan). Dass man mit Ernst Kühnel und anderen den Ursprung des Minaretts an vorislamischen „Türmen" festmachen kann, ist nicht ungewöhnlich, sondern zeigt eben die kulturelle Osmose, die es neben der Abgrenzung der einzelnen Kulturen in der Geschichte immer gegeben hat. Örtliche Einflüsse und Überlieferungen haben denn gewiss auch zur Gestaltung der Minarette beigetragen. Ist es etwa Zufall, dass das gigantische Spiralminarett der Großen Moschee von Samarra am Tigris an einen mesopotamischen Zikkurat erinnert? Diese Moschee, eigentlich nur ein riesiges Geviert, in dem Zehntausende Beter Platz fanden, stammt aus jener Zeit, da die Kalifen der Abbassiden ihre Hauptstadt für ein halbes Jahrhundert von Bagdad nach Samarra verlegt hatten. An das Spiralminarett in Samara erinnert auch das der Ibn Tulun-Moschee zu Kairo, das freilich viel kleinere Maße hat. Und natürlich zeigt die Große Moschee der Omajjaden in Damaskus für jeden sichtbar christliche Ursprünge und Einflüsse.

Die drei oder vier Typen von Minaretten, die heute am augenfälligsten sind, sind die maghrebinischen, die mamelukischen, die persischen und die osmanisch-türkischen. Letztere kennt fast jeder, denn sie ragen gelegentlich auch schon in deutschen Städten auf. Es sind jene schlanken, runden, am oberen Ende extrem spitz zulaufenden „Nadeln", die nicht nur die osmanischen Großmoscheen in Istanbul oder Edirne krönen, sondern auch die kleinen Bethäuser, sofern sie unter türkischem Einfluss entstanden sind. Gegenwärtig werden Moscheen mit Minaretten dieses Typs in vielen Teilen der islamischen Welt, wo türkische Baufirmen das Terrain beherrschen, errichtet, so etwa auch in Grozny in Tschetschenien, in Tatarstan, einer Teilrepublik Russlands, und sogar in Beirut, wo der zentrale Platz der Märtyrer heute von einer großen Moschee im neo-osmanischen Stil beherrscht wird. Interessant ist die konservative Beharrungskraft der Türken beim Bau ihrer Moscheen und der dazugehörigen Minarette: Ihr Stil wird bis heute weitgehend ohne Veränderungen beibehalten. So bietet die Große Moschee von Kocatepe in Ankara einen Anblick, als sei sie zur Zeit von Mimar Sinan, dem berühmtesten Baumeister der Osmanen im 16. Jahrhundert, der ohne Zweifel die Hagia Sophia zum Vorbild nahm, entstanden. Dabei ist sie erst wenige Jahrzehnte alt. Und das gilt fast überall, selbst in Deutschland, wo man die Möglichkeit hätte, architektonisch modernere Moscheebauten zu entwerfen und zu verwirklichen. Doch man hält im Großen und Ganzen am überlieferten Baustil fest: Kuppelmoschee mit Nadel-Minaretten, die man ein wenig variiert. Nur wenige Ausnahmen sind bekannt. In der Türkei gibt es höchstens eine Handvoll Moscheen, die modern gestaltet sind, und in der übrigen islamischen Welt ist das nicht viel anders.

Auch in Ägypten, wo der Typus der Mameluken-Moschee sehr verbreitet ist, werden neue Bethäuser oft in diesem „neo-mamlukischen" Stil errichtet und im Maghreb desgleichen. So ist die unter König Hassan II. entstandene riesige Moschee von Casablanca ganz in traditioneller maghrebinischer Manier gehalten, einschließlich des Minaretts, das im Maghreb noch die größte Ähnlichkeit mit einem normalen, viereckigen Turm hat. Diese Form des Minaretts ist zwischen Benghazi in Libyen und Casablanca verbreitet. Man erkennt sie noch in der Giralda von Sevilla, die ihr Gegenstück im Tour Hassan zu Rabat findet.

So zeigt sich im Minarettbau wie auch beim Moscheebau der Islam von seiner konservativen Seite. Daran ändern einzelne von modernen Architekten gestaltete Moscheen, wie etwa in Islamabad in Pakistan, wenig. Ist es zuviel spekuliert, wenn man vermutet, die zeitgenössischen Muslime in der Türkei (wie auch andernorts) empfänden eben das Bergende der Kuppel noch immer als treffendes Element ihres Ruhens im Glauben, zu dem sich die Mehrzahl von ihnen ja auch nach wie vor bekennt? Man muss nicht den radikal antiwestlichen Extremismus eines Ajatollah Chomeini gutheißen, um festzustellen, dass die islamische Religion wie Kultur noch weitaus stärker als die christlich-westliche an ihren Symbolen und Zeichen hängt, die ihr großes Design ausmachen, sie eben dadurch unverwechselbar und kenntlich wirken lässt. Dies ist jedenfalls im größten Teil des dar al Islam der Fall. In Europa und Amerika, so sagt man, seien die Banken- und Finanztürme, die Wolkenkratzer, längst die „modernen Kathedralen", was man durchaus kulturkritisch verstehen kann. Auch in manchen Golfstaaten, wie Dubai oder Qatar, streben diese Türme in die Höhe, aber das islamische Design ist dort noch lange nicht verloren.

Vor allem in der Kunst hat es somit die islamische Kultur, nicht ohne Einfluss ihrer Vorgänger-Kulturen, zu einer durchgängigen Einheit der Formen gebracht, die – trotz lokaler Unterschiede und Eigenheiten – einen eindeutigen Erkennungsreflex möglich macht, selbst bei Gegenständen des Alltags, wie Kästchen zum Aufbewahren von Kostbarkeiten, Teetischchen, Ständern oder Hüllen für Korane, Geschirr aller Art, nicht zu vergessen natürlich die aus dem Iran, aus Anatolien oder Mittelasien stammenden Teppiche. Nicht nur bei den ausgesprochenen Gebetsteppichen (saddschade), sondern auch bei den normalen Nutzteppichen ist das die Materie verflüssigende Design unverkennbar. Geometrische und Blumenmuster dominieren, bisweilen ergänzt durch

Schriftbänder, Verse von Dichtern oder Koranverse, die in das Material eingewoben werden. Der Perserteppich hat sich als dasjenige Produkt des islamischen Designs erwiesen, das es auch im Westen wegen seiner dekorativen Anmutung zu enormer Popularität und Verbreitung gebracht hat.

Bleibt zum Schluss die Mode. Mit ihr betritt man ein besonders heikles Feld, da das Sakrale – anders als in unseren westlichen Ländern – auch hier noch eine beträchtliche Rolle spielt. Eine spezifisch „christlich" definierte Kleidung gab es wohl nie, wohl aber gibt es islamische Sitten sich zu kleiden. Insbesondere bei der weiblichen Bekleidung sticht das heutzutage hervor. Wir wollen hier nicht ein weiteres Mal das vor allem im Westen Anstoß erregende Kopftuch anführen, das eine Art Kompromiss zwischen der Ganzkörper-Verhüllung und westlicher Sitte darstellt. Doch ist in den vergangenen Jahren zu beobachten, dass sich muslimische Designer, etwa in der Türkei, darum bemühen, die von einer nicht geringen Anzahl von Frauen und Mädchen getragenen Kopftücher ausgehend von wechselnden Farben und Mustern phantasievoll zu gestalten. Im größten Teil des dar al Islam hat sich bei den Männern, zumindest der städtischen Bevölkerung, westliche Kleidung durchgesetzt, mit Ausnahme der Arabischen Halbinsel und der Golfregion, wo man noch die Dischdascha und die Keffije trägt, das „männliche Kopftuch", in Nordafrika Gallabija oder Burnus. In der Türkei wurde das Tragen von religiös inspirierter Kleidung in der Öffentlichkeit in der Ära von Kemal Atatürk verboten. In den als besonders „fromm" geltenden Vierteln der türkischen Städte sind freilich Versuche der Männer zu beobachten, sich als Muslime besonders kenntlich zu machen – durch das Tragen von Käppchen und einer Kombination von Hose und Rock, die sich von westlicher Mode unterscheidet. Atatürk war es auch, der neben Misswahlen, die viele schockierten, Modenschauen abhalten ließ. Sein Bemühen jedoch, den Männern den Panama-Hut als verbindliche Kopfbedeckung zu verordnen, scheiterte.

Die Welt der Stämme: Clans, Familien, Konfessionen und ihr Einfluss

Als im Frühjahr 2011 nach dem Erfolg der tunesischen und ägyptischen Revolutionäre auch in Libyen die Arabellion ausbrach, brachten Beobachter sofort die Stämme Tripolitaniens, der Cyrenaika und des Fezzan – der drei Großlandschaften dieses riesigen Landes – ins Spiel. Wenn Gaddafi die Loyalität der meisten Stämme verliere, sei seine Herrschaft bald zu Ende, hieß es. Und man erfuhr, dass es allein in Libyen über hundert Stämme gibt, unterschiedlicher Größe natürlich und deshalb auch von unterschiedlichem Einfluss. Der Stamm Muammar al Gaddafis, die Gaddafa, gilt als nicht besonders einflussreich. Einer der mächtigsten Stämme Libyens sind die Warfallah, nicht zuletzt von ihnen hing es denn auch ab, wie lange sich der Diktator noch behaupten konnte.

Wieder einmal wurde einer breiteren Öffentlichkeit bewusst, dass in diesem Teil der Welt die Zugehörigkeit zu einem Stamm, zu einem Unterstamm, einem Clan oder Unterclan noch von großer Bedeutung ist. Auch in europäischen Ländern spielt familiäre Herkunft hier und da im politischen und öffentlichen Leben noch eine Rolle, zum größten Teil sind diese Unterschiede in der demokratischen Massengesellschaft jedoch eingeebnet. Zwar sind die Stämme in Nordafrika und Vorderasien längst nicht mehr so mächtig wie noch vor zwei oder drei Generationen, zu vernachlässigen ist ihr Einfluss indes nach wie vor nicht. Schon als die Amerikaner und Briten im Jahre 2003 den irakischen Diktator Saddam Hussein stürzten und vor der Frage standen, wie Mesopotamien, das Land zwischen den beiden Strömen, neu zu ordnen und vor allem zu regieren sei, stießen sie auf die arabischen und kurdischen Stämme, deren Ansprüche zu berücksichtigen waren. Diesen Proporz galt es – neben der Einbeziehung der religiös-konfessionellen Zugehörigkeit – streng auszutarieren. Zwischen dem Hohen Atlas im Westen und den Steppen Mittelasiens im Osten spielt die Zugehörigkeit zu einem Stamm noch immer eine Rolle und ein Teil der Unrast, die den Orient seit Jahrzehnten in Atem hält, beruht zum Beispiel darauf, dass man bei der Entstehung der modernen Nationalstaaten im Orient die Stämme nicht genügend beachtete, ihre Siedlungsgebiete durchschnitt und damit zusätzlichen Unfrieden säte. Das gilt besonders für die „neue Ordnung“, die nach dem Ersten Weltkrieg durch den Versailler Vertrag und die Beschlüsse der Folgekonferenzen geschaffen wurde. Allerdings ist der Einfluss der alten Stammesformationen in den einzelnen Ländern unterschiedlich ausgeprägt; so ist er in Ägypten weitaus schwächer als etwa in der traditionellen Stammesgesellschaft des Jemen oder Afghanistans. Sogar in der teilweise recht modernen Türkei werden die ostanatolischen Gebiete davon noch ein wenig berührt, denn die dort lebenden Kurden wissen in der Regel, welchem Stamm sie zugehören. Außerdem gibt es noch eine gewisse soziale und politische Abhängigkeit von Stammesführern, den Aghas.

Schon babylonische Quellen erwähnen jene Wüstennomaden (al arab), die aus der Ödnis in das Fruchtland einbrachen und in Stämme gegliedert waren. Diese Stämme sind demnach schon viele Jahrtausende alt. Die Araber selbst legen oft noch immer einen großen Wert auf ihre stammesmäßige Herkunft, vor allem auf der Arabischen Halbinsel, wo die meisten von ihnen – bevor das Erdölzeitalter anbrach – noch nomadisierten. Mit ihren Kamelen, Schafen oder Ziegen zogen sie von Weideplatz zu Weideplatz, von Brunnen zu Brunnen, in den schwarzen Zelten lebend, die sie aus den Haaren ihrer Ziegen fertigten. Bis heute hält sich unter den Arabern der Halbinsel die Auffassung, dass jene aus dem Süden, die „Söhne Joktans oder Kahtans“, bevorzugt seien vor den „Söhnen Adnans“, den Arabern im Norden; oder man spricht davon, die Araber des Nordens seien „musta'ariba“, nur arabisiert, aber keine Araber von ursprünglich reinem Geblüt. Das ist nicht frei von Rassismus. Insbesondere in Saudi-Arabien trifft man da bisweilen auf eine Dünkelhaftigkeit, die sich ganz und gar nicht mit den egalitären Lehren des Islam verträgt. Denn der Prophet des Islam verkündete eine Gleichheitsbotschaft.

Auch der Prophet Mohammed selbst entstammte einer Stammesgesellschaft. Sein Stamm waren die Banu Quraisch oder Koraischiten, sein Clan die Banu Haschim, woraus der Begriff „Haschemiten“ entstand. In Medina lebten die Stämme der Aus und der Chazradsch, dazu drei jüdische Stämme. Mohammed gelang es als Politiker geschickt, sich die Loyalität von Stämmen zu sichern, die er für sein Werk benötigte; gegen Stämme, die sich widersetzten, ging er vor. Als er starb, waren ihm alle Stämme der Arabischen Halbinsel zugeneigt, was sich nach seinem Tode jedoch rasch ändern sollte: Die Ridda brach aus, etliche Stämme besannen sich darauf, dass sie den Treueid auf den Propheten persönlich abgelegt hatten, nicht jedoch auf seine Nachfolger. Es kam zu einem Aufstand, den die junge islamische Herrschaft bewältigen musste.

Der egalitären Botschaft des Koran gelang es nicht, das Stammeswesen zu beseitigen. Bis in die heutige Zeit hat es sich erhalten, und dies, obwohl das Beduinentum selbst einen ungeheuren Niedergang erlebt hat. Noch in den zwanziger und dreißiger Jahren des 20. Jahrhunderts konnten Forscher wie der Liebhaber arabischer Pferdezucht Carl Raswan oder Max von Oppenheim (1860–1946), berühmter Orientalist, Diplomat und Ausgräber der Tell Halaf-Kultur Nordsyriens, die lebendige Kultur der arabischen Beduinenstämme an Ort und Stelle studieren. Als Oppenheim 1939 sein umfangreiches Werk über die arabischen Beduinenstämme publizierte, an dem er seit 1919 gearbeitet hatte, glaubte er, deren Kultur auf eine unabsehbare Zeit dokumentiert zu haben; doch schon Jahrzehnte später ist von ihr kaum noch etwas übrig. Kriege, Hungersnöte, die Verlockungen der Zivilisation, von den Regierungen angeregte Programme zur Sesshaftmachung haben dazu geführt, dass nur mehr vergleichsweise wenige „Bedu" völlig frei und ungebunden nomadisierend die Wüsten Nordafrikas und Vorderasiens durchstreifen.

Freilich zeigt sich die noch immer gültige Bedeutung des arabischen Stammeswesens daran, dass man erst vor kurzem das Monumentalwerk Oppenheims ins Arabische übersetzt hat – unter seinem schlichten Titel „al Bedu" (Der Beduine) machte es Furore in der arabischen Welt, wo man es bis dato so gut wie nicht gekannt hatte. Schon sein geographischer Ansatz war für die arabischen Leser neu, denn eigentlich definieren sich die Stämme durch ihre Abstammung von anderen Stämmen und die verschiedenen Verzweigungen und Verästelungen. Oppenheim war als Kulturanthropologe ein Verfechter der Methode des „Mitlebens", so gingen in seine Beschreibungen des beduinischen Wesens jahrelange persönliche Erfahrungen ein, von „Schreibtisch-Gelehrsamkeit" hielt er in diesem Falle nichts. Und die arabische Welt war höchst angetan von Oppenheims Charakterisierungen, die in einer Zeit entstanden waren, die noch keine politische Korrektheit kannte.

Man kann den Sog gut verstehen, den das moderne Leben auf die Wüstennomaden ausübt, denn deren Dasein war zwar frei und stolz, aber mit Mühsal beladen. Das typisch romantische Beduinenleben zwischen wilden Parforcejagden und abendlichen Erzählungen in den schwarzen Zelten ist mehr das Produkt schlechter Reiseliteratur, als dass es jemals der Wirklichkeit entsprochen hätte. Beduinen lebten karg, waren oft dem Hunger ausgesetzt. Die Knappheit an Menschen führte zu Frauenraub unter den Stämmen und Clans. Religiös waren die Beduinen relativ offen, ihre Frauen gingen in der Regel – im Unterschied zur Stadtbevölkerung – unverschleiert. Zusammengehalten wurde die beduinische Ordnung durch die Institution der Blutrache, die Vergeltung übte, aber nicht zu einem wechselseitigen Ausmorden führte. Wie ärmlich das Beduinenleben sein konnte, hat König Abdul Aziz Ibn Saud berichtet, der als Junge mit der ganzen Familie aus der Hauptstadt vertrieben wurde und bei dem Stamm der Murrah Unterschlupf fand, wo man tagelang von Heuschrecken lebte.

Im Gegensatz zu einer weit verbreiteten Meinung war das Leben der arabischen Stämme nicht kulturlos, jedenfalls nicht immer und überall. Dass der Araber stark mit dem Wort und durch das Wort lebe, gehört zu den Beobachtungen, die von Kennern immer wieder betont worden sind. Lange Zeit war denn auch die Dichtung das Elixier der beduinischen Stammeskultur. Sie war so wichtig, dass sich sogar der Prophet Mohammed – obwohl ein Feind der Dichter – mit Hassan Ibn Thabit einen Leib-Poeten hielt, der für ihn werben sollte. Schon in vorislamischer Zeit hatte die Beduinendichtung geblüht, waren die Verse von beduinischen Barden wie Imrul Qais, Antara, Taabatta Scharran, Labid, Nabigha und vielen anderen so berühmt gewesen, dass man sie an der Kaaba in Mekka aufhängte, weshalb man sie als die „Mu'allaqat", die Aufgehängten, bezeichnete. Lange hat diese Beduinendichtung als Vorbild für die klassischen Poeten der Araber gewirkt und sogar im 20. Jahrhundert manche gelehrte Kontroverse angeregt. Sie enthielt einen Kodex spezifisch beduinischer Werte, wie ihn auch Oppenheim in seinen Studien ausgemacht hatte. Es waren und sind archaische Werte, denen ein säkulares und die Unterschiede nivellierendes Europa heute mit Verständnislosigkeit begegnet, die aber ihren Einfluss in der Welt der Stämme – und bisweilen nicht nur dort – bewahrt haben: Tapferkeit, Männlichkeit, Treue und Zuverlässigkeit, Stärke (körperlich und seelisch), aber auch Großzügigkeit und Gastfreundlichkeit. Selbst der Feind des Stammes war, wenn er das Zelt des gegnerischen Scheichs erreicht hatte, dort seines Lebens sicher, solange er sich darin aufhielt. Diese Verhaltensweise legte man sogar gegenüber dem Todfeind an den Tag.

Es sind dies die Tugenden der „Muruwwa", Mannhaftigkeit, und „Futuwwa", edlen Gesinnung und Generosität, die sogar in der Hochblüte der islamischen Kultur Eingang fanden in den Wertekanon mancher islamischer Denker, die sie in ihre Vorstellungen von einer islamischen Ethik aufnahmen. Das gilt sogar für manche Mystiker, die sich mit der sufischen Beschaulichkeit allein nicht begnügen wollten, sonders deren Denk- und Lebensart in praktisches ethisches Verhalten überführen wollten. Auch der Abbasiden-Kalif al Nasir billah, der im 13. Jahrhundert lebte und herrschte, versuchte mit Hilfe einer Wiederbelebung der alten Tugenden den moralischen Verfall des Reiches aufzuhalten, leider vergebens, wie man weiß. Doch im 13. und 14. Jahrhundert griffen selbst in Persien manche mystischen Denker, wie etwa Abd al Razzaq Kaschani, die beduinischen Tugenden auf, um sie gerade in einer Epoche der Bedrohung und der Fremdherrschaft im Volk zu verbreiten.

Es erübrigt sich zu sagen, dass auch die beduinischen Tugenden natürlich nicht immer eingehalten wurden. Das hat diese Ethik mit allen anderen Ethiken gemein. Doch man kann im Umgang mit Beduinen auch heute noch auf diese Regeln und Verhaltensweisen treffen, wenn auch das Stammeswesen dem Zeitgeist Tribut zollen musste.

Gleichwohl gibt es die Stämme bis heute, man kennt sie und ihren Zusammenhang. Selbst der arabische Nationalismus, der nur noch „ein einig Volk" von arabischen Brüdern anerkennen wollte, vermochte das Stammesbewusstsein nicht ganz auszulöschen. So herrschen in den Kleinstaaten am Golf Clans wie die Al Sabah, die Al Khalifa, die Al Thani und andere, die einmal aus der großen Stammesföderation der Anaizah-Beduinen hervorgegangen sind. Im 17. und 18. Jahrhundert hatten sie ihre Weideplätze in Innerarabien aufgrund von Hungersnöten verlassen und waren an die Küste des Persischen Golfs gewandert, wo sie am Ende blieben. In Oman herrschen seit Menschengedenken die Al Bu Said, in den Vereinigten Arabischen Emiraten haben die Al Nahayan die Suzeränität. Im Innern der Halbinsel haben die Al Saud und die Al Raschid generationenlang miteinander rivalisiert, bis die Al Saud am Ende obsiegten. Sie vertrieben auch die Banu Haschim aus Mekka, der heiligen Stadt, die dort seit den Tagen des Propheten beheimatet gewesen waren. Die Haschemiten können bis heute nur deshalb in dem künstlich geschaffenen Königreich Jordanien regieren, weil sie die Loyalität der ostjordanischen Beduinenstämme genießen, der Howeitat und einiger anderer. Auch in Syrien und im Irak, nominell zwei Republiken, haben die Stämme der Rualla und der Schammar noch viel zu sagen. Sogar Israel und Ägypten müssen sich noch um Beduinen und ihre Formationen kümmern; vornehmlich im Negev streifen noch arabische Nomaden umher, denen der Assimilationsdruck freilich ebenso zu schaffen macht wie manche administrativen Maßnahmen der israelischen Regierung, die die Beduinen nicht besonders mag. In Ägypten findet man die Beduinen hauptsächlich auf der wüstenhaften Sinai-Halbinsel sowie östlich des Nils, zwischen dem Fluss und der Küste des Roten Meeres (etwa im Wadi Hamamat). Die Stämme des Sinai haben dort in den vergangenen Jahren immer wieder einmal durch Terroranschläge gegen die touristischen Einrichtungen negativ von sich reden gemacht. Die Hintergründe dieser Aktionen sind freilich bis heute unklar: Es ist möglich, dass einige in den Sog von Al Qaida geraten sind, gefördert durch finanzielle Zuwendungen; doch ist auch nicht ausgeschlossen, dass ihnen der Tourismus einen zu großen Teil ihres Lebensraumes nimmt, so dass sie sich dagegen wehren.

Im übrigen Nordafrika, bis nach Marokko im fernen Westen, muss man zu den arabischen Stämmen auch diejenigen der Berber hinzurechnen; sie bilden ja dort die hamitische Urbevölkerung. Vor tausend Jahren fluteten die arabischen Banu Hilal aus dem Osten in mehreren Wellen in jene Gegenden und veränderten die ethnische Zusammensetzung der Bevölkerung drastisch. Einerseits trugen berberische Stämme wie die Sanhadscha oder Kutama nicht wenig zur Geschichte Nordafrikas bei, andererseits war das Verhältnis zwischen eingesessenen Berbern und Arabern niemals völlig problemlos. Über Libyen und seine Stämme habe ich schon einiges gesagt, sie werden in der Zukunft ein gewichtiges Wort mitzureden haben bei der politischen Neugestaltung ihres Landes. In Tunesien und Algerien sind die Stämme, was auch mit der langen Herrschaft Frankreichs zu tun hat, weniger bedeutsam, doch der Antagonismus zwischen den berberischen Stämmen etwa in der Großen Kabylei mit ihrer Hauptstadt Tizi Ouzou ist bis heute ungelöst. Schwierigkeiten gibt es auch immer wieder einmal mit den Tuareg in der zentralen Sahara, die noch vor drei Generationen mit Recht als die Herren der Wüste gegolten haben, heute jedoch nicht nur Opfer der Zivilisation, sondern auch der Zentralregierung in Algier geworden sind.

Viel stärker stammesmäßig gegliedert ist das scherifische Königreich Marokko. Arabische und berberische Stämme bewohnen das Land zwischen dem Rif-Gebirge im Norden und dem Nordrand der Sahara, der in Marokkos Süden beginnt. In der Vergangenheit haben sich diese Stämme nicht immer gut vertragen, eine starke zentrale Macht, der „makhzen“, musste sie disziplinieren; doch die Rivalität unter den verschiedenen Führern der Stämme, Fürsten wie dem Glaoui im Süden des Landes, dauerten lange Zeit an. Es ist der Vorzug des seit dem 17. Jahrhundert herrschenden Königshauses der Alawi, dass es – als eine von außen gekommene Dynastie – die Stämme zusammenhalten kann, als neutrale Autorität sozusagen. Hinzu kommt, dass der Monarch neben seiner weltlichen Herrschergewalt, die alljährlich durch den Schwur der Bai'a bekräftigt wird, auch über den religiösen Nimbus des „Beherrschers der Gläubigen“ (amir al muminin) verfügt. Niemals würde sich etwa ein Rif-Kabyle von einem Mann aus dem Süden beherrschen lassen und umgekehrt.

Dass neben vielen Arabern und Berbern auch die Kurden in Stammesverbänden lebten und teilweise noch leben, haben wir schon angedeutet. Ihre Stämme wohnen heute nicht mehr in einem einheitlichen Siedlungsraum; ein Teil wurde Opfer der Grenzziehungen nach dem Ersten Weltkrieg, als durch die Eingriffe westlicher Mächte die moderne Staatenwelt geformt wurde. Vor allem die kurdischen Clans haben oft noch das letzte Wort, wenn es um politische Entscheidungen geht. Im Nordirak zum Beispiel regieren und rivalisieren seit vielen Generationen die mächtigen Barzanis mit den Talabanis und anderen großen Familien, deren Einfluss zum Teil über den Irak hinaus bis zu den Kurden im Iran reicht. Ein besonderer Fall sind die Zaza im Osten der Türkei, die man vielfach zu den Kurden rechnet, die sich selbst jedoch und ihre Sprache als etwas ganz Eigenes, Autochthones ansehen.

Im Iran ist der Gegensatz zwischen Zentrale und Stammesfürsten viele Jahrhunderte lang ebenfalls eine Konstante der gesellschaftlichen Verhältnisse wie der Politik gewesen. Nur ein Teil der Stämme nomadisiert noch, doch auch die ansässig gewordenen Bewohner wissen sehr wohl, wer sie sind und was sie bedeuten. Unter den iranischen Völkern des Landes sind die Bachtiaren wohl der einflussreichste Stamm, der zahlreiche Politiker und historische Persönlichkeiten hervorgebracht hat. Halb bachtiarischer Abkunft war zum Beispiel Kaiserin Soraya von Persien, deren Vater ein Fürst der Bachtiaren gewesen war, aber auch Schapur Bachtiar, der letzte amtierende Ministerpräsident des Schahs von Persien. Bedeutend ist im Zentraliran gleichfalls ein türkischer Stamm, die Qaschghai, und im Nordost-Iran, an den Küsten des Kaspischen Meeres, leben mit den Tekke, den Yomut und Sari drei der wichtigsten Turkmenenstämme. Im Südosten des Iran setzen die in Stämme und Clans gegliederten Belutschen das Stammesleben fort. Natürlich gilt dies erst recht für ihre Brüder auf der anderen Seite der Grenze, in Pakistan, wo Belutschistan sogar eine eigene Verwaltungseinheit darstellt. Bei den pakistanischen Völkern sind es vor allem die Paschtunen (von den Engländern häufig Pathanen genannt), die in großen und kleinen Stammesverbänden leben. Angesichts der nun bereits seit dreißig Jahren andauernden Wirren in Afghanistan, in die Pakistan schon lange mehr oder weniger stark verstrickt ist, kommt der Kenntnis darüber besondere Wichtigkeit zu. Paschtunen, die nach vielen Millionen zählen, spielen dabei eine konstitutive Rolle, ohne deren Kenntnis man die Vorgänge dort kaum versteht.

Afghanistan, das wilde Land am steil-zerklüfteten Hindukusch, dem „Berg der Hindutöter", ist bis heute eine geradezu klassische Stammesgesellschaft.

Unter den zahlreichen Völkern des Landes, den Tadschiken, Usbeken, Turkmenen, Hazara, Uiguren, Kasachen und anderen sind die Paschtunen das größte. Seit Festlegung der Durant-Linie im 19. Jahrhundert (dort endete die Macht der Briten, die sich vergebens darum bemühten, die afghanischen Bergstämme zu unterwerfen) zerschneiden Grenzen das Siedlungsgebiet der Paschtunen. Bis heute spielt das eine Rolle, so bekommen weder die pakistanische Armee, falls sie das überhaupt will, noch die westliche Militärallianz in Afghanistan das Grenzgebiet in den Griff. Die Taliban rekrutieren unter den Paschtunen Pakistans immer neue Wellen von Kämpfern, das Reservoir scheint schier unerschöpflich zu sein. Und sie kämpfte erbittert, auch mit Terror, gegen einen Mann, der ebenfalls Paschtune ist: Hamid Karzai, den Staatspräsidenten. In ihren Augen ist er ein „Ungläubiger“ und „Verräter“, den es vom Thron zu stürzen galt. Karzai seinerseits stützte sich natürlich in erster Linie ebenfalls auf Paschtunen sowie auf seine Familie im engeren Sinne.

Schon immer war die Ordnung in Afghanistan von einer starken Zentralinstanz abhängig. Starke Könige, wie vor tausend Jahren Mahmud Ibn Sebüktegin von Ghazna oder zuletzt Ahmad Schah Durrani, hatten das Land einigermaßen unter Kontrolle; doch im Allgemeinen pochten die zahllosen Stämme auf möglichst große Autarkie. Die Gilzai und die Popolzai sind die einflussreichsten unter ihnen. Wie stark die Stammesherrschaft ist, wird u.a. aus der Tatsache deutlich, dass in Afghanistan neben den Institutionen des Staates, auch des modernen Staates, immer die Stammesversammlung der Loya Jirga, eine Zusammenkunft der führenden Notabeln aller Stämme, das letzte Wort hat. Ohne Zustimmung der Loya Jirga stehen Ordnungen auf tönernen Füßen, das gilt selbst für eine demokratisch gewählte Regierung in Kabul. Und neben der staatlichen Gesetzgebung, die in Afghanistan natürlich vom Islam inspiriert ist, gilt noch immer Paschtunwali, das althergebrachte Gesetz der Paschtunen-Stämme, ein Gewohnheitsrecht (adat) mit eigenen Regeln, die dem Leben der Stämme entstammen. Diese Regeln sind teilweise recht archaisch, doch funktionierten sie, bevor die jüngsten Katastrophen das Land heimsuchten, ziemlich gut. Überhaupt lässt sich sagen, dass die Verschärfung des traditionalistischen, bisweilen auch stockkonservativen Islam der Afghanen hin zu den besonders rigiden und abstoßenden Formen der Taliban etwas ist, das auch von vielen Afghanen nicht verstanden wird. Der Islam am Hindukusch mag nicht nur hier und da archaisch und vormodern gewesen sein, aber freudlos war er nicht. Gerade die paschtunischen Männer pflegten ihre Eitelkeit, auch Musik und Gesang waren niemals verpönt im

Land, sondern gehörten genau wie auch in Pakistan zum gelebten Volksislam. Die vom saudischen Wahhabismus indoktrinierten Taliban haben den Afghanen eine lustlose und freudlose Kultur aufgezwungen, die nicht zu den Traditionen des Landes gehört. Wie immer aber die Zukunft dieses durch vielerlei Leiden hindurchgegangenen Landes aussehen mag – an den Stämmen und Clans wird auf absehbare Zeit kein Weg vorbeiführen, selbst wenn man die Taliban von der Macht fernhalten könnte.

Zu guter Letzt kehren wir wieder nach Arabien zurück. In dessen südwestlicher Ecke liegt ein Land, das in vielerlei Hinsicht mit Afghanistan verglichen werden kann – der Jemen. Er hat hohe Berge und auch Wüste, und er hat eine traditionelle Stammesgesellschaft, die seinen besonderen Charakter ausmacht. Schon bevor die Arabellion ausbrach und den Staatspräsidenten Ali Abdullah Salih von seinem Posten vertrieb, machten die Stämme Schlagzeilen. Immer wieder entführten sie Vertreter der Regierung oder Ausländer, um von der Regierung in Sanaa Zugeständnisse mannigfacher Art zu erhalten – sei es der Bau einer Straße, eines Brunnens, sei es die Freilassung inhaftierter Stammesmitglieder. Auch im Jemen konnte es immer nur einer starken Zentralregierung gelingen, die heterogene Gesellschaft zusammenzuhalten; doch diese Zeit ist vorüber, die Arabellion wird, wie immer sie verlaufen mag, eher auf eine größere Diversifizierung abzielen. Der Norden des Jemen wurde bis zum Jahre 1962 vom Imam der Zaiditen regiert. Die Stämme des Südens wie auch des Hadramaut im Osten des Landes bestanden auf ihrer Selbständigkeit, da ging es nicht immer friedlich zu. Vollends in den Strudel der Gewalt geriet der Jemen, als sich „progressive Elemente" gegen die Herrschaft des Imam von Sanaa und Taizz wandten. In diesem blutigen Bürgerkrieg der sechziger Jahre unterstützten die konservativen Sauds den Imam und seine zaiditischen Stämme, während der ägyptische Präsident Gamal Abdel Nasser die jemenitischen Revolutionäre, die republikanisch gesinnten Jemeniten alimentierte, ja mit seiner Luftwaffe sogar in den Bürgerkrieg eingriff. Nach dem Sieg über den Imam fiel der Jemen alsbald auseinander. Bis 1990 bestanden zwei jemenitische Staaten: der konservative Nordjemen unter Salih, getragen von den nördlichen Stämmen, und der marxistisch regierte Südjemen mit der Hauptstadt Aden, der sich vom Norden wegentwickelte. Auch im Süden war und ist der Einfluss der Stämme und ihrer lokalen Führer zu spüren, er ist dort aber weitaus geringer als im Norden. In den Tälern und Oasen des Hinterlandes, im Hadramaut, bestimmen seit jeher die Scheiche. Die Wiedervereinigung beider Jemen seit 1990, als das marxistische System zusammenbrach, war leider keine ungetrübte Erfolgsgeschichte, ganz im Gegenteil. Schon 1994 stand man kurz vor dem Ausbruch eines weiteren Bürgerkrieges, der aber noch einmal abgewendet werden konnte. Doch unter Ali Abdullah Salih gelang es nicht, die Unterschiede zwischen dem Norden und dem Süden zu glätten, geschweige denn zu beseitigen. Im Jemen – und ganz gewiss in Syrien – kann man am schwierigsten beurteilen, wie sich die arabische Unruhe auswirken wird, aber auch in Zukunft wird der Zusammenhang von Stämmen, Clans, Familien zunächst von Bedeutung bleiben. Es wäre schon viel gewonnen, wenn er sich in einer sich allmählich entwickelnden Zivilgesellschaft merklich abschwächen würde, so dass Leistung mehr zählt als Stammesproporz. Freilich ist damit so schnell nicht zu rechnen.

Die Welt der Politik: Vom Despotismus – Kalifen, Scheichs und Autokraten

Die Welt der Politik stellt sich im Islam bis heute in der Regel düster dar, die arabische Revolution soll das ändern, wobei sich große Hoffnungen auf eine Wende und Skepsis vor deren Scheitern mittlerweile die Waage halten. Neigt sie sich angesichts der jüngsten Eskalationen hin zur Skepsis? Wie werden sich Staaten wie Tunesien, Libyen, Ägypten, Syrien oder der Irak entwickeln? Staaten wie Saudi-Arabien und Sudan, die Islamische Republik Iran, das totalitär-religiöse Zwischenspiel der Taliban in ihrem Emirat Afghanistan, das möglicherweise eine Neuauflage erleben wird, sprechen eine beredte Sprache. Und selbst dort, wo Modernismus, Nationalismus, Säkularismus und andere zeitgenössische Ismen das politische und staatliche Leben aus den Bahnen der Tradition herausgerissen haben, bietet sich noch immer ein Bild der Unterdrückung, des verordneten Kollektivismus und missachteter Menschenrechte; an Demokratie ist da kaum zu denken. Religiöse Unruhen sorgen für Turbulenzen in den einzelnen Gesellschaften, die jeweiligen „Herrscher" agieren selbstherrlich, ohne Interesse für die Wünsche des Volkes. Dagegen ist ihr Wunsch, sich und die Familie zu bereichern, umso stärker ausgeprägt. Klientelismus ist endemisch; wer an der Spitze des Staates steht und sich nicht bereichert, wirkt fast absonderlich. Um dieses System aufrechtzuerhalten, scheut man sogar nicht davor zurück, die Religion zu instrumentalisieren. Die Bajonette, auf deren Macht man sich ebenso stützt, tun dann ein Übriges. So war es bis vor kurzem und so ist es auch heute noch vielerorts in der Region zwischen dem Atlantik und dem Indus. Wohlgemerkt: Solche Verhältnisse gibt es überall, wo Menschen politisch etwas zu sagen haben, doch in manchen Regionen eben sehr viel stärker, institutionalisierter und ungestraft und dazu gehört der islamische Orient.

Nicht nur im Zusammenhang mit den umwälzenden Veränderungen, die sich gegenwärtig in großen Teilen der islamischen Welt vollziehen, sondern auch schon in früheren Jahren ist häufig die Frage gestellt worden, ob denn die islamische Kultur überhaupt in der Lage sei, so etwas wie eine Demokratie hervorzubringen, die diesen Namen auch verdient. Meistens wurde die Frage abschlägig beantwortet – und mit durchaus guten, verständlichen Begründungen. Überall auf der Welt, wo außerhalb der „westlichen“ Hemisphäre demokratische Experimente unternommen werden, zeigt sich, dass Demokratie sehr viel mehr ist als ein einigermaßen funktionierender Abstimmungsmechanismus. In entwickelten Demokratien gilt dieser Mechanismus ja nicht nur in der hohen Politik; er prägt ebenso das Leben von Gewerkschaften, Kirchengemeinden, Vereinen, Hochschulen, Schulen, ja sogar Kindergärten. In solchen Ländern ist die Demokratie auch verbunden mit Konzepten des Pluralismus, des Individualismus und der Menschenrechte, die der Einzelne auch gegenüber dem Staat geltend machen kann, ja der Staat hat die Pflicht, diese Individualrechte einzuhalten. Die wichtigste Voraussetzung dafür ist, dass die Macht der Regierenden nicht unbegrenzt ist, sondern durch das allgemein gültige Recht *eingehegt* wird. Die Gewählten „herrschen“ auf Zeit und werden – Beispiele dafür gibt es genug – gegebenenfalls von der Justiz zur Rechenschaft gezogen. In letzter Zeit werden demokratische Prinzipien und das Modell der verbrieften Rechte aus der Sphäre des Menschen sogar mit der Natur verknüpft, etwa in Fragen der Ökologie; auch wird über Rechte für die Tiere nachgedacht.

All dies ist dem Islam als einer in Teilen noch vormodernen Kultur weitgehend fremd, jedenfalls in seiner zeitgenössischen Form; die Gerechtigkeit gebietet allerdings zu sagen, dass das nicht nur für den Islam gilt. Im chinesischen Großreich haben bis heute ganz andere Auffassungen von Politik und Gesellschaft, ihrer Ziele und Werte Gültigkeit und selbst in einer der bevölkerungsmäßig größten Demokratien der Welt, Indien, wo die demokratischen Mechanismen seit der Unabhängigkeit 1947 recht gut funktionieren, hapert es mit den anderen, oben angeführten Charakteristika einer modernen, entwickelten Demokratie gewaltig. Dort ist das die ganze Gesellschaft tragende, seit Jahrhunderten versteinerte Kastensystem so ziemlich das Undemokratischste (im Sinne des modernen Individualismus und des Rechtsstaates), was sich überhaupt denken lässt. Man könnte noch andere Beispiele anführen.

Mit der arabischen Revolution ist nun eine Entwicklung in Gang gekommen, die gewiss nicht so rasch zur Entstehung entwickelter Demokratien führen wird; denn es gilt ja zunächst einmal, Breschen in die orientalische *Despotie* zu schlagen. Allein dieser Prozess wird viele Jahre dauern; erst einmal muss eine politische Kultur beendet werden, die im Grunde genommen den Orient fünftausend Jahre lang geprägt hat, wenn auch in jeweils unterschiedlichen Formen. Die Entstehung von Zivilisation und Staatlichkeit im alten Orient war, folgt man Karl Wittfogel (1896–1988), unter anderem der gerechten Verteilung von Wasser in den großen Stromkulturen geschuldet: Mesopotamien, Indus-Kultur, Ägypten. Wittfogel sprach deswegen von „hydraulischen Kulturen". Mit der Herrschaft von Pharaonen und Großkönigen waren drei Elemente orientalischer Herrschaft gesetzt: Die absoluten, mit der Religion (den Göttern, dem Reichs- oder Stadtgott) verknüpften Alleinherrschaften, der Zentralismus, die Bürokratie – Erfindungen, die exklusiv dem alten Orient zuzuschreiben sind. Alle drei Elemente halten sich, mit Schwankungen und trotz unterschiedlicher kultureller Einflüsse, bis heute, unter wechselnden Namen und Rechtfertigungen, auch wenn die Kausalitäten und Kontinuitäten im Einzelnen komplexer sind, als dies ein oberflächliches Bewusstsein empfinden mag. Das gilt natürlich in besonderem Maße für den Islam und seine politischen Welten. Sie reichen vom Propheten Mohammed über die mittelalterlichen Kalifate und Sultanate bis zu den „Dynastien" der Neuzeit und ihren Militär-Herrschern – um nur die großen Linien nachzuzeichnen.

„Wer ist der wahre Imam?" nannte Bassam Tibi vor Jahren eines seiner Werke, in dem er die wechselhafte politische Geschichte der islamischen Welt unter diesem leitenden Gesichtspunkt behandelte. Wer führt und zu welchen Bedingungen den Islam? Und wie muss er ihn führen? Die Lektüre des Buches macht die gesamte Komplexität dieses Themenkreises sichtbar, dessen Fragestellung bis zu den modernen Dschihadisten à la Usama bin Ladin, Ayman al Zawahiri und anderen reicht. Denn sie träumen von der Wiederherstellung eines Kalifats, das möglichst alle Muslime umfasst, und sehen in dessen Abschaffung durch Mustafa Kemal Atatürk (1881–1938) im Jahre 1922/24 den Sündenfall des Islam an sich. In ihrer Vision existierte das Kalifat, die religiöse wie weltliche Nachfolge Mohammeds, von dessen Tagen an bis zu jenem berüchtigten symbolischen „Federstrich" Atatürks. Dies freilich ist ein Konstrukt, wie beinahe alle Behauptungen der Dschihadisten, denn schon die Frage der legitimen Kontinuität innerhalb der Kalifats-Tradition war fast immer strittig. Und Partikularismus griff schon früh um sich.

Mohammed, der Stifter des Islam, war in der Tat *prophet and statesman* (William Montgomery-Watt). Er predigte der Gemeinde nicht allein den Inhalt der Offenbarungen Gottes, sondern lenkte auch deren übrige Geschicke. Ja er führte sogar Krieg, um sie zu schützen, später auch, um sie auszuweiten. Die Frage nach dem „wahren Imam" stellte sich jedoch erst nach seinem Tode. Er selbst war, wie Bassam Tibi hervorhebt, als Gesandter Gottes eben noch *kein* Imam. Die nachprophetische Geschichte des Islam bis heute, die wir an anderer Stelle (Lerch 2004) als Tarih, als islamische historische Datierung, bezeichnet haben, verlief nun dynastiegeschichtlich ungefähr folgendermaßen: die vier rechtgeleiteten Kalifen, das Omaijaden-Kalifat (661–749), das Abbasiden-Kalifat (750–1258), das Omaijaden-Kalifat von Andalusien (755–1031), das Osmanische Reich (1300–1922), das safawidisch grundierte, seither schiitische Perserreich (1501–1925), das indische Moghulreich (1535–1707). Parallel dazu bildete sich ein Strang zahlloser lokaler Dynastien heraus, die relativ kurzlebig waren oder aber den großen Dynastien Konkurrenz machten. Letzteres galt etwa für die Fatimiden, die in Wettbewerb mit den Abbasiden standen und zeitweise von Tunesien bis nach Syrien hinein herrschten – mit ihrem Zentrum in Ägypten. Zu den partikularistischen örtlichen Herrschaften, um nur die bekanntesten zu nennen, zählten die Meriniden, die Almohaden, Almoraviden und Aghlabiden im Maghreb, die Tuluniden, Ichschididen und Mameluken in Ägypten, die Zengiden und Ortokiden in Syrien und im Irak, die Seldschuken und Mongolen in Persien und Anatolien, die Ghaznawiden und Timuriden in Afghanistan. Die Arabische Halbinsel, mit Ausnahme Omans und des Jemen, lag nach dem Ende der ketzerischen Qarmaten-Herrschaft lange Jahrhunderte im Schatten der Geschichte; in ärmlicher Zeitlosigkeit pflegten die Beduinenstämme ihre Fehden – bis zum Erwachen des Wahhabismus um die Mitte des 18. Jahrhunderts.

Mit Beginn der Neuzeit kam der islamische Orient – nach dem Vorspiel der Kreuzzüge – mehr und mehr unter den Einfluss der europäischen Mächte, der zunächst mit vereinzelten Handelsbeziehungen und Forschungsreisenden begann und in der Epoche des Kolonialismus endete. Diese freilich verlief, je nach Region, sehr unterschiedlich. Die Kalifen, Sultane, Emire und Scheichs blieben im Großen und Ganzen auf ihren Thronen, doch ihre Herrschaft war immer stärker dem Willen der fremden Mächte unterworfen. Der tiefste Einschnitt, wir führten es bereits an, war die Liquidierung des Osmanenreichs durch Kemal Atatürk und die Umwandlung der Türkei, des Kernraumes dieses Imperiums, in eine weltliche Republik. Nach dem Ende des Kolonialismus verblieb ein Teil der islamischen Staatenwelt, die zu großen Teilen erst jetzt entstand, bei den angestammten Herrschaftsmodellen des Emirats (Arabische Halbinsel, Golfstaaten, kurzfristig Libyen) oder der Erbmonarchie (Marokko) und des Sultanats (Oman); teilweise wurden Monarchien implementiert, wie in Jordanien und im Irak, doch andernorts entstanden Militärrepubliken, etwa in Algerien (nach dem Sieg der FLN 1962), in Ägypten (nach dem Staatsstreich 1952) oder Syrien, später dann auch im Irak, im Jemen und andernorts. Unter den Militärherrschaften dominierte bis vor kurzem die Ideologie des arabischen Nationalismus, bis auch diese vom Islamismus herausgefordert wurde. Eine Besonderheit bildete die Islamische Republik Iran, die 1979 gegründet wurde und bis heute Bestand hat. Auch im 20. Jahrhundert waren sämtliche Systeme in der Regien mehr oder minder autokratisch, entweder weltlich oder religiös verbrämt. Am wenigsten gilt dies natürlich für die Türkei, wo das System der Parlamentarischen Demokratie, trotz der drei Militärinterventionen, funktioniert.

Doch wer eigentlich soll die Muslime regieren? Diese legitimistische Frage begleitet die gesamte Geschichte des Islam und sie spielt heutzutage vornehmlich in islamistischen Kreisen und deren Diskursen eine wichtige Rolle. Freilich: Auch und gerade angesichts der revolutionären Veränderungen in der Region, die mehr und mehr auf freie Wahlen abzielen, betrifft die Frage auch den gesamten Islam.

Für die Schiiten ist die Antwort, wie wir schon sahen, klar: Nur die Nachkommen Alis sind die „wahren Imame" der Gemeinde. Allerdings muss seit dem Verschwinden des zwölften, des „verborgenen" Imam, in dieser Sache natürlich anders entschieden werden. Zwar bleibt der verschwundene Imam, der als Imam al Mahdi und „Herr der Zeit" (sahib al zaman) wiederkehren wird, der sozusagen metaphysische, „virtuelle" Herr der Schiiten, doch auf Erden müssen ihn eben so lange jene vertreten, die das Schiitentum verkörpern. Im Iran, der seit 1501 endgültig schiitisch ist, sind dies die schiitischen Schriftgelehrten und die Dynastien, die der schiitischen Rechtgläubigkeit folgen müssen. Das reicht von den Safawiden im 16. und 17. Jahrhundert über die Qadscharen (bis 1920) bis zu den Pahlewis, die allerdings in den Augen der Anhänger Ajatollah Chomeinis den Ruf, schiitisch rechtgläubig zu sein, verwirkt hatten und 1979 gestürzt wurden. An ihrer statt etablierte sich eine schiitische islamische Republik, die ihresgleichen sucht in der bisherigen Geschichte nicht allein des Iran. Es ist ein einmaliger Vorgang, dass die Religionsgelehrten an der Spitze des Staates stehen, sie, die allenfalls den verborgenen Imam „repräsentieren" und bestenfalls ehrlich darauf achten müssen, dass der Herrscher die Regeln der Religion nicht missachtet.

Bei den Sunniten wurde die Geschichte der Gemeinde so akzeptiert wie sie verlief – von den vier rechtgeleiteten Kalifen (chulafa al raschidun) bis heute. Wobei immer wieder Widerstände gegen die einzelnen Herrscher aufbrachen, wenn sie der Scharia nicht Genüge taten; was freilich auch ein Vorwand in Machtkämpfen sein konnte, denn dies war mit das wichtigste Kriterium für die Legitimität der Herrschaft. Und es gab auch das krasse Gegenteil, nämlich dass mächtige Herrscher die religiösen Instanzen, etwa den Scheich al Islam im Osmanischen Reich, ganz für sich instrumentalisierten, wenn sie bestimmte machtpolitische Ziele verfolgten oder wenn es um die Nachfolge ging. Sowohl die Usurpation der Macht als auch deren oft gewaltsam verursachter Verlust bedurften der religiösen Rechtfertigung, wie das zum Beispiel der Fall war, als der Scheich al Islam die Absetzung Sultan Abdulhamids II. im Jahre 1909 für rechtens erklärte – um nur dieses eine Beispiel zu nennen. Solche Vorgänge sind aus früheren Epochen Europas ebenfalls bekannt, als die Beziehungen wischen Thron und Altar noch für selbstverständlich galten.

Auch der Islam kennt Gedanken über gutes Regieren und gerechte Herrschaft. Neben den Vorstellungen der Scharia haben islamische Denker, wie Ibn Miskawaih, Ethiken entwickelt und diese verfeinert. Neben der Auflage, dass der Herrscher es den Gläubigen ermöglichen müsse, „den Islam zu leben", das heißt die Scharia zu befolgen, soll der Herrscher natürlich auch gerecht sein. Gerechtigkeit (al-adl) ist wahrscheinlich der wichtigste islamische Wert überhaupt, vergleichbar vielleicht mit der „caritas" im Christentum. Doch was ist Gerechtigkeit? Diese Frage, die schon Sokrates bewegte, ist auch im Islam nicht eindeutig beantwortet worden. Eher wurde in der Praxis ex negativo deutlich, wer ein Tyrann war und wer nicht. Ein klassischer Text zur Politik ist das Buch „Die Regeln der Herrschaft" (kitab al ahkam al sultanija) von al Mawardi (974–1058). Nach ihm muss der Kalif für die Verwirklichung der Gesetze sorgen, das Territorium des Islam verteidigen und vergrößern, die Verteilung von Almosen und Gewinnen gerecht handhaben und die Regierung, die Wesire, überwachen – und das alles nach den Regeln der Scharia. Mawardi orientiert sich auch daran, dass die ersten der Kalifen gewählt wurden, obzwar nicht von allen Untertanen, aber von ehrwürdigen, ehrlichen Gefährten. Doch in dieser Frage gab es unterschiedliche Auffassungen. Im Abbasidenreich ging die Herrschaft in der Regel vom Vater auf einen Sohn über, was dem persischen dynastischen Denken entsprach, das in abbassidischer Zeit großen Einfluss entfaltete. Andere Herrscher wurden per Akklamation etabliert, etwa durch ihr siegreiches Heer. Ein Treueeid (bai'a) bekräftigte diese Entscheidung. Wurde das Freitagsgebet im Namen des Sultans vollzogen, so galt auch dies als Bekräftigung seiner Legitimität, zusammen mit dem Prägen von Münzen.

Im persischen Bereich entstand vor mehr als tausend Jahren die Gattung des Fürstenspiegels (pendname), in der die Autoren ihre Vorstellungen vom guten und gerechten Herrscher zum Besten gaben. Die bekanntesten Fürstenspiegel sind das persisch verfasste Qabusname und das unter der türkischen

Karachaniden-Dynastie im 12. Jahrhundert in Mittelasien entstandene Weisheitsbuch „Kutadgu Bilig“ (Glückverheißendes Wissen) von Yusuf Has Hacib, das sich in osttürkischer Sprache mit jenen Tugenden beschäftigt, die auch einen Herrscher glücklich machen. Von einem praktizierenden Politiker stammt das „Buch der Politik“(Siyasetname), von dem seldschukischen Wesir und Staatsmann Nizam al Mulk, einem tüchtigen homo politicus der sunnitischen Richtung, der am Ende Opfer eines politischen Attentats durch radikale Schiiten, die berüchtigten Assassinen, wurde.

Ein systematisches Philosophieren über Staat und Politik, wie wir Europäer es seit der Antike, seit Platon und Aristoteles kennen, ist im Islam in dieser Form nicht vorhanden. Dennoch wirkten sich die Übersetzungen griechischer Philosophen und Wissenschaftler ins Arabische – sie waren seit dem Kalifen al Mamun im Bait al Hikma zu Bagdad vorgenommen worden – auch in dieser Richtung aus. So griff der Philosoph al Farabi (gest. 950) in seinem Buch über den „Musterstaat“ Platons klassisches Werk „Politeia“ (Der Staat) auf und formte es auf islamische Weise um. Al Farabi war ein Vertreter des philosophischen Rationalismus, jener hellenisierenden Philosophie im islamischen Gewande und in arabischer Sprache, die als Falsafa bezeichnet wird. Vom Neuplatonismus beeinflusst, versucht al Farabi in seinem „Musterstaat“, griechische Elemente Platons und die Imam-Lehre zusammenzubringen. Es geht nicht, wie bei Platon, um den Philosophen-König, der dem Staat vorsteht, sondern um den Philosophen-Imam. Bemerkenswert ist natürlich, wie hier gegenüber dem Religionsgesetz die Vernunft in Stellung gebracht wird. Das ist schon daran zu erkennen, dass al Farabis Traktat über den Musterstaat mit philosophischen Lehren nicht über den Gott der Theologen, sondern über den Urgrund, die Erste Ursache, beginnt, das heißt metaphysisch statt religiös. Große Teile des Buches handeln von al Farabis Ontologie und Kosmologie, denn er zeigt, neuplatonisch geprägt, wie aus dem Urgrund über die verschiedenen Stufen der Emanation (Faiz) die dingliche Welt hervorgeht. Zu Staat und Politik gelangt er, nachdem er den Menschen als geselliges Wesen bestimmt hat, erst im Schlussteil des „Musterstaates“ oder „Tugendstaats“, den er abhebt vom „Torheitsstaat“ (madina al dschahilija). Bemerkenswert ist, wie hier eine rationale, eben nicht theologische Vision des Kosmos ihre Entsprechung in einem Staat findet, dessen Imam ein Denker ist, respektive sein soll.

Dass diese Art platonisch-aristotelischen Denkens in weiten Teilen der islamischen Welt wieder zurückgedrängt worden ist, bedeutete einen tiefen Einschnitt. Freilich könnte man heute, natürlich nicht vollinhaltlich, aber doch von der Methode her, an dieses Denken anknüpfen – überhaupt an die gesamte Falsafa und ihren rationalen Ansatz. Auf einzelne Denker, die das heute tun, haben wir in einem der vorigen Kapitel schon hingewiesen. Immerhin gab es auch in den Jahrhunderten danach Denker, die, wie Ibn Khaldun (gest. 1406), in der Lage waren, Geschichte und Politik in außertheologischen, rationalen Bezügen zu begreifen.

Im 19. Jahrhundert gerieten große Teile des Islam unter den Einfluss der Europäer. Der Kolonialismus sorgte für Entfremdung und Überwältigung, doch auch für den Einlass moderner Ideen. Die mit Napoleons Invasion in Ägypten einsetzende Modernisierung von Staat und Politik fußte auf zwei Elementen: dem *Militär* und der Übernahme westlicher politischer Vorstellungen, für die freilich der philosophische Unterbau nicht vorhanden war. Im Osmanischen Reich setzte die Reformpolitik im 19. Jahrhundert ein. Es begann mit der Nizam-i cedid, der Heeresreform und setzte sich mit den beiden Reformerlassen von 1839 und 1856 fort, dem Hatt-i şerif von Gülhane und dem Hatt-i hümayun. Darin gewährte der Sultan allen nichtmuslimischen Minderheiten die gleichen staatsbürgerliche Rechte wie den Muslimen; die Verwaltung wurde gestrafft, die Minderheiten durften nun auch Kriegsdienst leisten; andere Diskriminierungen, die mit dem Status der „Schutzbefohlenen" (dhimmi) zusammenhingen, wurden aufgehoben – so jedenfalls die Theorie. Im Jahre 1876 legte sich das Osmanische Reich ein Parlament und eine Verfassung zu, das war der erste wichtige Schritt auf dem Weg zu einer – wenn auch – bescheidenen Einhegung der Allmacht des Sultans.

Diese politischen und gesellschaftspolitischen Reformen von oben, die man Tanzimat nennt, stießen rasch auf den Widerstand konservativer religiöser Kreise; immer wieder kam es in der Hauptstadt Istanbul/Konstantinopel zu Unmuts-Demonstrationen der Softas, der Theologiestudenten. Demonstrationen für Reformen und gesellschaftliche Veränderungen, wie sie in Europa seit der Französischen Revolution gang und gäbe waren, blieben unbekannt, nur die Reaktion ging auf die Straße. Bis heute, bis zum Ausbruch der Arabellion, haben sich Muslime ihre Rechte niemals in Revolutionen erkämpft. Die wenigen „sozialrevolutionär" geprägten Aufstände in frühosmanischer Zeit, wie die Erhebung des Scheichs Bedrettin von Simavne, wurden vom Sultan blutig niedergeschlagen und aus späteren Protesten ging keine Revolution hervor. Der Islam kannte wohl Revolten und Äußerungen des Unmuts, doch niemals eine Revolution, die der französischen vergleichbar gewesen wäre. Das gilt auch für die sogenannte Islamische Revolution im Iran zwischen 1978 und 1979.

Sultan Abdulhamid II. suspendierte schon 1877 die Verfassung und schickte das Parlament nach Hause. Es dauerte bis zu seiner Absetzung durch den Staatsstreich der Jungtürken 1908/09, bis beide wieder eingesetzt werden konnten. 1922 schuf Atatürk das Sultanat ab, zwei Jahre später das Kalifat. Seither ist die Türkei eine weltliche Republik mit einem bewegten Schicksal, noch immer stark geprägt vom Militär, das – in kemalistischer Tradition – den Staat schon dreimal „gerettet" hat. Selbst in der demokratischen Türkei hat das Militär bis heute ungleich mehr zu bestimmen als in anderen westlichen Demokratien.

In der arabischen Welt spielte die Modernisierung mit Hilfe des Militärs eine ganz ähnliche Rolle wie in der Türkei, obgleich mit einer gewissen Zeitverzögerung. Neben Intellektuellen, die die Ideologie des Arabismus schufen, standen die Offiziere, die im 20. Jahrhundert oft genug auch durch Putsche an die Macht kamen, nachdem die Länder unabhängig geworden waren. Dies gilt für Ägypten 1952, den Irak 1958 und in den folgenden Jahren, für Syrien bis zur Machtergreifung von Hafez al Assad 1970 und danach, für den Jemen 1962 und danach, für Sudan vor und nach 1989 und so weiter. Auch wenn viele der Präsidenten die Uniform mit dem dunklen Anzug vertauschten und im Namen irgendeiner Staatspartei herrschten, so änderte das nichts am Charakter der Staatsmacht – auch jetzt war es eine Militärherrschaft. Von den Formen westlichen Regierens hatten sie nur die autoritären, nicht aber die demokratischen und zivilgesellschaftlichen übernommen. Autokraten oder bestenfalls Technokraten waren am Werk, die den Unmut der Frommen auf sich zogen, je länger sie amtierten.

Erst in unseren Tagen, nach dem Ausbruch der welthistorischen arabischen Unruhe, werden die Karten neu gemischt, erhalten die Völker die Chance, unabhängig vom Import westlicher politischer Vorstellungen an so etwas zu arbeiten wie einer „islamischen Demokratie". Wie diese aussehen soll, vermag, ehrlich gesagt, wohl noch niemand zu sagen, denn die Frage, wer der Imam der neuen, nun demokratisch verfassten Gemeinde sein soll, muss ganz neu gestellt werden. Wir sagten, dass das politische Denken im westlichen Sinne, die Traditionen Platons und Aristoteles', im Islam unterentwickelt seien; andererseits ist die Vorstellung, dass der Imam gewählt werden könnte, so fremd wieder nicht, wie insbesondere der frühe Islam zeigt. Beratung und Konsultation – auch diese Prinzipien können ausgebaut werden. Alles hängt davon ab, ob die Mehrzahl der Muslime solches will oder nicht.

Der Enthusiasmus, mit dem im Rahmen der Arabellion in Ländern wie Tunesien, Ägypten, aber auch Libyen gewählt worden ist – nicht zu vergessen ebenso im Irak nach dem Sturz Saddam Husseins –, macht deutlich, dass Behauptungen, „der Araber" oder, schlimmer noch, „der Orientale" wolle gar nicht selbst bestimmen, sei auch für die Demokratie gar nicht reif, nichts anderes sind als westliche Überheblichkeit.

Freilich: Es wird seine Zeit dauern, bis in den traditionell islamischen Gesellschaften mit ihren historischen, kulturellen und vor allem religiösen Vorgaben der Geist des Pluralismus Einzug halten und für selbstverständlich angesehen werden wird, wie das in gestandenen Demokratien der Fall ist. Dies gilt insbesondere für den Gedanken der Religionsfreiheit, die ja auch die negative Religionsfreiheit umfasst. Die sich heute andeutenden Umgestaltungen der arabischen und muslimischen Gesellschaften erfordern noch ein gerüttelt Maß demokratietheoretischen Grundlagen-Denkens, das sie allerdings selbst leisten müssen. Die zweite Hälfte des zurückliegenden Jahrhunderts hat nämlich deutlich gemacht, dass die äußerlichen Übernahmen westlicher Gesellschafts- und Politikmodelle, sieht man von der Türkei einmal ab (und selbst dort sind die Prozesse der Umstellung schwierig), wenig bis nichts gebracht haben. Darin liegt auch eine der Ursachen des Aufkommens fundamentalistischer und dschihadistischer Strömungen. Sie müssen jedoch überwunden werden, wenn freiheitliche Strukturen in Gesellschaft und Politik eine Chance haben sollen.

Die Welt der Wirtschaft: Islamische Ökonomie zwischen Zinsverbot und Egalitarismus

Die wirtschaftliche Situation der islamischen Länder stellt sich zu Beginn des 21. Jahrhunderts sehr unterschiedlich dar. Unter den sechzig Mitgliedern der Islamischen Weltorganisation gibt es einige Superreiche und viele Habenichtse. Wieder andere haben sich zu Schwellenländern entwickelt und somit gute Fortschritte gemacht. Zu den Superreichen gehören Saudi-Arabien, Qatar, Kuweit, die Vereinigten Arabischen Emirate (Dubai), aber auch das winzige Brunei; zu den eher armen Ländern ist Ägypten zu rechnen, der Jemen ebenso wie Mauretanien, Somalia, Djibuti, Bangladesch. Dazwischen gibt es Länder von unterschiedlichem Entwicklungsstand; manche, wie Algerien oder Libyen, sind wegen ihrer Erdöl- und Gasvorräte eigentlich reich, doch aufgrund verschiedener Ursachen, die vom hemmenden Wirtschaftssystem über endemische Misswirtschaft bis zu Klientelismus, Korruption, Verschwendung, aber auch einem mangelnden Arbeitsethos reichen, faktisch in einer ökonomisch angespannten Lage. Ebenso kann ein hoher Bevölkerungsdruck zu den Ursachen gehören. So hat sich in Algerien und Marokko die Bevölkerung seit der Unabhängigkeit, das heißt in den letzten fünfzig Jahren, mehr als verdreifacht. Besonders krass ist die Lage in Ägypten, wo mittlerweile neunzig Millionen Menschen leben, der Anteil des fruchtbaren Landes – im Wesentlichen das schmale Niltal mit dem Nildelta und die Oase Fajjum –jedoch nur vier bis fünf Prozent beträgt. Seit vielen Jahren schon gibt es Projekte der Neulandgewinnung in der Nähe von Kairo und in der oberägyptischen Wüste westlich des Nasser-Stausees (Projekt Toshka). Doch selbst wenn diese Projekte, die vorsehen, die westlichen Oasen in der Libyschen Wüste miteinander durch Kanäle zu verbinden, einmal vollendet sein werden, wird das bebaubare Land Ägyptens allenfalls verdoppelt sein; es bleiben neunzig Prozent Wüste. Und die Bevölkerung wächst und wächst. Angespannt ist auch die Lage in Jordanien, einem Wüstenstaat ohne bedeutende Rohstoffe. Der Irak hingegen verfügt über die größten Rohölreserven nach Saudi-Arabien und könnte, ebenso wie der ölreiche Iran, die Armut beseitigen. Ähnliches gilt für Länder wie Kasachstan, Turkmenistan und Usbekistan, in denen – wie bei den meisten andern auch – die extrem ungleiche Verteilung der Gewinne aus dem Geschäft mit den Rohstoffen negativ zu Buche schlägt. Im Großen und Ganzen kann man sagen, dass es den Ländern mit geringer Bevölkerung und großen Rohstoffvorräten gut geht und dass die Lage in bevölkerungsreichen Ländern oft durch einen Mangel an Rohstoffen gekennzeichnet ist. Marokko hat kein Öl, Syrien nur wenig, auch Ägypten kann mit seinen Ölpfunden nicht wuchern. Die Natur hat diese Vorräte ungleich verteilt. Brunei liegt sozusagen auf einer Öl-Blase. Enorme Fortschritte haben in letzter Zeit Indonesien, Malaysia und die Türkei gemacht. Dort kann von einem regelrechten Wirtschaftsboom in den vergangenen zehn Jahren gesprochen werden.

Nach welchen Maßstäben soll nun die Welt der Wirtschaft im Islam beurteilt werden? Zwar ist die Wirtschaftswissenschaft durchaus eine Wissenschaft, aber keine im strengen Sinne exakte. Kein Ökonom kann so einfach sagen, was denn die „richtige“ Wirtschaft ist. Dies gilt auch für die Muslime. Während die studentischen Protagonisten der Arabellion auf dem Tahrir-Platz im Januar und Februar 2011 mehrheitlich für eine Marktwirtschaft, die diesen Namen verdient, votierten, treten die Muslimbrüder und andere Islamisten stärker für eine islamische Wirtschaftsordnung ein. Dabei berufen sie sich auf alte Texte und neue Auslegungen. Ist der Islam eine Religion, welche die Marktwirtschaft begünstigt oder neigt sie stärker, wie auch schon behauptet worden ist, zu sozialistischen Modellen, vielleicht ja nur unter einem anderen Namen?

Es gehört fast schon zu den Gemeinplätzen der Orientforschung, dass der Islam keineswegs wirtschaftsfeindlich ist. Der Prophet Mohammed war seiner überlieferten Lebensgeschichte nach selbst ein Kaufmann, der in Diensten der schon etwas älteren Kaufmannswitwe Chadidscha Bint Chuwailid stand, diese später heiratete und ihren Handel weitgehend betrieb. Ja nicht nur das: Mohammed war darin sogar erfolgreich. Er lenkte Karawanen, die ihn bis nach Syrien führten. Überhaupt spielten Handel und Wandel in Mekka unter den Banu Quraisch eine wichtige Rolle als materielle Basis dieser „Handelsoligarchie“. Die damals schon existierende Kaaba (oder, nach Günter Lüling, Kirche) war Anziehungspunkt für Pilger, ebenso die „Messe“ (faktisch wohl mehr eine Art größerer Markt) von al Ukaz in der Nähe Mekkas. Die Ortschaft Mekka lag an einem günstigen Punkt des Handelswegs vom Süden herauf, von der Arabia Felix (dem Jemen) und der Somaliküste nach Norden, nach Syrien, Palästina und Ägypten (Gaza). Die ökonomische Basis sorgte auch dafür, dass Mekka nicht so kulturlos war, wie man vielleicht vermuten könnte. Dies gilt übrigens, wie neuere Forschungen immer deutlicher zeigen, auch für große Teile der Arabischen Halbinsel insgesamt, die keineswegs so geschichtslos gewesen ist, wie lange angenommen. So versammelten sich an den Markttagen die Dichter und trugen ihre Poeme zur Lobpreisung des eigenen Stammes, ihre Liebesgedichte und anderes vor. Die Wortkunst, bei den Arabern bis heute auf das höchste angesehen, war übrigens etwas, das der Prophet des Islam nur mit Maßen goutierte, die Dichter galten ihm in gewisser Weise als unzuverlässige Schönredner. Dies hatte freilich auch damit zu tun, dass es bei Beginn seiner Offenbarung nicht an Leuten fehlte, die seine „zu rezitierenden Verse" (al-qur'an) für Dichtung hielten, nicht für Wahrheit.

Schon früh ist aufgefallen, dass die Sprache des Koran viele Wörter und Begriffe enthält, die der Sphäre des Handels, des Kaufmännischen im weitesten Sinne, zuzurechnen sind. Begriffe aus dem Vertragswesen spielen dabei eine Rolle. Die Vergehen und Sünden des Menschen sind eine Art Schuldenkonto, das am Tag des Gerichtes, dem jaum al din, beglichen werden wird. Das ist der Tag der „Abrechnung" (al hisab). Noch im modernen Arabisch lautet das Wort für „Rechnung" al hisab. Es ist, zumindest teilweise, die Sprache einer Gemeinschaft, der auch das Streben nach Gewinn alles andere als fremd war. Möglicherweise störte dies den Propheten des Islam, der ja selbst erfolgreich Handel trieb, weniger als die ungerechte Verteilung des Gewinns. Der Begriff al adl (Gerechtigkeit) ist wohl der wichtigste Terminus im Koran überhaupt, ja vielleicht der Zentralbegriff des ganzen Islam, vergleichbar dem der Barmherzigkeit (caritas) im Christentum. Gerechtigkeit umfasst Gottes Gerechtigkeit ebenso wie diejenige des Menschen. Das Zahlen der Almosensteuer (zakat), einer der Fünf Pfeiler der Religion, ist denn auch immer wieder im Sinne eines gerechten sozialen Ausgleichs innerhalb der Gesellschaft gedeutet worden – mit unterschiedlichen Ausprägungen bis hin zum „islamischen Sozialismus". Unter dem Gesichtspunkt der Gerechtigkeit ist vor allem die Verurteilung des „riba" zu sehen, wie sie der Koran schlussendlich vornimmt. Das war eine Diskussion, welche die großen Religionen über Jahrhunderte hinweg geführt haben, denn bekanntlich beschäftigte sich auch die mittelalterliche Christenheit in extenso mit dem Thema Zins und Wucher(zins). Es scheint so, als korreliere die Forderung nach einer sozialen Abgabe, also nach einem Almosen, mit der Ablehnung des riba.

Dieser Punkt ist von zentraler Bedeutung, so dass wir uns zunächst den einschlägigen Stellen im Koran widmen wollen. In Sure 3, Vers 130 heißt es ganz eindeutig: „O ihr, die ihr glaubt! Verzehrt nicht (auch: esst nicht auf) den

Riba mit verdoppelter Verdoppelung und fürchtet Gott, damit es euch wohl ergeht" (ya ayyuha alladhina amanu la ta'kulu al riba adh'afan mudha'afatan). Und in Sure 2, Vers 275 bis 280 steht zu lesen: „Die den Riba verzehren, werden sich nur so erheben wie jemand, den der Satan schlägt, deshalb weil sie gesagt haben: Der Verkauf ist gleich dem Riba; aber Gott hat den Verkauf erlaubt, den Riba aber verboten" (alladhina ya'kuluna al riba la yaqumuna illa kama yaqumu alladhi yatachabbatuhu al scheitanu min al-massi dhalika biannahum qalu innama al bai'u mithlu al riba wa ahalla Allahu al bai'a wa harrama al riba ...).

Was heißt das? Bedeutet es, dass Gewinn verboten ist, dass Zins verboten ist; oder meint das Verbot nur den Wucher(zins)? Was ist Riba in des Wortes eigentlicher Bedeutung? Bis heute sind sich auch die Muslime darüber nicht einig, gibt es unterschiedliche Auslegungen dieser Verse und anderer Überlieferungen. Der Prophet war als erfolgreicher Kaufmann gewiss nicht gegen Gewinn aus seinen Geschäften, im Gegenteil: Da er im Dienste seiner Frau Chadidscha erfolgreich agierte, prosperierte deren Handelshaus. Offenbar sind die Verse, die den Riba verbieten, eine Reaktion auf vorislamische Praktiken des Zinsnehmens beim Geldverleih, die der Prophet als unmoralisch empfand. Dies könnte darauf hindeuten, dass mit Riba vor allem der Wucherzins gemeint ist, wie der Begriff der „Verdoppelung" in dem ersten oben zitierten Koranvers schon andeutet. Auch das jüdische Gesetz verbietet den Wucher und selbstverständlich haben die christlichen Väter, wie Thomas von Aquin, ebenfalls das Für und Wider eines Zinsverbotes erörtert.

Mohammed konnte nicht wissen, wie sehr sich das Wirtschaftsleben Arabiens schon wenige Generationen nach seinem Tod verändert haben würde. Als Folge der muslimischen Eroberungen entstand ein gigantischer, lange Zeit auch annähernd einheitlicher Wirtschaftsraum, der von Spanien im Westen bis zum Indus und bis nach Mittelasien, ja bis in das heutige Indonesien im Osten reichte. Nach Süden wurden die Sahel-Reiche in die islamische Wirtschaft integriert, die ostafrikanische Küste mit der Insel Sansibar gehörte ebenso zu diesem Raum. Die Muslime trieben, wie Funde zeigen, sogar Handel bis in den hohen Norden Europas, bis zum Ladoga-See und nach Skandinavien. Durch diese dynamische Expansion wurden die Karten sozusagen völlig neu gemischt, eine Teilglobalisierung des Wirtschaftslebens fand statt. Allein das Entstehen und der rasche Ausbau von Städten im Kalifenreich machen deutlich, in welcher Weise diese teilglobalisierte Wirtschaft zunächst aufblühte. Das führte wiederum dazu, dass sich die Theologen und Sakraljuristen auch mit den Vorstellungen des Koran über riba und die soziale Gerechtigkeit befassen mussten.

Der französische Orientalist Maurice Lombard (1901–1965) hat sich in einer genialen Arbeit mit der kalifischen Wirtschaft und ihren kulturellen Auswirkungen beschäftigt. Er setzt die Hochblüte der islamischen Wirtschaft zwischen dem 8. und 11. Jahrhundert an, dies entspricht ungefähr auch der Blütezeit des abbasidischen Kalifats von Bagdad, aber ebenso der omajiadischen Herrschaft in Andalus (Spanien). Folgt man den Forschungen Lombards über diese Epoche, so scheint das Urteil, das christliche Europa habe damals, verglichen mit dem islamischen Raum, so etwas wie die Dritte Welt dargestellt, nicht übertrieben zu sein. Eklatant sieht man das am Prozess einer enorm raschen Verstädterung, die die Definition Lügen strafen, der Islam sei eine Religion (und Kultur) von Wüstenkriegern. Während die größte Stadt des christlichen Abendlandes, Paris, zur Zeit der Kalifen höchstens 30 000 Einwohner hatte, gab es in der islamischen Welt Großstädte mit Hunderttausenden, ja Millionen Einwohnern. Lombard gibt die Einwohnerzahl Bagdads schon eine Generation nach seiner Gründung 762 n. Chr. sogar mit zwei Millionen an (gegenüber früheren Schätzungen von einer Million). Metropolen in der klassischen Epoche des Islam waren Basra, Kufa, Damaskus, Kairo, Kairuan, Fes, Cordoba, Rayy, Merw, Tus-Nischapur, Balch, Samarkand. Alle diese Städte hatten zwischen 200 000 und einer halben Million Einwohner. Sie entwickelten sich zu urbanen Zentren mit ausdifferenzierten sozialen Schichten, die von den Bewohnern der Palaststadt, beispielsweise in Bagdad, bis zu einem Subproletariat in den Vorstädten reichten. In Zeiten wirtschaftlicher Engpässe kam es etwa in Bagdads Vorstädten zu sozialen Unruhen, die dem Vergleich mit solchen Ereignissen in der europäischen modernen Welt, wie Massenstreiks oder Aufstände, durchaus standhalten. In der Verfallszeit des Abbasidenkalifats verschärften sich solche Zustände, Banden von depravierten Jugendlichen, die sogenannten ayyarun, zogen marodierend durch die Viertel der einst so blühenden Hauptstadt der Kalifen.

Zu welchen logistischen und finanziellen Leistungen man andererseits fähig war, wurde um die Mitte des 9. Jahrhunderts deutlich, als einer der Abbasiden-Kalifen, weil er sich in Bagdad von seinen türkischen Garden bedroht fühlte, den Hof nach Samarra weiter im Norden verlegte, dort eine Palaststadt aus dem Boden stampfte und eine neue Stadt etablierte, deren Durchmesser etwa zehn Kilometer betrug. Etwas mehr als fünfzig Jahre residierten die Abbasiden dort, bevor sie wieder nach Bagdad übersiedelten.

Diese Städte mussten versorgt werden mit allen Gütern des Lebens, zu denen selbstverständlich auch Güter höherer Kultur gehörten. Wie waren die Einnahmen des Staates organisiert? Die Finanzverwaltung war das Bait al mal, sozusagen der Staatschatz, der die Einnahmen enthielt. Dies waren zunächst und vor allem die Steuern. Die Nicht-Muslime zahlten den charadsch, die Grundsteuer, vor allem natürlich, wenn sie Landbesitzer waren und große Latifundien besaßen, hinzu kam der uschr, der Zehnte. Von den Muslimen schließlich wurde der zakat, die Almosensteuer, vom Staat eingezogen. Christen, die zum Islam übergetreten waren, wurde die Kopfsteuer erlassen, weshalb Übertritte zum Islam vom Gesichtspunkt der Staatskasse aus gar nicht populär waren und auch nicht besonders gefördert wurden. Jeder Konvertit, jeder Neubekehrte, bedeutete den Verlust von dschizya, denn diese mussten die Christen, Juden und Zoroastrier als eine eigene Abgabe entrichten. Dadurch waren sie vom Militärdienst befreit. Dies mag eine geringe Anzahl von Steuern darstellen, doch waren spätere Herrscher durchaus erfinderisch in der Schaffung neuer Steuern und Abgaben, mit denen die schlechten unter ihnen das Volk auspressten, ein Verfahren, das uns aus unserer eigenen Vergangenheit und Gegenwart durchaus vertraut ist. Die Schiiten mussten den chums errichten, den „Fünft" ihrer Einkünfte.

Der einheitliche, auch durch die arabische Sprache als Kommunikationsmittel geprägte Wirtschaftsraum wurde von Verkehrswegen durchzogen, die einen regen Fernhandel möglich machten. Sie verliefen gewissermaßen horizontal von Westen nach Osten (oder eben umgekehrt) und vertikal von Norden nach Süden (oder umgekehrt). Daneben gab es regionale Wirtschaftsräume, wie die iranische Welt, Zentralasien, Irak, Syrien, Palästina, Ägypten und Nordafrika. Raststationen, die berühmten Karawansereien (in der Türkei hießen sie Han) säumten die Verkehrsachsen. Man bezeichnete sie als Funduq, die Venezianer und andere Italiener, die mit dem Orient Handel trieben, übernahmen dies als Fondachi. So nannten sie ihre Handelsniederlassungen. Nicht nur der Handel unter den Muslimen war lebhaft, sondern erst recht der mit dem „Ausland", obwohl dieses nach islamischem Recht als dar al harb angesehen wurde, als „Haus des Krieges". Lombard hat die Geld- und Goldflüsse in das Kalifenreich aufgezeichnet, die zum Reichtum und Wohlstand der damaligen islamischen Welt beitrugen. Sogar der bargeldlose Verkehr geht auf die Araber zurück – wovon „unser" Wort „Scheck" zeugt, das sich vom arabischen „schakka" oder „schakk" herleitet – einer Wurzel, die unter anderem auch für Bedeutungen wie Zweifel, Argwohn oder Misstrauen steht. Bei einem bargeldlosen Verkehr zwischen Kairo und, sagen wir, Cordoba kann man das durchaus nachempfinden.

Freilich: Es gab auch Schattenseiten. Die islamische Wirtschaft kam nicht ohne Sklaven aus. Muslime dürfen nach dem Koran nicht als Sklaven genommen werden, so blühte dieses Schicksal in der Regel Andersgläubigen, vor allem natürlich den „Heiden", den Polytheisten oder Anhängern von Naturreligionen. Viele dieser Sklaven dienten zwar wie im antiken Rom in den Haushalten, doch gab es auch Arbeitssklaven, deren Los bemitleidenswert war. Schon zu Blütezeiten des Abbasidenkalifats brachen im Süden des Irak immer wieder blutige Aufstände der Zandsch aus, die bei der Trockenlegung der Sümpfe eingesetzt wurden oder auf den Baumwollfeldern arbeiten mussten. Die Zandsch waren Schwarze aus Ostafrika oder Sansibar (Zandschibar), mit denen man dort gehandelt hatte wie mit Waren und die man dann in das Kalifenreich verbrachte. Bis weit in die Neuzeit hinein blieb Sansibar der bedeutendste Sklavenmarkt der islamischen Welt; bis heute hat der Islam die bedrückende Geschichte seines Sklavenwesens nicht aufgearbeitet, das insbesondere die schwarzafrikanischen Völker betrifft. Auf diesem Feld hat der Islam ähnliche Verbrechen begangen wie das christliche Abendland; noch im späten 19. Jahrhundert gingen arabische Sklavenjäger wie der berüchtigte Tibbu Tip im Kongobecken und anderen Gebieten Zentralafrikas „auf die Jagd" nach Schwarzafrikanern, die man verkaufen konnte. Und Reste des Sklavenwesens waren im vorigen Jahrhundert noch auf der Arabischen Halbinsel (Saudi-Arabien) und in Nordafrika (Mauretanien, Sudan) anzutreffen. Nach dem Ende der klassischen Zeit war insbesondere das Osmanische Reich, das seine Minderheiten relativ tolerant behandelte, ein guter Kunde auf den Sklavenmärkten. Nicht zuletzt der Sultan, aber auch andere Würdenträger brauchten Sklaven und Diener für ihre Haushalte, im Harem zu Istanbul war der schwarze Obereunuch, der Kizlar Agasi, eine der mächtigsten Persönlichkeiten, was jedoch den Status des Sklaven nicht besser machte. Auch Weiße wurden übrigens als Sklaven genommen, vornehmlich Slawen, die deshalb auch Saqaliba genannt wurden. Manche dieser weißen Sklaven brachten es zu Macht und Einfluss, wie beispielsweise der aus Sizilien stammende Dschauhar al Siqilli, Feldherr der Fatimiden, dem im Jahre 969 die Eroberung Kairos für die Dynastie gelang. Eine regelrechte Sklavendynastie waren die Mamluken in Ägypten: Sie rekrutierte sich aus gekauften (mamluk) türkischen Kriegern, die aus Kaukasien oder dem Süden Russlands (Kiptschak) kamen und zum Islam übertraten.

In der blühenden Wirtschaft der klassischen Zeit war das Geldverdienen, wenn es auf rechtmäßige Weise zustande kam, moralisch nicht geächtet. Rechtmäßig hieß: durch Arbeit und Anstrengung. Die dynamische Expansion des Wirtschaftslebens führte allerdings zur Weckung neuer Bedürfnisse bei der Finanzierung, vor allem wurde in Bezug auf die aufblühende Geldwirtschaft die Frage nach dem Riba, dem Zins, immer akuter und drängender. Und es kam, wie es kommen musste: Die Rechtsgelehrten bestätigten zwar im Prinzip das koranische Verbot, entwickelten allerdings eine ganze Reihe von sogenannten „Rechtskniffen" (hiyal), das heißt im Grunde genommen Tricks, mit deren Hilfe das Zinsnehmen nicht mehr als anrüchig angesehen wurde. Mit anderen Worten: Die Realität, die oft beschworene Macht des Faktischen, hatte sich Bahn gebrochen – wie später in der Christenheit, wo weder die Fugger noch die Welser noch die Händler in Venedig, Genua, Pisa oder Amalfi noch das mittelalterliche Zinsverbot beachteten.

Warum blieb es im Islam, historisch gesehen, bis heute bei einem Rentenkapitalismus, das heißt bei einer Anhäufung von Kapital als private, familiäre „Rente", das aber nicht zum schlussendlichen Nutzen der Allgemeinheit investiert wurde? Die Frage ist mehr als berechtigt, zumal wir ja wissen, dass der Islam weder gegen Privateigentum noch gegen durch Anstrengung erreichten Gewinn etwas einzuwenden hat. Auch die von Max Weber in seiner berühmten Arbeit über den Geist des Kapitalismus und die protestantische Ethik aufgezeigten Bedingungen trafen prinzipiell zu, etwa der Glaube an die göttliche Prädestination. Und asketische Bewegungen, die so etwas wie das ethische Prinzip der „innerweltlichen Askese" hätten entwickeln können, gab es mehr als genug. Maxime Rodinson hat die Frage in seinem epochalen Werk „Islam und Kapitalismus" gestellt und herausgefunden, dass es eine einfache Antwort darauf nicht gibt – so wenig wie bei anderen Fragen dieser Art im Vergleich der Kulturen.

Eine monokausale Erklärung dafür, ebenso wie für den allmählichen ökonomischen Verfall der islamischen Kultur, ist nicht möglich, viele Faktoren, ideelle wie materielle, haben wohl dazu beigetragen. Im Übrigen vollzog sich der Verfall auch an unterschiedlichen Orten ganz unterschiedlich und er dauerte länger, als man bei uns gemeinhin glaubte. Auf diese Weise prosperierte das Mogulreich in Indien noch zu einer Zeit, da sich die Christen im Dreißigjährigen Krieg die Köpfe einschlugen und ihren im Entstehen begriffenen materiellen Reichtum zunächst wieder einmal reduzierten. So verdienten die Moguln am Handel mit Salpeter, den sie den Christen lieferten, die sich in ihren Glaubenskriegen wechselseitig totschossen. Eine wirklich kapitalistische Wirtschaft hatte das Mogulreich allerdings so wenig wie die Safawiden im Iran. Bis heute gibt es in der islamischen Welt eine kleine Anzahl von extrem reichen Menschen, der häufig eine Masse relativ Armer entgegensteht, eine Ausnahme bilden die Ölstaaten mit geringer Bevölkerung, die so sehr im Geld schwimmen, dass sie den größten Teil der Bevölkerung daran teilnehmen lassen können. Dort sind in den vergangenen Jahren kapitalistische Strukturen entstanden, die andernorts noch immer fehlen oder nur wenig entwickelt sind.

Investitionen litten im klassischen Islam darunter, dass eine Rechtssicherheit im modernen Sinn nicht gegeben war. Gewiss verhinderte die mangelnde, teilweise gar nicht vorhandene Einhegung der Macht, das Fehlen eines Rechtsstaates nach unserem Verständnis, dass Gewinne im großen Stil investiert wurden – in eine Zukunft, die eben rechtlich nicht berechenbar war, sondern oft extrem unsicher, der Willkür anheimgegeben. Zu berücksichtigen ist auch, dass der wirtschaftliche Niedergang, obzwar zunächst unmerklich, einsetzte, als es dem christlichen Abendland gelang, neue Ressourcen zu erschließen, die von diesem Zeitpunkt an den Muslimen nicht zugänglich waren. Geradezu symbolträchtig ist die Jahreszahl 1492: Damals mussten die letzten Mauren nach achthundert Jahre währender Herrschaft Spanien räumen, die Dynastie der Nasriden wurde aus Granada vertrieben; im selben Jahr entdeckte Kolumbus einen neuen Kontinent. Was die Portugiesen unter Heinrich dem Seefahrer eingeleitet hatten, setzten sie selbst, die Spanier, danach die Engländer fort: die endgültige Entschleierung des Globus und die Entdeckung der neuen Welten gaben den Anstoß zu jener „Vermessung der Welt" über die Ozeane und ihre Verbindung, die als eigentlicher Beginn der Globalisierung gesehen werden muss. Dies war gleichbedeutend mit der Erschließung neuer Quellen, sprich Rohstoffe, zu denen die islamische Welt auf Dauer keinen Zugang mehr fand. Der riesige Wirtschaftsraum zwischen dem Maghreb und dem Indus wurde sozusagen auf sich selbst zurückgeworfen und auch der bisher einträgliche Handel über die Seidenstraße, an dem die Muslime gut verdient hatten, nahm an Bedeutung immer mehr ab. Gehandelt wurde jetzt global über die Ozeane. Wir wagen hier einmal die These, dass das im 16. Jahrhundert so prosperierende und mächtige Reich der Osmanen von Anfang an gegenüber den westlichen Mächten aufgrund der geopolitischen Lage ökonomisch im Nachteil war.

So wenig der Islam imstande war, über den Rentenkapitalismus hinaus eine Marktwirtschaft im Sinne der Moderne zu entwickeln, so wenig war er auch imstande, aus sich heraus Mechanismen der sozialen Teilhabe zu entwickeln, wie sie für Europa spätestens seit dem 19. Jahrhundert gefordert und schließlich im Sinne eines sozialen Staates, der dann zum Sozialstaat und sozialen Fürsorgestaat wurde, auch verwirklicht worden sind. Im Islam gelang das nicht, obwohl er in der Tendenz durchaus egalitär eingestellt ist. Ausgleichende soziale Gerechtigkeit ist vielleicht sogar das Kernmotiv des islamischen Propheten, denn immer wieder ermahnt der Koran die Mekkaner, vom Reichtum abzugeben, die Armen zu speisen, Witwen und Waisen auf- und anzunehmen; die Reichen werden am Tag des Jüngsten Gerichts von ihrem Reichtum nichts in die Waagschale werfen können.

Der soziale Gedanke ist dem Islam also alles andere als fremd. Am augenfälligsten ist die soziale Komponente beim zakat, der Armensteuer. Doch darüber hinaus wurde im Islam durchaus eine Art Sozialfürsorge etabliert. Man denke an die Külliyes in der osmanischen Türkei, jene großen Moschee-Komplexe, die das Zentrum einer Mahalle waren, eines Viertels, das sich um die Moschee herum bildete. Die Moschee war Ort des Gebetes, jedoch ebenso ein Platz der Kommunikation und der Sozialhilfe. Zur Külliye (wörtlich: Gesamtheit) gehörten eine Theologenschule, aber auch ein Armenhospital und eine Küche, die Bedürftige speiste. Freilich: Eine Sozialpolitik gab es kaum. Wie in unserer westlichen Kultur kam es immer wieder zu Aufständen, deren Ursachen sozialer Natur waren, ideologisch verkleidet als religiöse Unruhen. Besonders schiitisch-heterodoxe Gruppen und deren Führer standen häufig im Mittelpunkt solcher Unruhen. Am berüchtigtsten waren die Qarmaten, eine auf Hamdan Qarmat zurückgehende sozial-revolutionäre Bewegung, deren Ideologie aus dem Ismailitentum, dem Siebener-Schiismus (Sab'ija) stammte. Den Qarmaten gelang es im 10. Jahrhundert, vorübergehend, die Arabische Halbinsel zu besetzen, Mekka zu erobern und den heiligen Stein aus der Kaaba zu entführen. Als sozialpolitische Vorstellung pflegten sie die Utopie einer Gütergemeinschaft – wie auch in frühosmanischer Zeit die Führer des Aufstandes von Scheich Bedrettin gegen Sultan Mehmet I. Aus Bauernaufständen entwickelte sich allerdings niemals eine geistige Strömung, die soziale Gerechtigkeit institutionalisieren wollte. Solche Gedanken kamen erst in der Moderne unter dem Einfluss des Westens auf. Dies gilt ebenso für die Industrialisierung, wo sie denn stattfand, und auch für die Einführung eines modernen Bankenwesens. Überhaupt kennt die islamische Welt keinerlei Volksbewegung und Protestkultur, die den Herrschenden einen völligen Umbau der Gesellschaft abgerungen hat. Wenn es Proteste gab, dann richteten sie sich, angestachelt von eher konservativ religiösen Kreisen, gegen Reformen von oben, die der Religion angeblich widersprachen; oder sie waren nationalistisch aufgeladen und wandten sich gegen die Herrschaft der Kolonialisten oder den Einfluss des Auslandes generell. Beispiele dafür sind die Proteste der Softas, der osmanischen Theologiestudenten, gegen die Tanzimat-Reformen des Sultans Mitte des 19. Jahrhunderts sowie die ägyptischen Unruhen unter Arabi-Pascha gegen den Einfluss der Engländer zu Beginn der achtziger Jahre eben dieses Jahrhunderts. Erst die Arabellion unserer Tage wird getragen von Rufen und Wünschen nach einem umfassenden Umbau des Systems, in dem neben Demokratie auch der sozialen Gerechtigkeit in einem modernen Sinne Bahn gebrochen werden soll.

Im Zeitalter des Kolonialismus waren die Ökonomien des Islam weitgehend fremdbestimmt, wobei die Grundbesitzer sich in der Regel rasch mit den neuen Herren der Kolonien, Protektorate und Mandate, in die ein großer Teil der nordafrikanischen und nahöstlichen Gebiete aufgeteilt worden war, arrangierten. Das System blieb rentenkapitalistisch. Doch im Gefolge vieler westlicher Vorstellungen über Staat und Gesellschaft drangen auch sozialistische Ideen in den Orient ein, nicht zuletzt dadurch, dass immer mehr Muslime in Europa studierten. Einer der Stammväter der arabischen Linken wurde Salama Musa, ein koptischer Christ aus Ägypten, wie überhaupt der Anteil von Christen bei der Entwicklung linker oder nationalistischer, in jedem Fall säkularer Ideologien recht hoch war. Insbesondere vom Säkularismus erhofften sie sich ein Ende ihrer Diskriminierung, die der Status der Schutzbefohlenen des Islam (ahl al dhimma) insgesamt doch bedeutet hatte, trotz des Freiraumes, den er den religiösen Minderheiten gewährte. Unter den arabischen Nationalisten setzte sich das deutsche Modell, das heißt der mehr „organische" Volk- und Nationbegriff Herders, durch, während etwa Kemal Atatürk eher von der französischen laicité und dem Positivismus Auguste Comtes (1798–1857) beeinflusst wurde. Unter den Linken gab es Sozialisten und ausgesprochene Marxisten, dies vor allem in jenen Ländern, die nach ihrer Unabhängigkeit Verbündete der Sowjetunion wurden; doch gab es in allen islamischen Ländern marxistische Intellektuelle, die das traditionelle Modell des Rentenkapitalismus durch Formen einer sozialistischen Wirtschaft ersetzen wollten. Im Iran etwa errang die moskautreue Tudeh-Partei zur Schah-Zeit großen Einfluss unter den Intellektuellen. In den arabischen Ländern kam es bei der in den vierziger Jahren in Syrien gegründeten Baath-Partei zu einer Synthese von säkularem Nationalismus der arabischen Nation und Sozialismus. „Sozialistische Partei der arabischen Wiedergeburt" – so der vollständige Name, der von dem Christen Michel Aflaq und dem Muslim Salah al Bitar 1946 ins Leben gerufenen Baath, die für einige Jahrzehnte große Anziehungskraft auf Teile der arabischen Massen ausübte. Doch nur im Irak und in Syrien konnte sie die Macht ergreifen. Im Irak bedeutete der Sturz Saddam Husseins 2003 ihr Ende, in Syrien kämpft sie momentan um ihr Überleben. Ideologisch hat die Baath-Partei ihre Zukunft hinter sich, obwohl sie zu Beginn ihrer Machtentfaltung sowohl in Syrien als auch im Irak durchaus Erfolge im Wirtschaftsleben und in der allgemeinen gesellschaftlichen Entwicklung vorzuweisen hatte, bevor sie endgültig in Despotie und Sklerose versank. Ähnliches gilt für den algerischen Sozialismus der dort seit 1962 herrschenden FLN, der der Entwicklung hinterherhinkt und es trotz enormer Einnahmen aus dem schwarzen Gold nicht geschafft hat, die drängendsten sozialen Probleme zu lösen. In Ägypten hatte Gamal Abd al Nasser (1954–1970) einen sogenannten islamischen Sozialismus ins Leben gerufen, den die Muslimbrüder erbittert bekämpften, nicht zuletzt, weil Nasser lange ein Verbündeter der (marxistisch-atheistischen) Sowjetunion war. Auch Nassers „Sozialismus" verknöcherte nach anfänglichen Erfolgen. Mit der weltpolitischen Wende 1990/91, dem Untergang der Sowjetunion und des Ostblocks zeigte sich auch in Ägypten, unabhängig von den ökonomischen Schwierigkeiten, die dieses Land ohnehin hat, das Versagen sozialistischer Modelle.

Einen zunächst pragmatischen Weg in der Wirtschaft ging die Türkei nach dem Zusammenbruch des Osmanischen Reiches. Staatsgründer Atatürk mischte Privatwirtschaft und Etatismus. Vor wenigen Jahren erst war die Sowjetunion ins Leben gerufen worden mit dem ausdrücklichen Ziel, erstmals in der Geschichte eine marxistisch grundierte Gesellschaft und Wirtschaft aufzubauen. Dieses Experiment griff der türkische Staatsmann auf. Hätte Atatürk länger gelebt – er starb schon 1938 – hätte er das Experiment wahrscheinlich irgendwann einmal abgebrochen. Doch so dauerte es bis in die achtziger Jahre des vorigen Jahrhunderts, bis die Türken unter dem Wirtschaftsfachmann Turgut Özal (1927–1993) darangingen, den schwerfälligen staatsmonopolistischen Sektor ihrer Wirtschaft aufzulockern – nicht ohne Protest der Linken. Özal brachte im Amt des Staatspräsidenten in der Wirtschaft vieles auf den Weg, konnte jedoch nichts zu Ende führen, zumal er schon 1993 starb. Nach dem Fast-Staatsbankrott zur Jahrtausendwende entwarf Kemal Derviş ein liberales Programm für die türkische Wirtschaft, das stark auf Privatisierungen und die Zurückdrängung des staatlichen Bereichs setzte. Nach ihrem Wahlsieg

2002 übernahm die AKP dieses Programm und das zahlte sich aus: Die Türkei ist heute jener „Tigerstaat", von dem Özal immer geträumt hatte, und wegen der wirtschaftlichen Erfolge ist die AKP bereits zweimal von Leuten gewählt worden, die ihr ideologisch eigentlich fernstehen. Manches spricht dafür, dass das in letzter Zeit so oft beschworene „türkische Modell" auch auf dem Felde der Ökonomie im Zuge der Arabellion eine gewisse Rolle spielen könnte.

Sozusagen an die Debatten des Mittelalters anknüpfend, wird seit etwa drei Jahrzehnten wieder intensiv über das Zinsverbot des Koran nachgedacht. Unter dem Stichwort „islamic banking" hat man in vielen Ländern schon damit experimentiert, sogar in der säkularen Türkei sind einige wenige Banken tätig, die es den Gläubigen erlauben, ihre Bankgeschäfte nach orthodoxen Prinzipien zu gestalten. Von Kritikern wird freilich bemängelt, das „islamic banking" funktioniere schlecht; zudem umgehe man den Riba mit Methoden, die nichts anderes seien als Augenwischerei: Durch Umbenennung des Zinses in „Gebühr" oder durch Selbstbeteiligung an der Bank und andere Manipulationen sei das moralische Problem des Zinsnehmens gar nicht gelöst, sondern nur verschoben. Indessen muss man sagen, dass die seit mehreren Jahren fortdauernden, vom Westen ausgehenden Krisen (Bankenkrise, Schuldenkrise, Eurokrise) den Verfechtern eines „islamic banking" durchaus Auftrieb gegeben haben, denn das „Zocken" des Turbokapitalismus und der Investmentbanker – noch dazu mit virtuellem Geld – wirkt auch auf viele Muslime abstoßend und beflügelt den Willen, Alternativen dazu zu entwickeln.

Wie sich das Wirtschaftsleben in der islamischen Welt künftig gestalten wird, wird wesentlich vom Verlauf der Arabellion und der Neuordnung der islamischen Gesellschaften abhängen. Sollte der Siegeszug der dezidiert islamischen Strömungen andauern, wird es sich etwas anders gestalten, als wenn sich weltliche Kräfte durchsetzen. Außerdem sind die natürlichen Voraussetzungen für wirtschaftlichen Fortschritt ganz unterschiedlich und die gesellschaftlichen Bedingungen für ökonomischen Fortschritt müssen in den meisten Fällen erst noch geschaffen werden: eine offene Gesellschaft, angstfreie Diskurse aller Art, Freiheit der Wissenschaft, bessere Ausbildung der Jugend, Rechtssicherheit für inländische wie ausländische Investoren und vieles mehr. Erschwerend kommt für einen Großteil der arabischen Länder hinzu, dass sie nun einmal im extremsten Trockengürtel der Erde liegen und dass irgendwann, in absehbarer Zeit jedenfalls, auch das Pfund des Erdöls, mit dem wenigstens einige von ihnen noch wuchern können, aufgebraucht sein wird. Deshalb haben andere Staaten zu diversifizieren begonnen, wurden zum internationalen Finanzplatz oder bauen ihr Land zur internationalen Drehscheibe des Flugverkehrs aus. Vielleicht ruht die ökonomische Zukunft dieser gesamten Region auch auf einer Quelle, die dort überreich zur Verfügung steht: der Sonne.

Die Welt der Islamisten: Wie der Iran seine glänzende islamische Kultur verspielte

Wer heute zum ersten Mal nach Teheran kommt, in die Hauptstadt der „Islamischen“ Republik Iran, bemerkt das vor allem an der verhüllenden Kleidung der Frauen – am Stadtbild indessen erkennt er es ganz und gar nicht. Der Zwölf-Millionen-Moloch, der sich vom Südhang des kahlen und schrundigen Alborz-Gebirges mit dem den Iranern heiligen, über 5700 Meter hohen Berg Demawend bis an die Nordränder der Salzwüste Dascht-e Kawir erstreckt und dabei fast tausend Höhenmeter abfällt, hat nicht die Anmutung einer islamischen Stadt. Im Gegenteil: Man sieht Hochhäuser, lange und breite Boulevards, wie die Wali-Asr (früher Avenue Pahlavi), Umgehungsautobahnen und wenig einladende Wohnblocks in Stadtrandvierteln, die ebenso in anderen Städten der Welt stehen könnten. Keine imposanten Kuppeln und Minarette ragen in den Himmel, wie in Kairo, Damaskus oder Istanbul; in der Regel ist angesichts des Höllenlärms der Autos noch nicht einmal der Ruf des Muezzins zu vernehmen, es sei denn, man steht gerade zufällig vor einem jener kleinen Gebetshäuser, die sich unscheinbar in die Häuserzeilen drücken. Man braucht einige Zeit, um zu entdecken, dass auch Teheran eine islamische Stadt ist: im Großen Basar im Herzen der Stadt, der für das Land nach wie vor eine wichtige Nachrichten- und Stimmungsbörse ist, an der dem Basar angeschlossenen Großen Moschee, an der Moschee-Hochschule Sepahsalar und schließlich am Heiligtum von Abdol Azim, ganz tief im Süden Teherans gelegen. Hinzugekommen ist seit mehr als zwanzig Jahren das pompöse Grabmal für den Ajatollah Ruhollah Musawi Chomeini, den Inspirator der „Islamischen Revolution“ (enghelab-e eslami) und Schöpfer der Islamischen Republik Iran.

Um gerecht zu sein: Schon zu Zeiten des Schahs Mohammad Reza Pahlewi, der bis 1979 herrschte, war Teheran keine schöne Stadt, wenngleich doch etwas überschaubarer und komfortabler als heute. Verglichen mit den alten Hauptstädten des Persischen Reiches, mit Qazwin, Isfahan oder Schiras, auch verglichen mit Qom oder Maschhad, Täbris oder Hamadan kann sich Teheran kaum sehen lassen.

Manchmal scheint es, als habe das eine geradezu symbolische Bedeutung. Der Ajatollah Chomeini und seine Millionen Mitstreiter traten damals, in den sechziger und siebziger Jahren, an, um den Islam „zu retten", wie sie sagten. Vieles warfen sie dem Schah vor, vor allem jedoch, dass seine Modernisierung des Landes und sein „Amerikanismus" den Islam, seine Lebensformen und seine großartige Kultur zerstört haben.

Zurückgedrängt wurde der Islam unter den Pahlewis in der Tat, vor allem aus dem öffentlichen Leben, niemals aber wirklich zerstört. Als ich 1970, lange vor dem Umsturz, zum ersten Mal im Iran war, war das ein spürbar islamisch-schiitisches Land, das gerade den Geburtstag des Imam Ali beging. Die Parks waren illuminiert, man ging zum Beten in die Moscheen und traf sich in und mit den Familien. Es war eine Zeit, in der iranische Politiker (und nicht nur sie) viele Fehler machten, aber auch eine Zeit, in der zum Beispiel Professor Henry Corbin (1903–1978) und seine iranischen Mitarbeiter die großangelegte Bibliothèque iranienne herausgaben, eine Sammlung von Texten islamischer Philosophie, Mystik und der Theosophie des Iran. Die Pahlawi Foundation unterstützte iranistische und islamische Forschungsprojekte. Texte aserbaidschanischer Philosophen wurden ediert und kommentiert. Wurde da der Islam zerstört?

Deutlich erkennbar war gewiss unter den Pahlewis, dass man sich stark mit dem vorislamischen Land Iran und seiner Kultur identifizierte. Auch darüber wurde geforscht, wurden Texte herausgegeben – unter anderem ebenfalls von Corbin. Und man versuchte, den Einfluss der Mullahs einzudämmen, was diese natürlich ärgerte. Ein Prozess, der in der benachbarten Türkei unter der Führung von Mustafa Kemal Pascha, genannt Atatürk, in den zwanziger und dreißiger Jahren einigermaßen gelungen war, geriet im Iran zum Fiasko: eine Teilsäkularisierung, die gewiss auch manche Nachteile hatte, wurde unter Chomeini wieder rückgängig gemacht, und zwar nicht allein äußerlich.

Wer den heutigen Iran erlebt, bemerkt, dass unter der zwanghaften Islamisierung mit ihren starren Regeln, denen alle gehorchen müssen (angesichts derer man jedoch auch seine „Nischen" im Privaten sucht und findet), die Zustimmung zu einer islamischen Ordnung, ja zum Islam selbst rapide nachgelassen hat. Als Chomeini am 1. Februar 1979 aus dem Exil nach Teheran zurückgekehrt war, in der ersten Phase der Revolution nach dem Abgang des Schahs also, glaubten selbst die an der Revolution beteiligten säkularen Kräfte, dass nur der Islam die Lösung der Probleme des Landes bringen könne – von den breiten Massen ganz zu schweigen, für die Chomeini der wiedergekehrte „verborgene Imam" war, der prophezeite Paraklet und „Beherrscher der Zeit" (saheb-e zaman). Man habe schon Monate vor Chomeinis Triumph sein Antlitz am Himmel, in der Mondsichel gesehen – solche und ähnliche Phantasmagorien kennzeichnen die eschatologische, endzeitliche Stimmung jener Tage. Die Hoffnungen auf die Zukunft glichen der Stärke jenseitiger Verheißungen, und das sogar noch 1979, als die Islamische Republik und ihr System in einer Volksabstimmung per Stimmzettel bestätigt wurden.

Was ist davon geblieben? Wie lebt es sich unter Islamisten? Was haben sie erreicht?

Fünfunddreißig Jahre nach der Revolution ist der Iran dem Namen nach eine „islamische" Republik, ein „Gottesstaat", in Wirklichkeit jedoch eine triviale Militärdiktatur, in der der oberste religiöse Führer, Ajatollah Ali Chamenei, und die Revolutionsgardisten (pasdaran-e enghelab) Hand in Hand arbeiten. Sie sind die eigentliche Machtstruktur im Land, jederzeit in der Lage, jeglichen Widerstand im Keim zu ersticken. Das zeigte sich im Jahre 2009, als im Iran die Generalprobe der Arabellion, die „grüne Revolution", stattfand und blutig scheiterte. Wie das Regime selbst eingestand, konnte der umstrittene Präsident Mahmud Ahmadineschad nur mit Wahlmanipulationen für eine zweite Amtszeit bestätigt werden.

Zudem ist der Iran eine bedeutende Regionalmacht geworden, wie sie es allerdings auch unter dem Schah und in früheren Epochen im Gebiet des Persischen Golfs immer wieder einmal gewesen ist. Diese Stellung hat das Land durch ein eigenes Nuklearprogramm weiter gefestigt; nach der Auffassung der meisten Fachleute will der Iran durch das Streben nach der Atombombe seinen Status der Unangreifbarkeit zementieren. Trotz hoher Einnahmen aus der Ölindustrie ist die Lage der Wirtschaft chronisch schlecht, rettet man sich von Krise zu Krise. Auch Sanktionen spielen dabei natürlich eine Rolle. Gelegentliche finanzielle Wohltaten des Staates sorgen dafür, dass die einfachen Leute bei der Stange bleiben. Religiös-ideologische Rechtgläubigkeit rangiert auf fast allen Gebieten des öffentlichen Lebens und der Wirtschaft allemal vor Talent und Können. Da die Revolution zu wesentlichen Teilen von den Ärmeren getragen wurde, den mostazafin oder „Entrechteten und Enterbten", unternimmt das Regime einiges, um diese ruhigzustellen. Das funktioniert bis heute, zumal diese Schicht mit einem anderen Diskurs als dem islamischen überhaupt nicht vertraut ist. Die mostazafin bilden nach wie vor die „Stützen der Gesellschaft". Manche rechnen dem Regime auch an, dass es die Abhängigkeit des Iran von fremden Mächten, zum Beispiel den USA, beendet habe. Freilich: Dafür ist man jetzt mit vielen verfeindet, und die Freunde, die man hat, sind oft höchst zweifelhafte Genossen. Zu diesen anrüchigen Freunden gehört das repressive Syrien Assads, das seine Zukunft vielleicht hinter sich hat; auch der weit entfernt in Venezuela herrschende Hugo Chávez zählte einst dazu.

Die staatliche Ordnung wird durch drei Komplexe charakterisiert: eine Präsidialverfassung, das islamische Scharia-Recht nach seiner schiitischen Auslegung der Dschaafari-Rechtsschule, und, als für die Macht und ihre Festigung entscheidendes Element, die von Chomeini entworfene Konstruktion der Herrschaft des höchsten Religionsgelehrten: welayat-e faghih. Diese Institution ist etwas ganz Neues in der Geschichte des Schiismus. Sie hat das letzte Wort im Staat, und ihre Entscheidung ist autoritativ. Welayat-e faghih war von Chomeini selbst in seinem Buch über den Islamischen Staat, das er in Nadschaf im irakischen Exil entworfen hatte, auf seine Person zugeschnitten worden, ein einmaliges Konstrukt, das auch für die Iraner überraschend war und ist. Nie zuvor gab es so etwas in ihrem Land. Mit diesen Mitteln und einem religiösen Gesinnungsterror, der sich in Gestalt der Moschee-Komitees seinen mächtigen Arm schuf, sollte und soll „der Islam" gegen Einflüsse der Moderne, gegen die „westliche Dekadenz" vor allem und die „amerikanische Religion" geschützt werden: gegen die Trennung von Staat und Religion. Denn der Kampf gegen die „Vergiftung durch den Westen" (gharbzadegi), gegen eine individualistische Lebensweise, in der das Weltliche Vorrang hat vor dem Religiösen, gehörte zu den wichtigsten Zielen der islamischen Revolutionäre. In diesem Ziel waren sich auch jene Menschen mit den Islamisten einig, die man eigentlich nicht in deren Lager vermutet hätte: etwa der prominente Schriftsteller Dschalal-Al-e Ahmad, der als Linker begonnen, sich dann aber ganz als Hüter der iranisch-schiitischen Kultur betätigt hatte – als Hüter vor allem gegenüber den USA, die nicht nur des Imperialismus und der Verschwörung bezichtigt wurden und werden, sondern auch als die führende Macht des individualistischen, „materialistischen" Lebensstils gelten.

Was ist nun aus diesen Zielen geworden?

Auf dem flachen Land, wo die Menschen immer frömmer waren als in den Städten, ist die Lage unverändert. Dort bestimmen die islamischen Traditionen wie eh und je das Leben; die von der Islamischen Republik forcierte Islamisierung im Sinne Ajatollah Chomeinis hat dort kaum jemanden verstört, ebenso wenig wie unter den mostazafin und unter den nach wie vor recht zahlreichen anderen Anhängern des Systems: überzeugte Islamisten, aber auch – und dies hat eine lange, bis in ferne Jahrhunderte zurückreichende Tradition im Iran – jede Menge Mitläufer, die ihr Mäntelchen nach dem Wind hängen. Schon im 13. Jahrhundert schrieb der Dichter Saadi, einer der Heroen der klassischen persischen Poesie, den zwar lebensklugen, doch moralisch fragwürdigen Vers: „Wenn du dem Wort des Sultans widersprichst/badest du deine Hand im Blut/Wenn er den Tag zur Nacht erklärt/dann sage: Jawohl, dort stehn der Mond und die Plejaden!" Opportunismus dieser Art, gerechtfertigt als Lebensklugheit, ist ein Resultat von Jahrtausenden orientalischer Despotie. Von dieser können gerade die Perser ein Lied singen.

In den großen Städten hingegen, und hier vor allem unter der Jugend, die zu großen Teilen nichts anderes kennt als die Islamische Republik, die auch die Zeiten der Revolution und die Jahre davor nicht miterlebt hat, haben Enttäuschung und Ablehnung stark zugenommen. Chomeini und seine Revolutionäre hatten die Revolution nicht zuletzt unternommen, um den (auch kulturell) starken Einfluss der Amerikaner zu beseitigen. Doch es ist kaum übertrieben, wenn man sagt, dass die iranische Jugend im gesamten Nahen Osten heute die prowestlichste ist, gerade auch bezogen auf Amerika. Alles Westliche hat Konjunktur, zumal wenn es verboten ist oder zumindest mit Skepsis betrachtet wird. Noch immer ist Amerika der Große Satan (scheitan-e bozorg) der Propaganda, doch bei der Jugend umso begehrter. Ein schreienderer Widerspruch lässt sich kaum vorstellen.

Unter dem Deckmantel der „Schicklichkeit", deren Beförderer die islamische Moral sein soll, gedeihen Prostitution und ein Drogenkonsum, der weitaus stärker ist als je zuvor. Rauschgifte waren – wie im Westen der Alkohol – lange Zeit fester Bestandteil persischer Alltagskultur, aber kein Objekt der Kriminalität. Beide Erscheinungen sind vor allem Auswüchse einer repressiven (Sexual-)Moral, gegen die gerade die Jugend überall ihre Freiräume zu finden versucht. Die Frauen etwa testen in großer Zahl, wie weit sie im Rahmen des Hidschab, der vorgeschriebenen Bedeckung und Verhüllung, das Kopftuch nach oben oder nach hinten schieben können, um möglichst viel „Haar zu zeigen". Parallel dazu ist eine Gesellschaft der Heuchler entstanden, in der Täuschung und Lüge, gewissermaßen eine doppelte Buchführung nach außen, an der Tagesordnung sind. Die so entstandene „islamische" Doppelmoral hat nichts zu tun mit der, gerade von den Mullahs, in früheren Zeiten durchaus bewiesenen Toleranz in Privatangelegenheiten. Viele Iraner erkennen da ihr Land gar nicht mehr wieder. Und mit den Versen eines Hafis, die die Frömmler und Heuchler desavouieren, wappnen sie sich geistig gegen die Fundamentalisten. Nach außen hin preisen auch die Mullahs Dichter wie Hafis, doch im tiefsten Inneren ist ihnen deren „Freigeisterei" verhasst. Die Dichtungen Hafis' aber sind das Beste, was die persische Kultur in der islamischen Zeit zu bieten hat.

Zur Religion sind viele junge Leute innerlich auf Distanz gegangen. Im westlichen Nachbarland Türkei, wo Religion und Staat qua Verfassung getrennt sind, werden die Moscheen in der Regel deutlich besser besucht als in der Islamischen Republik Iran mit ihrer islamistischen Staatsdoktrin. Das gilt gerade auch für die Jugend, deren Gebetspraxis in der Türkei äußerst rege ist, im Iran hingegen verhalten.

Trotz allen Versagens hatte die von Chomeini initiierte und ausgeführte Umwälzung aber auch Erfolge zu verzeichnen. So wurde Frauen und Mädchen ein weitgehender Zugang zur Bildung verschafft. Kaum ein Land der islamischen Hemisphäre hat mittlerweile so viele Akademikerinnen, und zwar auf fast allen Gebieten, wie die Islamische Republik Iran. Der durch Bildung erweiterte Horizont stößt sich natürlich an der eingeengten Möglichkeit des öffentlichen Wirkens, das angeblich nicht mit der Moral kompatibel sei; und in letzter Zeit, so ist zu vernehmen, werden die Bildungsprogramme für Frauen wieder zurückgenommen. Irans Frauen sollen per ordre de Mufti wieder mehr Kinder bekommen, weil dies die hegemonialen Pläne der Staatsführung unterstützt. So hat man den Zugang zu etlichen Studiengängen für Frauen wieder geschlossen, hauptsächlich in den naturwissenschaftlichen Fächern, wo es für die iranischen Frauen immer gute Möglichkeiten gab, ihre Unabhängigkeit und Selbstbestimmung zu fördern. Genau diese Unabhängigkeitsbestrebungen sind für die Mehrheit der Mullahs ein rotes Tuch.

Das Ausmaß von Restriktion und Repression schwankt im Iran. Als Sejjed Mohammad Chatami 1997 Staatspräsident wurde, gab es einen kurzzeitigen „Frühling der Freiheit", der zu einer Lockerung mancher Einschränkungen führte, vor allem in der Presse. Doch dieser Reformkurs versackte unter den Schlägen der Hardliner des Regimes. Perioden einer gewissen Duldung wechseln auf diese Weise mit Zeiten der Einschüchterung und Verfolgung. Auspeitschungen und Steinigungsurteile wegen Ehebruchs, Repressionen und Schikanen der Komitees gegen Frauen, die nicht „ordentlich" gekleidet gehen, sorgen für Angst, aber auch für negative Schlagzeilen über den Islam. Schwer darunter zu leiden haben insbesondere die Künstler, deren Schaffen eine ständige Gratwanderung bedeutet. Vor allem gilt dies für die iranischen Filmemacher, die einen guten Ruf haben, aber immer gewärtig sein müssen, den Schikanen des Staates ausgesetzt zu sein. Auch Romanautoren wie Huschang Golschiri und viele andere mussten und müssen solche Grenzgänge vollziehen. Eine Reihe bekannter Schriftsteller, wie Abbas Maarufi, hat das Land längst verlassen. Ihre Lust, heimzukehren, ist angesichts der Lage im Iran gering. So trocknet das Land geistig aus, jedenfalls was seine innovativsten Künstler betrifft.

Die Islamisten in Teheran vergehen sich freilich auch an dem besonderen Geist ihrer Kultur, der seit mehr als tausend Jahren von der Mystik geprägt, ja, mit ihr durchtränkt ist. Wie sehr das gerade im Iran immer der Fall war, ist schon in den Abschnitten über den Sufismus gezeigt worden. Doch die heutzutage herrschenden Kreise lieben die Mystiker nicht. Zwar hält man offiziell auch die Poeten unter den Sufis in Ehren, doch die praktizierenden Mystiker verfolgt man oder schränkt wenigstens ihren Spielraum ein. Ganz besonders betroffen sind davon die Nematollahi-Bruderschaften, die vor allem im Mittel-Iran eine große Anhängerschaft haben. Die Toleranz, die der Sufismus predigt, ist den Fundamentalisten nicht militant genug; sie glauben, dass Toleranz die Gesellschaft schwäche und ihre Widerstandskräfte erlahmen lasse – insbesondere gegenüber den bösen Kräften aus der Außenwelt.

Dazu muss man allerdings bemerken, dass auch die Islamisten in anderen, sunnitischen Ländern die Sufis nicht gerade schätzen. Der Islamismus als eine radikale, kämpferische Ideologie kann die oft antinomistische, das Gesetz jedenfalls hinterfragende oder es als Äußerlichkeit relativierende Frömmigkeit und Religiosität der Mystiker nicht gutheißen. Nach Ansicht der islamischen Ideologen schwächt die Beschaulichkeit der sufischen Existenz die Kampfkraft des Islams und damit den Islam selbst. Der Sufi strebt, wie wir gesehen haben, nach dem inneren Erleben der göttlichen Einheit, nach Gotteserfahrung. Er hebt in letzter Konsequenz den Unterschied der Religionen auf und bevorzugt die Tugenden des Herzens vor denen des Gehorsams und vor dem bloßen „Augendienst“ (al-Ghazali). Die Sufis haben wahrlich ein großes Herz. Trotz der Existenz von Bruderschaften und Orden, in denen die Sufis oft zusammengeschlossen sind, ist die mystische Erfahrung doch auch etwas Individualistisches, ja Existenzielles, wie dies die Lehren und das Schicksal des berühmten Sufi al Halladsch (hingerichtet im Jahre 922 zu Bagdad) deutlich machen. All das ist jedoch den Bürokraten der Religion, den Verwaltern metaphysischer Bestrebungen und ihrer „Ermächtigung“ für Staat und Gesellschaft ein ewiger Dorn im Auge.

Die subtile, entmaterialisierte Geistigkeit der iranisch-schiitischen Kultur, die freilich auch die vorislamischen religiösen und spirituellen Lehren und Traditionen des alten Landes Persien/Iran in sich aufgenommen hat und umfasst, kulminierte in den persischen Dichtungen der klassischen Zeit, in der Miniaturmalerei eines Meisters Behzad aus Herat im 15. Jahrhundert, in der Musik der Sufis und in vielem mehr. Wenn sich heute die Mullahs gegen all diese Traditionen wenden, sie als „unislamisch“ verwerfen, bestenfalls hier und da dulden, eigentlich aber bekämpfen, so zerstören sie gerade das Wertvollste an ihrer islamischen Kultur, sozusagen ihren inneren spirituellen Kern. Im Iran zeigt sich unter Islamisten somit ein geistesgeschichtliches Phänomen, das auch anderswo, zu anderen Zeiten und in anderen Kulturen deutlich wurde: dass gerade jene, die besonders rigide auf Erhaltung und Bewahrung, auf „Reinheit“ ihrer Kultur pochen, am Ende das Meiste davon verspielen und zerstören. Dies gilt für alle polternden Nationalisten ebenso wie für religiöse Fanatiker, die nur ihr Dogma kennen und sonst gar nichts. Wäre der Islam immer so hermetisch verschlossen gewesen, hätte er niemals jene hochstehende Zivilisation hervorbringen können, die wir heute noch nach Jahrhunderten mi Recht bewundern.

Zu Hoffnungen gibt Anlass, dass es auch im Iran seit vielen Jahren islamische Reformdenker gibt, die aus der Theologie kommen und bereit sind, sich mit dem Regime anzulegen. Einige von ihnen, wie Mohsen Kadivar, tun dies aus dem Exil heraus, andere, wie Abdolkarim Sorusch oder Mahmud Schabestari, in der Heimat selbst, wo sie oft unter großem Druck stehen, nicht nur seitens des Regimes, sondern auch seitens feindseliger Studenten und Akademiker. Ihnen und ihren Werken gegenüber ist jeder Vorwurf, sie seien bloße „Affen des Westens“, absurd. Es geht ihnen vielmehr darum, den Geist der Dialektik, der in den ersten Jahrhunderten der islamischen Geschichte zu lebhaften theologischen und philosophischen Debatten geführt hat, wiederzubeleben. Gelernt haben sie auch von westlichen Methoden der Hermeneutik, die sie auf die religiösen Quellen anwenden. Dabei geht es einem Mann wie Sorusch nicht um billige und bequeme Anpassungen, sondern gerade darum, die Texte besser zu verstehen, sie aus ihren historischen und sonstigen Zusammenhängen heraus zu deuten und neu zu interpretieren. Doch allen Dogmatikern und Buchstabengläubigen ist dies zuwider. Wer heute über die iranische Kultur Authentisches erfahren möchte, ist bei den intellektuellen Exil-

Iranern zumeist weitaus besser aufgehoben als im Iran selbst. Im Ausland kann man sich angstfrei mit den Lehren Zarathustras und anderen vorislamischen Äußerungen des iranischen Geisteslebens beschäftigen.

Die größte Tragödie und ein besonders grausames Kapitel der iranischen Geschichte ist die Feindschaft, welche die Schiiten gegenüber der religiösen Minderheit der Bahai pflegen. Diese im frühen 19. Jahrhundert entstandene eschatologische Bewegung des schiitischen Islam entwickelte sich unter ihren Stiftern, dem „Bab“ (1819-1850) und Bahaullah (1817–1892), zwei Persern, zu einer eigenständigen Religion. Als solche ist sie ein echtes religions- und geistesgeschichtliches Gewächs der iranischen Kultur, doch da sich die Reformbewegung zu einer Religion mit eigenem Propheten und eigenen heiligen Texten entwickelte, kann sie von den Mullahs – entsprechend dem Dogma vom Islam als letzter, vollendeter Religion – nicht akzeptiert werden. Für sie gilt, dass nach dem Auftreten Mohammeds keine andere Religion mehr gestiftet werden kann, denn dessen Offenbarung „besiegelt“ die Offenbarungen des Monotheismus (tauhid), schließt diese also ab. Freilich ist dies die bis heute gängige Auffassung aller Muslime, mit der der Iran deshalb nicht alleine dasteht. Nur der Sufismus wäre gegenwärtig wohl durch seine entgrenzende, sprengende Spiritualität in der Lage, auch „spätere“ Religionen als den Islam zu akzeptieren und in diesen zu integrieren.

Die Religionsgemeinschaft der Bahai, die sich zu einer Weltreligion entwickelt hat, gehört ebenfalls zum religiösen Genius der Perser und hätte in ihrer Anfangszeit auch die Chance gehabt, eine umfassende Reformbewegung des schiitischen Islam im Iran auf den Weg zu bringen, wenn diese religiöse Erweckungsbewegung nicht im Blut ihrer zahlreichen Märtyrer ertränkt worden wäre. Ursprung der Babi-Bewegung, wie der Bahai-Glaube am Anfang hieß, war eine eschatologische, schiitische Erweckungsbewegung, die völlig schiitisch ausgerichtete Scheichi-Sekte, die von Scheich Ahmad Ahsa'i inspiriert wurde. Dieser lebte in der den Schiiten sozusagen zur zweiten Natur gewordenen Erwartung einer Art Mahdi-Gestalt, deren Erscheinen unmittelbar bevorstehen sollte. Im Jahre 1844 erklärte sich dann der aus Schiras in Südiran stammende Charismatiker Sajjid Ali Muhammad zum Bab (arabisch für Pforte, Tor), das heißt zu dem Verheißenen und Erneuerer, durch den Gott freilich einen Größeren offenbaren werde. Vor allem für die Anhänger der Scheichi-Bewegung schien sich die schiitische Endzeit zu erfüllen. Hier gewann der „Bab“ denn auch die meisten Jünger. Hoffnungen auf eine Erneuerung des religiösen und gesellschaftlichen Lebens wurden geweckt und auch bei einigen der traditionellen Mullahs stieß der Bab auf Sympathie. Die Bewegung entwickelte einen solchen Elan – zumal modernere Ideen in ihr zum Tragen kamen –, dass die Mullah-Kaste und der Herrscher um ihre Macht bangten. Eine blutige Verfolgung der Babi setzte ein, eine Kette von Gewalt und Gegengewalt wurde so geknüpft. Der Bab wurde gefangengenommen und im Jahr 1850 in Täbris hingerichtet.

Es zeigte sich allerdings, dass dieses Martyrium seine Anhänger trotz der blutigen Unterdrückung eher noch in ihrem Eifer beflügelte als dass es sie niederzwang. Unter Mirza Hussein Ali aus Teheran sammelte sich die Gemeinde; der Schah Irans, Nasseroddin, verwies ihn des Landes – zunächst nach Bagdad im Irak, wo sich dieser zweite Charismatiker im Jahre 1863 als der zu erkennen gab, von dem der Bab zuvor verheißen hatte, dass ihm „Gott offenbaren werde: „man yazhuruhu Allah". Unter dem Namen „Bahaullah" (Glanz oder Herrlichkeit Gottes) wurde er zum eigentlichen Stifter des Bahai-Glaubens, der sich durch sein Wirken immer mehr von seinen schiitischen Wurzeln löste und zu einer eigenen Lehre weiterentwickelte. Nach einer Odyssee der Verbannungen – von Bagdad nach Edirne in die Nähe der osmanischen Reichshauptstadt Istanbul/Konstantinopel schließlich nach Akkon in Palästina – starb Bahaullah dort im Jahre 1892. Unter seinem Sohn Abbas Effendi Abdul Baha (gest. 1921) wurde die Gemeinde weitergeführt und schließlich auf allen Kontinenten etabliert. Heute fungiert das Universale Haus der Gerechtigkeit in der israelischen Stadt Haifa als die zentrale Instanz der etwa sieben Millionen Bahai auf der ganzen Welt.

Wir können hier nicht ausführlich auf die Lehren der Bahai eingehen, doch haben sich einige europäische Orientalisten, wie Edward Granville Browne (1862–1926) und Alessandro Bausani (1921–1988), mit den Stiftern und den heiligen Texten des Babismus und des Bahai-Glaubens beschäftigt; natürlich auch führende Bahai, wie M. H. Balyuzi (1908–1980). Kernpunkt ihres Monotheismus ist die Vorstellung einer zyklischen Offenbarung, einer Kette von Offenbarern (Propheten), die die Botschaft der jeweils vorherigen im Sinne einer Einheit der Religionen für ihre Epoche jeweils neu auslegen, der alte Wein bedarf, um im biblischen Bild zu bleiben, immer wieder neuer Schläuche. Die Anhänger Bahaullahs praktizieren heute einen modernen, zeitgenössischen Glauben, der sich für Gleichberechtigung der Geschlechter und moderne Freiheitsrechte einsetzt. Sie haben eigene Feste und Gebete, in denen sie das Gedankengut aller großen Religionen beschwören. Das hat ihnen gelegentlich den Vorwurf eines gewissen Synkretismus eingetragen. Die Bahai verehren Mohammed und den Islam als die ihrer Religion vorausgegangene Offenbarung an die Menschheit, etwa so, wie das Christentum aus dem Judentum hervorgegangen ist. Der Islam seinerseits sieht in ihnen freilich Abtrünnige.

Die Frage, ob die Babi-Bewegung, hätte man sie früh in den Islam integriert, den Schiismus modernisiert hätte, ist natürlich nicht eindeutig zu beantworten. Es gab schiitische Gelehrte, die bereit waren, zumindest den Bab anzuerkennen. Doch seit dessen Martyrium herrscht Feindschaft. Auch in sunnitischen Ländern werden die Bahai verfolgt oder zumindest diskriminiert, am schlimmsten jedoch im Ursprungsland Iran. Dort wurde mit der Hodschatije-Bewegung im Jahre 1951 – dies war noch zu Zeiten des Schah – sogar eine klerikale Gruppierung ins Leben gerufen, der es obliegt, den Bahai-Glauben, zu dem sich noch immer etwa 300 000 Iraner bekennen, zu bekämpfen, wenn möglich auszurotten. So ist der religiöse Genius Irans, der in Zarathustra, Mani und dem Schiitentum Gestalt annahm, durch Dogmatismus der Versteinerung anheimgefallen. Selbst der Sufismus, der in Persien eine großartige Blüte erlebte, wird heute, wir sagten es schon, in den Hintergrund gedrängt, weil dessen tolerante Lehren politisch und militärisch nur schwer zu instrumentalisieren sind.

Wir haben in diesem Kapitel das Leben unter Islamisten speziell schiitischer Prägung charakterisiert. Doch ähnlich könnten wir – mit gewissen Abweichungen – über die Erfahrungen in jenen Ländern schreiben, die von militanten sunnitischen Islamisten regiert oder doch maßgeblich geprägt werden. Als brutalste Unterdrücker haben die Taliban in Afghanistan von sich reden gemacht. Auch im Falle Afghanistans waren viele über die Entstehung dieser ideologischen Kampfbewegung mit ihrer freudlosen Lebenssicht entsetzt. Gewiss: Auch vorher war Afghanistan ein traditionalistisches Land, dessen Sitten und Gebräuche westlichen Standards und der Charta der Menschenrechte der Vereinten Nationen nicht gerecht wurden. Doch hatten die Afghanen nichts gegen Musik einzuwenden, auch nichts gegen Tanz und Spiel und Lebensfreude – im Gegenteil: Man pflegte auch kleine Eitelkeiten, ohne das Gefühl zu haben, man sei ein schlechter Muslim. Doch auch im nichtfundamentalistischen Islam muss ein moderner Toleranzbegriff – die Betonung liegt auf modern – erst noch herausgearbeitet werden. In gewisser Weise ist der Iran heute ein ganz paradoxes Phänomen: Obwohl dort über zwei Dutzend Wahlen stattgefunden haben, mehr als anderswo in der Region, herrscht doch keine Demokratie, die diesen Namen verdient. Und obwohl der schiitische Islam zu einem ideologischen Gerüst radikalisiert worden ist, um ihn gegen Gefahren zu wappnen, sind doch unter den Jungen immer weniger bereit, ihn wirklich zu verteidigen.

Im Jahre 2009 fand in Teheran so etwas wie die Generalprobe des Arabischen Frühlings statt, die allerdings aufgrund der Effektivität der Unterdrückungskräfte misslang. Die iranischen Reformer setzen nun darauf, dass vielleicht der umgekehrte Weg zum Erfolg führt: von der Arabellion zum Iran. Es ist verständlich, dass diese Hoffnungen aufkeimen, doch wie wahrscheinlich ihre Erfüllung ist, vermag gegenwärtig niemand zu sagen. Der Iran versucht mit seinem Nuklearprogramm, in eine andere Liga der Weltpolitik aufzusteigen, nicht zuletzt, um sich unangreifbar zu machen. Die Gegnerschaft zu Israel, das bereits Atommacht ist, dient als Rechtfertigung dafür. Auch die Vormachtansprüche, die der Iran gegenüber den anderen Saaten am Persischen Golf postuliert, sollen dadurch gefestigt werden. Überdies haben die Schiiten überall auf der Welt durch den schiitischen Islamismus, insbesondere im Irak und im Libanon, aber auch in Bahrain und auf der Arabischen Halbinsel ohne Zweifel Auftrieb bekommen; den Graben zu den Sunniten hat dies allerdings auch weiter vertieft. Im Bürgerkrieg in Syrien wird dies offensichtlich, denn er ist längst aus einer Protestbewegung gegen Assad zu einem Stellvertreterkrieg zwischen Schia und Sunna geworden.

Deren Vormacht ist heute Saudi-Arabien, dessen Salafismus ebenfalls ausstrahlt, etwa nach Ägypten. In gemäßigteren Staaten besteht freilich angesichts des Arabischen Frühlings die Aussicht, dass der sunnitische Islamismus sich nach Jahren aggressiven Gebarens mäßigt. In Tunesien und Ägypten, auch in Marokko, gibt es Ansätze dazu, ebenso in der Türkei. In Ägypten scheint eine Mehrheit der Menschen entschlossen zu sein, den Islamisten der Muslimbruderschaft ihre Grenzen aufzuzeigen.

Schwer einzuschätzen ist die Zukunft des militanten, terroristischen Dschihadismus, der von Al-Qaida und verwandten Bewegungen ausgehend noch immer Angst und Schrecken verbreitet. Durch die Ermordung Usama Bin Ladins durch ein amerikanisches Spezialkommando in Pakistan in der Stadt Abbottabad im Jahre 2011 und durch die arabischen Umwälzungen ist er geschwächt worden. Doch wird er im Jemen, im Irak, im Maghreb, unter schwarzafrikanischen Muslimen und anderswo weiterhin durch Anschläge von sich reden machen. In Syrien haben sich die Extremisten auf die Seite der Assad-Gegner geschlagen. Dies schafft düstere Aussichten für eine ungewisse Zukunft.

Die sunnitischen Terroristen sind selbstredend Feinde des schiitischen Iran. Ihre Bewegung ist schwächer geworden, selbst im Irak, aber noch keineswegs zum Stillstand gekommen, wie etwa die blutigen Ereignisse im Norden Nigerias zeigen. Dort verbreitet die radikale, bildungsfeindliche Sekte Boko Haram mit ihren Anschlägen nicht nur unter Christen, sondern auch unter Muslimen Angst und Schrecken. Bedrohlich ist das Treiben der islamistischen Ansare Din (arabisch Ansar al Din) im Norden Malis, wo Anhänger dieser Bewegung nicht nur politisch die mit ihnen verbündeten Tuareg-Stämme dominieren, sondern auch in einem religiösen Furor ohnegleichen gegen die alte traditionelle Kultur in den Städten Timbuktu und Gao vorgehen – ganz im Stile der afghanischen Taliban.

An Einfluss gewonnen haben die Dschihadisten zudem im Jemen, und auch im syrischen Bürgerkrieg versucht al Qaida mit ihren Ablegern mitzumischen – mit immer größerem Erfolg. Die Dschihadisten niederzuringen, wird daher die dringendste Aufgabe einer neuen Ordnung in Syrien sein, egal wer diese eines Tages repräsentiert. Der nach außen hin oft so militant und propagandistisch erscheinende Islamismus, erst recht der Dschihadismus kann andererseits auch als eine typische Abwehrbewegung gedeutet werden, deren eigentlicher Kern gerade die *Schwäche* der eigenen Kultur im Wettlauf mit anderen ist. Er sieht häufig Feinde, wo gar keine sind. Eine Weltverschwörung gegen den Islam wird imaginiert. Der Rest der Welt wäre daher gut beraten, wenn er endlich aufhören würde, durch ständige Belehrungen und Einmischungen diese Vorwände zu erneuern. Die islamische Welt befindet sich seit einigen Jahrzehnten in einer welthistorischen Gärung, in deren Verlauf der Westen möglichst wenig eingreifen sollte.

Die Welt der Traditionen: Elemente der Beharrung – Islamischer Konservatismus

Neben den fundamentalistischen, integristischen, islamistischen oder gar dschihadistischen Formen, die der Islam heutzutage aufweist, werden die konservativen Ausprägungen, die wohl manchmal eine Neigung zum Fundamentalismus haben, aber meistens nicht mit ihm identisch sind, oft vergessen. Der islamische Konservatismus versucht religiöse Traditionen möglichst unverändert zu praktizieren, ist aber – darin der Mystik ähnlich – in der Regel gänzlich unaggressiv, ja häufig sogar quietistisch ausgerichtet. Auch macht er keine Proselyten. Er will weder die anderen Muslime zu seiner Form der Religionsausübung bekehren geschweige denn die Nicht-Muslime zum Islam. Schon gar nicht will er das mit Gewalt. Man könnte diese Form des Islam auch einfach Traditionalismus nennen.

Traditionalistische Muslime gibt es überall, wo es Muslime gibt, und mancher dieser Traditionalisten ist sogar so tolerant, dass man ihn auch als liberal bezeichnen könnte – liberal im besten Sinne, das heißt die abweichende, häufig entgegensetzte Meinung des anderen nicht nur duldend, sondern auch achtend. Wahrscheinlich dürfte die große Mehrzahl der Muslime diese Form des Traditionalismus praktizieren. Teilweise ist die Toleranz der Traditionalisten darauf zurückzuführen, dass sie den Islam generell für die überlegenere Lehre halten, aber wenn dies dazu führt, dass man andere nicht ständig belehrt, sondern in ihrem Anders-Sein gewähren lässt, dann ist das umso besser. Wie anderswo auf der Welt auch, haben diese Menschen genug mit den Problemen des Alltags zu kämpfen, was sie sehr aufreibt, doch ihre Verwurzelung in den Traditionen des Glaubens hilft ihnen, das alles zu ertragen, gibt ihnen inneren wie äußeren Halt. Ist dies nicht überall so, wo die traditionellen Verhältnisse noch nicht völlig durch die Moderne hinwegeschwemmt wurden?

Am wenigsten bekannt sind in Europa jene Formen des islamischen Konservatismus, die etwas kollektiv „Autistisches“ an sich haben. Es handelt sich dabei um eine Spielart der Orthopraxie, die ganz auf sich selbst zurückgeworfen ist und auch gar nichts anderes will. Sie ist nicht Gewohnheit, wie der „normale“ Traditionalismus, sondern gewollt. Man könnte sie, auf die christliche Welt übertragen, mit manchen protestantischen oder auch orthodoxen

Sekten vergleichen, die ein ganz zurückgezogenes Gemeindeleben führen und auf ihre besondere Weise der Welt abhandengekommen sind. Man denke etwa an die Gemeinschaften der Hutterer in den Vereinigten Staaten, an die Menoniten in Südamerika und anderswo oder an die Anhänger Tolstois früheren Angedenkens, die Duchoborzen. Bemerkenswert ist, dass die meisten dieser Traditionalisten und Konservativen sich aus den erbitterten theologischen Streitereien und Grabenkämpfen herauszuhalten versuchten, die auch den Islam über Jahrhunderte hinweg prägten und gerade in der letzten Zeit wieder heftig aufgeflammt sind. Es erübrigt sich zu sagen, dass sie mit dem Terror nichts zu tun haben.

Religiöser (wie politischer) Ursprung dieser muslimischen Gemeinschaften, die insgesamt nicht mehr als etwa ein Prozent aller Muslime ausmachen, ist jener frühislamische Bürgerkrieg, die Fitna, die im Jahre 656 n. Chr. einen ersten Höhepunkt erreichte. Da war der Prophet des Islam, Mohammed, gerade einmal ein Vierteljahrhundert tot. Damals fand die historische Schlacht von Siffin statt, bei der die Anhänger Ali Ibn Abi Talibs, des Vetters und Schwiegersohnes des Propheten, auf das gegnerische Lager trafen, das unter anderem von Aischa, der Lieblingsfrau des Propheten, angeführt wurde. Sie war eine erbitterte Gegnerin Alis. Das Kriegsglück wogte hin und her, doch errang keine der beiden feindlichen Seiten ein Übergewicht, so lange der Kampf auch toben mochte. Da beschloss Ali, im Streit innezuhalten, seine Krieger steckten Koranseiten auf ihre Lanzen und wollten die Entscheidung über Sieg und damit Nachfolge (chilafat) einem Schiedsgericht übertragen. Das freilich empörte einen Teil seiner Anhänger, die deshalb mit ihm brachen und sein Heer verließen (charadscha). Seither nennt man diese Gruppe Charidschiten, das heißt diejenigen, die aus Alis Streitmacht „herausgingen“. Die Charidschiten stellen somit die dritte, vergleichsweise kleine Konfession des Islam neben Sunniten und Schiiten, den beiden damaligen Bürgerkriegsparteien, die auch noch heute die beiden Großkonfessionen innerhalb der islamischen Gemeinde, der Umma mit ihren 1,4 Milliarden Menschen, bilden. In der Frage der Nachfolge des Propheten, die ja Sunniten und Schiiten für immer entzweite, nehmen die Charidschiten eine einerseits radikale, andererseits auch wieder egalitäre und demokratische Haltung ein: Nicht durch Wahl, wie anfänglich bei den Sunniten, oder durch dynastische Abfolge, auch nicht durch leibliche Abstammung vom Propheten, wie bei den Schiiten mit ihrer Lehre von den inspirierten Imamen, sondern allein nach Frömmigkeit und Verdienst soll entschieden werden. Der Frömmste, „und sei er ein schwarzer Sklave“, soll

Kalif sein. Mehr Egalitarismus und Anti-Rassismus lässt sich kaum mehr vorstellen – zumal in der damaligen Zeit.

Die Charidschiten waren zu Beginn allerdings keine Friedensapostel. Ganz im Gegenteil: Im Jahre 661 war es ausgerechnet ein Charidschite, der in der Moschee von Kufa im Irak das einstige Idol Ali Ibn Abi Talib ermordete. Für die Partei Alis, die Schia, war dies eines der großen Verbrechen gegen ihre Richtung, für die Charidschiten bedeutete es den endgültigen Abschied von diesem religiös-politischen Lager der entstehenden Umma. Als winzige Gruppe mussten sie, um überleben zu können, sich mehr und mehr in Refugien, in abgelegenere Territorien und Landstriche zurückziehen und sich auch aus den Streitigkeiten des theologischen „Mainstreams" heraushalten, so gut es eben ging. Dies wiederum förderte den Quietismus, den Hang zur Beschaulichkeit, und auch den Wunsch nach Selbstisolierung.

Wer heute den nördlichen Teil der algerischen Sahara besucht, stößt dort auf späte Nachfahren der Charidschiten. Im Gebiet von Mzab befinden sich die fünf Städte der Mzabiten oder Mozabiten, die sogar für viele Muslime von Geheimnissen umwittert sind, obwohl es dort gar keine schrecklichen Geheimnisse zu verbergen gibt. Die bekannteste dieser fünf Städte ist – neben der den Mozabiten heiligen Stadt Beni Isguen – das unweit gelegene Ghardaia, das vielfach als das „Herz des Mzab" bezeichnet wird. Mit Fug und Recht kann man sagen, dass die Bewohner dieser muslimischen Pentapolis mit dem Rest Algeriens so gut wie nichts zu tun haben. Seit Jahrhunderten leben sie in ihrer selbst gewählten Isolation; noch nicht einmal der blutige Bürgerkrieg der neunziger Jahre des zwanzigsten Jahrhunderts, der zwischen 150 000 und 200 000 Menschen das Leben kostete, vermochte sie aus ihrer Abgeschiedenheit herauszuführen, er ging an den Mozabiten schlicht vorbei. Sie blieben bei ihrer Selbstverwaltung und Selbstbeschränkung, mit der sie seit Jahrhunderten gut gefahren sind.

Wie stark der Traditionalismus unter ihnen vorherrscht, zeigt auch der noch immer geübte Brauch, die Stadttore bei Einbruch der Dunkelheit zu schließen. Man will unter sich sein, zumal in der Nacht, wenn alle Katzen grau sind. Das Leben wird nach den schriftgläubig verstandenen Lehren des Koran und der Überlieferungen (Hadith) geführt und wäre nach den Maßstäben eines nicht mehr sehr religiösen, auf völlige Selbstbestimmung pochenden säkularisierten Mitteleuropäers gewiss unerträglich zu nennen. Indessen wäre es auch falsch zu behaupten, dass jeglicher Fortschritt an den Mozabiten vorbeiginge: Ihre religiös bedingte Isolation vom Rest der Welt hat zu einem Streben nach Autarkie auch in „weltlichen" Dingen geführt. In eigener Regie hat man im Mzab die Energieversorgung für die fünf Städte dezentral geregelt, ohne dass der algerische Staat dabei viel mitzureden gehabt hätte. Vom Staat wollen sich die Mozabiten möglichst fernhalten.

Die Mozabiten haben sich so sehr in ihrer eigenen Welt eingeigelt, dass ihnen die Fanatiker und Eiferer der algerischen Integristen – so heißen die Islamisten im Maghreb – freiwillig vom Leib blieben. Die lange Geschichte der Charidschiten hatte sie offenkundig davon überzeugt, dass jeglicher Versuch, sie für den militant-radikalen Islam einzuspannen, hoffnungslos wäre. Den Mozabiten konnte das nur recht sein. Angesichts der Isolation und eines nicht unerheblichen Mangels an Information ist schwer zu sagen, wie tolerant die Mozabiten wirklich sind, denn die Abschottung führt ja dazu, dass sie es gegenüber anderen erst gar nicht beweisen müssen. Doch die Stetigkeit und innere Kohärenz dieser Gemeinden strafen Behauptungen, es handele sich um „Aussteiger", wie man sie auch aus unseren Breiten kennt, Lügen. Es ist ein wirklich ernst zu nehmendes Experiment, das lange andauert.

Ein wenig anders sieht dies bei ihren Vettern auf der tunesischen Insel Djerba aus. Auch sie sind aus der Charidschiten-Gemeinschaft hervorgegangen, suchten auf dem kleinen, der Küste vorgelagerten Eiland die Isolation, haben sich jedoch mit den Touristen längst abgefunden. Der Tourismus macht denn auch den Löwenanteil des Einkommens der Bevölkerung aus. Was wären die Städte Houmt Souk oder Midun ohne die fremden Besucher aus Europa? Man empfängt sie freundlich, lässt sich jedoch von ihnen die eigenen religiösen Traditionen nicht in Frage stellen. Auf Djerba praktizieren diese Traditionalisten Toleranz, wie sie dort immer auch den Juden entgegengebracht worden ist. Als im Jahre 2002, am 11. April, die ehrwürdige Al Ghriba-Synagoge von Houmt Souk, die etwas am Rande der Stadt liegt, Ziel eines brutalen Anschlages mit 21 Toten wurde, waren die Djerbis entsetzt. Sie fürchteten nicht allein um die touristische Anziehungskraft ihrer Insel, sondern auch um ihren guten Ruf als tolerante Muslime. Die Lage hat sich seither beruhigt, und als im Dezember 2010 im eigenen Land die Arabellion ausbrach, blieb es auf Djerba weitgehend ruhig. Die kriegerischen Ereignisse im benachbarten Libyen führten dazu, dass Djerba vorübergehend zu einem Fluchtpunkt für Libyer und Ausländer wurde, die Gaddafis finsteres Reich verließen. Manche der Flüchtlinge gehörten sogar ebenfalls der charidschitischen Gemeinschaft an, denn der Dschebel Nafusa im Westen Libyens wird auch von Angehörigen dieses islamischen Bekenntnisses bewohnt.

Politisch und ökonomisch weitaus stärker zu Buche schlagen die islamischen Traditionalisten in dem weit entfernten Sultanat Oman. Von diesem arabischen Land an der Südostspitze der Arabischen Halbinsel ist in der internationalen Presse und in den Medien wenig zu vernehmen – wozu man es vielleicht beglückwünschen kann. Selbst in der orientalistischen Forschung ist das Land Oman kaum ein Schwerpunkt, obwohl seine Geschichte nicht weniger interessant ist als die der Länder im arabischen Kernraum. Als es im Frühjahr 2011 in der nordomanischen Stadt al Zohar und zwei weiteren Orten zu Protesten kam, die sogar Todesopfer forderten, glaubten viele, die Arabellion habe nun auch dieses entlegene Land erreicht; doch die Lage beruhigte sich verhältnismäßig schnell. Die Unruhen waren wohl mehr ein Streik gewesen, der um gewisser Lohnerhöhungen willen unternommen worden war, ausgelöst durch die Gewerkschaften. Freilich zeigte sich auch, dass die traditionellen Methoden des Herrschens, etwa das Verteilen von Geld, wieder einmal ihre Wirkung entfalteten.

Tatsächlich fällt Oman durch zwei Dinge angenehm auf: erstens, dass es überhaupt kaum auffällt, und zweitens durch eine Modernisierung, die behutsam, aber gediegen vorangetrieben wird und die scharfen Kontraste und Exzesse anderer Länder vermeidet. Zu verdanken ist sie in erster Linie dem Herrscher, Sultan Qabus Bin Said Bin Taimur, der das Land seit 1971 lenkt. Damals stieß er seinen Vater, der dem Land Jahrzehnte einer völligen Stagnation verordnet hatte, auf unblutige Weise vom Thron. Es war eine gesellschaftliche Katalepsis, die selbst den Traditionalisten im Land nicht länger gefiel und den Omanern auch schadete. Gerüchte wollten seinerzeit wissen, der alte Herrscher sei so konservativ gewesen, dass er sogar die Herstellung und Einfuhr von Brillen verboten habe. Da war der Traditionalismus denn doch etwas zu weit getrieben worden. Der Thronfolger änderte das. Er hat Oman die Segnungen des modernen Zeitalters verschafft, aber dafür gesorgt, dass nicht innerhalb weniger Jahre grundlegende Umwälzungen stattfanden, die das Land in Turbulenzen gestürzt hätten. Er baute auf der Überlieferung der Ibaditen auf, die untrennbar mit Oman verbunden ist.

Zu dieser Gemeinschaft gehören nämlich drei Viertel der Omaner. Auch die Ibaditen, deren Name sich auf den Gründer ihrer Gruppe, Abdallah Ibn Ibad al Tamimi, bezieht, entstammen den Charidschiten des Irak, einem gemäßigten Zweig, der sein Zentrum – wie die Mehrzahl der Charidschiten – offenbar im südmesopotamischen Basra hatte. Von dort zogen Anhänger einerseits nach Nordafrika, andererseits nach Oman, wo die Stadt Nizwa bald ihr Mittelpunkt wurde. Hier konnten die Ibaditen als Gläubige zwischen Sunniten und Schiiten überleben. Dass Oman recht abgelegen war, kam ihnen dabei zugute. Die Zentren machtvoller islamischer Herrschaft, Kairo, Damaskus, Bagdad, Isfahan, Agra, waren weit weg. Das gilt auch noch heute. Niemals haben Konflikte wie der um Palästina oder innerarabische Streitereien wie die zwischen den einzelnen palästinensischen Fraktionen tiefe Spuren in Oman hinterlassen. Dass dies immer so bleibt, dafür gibt es allerdings keinerlei Garantie.

Bemerkenswert ist immerhin, dass Handel und Wandel Oman stärker geprägt haben als Kriege. Omans Küste ist dem Arabischen Meer zugewandt, dem Indischen Ozean. Seine Gegenküsten liegen im Iran (Persien), auf dem indischen Subkontinent (die legendäre Malabar-Küste) und in der Insulinde, dem heutigen Indonesien (zum Beispiel Aceh). Oman blickt also nach Südosten und Süden, nicht nach Nordwesten in Richtung Mittelmeer. Dies bestimmte bis zu einem gewissen Grad den Gang der omanischen Geschichte mit. Die ibaditischen Herrscher mussten sich in früher Neuzeit mit den Portugiesen auseinandersetzen, die nach der Umschiffung Afrikas durch ihre Seefahrer Stützpunkte rund um den Indischen Ozean errichteten, auch an Omans Küste. Reste davon sind noch heute in Maskat und Umgebung zu besichtigen. Unter der Yaruba-Dynastie wuchs Oman allmählich zur Seemacht heran, was seinen Wirkungskreis gewaltig erweiterte. Der Handel mit Indien, Hinterindien, der Insulinde sowie mit Ostafrika, Sansibar eingeschlossen, brachte Reichtum ins Land und erweiterte den Horizont der Menschen. Hier waren die Reisen Sindbads des Seefahrers, wie sie in der Märchensammlung von Tausendundeiner Nacht erzählt werden, Realität geworden. Umgekehrt waren es oft Händler und Sufis – nicht Krieger – aus Oman, die an den von ihnen besuchten Küstenstrichen Ost- und Südostasiens den Islam verbreiteten, auf friedliche Weise. Das merkt man in Indonesien, dem der Einwohnerzahl nach größten Muslim-Staat, bis heute; denn obwohl auch dort fundamentalistische Bewegungen aus vielerlei Gründen an Einfluss gewonnen haben, sind doch die zweihundert Millionen Muslime dieses Inselreiches in der Regel ziemlich tolerant gegenüber Andersgläubigen.

Omans Handel griff, wie gesagt, bis nach Ostafrika, bis nach Sansibar und Madagaskar aus. Erst als die Briten in jenen Gegenden rund um das Arabische Meer stärker wurden und mit Hilfe von Stützpunkten wie Aden (seit 1839), dann Sansibar und schließlich auch Maskat die Region dominierten, ohne dort eine direkte Herrschaft auszuüben, schwand auch der Einfluss Omans und der

Ibaditen mehr und mehr. Der Sultan von Maskat musste sich mit lokalen Herrschern im Hinterland auseinandersetzen, vor allem im Dhofar, wo im letzten Drittel des 20. Jahrhunderts ein blutiger Sezessionskrieg ausgefochten wurde, den Maskat schließlich gewann. Unter Sultan Said Bin Taimur hatten die konservativen Ibaditen ein Leben ganz im Schatten der Weltpolitik, aber auch im Schatten der arabischen Politik geführt.

Sultan Qabus machte nach seinem unblutigen Putsch 1971 fast alles anders. Doch einer Devise blieb er treu: Bei aller notwendigen Modernisierung sollte in Oman nicht mit einem Schlage alles anders werden, sollte auch nicht das Unterste zuoberst gekehrt werden. Dafür steht das moderne Oman in der Tat. Seine Städte sind erblüht in den vergangenen Jahrzehnten, allen voran Maskat, das an sich im Kern ziemlich klein ist, aber mit Vor- und Nachbarstädten mächtig expandiert. Dennoch spürt man im Land, dass die Entwicklung überschaubar geblieben ist, Maß und Ziel hat – das heißt eben so ist, wie sich die Ibaditen selbst verstehen. Auch in Oman hat man schließlich Erdölquellen entdeckt und das schwarze Gold für die Entwicklung der Volkswirtschaft fruchtbar gemacht; das ist im Land an allen Ecken und Enden zu sehen. Auch gibt es längst hypermoderne Luxushotels, wie das schon legendäre al Bustan (Der Garten), in denen man erfolgreich um fremde Gäste aus Europa und Amerika wirbt. Doch insgesamt hat die klassische Silhouette der omanischen Städte unter dem Bauboom nicht sonderlich gelitten. Die bedächtiger vorangetriebene Modernisierung hat dem Land, jedenfalls bisher, auch größere soziale Unruhen erspart, wie sie anderswo in der arabischen und muslimischen Welt inzwischen häufig auftreten und nicht zuletzt in unseren Tagen zur Arabellion geführt haben.

Dennoch ist nicht entschieden, dass die Dynastie der Al Bu Said in Oman weiterhin ganz unangefochten herrschen wird. Der Sultan hat keine Nachkommen. Das im Grunde basisdemokratische Verständnis von Herrschaft, das die Ibaditen auszeichnet, könnte jedoch auch damit zurechtkommen. Die ibaditische Gemeinde muss keinen Imam im ausdrücklichen Sinn haben, sondern kann sich auch anders regiert sehen – nur über die religiösen Tugenden, wie oben angedeutet, muss der Herrscher verfügen.

Natürlich gibt es in der islamischen Welt jenseits dieser drei, in relativ großer Abgeschiedenheit lebenden Gemeinden, viele Konservative und Traditionalisten. Wahrscheinlich stellen sie sogar die Mehrheit unter den 1,4 Milliarden Muslimen, die gegenwärtig auf der Erde leben. Es sind die kleinen Leute, die denken und handeln, wie das schon ihre Eltern und Großeltern getan haben – etwa im Innern Anatoliens, dort vor allem in den Dörfern und Kleinstädten, an den Ufern des Nil unter den Fellachen, in den Tälern des Atlas bei den Berberstämmen, auch in den Oasen Mittelasiens – und deren Regeln und Verhaltensweisen so etwas darstellen wie die „Leitkultur" vieler einzelner Regionen des dar al islam. Dieser Konservatismus schließt sich nicht so eng ab, wie das die Mozabiten im Extrem tun, doch stößt er sich mehr und mehr an den Anforderungen der Moderne, wenn er mit dieser zusammenprallt. Dies betrifft vor allem die Migration aus muslimischen Ländern nach Europa. Dass Väter ihre Töchter verheiraten, um nur dieses eine Beispiel anzuführen, mag in den meisten Ländern des Islam von der Mehrheit der Menschen noch immer akzeptiert werden, doch in Europa ist das eben nicht mehr der Fall. Dasselbe gilt für andere Sitten und Gebräuche, über die man wöchentlich etwas in den Zeitungen nachlesen kann. Natürlich prallen hier – dies ist der kleine „clash of civilizations" – unvereinbare unterschiedliche Wertvorstellungen aufeinander. Doch mit einem dezidierten Fundamentalismus, gar einem aggressiven hat dies zunächst einmal nichts zu tun. Und es ist in erster Linie eine Angelegenheit der Reformkräfte im Islam, Veränderungen in ihrer Religion wie Alltagskultur – in welcher Form auch immer – vorzunehmen. Nicht in allem wirkt der Westen als Vorbild.

Es gilt dabei zu bedenken, dass die Angehörigen der traditionellen Kulturen, keineswegs nur die Muslime, sondern auch die Chinesen, die Hindu und viele andere oft Schwierigkeiten haben, den rasenden Wandel in den westlichen Gesellschaften, der auch dort oft radikal von vielem abweicht, was noch die Väter und Großväter dachten und für richtig hielten, zu verstehen oder auch nur zu goutieren. Da stoßen, was den unverbindlichen, oft auch hedonistischen Lebensstil der Moderne angeht, viele Denk- und Verhaltensweisen schroff aufeinander, die selbst unter Europäern oder Amerikanern strittig sind und teilweise heftig diskutiert werden. Alle notwendigen Veränderungen müssen, wenn sie denn gewünscht werden, aus den Reihen einer muslimischen Zivilgesellschaft kommen, in der sich Modernisten, Säkularisten, Traditionalisten und auch Islamisten fruchtbar miteinander austauschen.

Schließlich: Wenn Leute wie die Mozabiten weiterhin so leben wollen, wie sie bis jetzt gelebt haben, wird man daran schwerlich etwas aussetzen können – solange sie andere nicht agitieren oder gar Gewalt anwenden. Auch unsere zunehmend säkularisierte westliche Welt kennt Gruppen aus allen möglichen ideologischen und religiösen Lagern, die aussteigen und eigene, oft sogar recht bizarre Lebensentwürfe verwirklichen. Früher wurden sie von der Staatsmacht oder auch der Kirche verfolgt, heute sind alternative Lebensformen eine Bereicherung. Auch im Islam gab und gibt es Häresien, die häufig einen schweren Stand hatten. Man spürt das noch heute, bis in die aktuellen Ereignisse der Politik hinein. Die Häretiker haben oftmals interessantere Gedanken als die Vertreter der „reinen Lehre", die in Dogmatismus erstarren. Auch ihre Innovationskraft ist oftmals stärker als die der orthodoxen Dogmatiker.

Die Welt der Geschichte: Aktuelle politische Betrachtungen zur türkischen Kultur

Im Jahre 2009 ernannte Recep Tayyip Erdoğan einen neuen Außenminister: Ahmet Davutoğlu. Mit seiner Person war der Entwurf einer neuen auswärtigen Politik Ankaras verknüpft, die es verdiente, zumindest spektakulär genannt zu werden, und zwar unabhängig von ihrem Gelingen oder Scheitern. Manches spricht dafür, dass eben jene Politik der strategischen Tiefe (stratejik derinlik), die ein gutes Einvernehmen mit den muslimischen Nachbarn, die man früher einmal über Jahrhunderte hinweg beherrscht hatte, anstrebte, mehr indirekt als direkt eine gewisse Rolle gespielt hat beim Ausbruch des Arabischen Frühlings; heute kann sie freilich – etwa angesichts der blutigen syrischen Ereignisse – weitgehend als gescheitert gelten. Davutoğlu ist dennoch mittlerweile Ministerpräsident geworden, weil Erdoğan zum Staatspräsidenten gewählt wurde und seinem Parteifreund diesen Posten einräumte.

Doch dass diese Außenpolitik entworfen worden ist, ja dass sie überhaupt entworfen werden und sich eine Weile halten konnte, ist bemerkenswert. Wenn die Anhänger Recep Tayyip Erdoğans und seiner AKP davon sprachen, dass ihr Ministerpräsident ein „in der Welt anerkannter politischer Führer" sei, dann spielen sie auch darauf an, dass die Türkei in der arabischen Welt, auch durch ihr stärkeres Engagement zugunsten der Palästinenser, an Achtung gewonnen hat. Vierhundert Jahre lang hatten die Osmanen über den größten Teil der arabischen Welt eine Fremdherrschaft ausgeübt – dies ist die arabische Sicht der Dinge, die kaum berücksichtigt, dass die Fremdherrscher ebenfalls Muslime waren.

Aber während der stärkere Einsatz für Muslime überall in der Welt Erdogan durchaus zugutegehalten wird, lehnte ein Großteil der im Sommer 2013 Demonstrierenden seine Islamisierungstendenzen nach innen ab; sie fürchteten, dass geplante Einschränkungen, etwa beim Kauf von Alkoholika, erst der Anfang weiterer Maßnahmen sein werden. Zudem hat Erdoğan es offenbar versäumt, die Menschen „mitzunehmen", und er verkennt, dass gerade die von ihm ausgegangenen Schritte der Demokratisierung in der Gesellschaft nun ihre Wirkung zeigen. Auch in der Türkei wächst die Vielfalt der Lebensentwürfe. Mit ihnen konnte ein Mann wie der Ministerpräsident, ein Sohn kleiner Leute aus dem Milieu der frommen Sunniten aus Rize am Schwarzen Meer, aufgewachsen im Istanbuler Arbeiterviertel Kasimpascha, nichts anfangen, sie sind ihm zutiefst fremd. Freilich: Erdoğan ist nicht verantwortlich für die Zunahme islamischer Einflüsse, er ist vielmehr ihr Resultat. Sie begannen schon, als er noch nicht einmal geboren war. Wer in diesen Tagen durch Istanbul streift, erlebt nicht nur die Demonstranten, sondern handfest auch die Wiederkehr Osmans. In den Touristenlokalen Sultanahmets, die allerdings auch von Einheimischen besucht werden, sieht man sogar – in verflachter Form – wieder Mevlevi-Derwische tanzen. Alles Osmanische ist – auch der Buchmarkt zeigt es – wieder populär.

Seit Gründung der modernen Türkei unter Kemal Pascha Atatürk 1923 ist das Land nach Westen „orientiert", nach Europa und Amerika, seit 1952 auch Mitglied der Nato, der Militärallianz der westlichen Demokratien. An dieser außenpolitischen Ausrichtung, die – neben dem türkischen Nationalismus – die raison d'être der Republik ausmacht, ist von keiner der zahlreichen Regierungen gerüttelt worden. Sie wird auch von der heutigen nicht prinzipiell in Frage gestellt. Als im Jahre 1996 erstmals in der Person von Necmettin Erbakan (1926–2010), dem Patron des Islamismus in der Türkei, ein Politiker Ministerpräsident wurde, dessen politische Vorstellungen im Koran und der islamischen Tradition wurzelten, musste die türkische Öffentlichkeit erleben, dass seine erste Auslandsreise nicht nach Amerika oder Europa ging, sondern nach Libyen. Ausgerechnet Libyen, wo Muammar al Gaddafi damals sein selbstherrliches Regiment entfaltete! Die Öffentlichkeit war empört, die Generalität nicht weniger, auch wenn sie zunächst eine gewisse Zurückhaltung gegenüber Erbakan an den Tag legte. Freilich: Nach nicht ganz einem Jahr musste der Islamist sein Amt verlassen und wieder in der Opposition sein Heil suchen. Darin hatte er viele Jahre Erfahrung. In einem kaum wahrnehmbaren, „sanften Putsch" hatte die Armeeführung des Landes ihn seines Amtes enthoben. Direkt wollte man nicht intervenieren, denn das hatte man schon drei Mal getan: 1960, 1971 und 1980.

Heute regieren Erbakans geistige Erben das Land. Die 2002 erstmals an die Regierung gewählte AKP, Partei für Gerechtigkeit und Aufbau (Adalet ve Kalkinma Partisi), ist zwar nicht mehr islamistisch im strengen Sinne, sieht ihre Wurzeln jedoch im politischen Islam. Ihre Gründer, Ministerpräsident Erdoğan und der bis 2014 amtierende Staatspräsident Abdullah Gül, sind politische Zöglinge Erbakans, in dessen Schatten sie groß wurden, bevor sie sich von ihm trennten und nach langen Jahren der Gemeinsamkeit politisch eigene Wege gingen. Auch der Außenminister Davutoğlu gehört natürlich dieser Partei an.

Warum halten wir uns in einem Buch über die islamische Welt insgesamt so sehr bei der Türkei und einer Person wie Erdogan auf? Wir wollen zeigen, dass es vergebene Liebesmüh ist, ein Land, ein Volk, eine Kultur – in diesem Fall die türkisch-islamische – durch zu radikale Einschnitte dauerhaft auf ein vorsätzlich geplantes Niveau zu heben, ohne dass sich die Geschichte zurückmeldet. Mit anderen Worten: Wer so tiefe Einschnitte vornimmt, wie Kemal Atatürk und seine Anhänger in den zwanziger und dreißiger Jahren des vorigen Jahrhunderts, darf sich nicht wundern, wenn die – oft auf ziemlich harsche Weise – zurückgedrängten Kräfte sich nach einer gewissen Schockstarre wieder auf der Bühne des Geschehens zurückmelden. Dies ist in der Türkei geschehen, weil viele Reformen zu selbstherrlich und zu sehr von oben herab umgesetzt wurden. Es gab zu viel Revolution, zu wenig Evolution.

Die Entstehung der AKP und ihre Wahlsiege haben viele verstört, nicht allein in der Türkei, sondern vor allem auch in Europa, wo man das islamistische Schreckgespenst vielleicht noch mehr fürchtete als in der Türkei selbst. Doch die AKP überraschte zunächst viele. Sie regierte wirtschaftlich so erfolgreich und stieß so viele demokratische Reformen an, dass sie im Jahre 2007 noch ein Drittel Stimmen mehr vom Wähler bekam als 2002 und ihre Herrschaft weiter stabilisierte. Zwar zeigten sich dann zunehmend Verschleißerscheinungen und Verkrustungen, auch eine gewisse Arroganz der Macht war zu spüren; doch auch im Jahre 2011 konnte die AKP sich als stärkste Partei mit praktisch der Hälfte der Stimmen bei den Wahlen mehr als nur behaupten.

In Europa hat man lange gebraucht, um zu verstehen, was da seit 2001 geschehen war. Für die Europäer waren die weltlichen Kemalisten die Fortschrittlichen, die Guten, die „Islamisten" hingegen die Strenggläubigen, und damit die Hinterwäldler und Schlechten. Auch die Türken selbst waren und sind bis heute in dieser Angelegenheit völlig polarisiert. Es verwirrte die westliche Öffentlichkeit, dass die „islamistische" AKP all jene von ihr kritisierten Gesetze wenigstens ein Stück weit liberalisierte, veränderte oder gar abschaffte, was von den zuvor herrschenden Kemalisten jahrzehntelang nicht in Angriff genommen worden war: von der Abschaffung der Todesstrafe in Friedenszeiten bis hin zur Modifizierung von Bestimmungen, die mit der Kurden-Frage zu tun haben. Das Kurden-Problem ist zwar noch lange nicht gelöst, doch dürfen Kurden sich heute in einer Weise kulturell bemerkbar machen, die unter früheren, „fortschrittlich-weltlichen" Regierungen undenkbar gewesen wäre.

Die Türkei hat mittels des Stimmzettels eine Umwälzung erlebt, die eine äußere, gesellschaftliche, und eine innere, tiefere, in der Kulturgeschichte des Landes, damit aber auch in der Geschichte des Islam insgesamt wurzelnde Seite hat. Zum ersten Mal seit der Staatsgründung durch Atatürk 1923 hatte eine Schicht die Macht erobert, die bisher von ihr ferngehalten worden war. Das sind die frommen Anatolier und all jene, die von dort in die großen Ballungsräume der Städte gezogen sind, Opfer der Landflucht oder der militärischen Auseinandersetzungen im Osten der Türkei zwischen der kurdischen PKK und der Armee. Hinzu kommen die Kleinbürger in den Städten, die bis heute fest im islamischen Milieu gründen, während die kemalistische Oberschicht sich häufig nur noch als „Kulturmuslim" versteht. Im Grunde wurde die Türkei schon seit den Tagen des Tanzimat, der großen Reformen des Sultans, im 19. Jahrhundert von der verweltlichen Elite regiert, während dem gläubigen „Volk", in dessen Namen man das doch tat, im Grunde Geringschätzung entgegengebracht wurde. Die türkische Soziologin Nilüfer Göle verwendete für diese Spaltung die Begriffe „weiße Türken" und „schwarze Türken". Ein wenig schematisch, aber dennoch treffend kann man die „weißen Türken" mit jenen gebildeten Leuten identifizieren, die in osmanischer Zeit auf dem Balkan lebten, in Städten wie Edirne, Saloniki (Selanik), Skopje (Üsküp), Bitola (Manastir) oder Sarajevo (Saraybosna) und dort mehr als die Anatolier mit europäischen Ideen und Anschauungen bekannt wurden. Ein großer Teil jener Reformer und Gefährten Atatürks, die den Übergang vom Reich zur Republik bewältigten, kam – wie Atatürk selbst – vom Balkan und gehörte dieser Schicht an.

In den vergangenen Dekaden nun hat ein Prozess sein Ende gefunden, den man als politische Emanzipation der „schwarzen Türken" aus Anatolien charakterisieren kann. Der traditionellen Elite ist das alles andere als recht, obwohl ihr Versagen in den neunziger Jahren sehr viel dazu beigetragen hat. Denn der Kemalismus, wenn es ihn als geschlossene Ideologie überhaupt geben sollte, hat sich in den letzten Jahrzehnten nicht weiterentwickelt. Als „modern" und „westlich" gelten immer noch Denk- und Verhaltensnormen, die in Europa längst über Bord geworfen wurden: Nationalismus, autoritäres Gebaren, Hochschätzung alles Militärischen, Gehorsam sowie die Nachahmung eines westlichen Lebensstils, der sich längst gewandelt hat (emanzipierte Frauen in der Türkei rauchen noch immer, während ihre Geschlechtsgenossinnen in Europa das Rauchen in der Regel längst aufgegeben haben). Hinzu kam in den neunziger Jahren des vorigen Jahrhunderts ein Ausmaß an Korruption und Skandalen, das unerträglich geworden war. Umgekehrt haben die Religiösen hinzugelernt: Die ehemals Verachteten haben nun auch Universitätsabschlüsse, kennen die Betriebswirtschaftslehre oder haben fremde Sprachen gelernt. Jahrzehnte eines zähen Anpassungsprozesses an diese modernen Erfordernisse haben es ihnen ermöglicht, nun auch führende Positionen in der Gesellschaft und im Staat einzunehmen. Angehörige einer Unterschicht sind seit zehn Jahren endlich dort angekommen, wo eineinhalb Jahrhunderte lang nur die sprichwörtlichen oberen Zehntausend gewesen waren.

Tiefer ist freilich der Prozess anzusiedeln, der im Geistigen, ja Spirituellen dazu beigetragen hat. Die alte Elite verdächtigte Männer wie Erdoğan und Gül von Beginn an, sie hätten eine „versteckte Agenda", das heißt, sie spielten jetzt den Demokraten, hätten jedoch von ihrer islamistischen Gesinnung als frühere Anhänger Erbakans in Wahrheit nicht abgelassen. Solcherart Verschwörungstheorien finden immer ihre Nahrung, zumal auch das „frömmere" Milieu durchaus selbstbewusster geworden ist und im öffentlichen Leben seine wahrnehmbaren Zeichen hinterlässt. Dies, unter anderem, wird von vielen säkular gesinnten Türken als Einschränkung ihrer persönlichen Freiheit und sogar der Menschenrechte empfunden, als Eingriff in ihre private Lebensgestaltung, wie sie in westlichen Ländern üblich ist. Besonders gilt das für die diskriminierten Aleviten, die auch unter Erdoğan nicht vorankamen, insbesondere jedoch für viele Jugendliche.

Aber auch die religiösen Auffassungen der neuen Elite haben sich gewandelt, was von der alten Elite entweder nicht verstanden oder ebenfalls als gigantisches Täuschungsmanöver angesehen werden muss. Insbesondere an der machtvollen Bewegung von Fethullah Gülen scheiden sich die Geister. Der Prediger Gülen (Jahrgang 1938 oder 1940) beabsichtigt nicht mehr und nicht weniger, als die Schaffung eines speziell türkischen Islam zeitgenössischer Art. Da seine Anhänger inzwischen nach Millionen zählen, scheint ihm dies gelungen zu sein. Gülen unterhält Schulen und theologische Bildungsanstalten, Hospitäler und manches andere. So ist eine religiöse Erweckungsbewegung (cemaat) entstanden, der sich auch manche Mitglieder der Regierungspartei AKP sowie Erdoğan selbst verbunden fühlten. Sie hat mit den alten mystischen Bruderschaften, den tarikat, wenig gemein. Gülen unterscheidet zwischen dem arabischen Islam mit seiner Fixiertheit auf das Religionsgesetz Scharia einerseits und dem Islam der Perser mit seiner besonderen, schiitischen Prägung, dem Trauerkult um die Imame, andererseits. Der türkische Islam, wie er ihn sieht, ist ein Volksislam, der um den Kern der anatolischen Volksfrömmigkeit kreist.

Inspiriert wurde Gülen unter anderem von dem kurdischen Gelehrten Bediüzzaman Said-i Nursi (1876–1960) und dessen Risale-i Nur („Sendschreiben über das Licht"). Nursi, der aus Bitlis im Osten Anatoliens stammte, ist eine schwer zu charakterisierende, durchaus charismatische Persönlichkeit gewesen. Sein Lebensweg ist von Erfolgen und Niederlagen gekennzeichnet, wobei es meistens der türkische Staat war, der ihm die Niederlagen und Demütigungen zufügte. Hier und da gilt Nursis Denken als der „einzige bedeutende Reformbeitrag zur islamischen Theologie“ in der ersten Hälfte des 20. Jahrhunderts (so Şerif Mardin). Said-i Nursi war kein Reaktionär, freilich auch kein Liberaler (das Wort sollte man ohnehin weitgehend meiden, wenn es um islamische Befindlichkeiten geht). Er war ein Traditionalist, der den Islam gegen die westliche Übermacht verteidigen und ihn modernisieren wollte. Aus der Fülle seiner Gedanken ragen zwei Themenkomplexe besonders hervor: die Mechanik der Natur und die Verinnerlichung der Scharia. Der Islam müsse die modernen Naturwissenschaften integrieren, um mit dem Westen auf diesem Feld wieder gleichzuziehen und Schritt zu halten, und der Geist der Scharia müsse wiederbelebt werden, und zwar insbesondere als ein Corpus ethischer Maximen und Verhaltensweisen, nicht als gesetzähnliches Ritual, das blinden Gehorsam gegenüber allem und jedem fordere. Die Verhaltensnormen des Religionsgesetzes seien „ethische Aufrufe“ in gesetzähnlicher Gestalt, jeder „Augendienst“ – wie der große Theologe Muhammad al-Ghazali (gest. 1111) es nannte – sei vom Übel. Said-i Nursi legte die Grundlagen für eine ethisch-religiöse Haltung, die man mit dem benediktinischen „ora et labora“ vergleichen könnte. „Arbeit ist Gottesdienst“; nicht das blinde Befolgen von Riten ist länger verdienstvoll, sondern die Aktivität im Dienste der Gemeinschaft. Für diese Haltung hat sich in den vergangenen Jahren die paradoxe Bezeichnung „anatolischer Calvinismus“ herausgebildet. Sie ist neu und hat offenbar ähnliche Auswirkungen wie die von Max Weber in seiner berühmten religionssoziologischen Untersuchung über die Entstehung des Kapitalismus aus dem Protestantismus festgemachte Relation zwischen der protestantischen, insbesondere calvinistischen Ethik und dem erfolgreichen Wirtschaften im Kapitalismus, befördert durch Fleiß und „innerweltliche Askese“. Ein Ort, an dem diese Moral und ihre Auswirkung wie in einem Labor zu beobachten war, ist die Stadt Kayseri, die geographische Mitte Anatoliens und nicht zufällig auch die Heimatstadt Abdullah Güls. Er verdankt seinen persönlichen Aufstieg exakt dieser ethisch zentrierten Religiosität, die sich in seinen Kreisen herausgebildet hat. Sie prägt auch die AKP und macht verständlich, warum sie neue Impulse in das durch staatliche Lenkung erstarrte System der türkischen Wirtschaft gebracht hat. Zusammen mit einer kräftig vorangetriebenen Privatisierung hat die neue Elite der türkischen Wirtschaft zu einem vorher nicht gekannten Wachstum verholfen. Allerdings: Das „andere Lager“ setzt diesem aus der islamischen Vergangenheit entwickelten politisch-gesellschaftlichen Ansatz ihre westlich-weltlichen, im Letzten europäischen Vorstellungen entgegen, die nicht mehr den Islam als allgemeinen Bezugsrahmen haben. Eine Versöhnung hat nicht stattgefunden, der Antagonismus ist tief und scheint gegenwärtig kaum überwindbar zu sein. Wie man Erdogan misstraut, so misstraut man auch Fethullah Gülen.

Dies lenkt den Blick abermals zurück in die türkische Geistesgeschichte. Sie führt uns hinein in eine Dialektik, die sich für Weitsichtige schon in den zwanziger und dreißiger Jahren ankündigte, als die geistigen und politischen Grundlagen der Republik gelegt wurden. Hatte Mustafa Kemal Atatürk zunächst durchaus um die Mitarbeit der dezidiert religiösen Kräfte geworben, wie etwa in seiner berühmten Rede in der Moschee von Bandirma 1922, so schlug er später einen radikal weltlichen Kurs ein, dessen enorme Reformwirkungen bekannt sind. Es war die völlige Abwendung vom universalen islamischen Reich zu einer unitarischen, einheitlich definierten nationalen Republik aller Türken, mit Institutionen, die mit Religion nichts mehr zu tun haben sollten. Vorbild war der französische Laizismus, den natürlich auch Atatürks Vorläufer schon durch Begegnungen mit dem Westen kennengelernt hatten.

Als visionärer Gründer der modernen Türkei und politischer Reformator großen Stils hat Atatürk sich unschätzbare Verdienste erworben, und zwar nicht nur um die Türkei, sondern auch als reformerischer Anreger für die islamische Welt insgesamt. Das wird auch nicht dadurch widerlegt, dass der türkische Staatsmann heutzutage für viele radikale Islamisten der am meisten gehasste Mann überhaupt ist, beseitigte er doch die religiöse Gesetzgebung, schloss die Scharia-Gerichte und die klassischen Medresen, hob Sultanat und Kalifat auf. Einen Kulturbruch von einer Tiefe, die noch heute in Europa gar nicht völlig erfasst worden ist, bedeutete die Umstellung von der als sakral empfundenen arabischen Schrift auf ein neues, „lateinisches“ Alphabet. Ähnlich tiefgreifend war die Sprachreform, die mit Elan betrieben wurde, heute freilich abgeklärtere, weniger eifernd-ideologische Formen angenommen hat. Sie führte weg vom Osmanischen der gebildeten Kreise hin zu einem Türkisch, das dem Volk verständlich sein und ihm dienen sollte. Es spricht allerdings Bände, dass gerade die jüngsten Autoren der Türkei sich wieder ungenierter des alten, osmanischen Wortschatzes bedienen, unter anderem, um die Kemalisten, aber auch die gegenwärtig Regierenden ein wenig zu ärgern, denn das heute nostalgisch verklärte Osmanische Reich war in manchem offener als die Republik.

Die überragende Rolle Atatürks, vor allem auch sein Wirken als Führer des nationalen Befreiungskrieges 1919 bis1922, hat zu einer Überhöhung seiner Persönlichkeit geführt, die geradezu kultische, ersatzreligiöse Formen angenommen hat, vor allem natürlich bei den eingefleischten Kemalisten, die ideologisch häufig auf dem Stand der Dinge stehen geblieben sind, wie er der Zeit Atatürks und kurz nach ihm entsprach. Zu den gerne wiederholten Mythen über Atatürk gehört, dass das türkische Volk wie ein Mann dem „Gazi" gefolgt sei, ohne jeden Widerspruch oder gar Widerstand. Und die kemalistische Heiligen-Geschichtsschreibung geht gar so weit, jedweden Widerstand nur als die Aktivität reaktionär-religiöser Kreise zu denunzieren.

Unter den Befürwortern einer Neuordnung und der Reformen gab es sehr wohl Kritik an dem eingeschlagenen Weg. Wortführer waren Männer wie der Schriftsteller Refik Halit Karay (1888–1965) und Dichter wie Mehmet Akif Ersoy (1873–1936), die die Reformen Atatürks wegen ihrer Radikalität hinterfragten oder sogar ablehnten. Sie vertraten die Auffassung, die Veränderungen geschähen zu schnell und gingen zu weit. Um es ein wenig pauschal auszudrücken – sie beachteten die gewordene und gewachsene islamische Kultur des Landes zu wenig. Ersoy verschwand für einige Jahre nach Ägypten und kehrte erst kurz vor seinem Tod wieder in die Türkei zurück, Karay musste ins Exil nach Syrien. Heute sind beide Autoren längst rehabilitiert. Sogar die Autorin und Frauenrechtlerin Halide Edip Adivar (1884–1964), eine glühende Anhängerin des Nationalen Befreiungskampfes und Kemal Atatürks, brach mit ihrem Idol zwischenzeitlich, aus eben jenen oben angeführten Gründen. Die Entwicklung der vergangenen fünfzig Jahre hat jedoch deutlich gemacht, dass sich zu scharfe Eingriffe in eine über tausend Jahre alte Kultur irgendwann und auf irgendeine Weise als kontraproduktiv erweisen. Unter anderem zeigte dies der stetige Anstieg islamischer, dann auch islamistischer Kräfte im öffentlichen Leben und im Diskurs des Landes, die noch in den vierziger Jahren kaum Einfluss hatten.

Ob sich die tiefe Spaltung der Türkei in „Neo-Osmanen", wie man das Phänomen nicht besonders glücklich genannt hat, und deren Gegner einmal abmildern wird, vermag zum gegenwärtigen Zeitpunkt niemand zu sagen. Recht behalten haben bis zu einem gewissen Grad allerdings jene, die seinerzeit davor warnten, die ohnehin schon ungeheuren Zumutungen, die man dem türkischen Volk abverlangte, auf die Spitze zu treiben. Hier hat sich die Geschichte erneut zu Wort gemeldet. Wenn die kemalistischen Kräfte wieder an die Macht wollen, müssen sie sich radikal wandeln, sie müssen ihren Hochmut gegenüber den frommen Menschen der Türkei ablegen und ihre ideologischen

Vorstellungen, die bis in die sechziger Jahre hinein tragbar waren, verändern und modernisieren. Vieles spricht zudem dafür, dass die neue Protestbewegung so etwas wie ein „drittes Milieu" widerspiegelt, alternative Gesinnungen, die den islamischen Konservatismus ablehnen, aber auch den erstarrten Kemalismus nicht mehr als einzig bestimmenden Bezugsrahmen ihrer Bestrebungen ansehen. Freilich haben sich in diesem neuen Milieu noch keine Strukturen herausgebildet, die politisch-parlamentarisch virulent werden könnten, von offiziellen Repräsentanten ganz zu schweigen.

Der Atatürksche Ansatz eines „volkserzieherischen Autokratentums", der auch das Denken innerhalb der AKP prägt, hat sich ebenso überlebt wie Schwärmereien über ein neues, weltbestimmendes Neo-Osmanentum, von dem der in letzter Zeit immer selbstherrlicher werdende Ministerpräsident Erdoğan träumt. Nicht umsonst bezeichneten ihn seine Gegner als den neuen Sultan der Türkei, was ihn und seine Parteiangehörigen ziemlich erboste. Sollten beide Lager sich noch stärker entzweien, droht der Türkei möglicherweise sogar ein Bürgerkrieg. Die jüngsten Demonstrationen machten deutlich, wie tief der Graben inzwischen geworden ist. Gegenwärtig sieht es nicht so aus, als könne ihn jemand wieder zuschütten. Aber vielleicht gelingt es ja, aus den Turbulenzen der Taksim-Bewegung positive Entwicklungen innerhalb der Parteienlandschaft zu erzeugen, etwa Veränderungen innerhalb der Regierungspartei. Denkbar ist auch, dass die Kemalisten sich doch wandeln, toleranter und offener werden für das Lager der Frommen oder dass sich aus der Protestbewegung eine neue Partei formiert, die nachhaltig und dauerhaft ihre Ideen einbringt.

Das Beispiel der Türkei lehrt jedoch manches, was für den Islam insgesamt relevant sein dürfte. Wer sich auf radikale Weise von der Kontinuität seiner Geschichte verabschiedet, bekommt sie zurück. Den Islam als Religion und Kultur mit Zwang zu modernisieren, wird nicht funktionieren. So etwas muss reifen.

Die Welt der Häretiker: Der Islam muss in Zukunft mit seinen „Abweichlern“ leben

Der syrische Bürgerkrieg ist längst zu einer Auseinandersetzung geworden, in welcher der Konflikt zwischen der sunnitischen Bevölkerungsmehrheit und der (schiitisch)-alawitischen Minderheit eine maßgebliche Rolle spielt. Präsident Baschar al Assad kämpft weniger für die – weitgehend obsolet gewordene – Baath-Partei um die Macht, sondern für die Stellung jener hauptsächlich im Westen Syriens lebenden Religionsgemeinschaft, der er angehört: die „Verehrer Alis“ oder Alawiten, die jahrhundertelang nichts zu sagen hatten – bis es ihnen 1970 gelang, die Macht in Damaskus zu erobern. Damals triumphierten in den Augen des sunnitischen Establishments die häretischen Abweichler. Bis heute sind Religion (Konfession) und Macht miteinander verflochten.

Auch der Islam kennt eine Ketzergeschichte, doch ist sie nicht ganz so blutig wie die der Christenheit. Zwar hat es in der Geschichte dieser Religion (und Kultur) ebenfalls Opfer des Dogmatismus und Fanatismus gegeben, doch ist ihre Zahl nicht mit jenen zahllosen Opfern zu vergleichen, die allein die spanische Inquisition auf dem Gewissen hat, als sie nach dem endgültigen Sieg der Reconquista 1492 über die „Mauren“ Ketzerverfolgungen im großen Stil „durchführte“. Aber ein Zuckerschlecken war das Zusammenleben origineller, freidenkerischer, kurz häretischer Gruppen oder auch einzelner Denker mit den islamischen Dogmatikern auf keinen Fall. In manchen Teilen der islamischen Welt ist das leider so geblieben. Nicht nur Islamisten tun sich schwer mit „Abweichlern“.

Sind Religionen einmal etabliert und tragende Stütze der Ordnung geworden, so tun sie sich oft schwer damit, Abweichler zu ertragen und deren Meinungen zu integrieren. Angeblich gefährden diese Staat und Gesellschaft. Das gilt bis heute, wo ein Teil der Konflikte in der islamischen Welt noch immer aus Religionskonflikten besteht. Diese mögen durchaus materielle („gesellschaftliche“) Ursachen haben – doch kommen sie in den traditionsverhafteten Gesellschaften des Orients, die eine wirkliche Trennung von Religion und Politik noch nicht kennen, eben in religiösem Gewande daher. Allerdings ist die Religion (oder Konfession) mehr als nur eine Äußerlichkeit, sie differenziert das Verständnis der jeweils Gläubigen von Welt, Mensch und Gemeinschaft aus, auch in Bezug auf politische Ziele. So haben die Schiiten im Libanon, die sich einst aus Furcht vor den Sunniten dorthin flüchteten, andere Vorstellungen vom Libanon als die Sunniten, von den Christen dort ganz zu schweigen. Ähnliches gilt für die Drusen, die ebenfalls in den unzugänglichen Bergen des Libanon Schutz suchten. In der Türkei haben die Aleviten, etwa ein Fünftel der Bevölkerung, andere, durchaus säkulare bis linke Vorstellungen von Staat und Gesellschaft. Ihr Verhältnis zur sunnitischen Mehrheit war schon im Osmanischen Reich angespannt, es ist es noch heute. Und auch einzelne unorthodoxe Denker, Theologen und Philosophen zumal, stehen bei orthodoxen Kreisen – von den Islamisten gar nicht zu reden – in schlechtem Licht. Im Grunde hatten es Häretiker im Islam meist schwerer als die Anhänger der anderen Buchreligionen.

All diese Unterschiede und Konflikte haben ihren Ursprung in der Geschichte, in Zeiten, die lange zurückliegen, insbesondere jedoch in der Religionsgeschichte, die immer mit Politik verschränkt war. So ist die politische Geschichte des Islam immer auch eine Ketzergeschichte gewesen. Dabei gilt es zu beachten, dass die Geschichte des Ketzertums fast nur von der Orthodoxie geschrieben wurde. Das aber heißt: Bei den Quellen, die über „Ketzereien" Auskunft geben, ist eine gewisse Vorsicht geboten. Häresiographie gibt es nicht ohne Absicht, meistens eine nicht besonders gute. Derjenige, den man als Häretiker ansieht, soll oft auch moralisch diskreditiert werden, man dichtet ihm Dinge an, die ihm fremd sind, aber im Laufe der Zeit mit ihm in Verbindung gebracht werden. So betrachten Orientalisten heute die Werke bekannter Häresiographen des Islam, wie etwa al Schahrastanis klassisches „Buch der Sekten und Überzeugungen", mit der gebotenen Skepsis. Umgekehrt war und ist bei vielen Häretikern der Wunsch ausgeprägt, als ganz besonders gute Bekenner ihrer Religion angesehen zu werden. Dies kennt das Christentum ebenso wie der Islam. Was orthodoxe und orthopraktische Lehren und Verhaltensweisen eigentlich sind, pflegt sich in der Regel erst in einem langwierigen Prozess theologischer Dispute und Diskurse herauszukristallisieren.

In der Anfangszeit des Islam kam es unter den von den Heeren der Muslime Unterworfenen bald zu Übertritten, vor allem unter jenen, die sich davon einen Vorteil bei den neuen Herren versprachen. Wie ehrlich und ernsthaft solche Konversionen waren, darüber kann man streiten. Übertritte zum Islam waren zwar erwünscht, wurden aber nicht besonders gefördert – ging dem Staat doch die Kopfsteuer (dschizya) verloren, die die Neu-Muslime, die sogenannten mawali, dann nicht mehr zu zahlen hatten. Es ging den Eroberern nicht primär um Proselytenmacherei, sondern um die Ausdehnung islamischer Herrschaft nach dem Motto „Der Islam herrscht, wird aber nicht beherrscht“ (al islamu hakimun wa lam yuhkam). Dennoch wurde die Konversion zum „wahren Glauben“ natürlich nicht ungern gesehen, auch wenn viele aus rein weltlichen, opportunistischen Erwägungen heraus Muslim wurden. Wie „offen“ der Islam insgesamt gegenüber den „Buchreligionen“ war, erkennt man allerdings an der Tatsache, dass noch zur Zeit der Fatimiden-Herrschaft in Ägypten etwa die Hälfte der Bevölkerung christlich war – und dies vierhundert Jahre nach dem Wirken des Propheten Mohammed.

Dennoch beginnt die Ketzergeschichte schon früh – mit der Fitna, dem Auseinanderfallen des Islam in das, was wir heute Sunniten und Schiiten (Aliden, Verehrer Alis) nennen. Dieser Antagonismus ist bis heute nicht überwunden, hat sich sogar in letzter Zeit wieder verschärft. Wenn auch von einer orthodox definierten universalen Einheit des Islam nicht die Rede sein kann, so ist man immerhin berechtigt, historisch von einer jeweils sunnitischen und schiitischen Orthodoxie zu sprechen: Die Sunna besteht aus jenen Muslimen, die heute weit mehr als achtzig Prozent der Gläubigen ausmachen, die Schia aus jenen Zwölferschiiten (ithna'ascharija), die sich innerhalb des Schiitentums als Mehrheit durchgesetzt haben, so dass ihr Glaube im Iran seit den Safawiden (1501) zur Staatsreligion wurde. Orthodoxe Sunniten wie Schiiten stützen sich vor allem auf das religiöse Gesetz und seine Auslegung durch die anerkannten Rechtsschulen (madhahib).

Was waren nun die wichtigsten Kategorien, unter denen die Ketzergeschichte des Islam zu betrachten ist? Schon früh regte sich der Kampf der Orthodoxie gegen die „Dualisten“. Dies betraf vor allem neubekehrte Muslime aus Persien, deren frühere Religion eben der „iranische Dualismus“ gewesen war. Man nannte sie – mit einem Ausdruck, der wohl auch aus dem Persischen in die arabische Sprache übernommen worden war – zindiq. Das Wort „zandaqa“ (Ketzerei) wurde identisch mit der Bedeutung „Dualismus“, was auf das zarathustrische Erbe der Perser hinwies, aber auch auf den Manichäismus, jene von dem Perser Mani im 3. Jahrhundert nach Christus im Irak gestiftete Religion, die den iranischen Dualismus, vermischt mit christlichen und buddhistischen Elementen, auf die Spitze trieb. Ihnen gegenüber sollte die zentrale Lehre vom „tauhid“, der Einheit und Einzigkeit Gottes, die der Koran lehrt, verteidigt werden. Ursprünglich war der Glaube, den Zarathustra gestiftet hatte, wohl auch ein Monotheismus gewesen, doch im Laufe der Jahrhunderte hatten wieder die ehrwürdigen Geist-Gestalten des altpersischen Pantheons

Einzug in die Religion der Perser gefunden und waren von den Mobedan, den Priestern der Parsen, hypostasiert und dogmatisiert worden. In dieser Gestalt begegneten die Muslime dem Glauben der Zarathustra-Anhänger. Erst in späteren Jahrhunderten wurde der Begriff „zindiq" dann als Synonym für alle Ketzer verwendet. Opfer wirklicher oder auch nur angeblicher dualistischer Neigungen wurden in frühislamischer Zeit die beiden konvertierten Perser Ibn al Muqaffa (720–759) und Baschar Ibn Burd (784), Literat und genialer Übersetzer der bekannten indischen Bidpai-Fabeln ins Arabische („Kalila wa Dimna") der eine, gefeierter Poet in Bagdad der andere.

Zu einem wahren Reservoir für das „Abweichlertum" entwickelte sich der Siebenerschiismus (sab'ija), der wegen seines Bezugs auf Ismail, den Sohn des sechsten Imam Dschaafar al Sadiq, anstelle von Musa al Kazim auch „Ismailitentum" (ismailija) genannt wird. Während die Mehrheit der Zwölferschiiten die Kette der Imame von Ali Ibn Abi Talib, den Vetter Mohammeds, über eben diesen Musa al Kazim bis zum zwölften, verschwundenen Imam Muhammad als Mahdi knüpft, bricht für die Siebener die Kette eben mit Ismail als ihrer Nummer sieben ab; ihm folgen die eigenen „Imame" mit ihrer esoterischen Lehre, die sie zum Kampf um die Herrschaft vor allem gegen das abbasidische Kalifat in Bagdad einsetzen. Charakteristisch für die Ismailiten, die sich bald wieder in verschiedene Gruppen spalten, ist der Tawil, die esoterische, „symbolische" oder „allegorische" Auslegung des Koran. Denn in ihren Augen muss zwischen dem äußeren Wortlaut des heiligen Buches (zahir) und dem inneren Sinn (batin) unterschieden werden. Die Orthodoxie, vor allem die sunnitische, klebt nach Auffassung der Ismaiiliten am Buchstaben und kann die tiefen Geheimnisse des Koran nicht erfassen. Zudem kommt, modern ausgedrückt, ein gesellschaftlich-emanzipatorischer Aspekt hinzu: Die sunnitische Orthodoxie nutzte ihren veräußerlichten Islam häufig als Mittel der Bewahrung der Kalifats-Herrschaft, wie von Herrschaft überhaupt, während die Heterodoxie – weniger propagandistisch – im Dienste der Unterdrückten steht. In der Tat war zunächst das Schiitentum an sich, später dann die Siebener-Schia oft ideologisches Vehikel für Aufstände und Erhebungen der Armen und Wenigerprivilegierten, zunächst auch der Neubekehrten. Doch auch die Ismailiten selbst erlebten ihrerseits wieder Aufspaltungen in noch radikalere Sekten, die man als „ghulat", Übertreiber, bezeichnete, ihr Denken und ihre Haltung als „ghuluw". Diese Bewegung ist mit dem großen Aufstand der Zandsch, der schwarzen Sklaven aus Sansibar, im Südirak in der zweiten Hälfte des 9. Jahrhunderts verbunden, die sich im Namen dieser extrem heterodoxen Lehre gegen ihre Unterdrückung durch die Abbasiden auflehnten. Modern gesprochen war dies eine islamische, theologische Linke.

Der Siebener-Schiismus wurde zu einer ernsthaften Bedrohung für das Bagdader Kalifat. Unter Berufung auf Fatima, die Tochter des Propheten Mohammed und Gemahlin Alis, konnten die Fatimiden für fast drei Jahrhunderte Nordafrika, Ägypten und teilweise auch Syrien unter ihre Herrschaft bringen. Ägypten erlebte unter ihnen eine glanzvolle Periode seiner Geschichte, von dessen Erbe das Land noch heute zehrt. Interessant ist, dass unter der Herrschaft dieser Abweichler – sieht man einmal von der kurzen Periode unter dem radikalen, wohl psychisch kranken Fatimiden-Kalifen al Hakim bi-Amrillah, der im Jahre 1021 wahrscheinlich ermordet wurde, ab – die Fatimiden ihr heterodox-schiitisches Bekenntnis den Ägyptern nicht aufdrängten: Das Land blieb mehrheitlich sunnitisch. Schon dies lässt – wie Heinz Halm (Die islamische Gnosis, Zürich 1982; Die Kalifen von Kairo, München 2003) immer wieder hervorhebt – ein wenig daran zweifeln, ob alle „Übertreiber" wirklich so radikal waren, wie die sunnitische Ketzer-Geschichtsschreibung betont.

Zweifellos radikal waren die Qarmaten. Durchaus in Verbindung mit den Fatimiden und ihrer Lehre stehend, doch bald mit ihnen rivalisierend wendeten sie sich als Bewegung kleiner Bauern und Handwerker stark sozialrevolutionären Auffassungen zu, die sie auch durchzusetzen suchten. Ebenfalls vom Südirak aus, wo ihr Namengeber Hamdan Qarmat zusammen mit seinem Bruder Abdan wirkte, überzogen sie große Teile des Orients mit ihrer extremschiitischen Propaganda; schließlich gelang es ihnen, nachdem man sie aus Syrien vertrieben hatte, in der Golfregion, mit dem Zentrum in Bahrain, ein qarmatisches Imamat zu errichten, das eine Zeitlang die gesamte Arabische Halbinsel mit Ausnahme des Jemen und Omans beherrschte. Ihre zentralen Gedanken waren die Gütergemeinschaft und die Gleichheit. Ihr Antinomismus war so groß, dass sie sogar die heilige Stadt Mekka belagerten, sie einnahmen und für kurze Zeit den Hadschar entführten, jenen Meteoriten-Stein, der in die Kaaba eingelassen ist und von den Muslimen bis heute als ein Himmelszeichen verehrt wird. Dies gelang ihnen im Jahre 930 und erst gegen Zahlung eines Lösegeldes gaben sie den Stein zurück. Im 11. Jahrhundert wurde die Qarmaten-Bewegung im Auftrag der Abbasiden liquidiert; sie war die extremste Form des „ghuluw", der es gelang, große Teile der nahöstlichen Region für einige Zeit in ihren Bann zu ziehen. Manche sprechen heute von einer „Republik der Qarmaten" und deuten sie gar marxistisch.

Aus Nachfolgestreitigkeiten unter den Fatimiden entwickelte sich auch jene Strömung ismailitischer Esoterik, die wie keine andere zur „Propaganda der Tat“ überging, doch bis heute noch immer viele Rätsel aufgibt. Was ist da Wahrheit, was Legende? Im Streit zwischen den Thronprätendenten al Musta'li und Nizar in Kairo um jenes Kalifat, das von den Fatimiden gegründet worden war, erstand um Hassan Ibn Sabah eine Gruppe, die für Nizar die Dawa betrieb, den religiös-propagandistischen „Ruf“. Unter den Nizariten gewann mehr und mehr die Idee die Oberhand, das Kalifat in Bagdad durch Terrorakte zu attackieren. Diese radikale Strömung des Ismailitentums ist in der Literatur als Bewegung der Assassinen bekannt, über die auch mittelalterliche christliche Quellen berichten. Das französische Wort „assassin“ – „Mörder“ soll auf das arabische „haschischiun“ zurückgehen, weil kolportiert wurde, diese Attentäter hätten ihre Anschläge unter dem Einfluss von Rauschgift unternommen. Tatsächlich brachten sie etliche prominente Persönlichkeiten der Sunniten um, wie den bekannten Wesir Nizam al Mulk. Hassan Ibn Sabah wird erwähnt als der Scheich al Dschabal, der Alte vom Berge, ein Titel, der auch auf seine Nachfolger als Führer der Assassinen überging. Vom Libanon aus, vor allem jedoch von der Bergfeste Alamut im iranischen Elburs-Gebirge unternahmen diese Ismailiten ihre Mordtaten, verbreiteten Angst und Schrecken, bis die Mongolen ihren blutigen Auseinandersetzungen Mitte des 13. Jahrhunderts ein Ende bereiteten; allerdings auch dem Abbasiden-Kalifat, das sie 1258 zerstörten. Hassan Ibn Sabah und seine Nachfolger galten ihren Anhängern als „Eingeweihte“, als Besitzer höheren Wissens; ob sie ihren Adepten im Haschischrausch tatsächlich die im Koran angekündigten Paradiesesfreuden vorgegaukelt haben, muss jedoch dahingestellt bleiben.

Außer dem Tawil enthielten die Lehren der extremen Ali-Verehrer auch Elemente der Gnosis; sie kennen in höheres Wissen „Eingeweihte“ und auch Stufen oder Grade der Einweihung. So elitär sich manche „Übertreiber“ gegeben haben mögen, so hierarchisch waren sie im Geistigen wie im Politischen strukturiert. Sogar die Vorstellung von der Seelenwanderung, der Metempsychosis, die nun vollends allem widerspricht, was der orthodoxe Islam lehrt, drang in ihre Doktrinen ein. Selbst für die Zwölferschiiten, die in ihren historischen Imamen als den leiblichen Nachfolgern Alis durchaus charismatische Persönlichkeiten und Träger des prophetischen Lichtes sehen (war doch Ali der leibliche Vetter Mohammeds), erscheinen solche Vorstellungen kraus, obwohl sie in der Religionsgeschichte ebenso konstant wiederkehren wie die für orthodox erklärten Lehren.

Unter Ketzerei-Verdacht gerieten auch alsbald die Sufis, vor allem jene, die antinomistisch eingestellt waren das heißt das religiöse Gesetz links liegen ließen. Das Ziel der Mystiker, durch ein kontemplatives Leben die unio mystica zu erreichen, das fana fi Allah, das Aufgehen der Seele in Gott, galt als verdächtig und wurde unter dem Vorwurf der Blasphemie gelegentlich mit dem Tode bestraft, so im Jahre 922, als man in Bagdad den wohl berühmtesten Sufi des Islam, al Hussain Ibn Mansur al Halladsch, hinrichtete. Auch nachdem al Ghazali (gestorben 1111) die moderaten Formen der Mystik für orthodox erklärt hatte, blieb immer der Pantheismus-Verdacht gegen die Sufis im Raume stehen, wie bei Ibn Arabi (1164–1240, dessen Lehre von der Einheit allen Seins dennoch den Islam tief geprägt hat. Als Ketzerei galt ebenso die Behauptung vieler Sufis von der „Einwohnung" Gottes (hulul) in ihrer Seele im Akt der religiösen Ekstase. Dies hatte man schon al Halladsch vorgeworfen.

Auch Philosophen und Dichter, ob Schiiten oder Sunniten, gerieten in den Verdacht der Häresie, dazu Theologen, denen man bid'a vorwerfen konnte, das heißt die Einführung unerlaubter Neuerungen. An den griechisch geschulten Philosophen und an Theologenschulen wie der Mutazila bemängelten die Mainstream-Gelehrten, dass diese auf dem Primat der Vernunft beharrten oder nach außen hin zu beharren schienen. Derartige Vorwürfe werden bis heute erhoben und machen es den Reformdenkern im Islam, deren es gar nicht so wenige gibt, schwer, mit ihren Ideen durchzudringen.

In der klassischen Epoche der islamischen Kultur zwischen dem 9. und 13. Jahrhundert gab es einige berühmte Beispiele für rationale Skepsis: bei den Philosophen war das, um nur einen zu nennen, der Arzt und Denker Abu Bakr Zakariya al Razi (Rhases bei den Lateinern), dessen metaphysischer Weltentwurf stark naturalistisch, obzwar keineswegs materialistisch oder atheistisch war; bei den Dichtern finden wir den blinden Skeptiker Abul Ala al Maari aus Syrien; zu erwähnen gilt es weiter den persischen Astronomen und berühmten Verfasser von skeptischen Vierzeilern Omar Khayyam, dessen Haltung in Sachen Religion am besten als agnostisch charakterisiert werden kann. Der persische Philosoph und Lichtmetaphysiker Suhrawardi, einer der originellsten Denker, den der Islam hervorgebracht hat, wurde im Jahre 1191 in Aleppo sogar gefangengesetzt und getötet. Auch der türkische Dichter Nesimi welcher einer Sekte angehörte, wurde im 14. Jahrhundert Opfer heterodoxer Neigungen.

Die zahlreichen Ausprägungen der schiitischen „Übertreiber" sind längst Geschichte geworden, doch ein Teil ihres Gedankenguts lebt weiter – in wenig bekannten islamischen „Konfessionen", nahöstlichen Religionen und Bevölkerungsgruppen, die noch heute existieren das politische Leben in der Region mitbestimmen. Andere hinwiederum stehen im Abseits oder sind bedroht. Die syrischen Alawiten mögen an der Grenze zum Islam stehen, haben sich aber aus eben jenen oben dargestellten schiitischen Extremistengruppen der Siebener heraus entwickelt. Sie ringen heute im Kontext der Arabellion in Damaskus um die Macht. Insofern sind auch ihre religiös abweichenden Vorstellungen noch immer relevant.

Viele Jahrhunderte lang hatten die Anhänger des „vergöttlichten Ali" relativ isoliert im westsyrischen Dschebel Ansarije gelebt, als Bauernbevölkerung, die im Land wenig Einfluss hatte. Man nennt die Alawiten auch Nusairier, nach dem Begründer ihrer extrem schiitischen Konfession: Ibn Nusair, der vor mehr als tausend Jahren als Prediger hervortrat. Aus der Lektüre der nusairischen Schriften kann man entnehmen, dass die Alawiten neben dem Glauben an Allah eine Trias von Personen verehren, deren wichtigste eben Ali ist; hinzu kommen der Prophet Mohammed sowie ein persischer Propheten-Genosse namens Salman-i Farisi oder Salman-i Pak. Die Lehre der Alawiten ist mit gnostischen Elementen gespickt und auch die Seelenwanderung ist ihnen nicht fremd.

Eine politische Aufwertung erfuhren die Alawiten in Syrien zur Zeit des französischen Mandats, zwischen 1920 und 1941. Die Franzosen schufen für sie eine Art Krypto-Staat, der sie vom übrigen Syrien trennte. Die Alawitenregion bewegte sich damals politisch zwischen der neu erstehenden Türkei unter Kemal Atatürk und dem syrischen Mandatsgebiet, ihr Einfluss reichte bis in die Region von Antakya und Alexandrette (Iskenderun), wo ebenfalls Alawiten leben; seit 1939 gehört dieses Gebiet allerdings zur Türkei. Nach der Unabhängigkeit Syriens 1941 gingen die Alawiten wieder in Syrien auf. Doch hatten sie, die etwa zehn bis zwölf Prozent der Gesamtbevölkerung ausmachen, im neuen Nationalstaat kaum Chancen auf Karriere, einzig die Armee bot ihnen diese. So nimmt es nicht Wunder, dass der alawitische Luftwaffengeneral Hafiz al Assad 1970 die Gelegenheit nutzte, um mit einem Putsch in dem ohnehin von Staatsstreichen geschüttelten Nachkriegs-Syrien die Macht zu ergreifen – offiziell im Namen der seit 1963 herrschenden säkularen und nationalistischen Baath-Partei. Doch für die Alawiten bedeutete das die unverhoffte Gelegenheit, erstmals in ihrer Geschichte zu herrschen. Dass sie als Anhänger einer als sektiererisch geltenden Denomination des Islam den Säkularismus auf ihre Fahnen geschrieben hatten, kann man aus ihrer Sicht verstehen. Es regte sich allerdings schon bald der Widerstand sunnitischer Kreise gegen Assad und der höchste Mufti der Republik, damals Ahmad Qaftaro, musste dem Staatspräsidenten amtlich bescheinigen, er sei ein regulärer Muslim. Demonstrativ nahm die alawitische Staatsspitze am offiziellen Freitagsgebet in der Damaszener Omajjaden-Moschee teil, um ihre orthodoxe Gesinnung zu beweisen. Der seit 2000 herrschende Sohn Baschar al Assad setzte diese Praxis fort. Man sieht, wie die scheinbar mittelalterliche Ketzergeschichte des Islam noch in unserer Zeit politisch höchst brisant wird. Schon zwischen 1980 und 1982 hatten die sunnitischen Muslimbrüder einen Aufstand gegen die Alawiten entfacht, den Hafiz al Assad mit brutaler Gewalt blutig niederschlagen ließ. An sich hätten die Alawiten, im Zusammenspiel mit der säkularen Baath-Partei, jede Möglichkeit gehabt, ein modernes Staatswesen aufzubauen, zumal die zahlenmäßig nicht unerhebliche christliche Minderheit den weltlichen Charakter des modernen Syrien zu schätzen weiß. Doch die systematische Unterdrückung aller freiheitlichen Regelungen durch eine Unzahl von Geheimdiensten sowie eine Repression, die die in Mubaraks Ägypten weit übertraf, hat den Volksaufstand provoziert, der im Frühjahr 2011 schließlich ausbrach. Das Schicksal der Alawiten ist ungewiss, doch werden sie nicht verschwinden.

Mit der islamischen Ketzergeschichte und auch mit Syrien eng verbunden ist die tausend Jahre alte Religionsgemeinschaft der Drusen. In der nahöstlichen Geschichte und Politik spielt sie bis heute eine Rolle. Die Drusen leben in drei Ländern: in Israel am Berge Karmel, in Syrien im Gebiet des nach ihnen benannten Dschebel Drus sowie auf dem von Israel besetzten und annektierten Golan; ihr drittes, relativ geschlossenes Siedlungsgebiet ist das Schuf-Gebirgsland im Libanon. Auch ihre Religionsgemeinschaft geht auf den heterodoxen Siebenerschiismus zurück, wiederum auf die Fatimiden. Ein Theologe namens al Darazi stellte sich in den Dienst des bizarren Fatimidenkalifen al Hakim bi-Amrillah, in dem er die spirituelle Führungs- und Erlösergestalt der Ali-Anhänger sah. Die Anhänger, die er um sich scharen konnte, nannte man bald „al duruz“ (davon der Name „Drusen“), das heißt Leute, die dem Darazi nachfolgen. Bis heute haftet den Drusen, die man als eigenständige Religionsgemeinschaft, aber auch als Sekte des schiitischen Islam betrachten kann, etwas Geheimnisvolles an. Sie verstehen sich selbst, natürlich auch wegen der Verfolgungen, denen sie ausgesetzt waren und deretwegen sie in die Bergregionen Syriens und des Libanons flüchteten, als Geheimreligion. Ihre „Eingeweihten“ nennt man uqqal, die Wissenden, während die normalen Gläubigen als dschuhhal, Nicht-Wissende, bezeichnet werden. Auch bei den Drusen ist der Glaube an die Seelenwanderung verbreitet.

Das Verhältnis der Drusen zum Islam ist ambivalent. In der Geschichte der Libanon-Berge haben Drusen-Emire teilweise eine bedeutende Rolle gespielt, als sie sich mit den christlichen Maroniten zusammentaten. Unter dem Drusen Fachreddin, der sogar mit den Medici in Florenz korrespondierte, reichte dessen Herrschaftsgebiet vom Libanon aus zeitweise bis zum Roten Meer. In späteren Zeiten suchten die Drusen dann wieder mehr die Nähe der Muslime, etwa der osmanischen Sultane, die viele Jahrhunderte lang über Syrien und den Libanon geboten. Im Jahre 1860 kam es, nicht ohne Einfluss der Hohen Pforte in Istanbul/Konstantinopel, in den libanesischen Schuf-Bergen gar zu einem Aufstand der Drusen, der sich vor allem gegen die Christen richtete. Die vier Jahre später erfolgte Neuordnung des Libanon legte den Grundstein für den konfessionellen Proporz, dem die moderne Republik Libanon bis heute gehorcht. In der Zeit des französischen Mandats über Beirut und Damaskus arbeiteten die Führer der Drusen wieder mit den Christen und Muslimen zusammen, um die Unabhängigkeit ihres Landes zu erreichen. Das gelang 1943. Seither sind die Drusen, insbesondere unter Führung der Familie Dchumblat, bemüht ihre Stellung in dem so labilen Gefüge des modernen Libanon zu wahren.

Bis heute ist die Region zwischen dem Nil einerseits, dem Euphrat und Tigris sowie dem Norden des Irak andererseits das Gebiet mit der größten Dichte unterschiedlicher Religionen und islamischer Häresien. Unter dem Einfluss des islamistischen Terrors, des allgemeinen Kriegsgeschreis und der militärischen Einmischungen des Westens, nun auch der Arabellion, sind nicht nur jene religiösen Minderheiten gefährdet, die der klassische Islam anerkannt hat, sondern auch seine Häresien und die kleinen Religionen, die niemals zu den ahl al dhimma, den Schutzbefohlenen, gezählt wurden, so die Mandäer oder Johannes-Christen im Irak, die Yezidi, die in der Regel Kurden sind, aber genauso die Ahl-i Haqq, eine kleine religiöse Gemeinschaft, die sich ebenfalls aus den gnostischen Islam-Sekten gebildet hat und im Irak und im Nordwesten des Iran siedelt. Wahrscheinlich können vor allem diese sehr kleinen Gemeinschaften auf die Dauer nur überleben, wenn die Arabellion zu einer wirklichen Modernisierung der islamischen Gesellschaften führt und eine Teilsäkularisierung allen „Abweichlern“ qua Religionsfreiheit ihr Recht zugesteht. Doch das scheint gerade heute, da Islamisten versuchen, einen Einheits-Islam durchzusetzen, keineswegs sicher.

Religiöser und säkularer Diskurs: Vorläufiges Fazit – Wohin treibt die islamische Welt?

Nach dem Durchschreiten etlicher islamischer Welten sind wir fast am Ende unserer Darlegungen angelangt. Wie wird es weitergehen, wie wird sich die islamische Welt insgesamt zwischen Beharrung und Veränderung fortentwickeln? Enthält die Arabellion nur positive Elemente oder trägt sie auch Zerstörerisches in sich? Angesichts der blutigen Ereignisse in Libyen beim Sturz Gaddafis und danach in Syrien, wo kein Ende des grausamen Blutvergießens abzusehen ist, ist diese Frage alles andere als irrelevant. Schon fragen kritische Stimmen, ob die hohe Anzahl von Todesopfern, die seit dem Ausbruch der Unruhen und Aufstände zu beklagen ist, die Sache wert sei. Andererseits war die Anzahl der Todesopfer bei vielen Unruhen und Turbulenzen vor der Arabellion, nimmt man die nahöstlichen Kriege (Israel und die Araber), die Bürgerkriege (Algerien) und den innermuslimischen Terror zusammen, auch nicht gerade klein, ja sogar viel größer. Ganz zu schweigen von jenen Kriegen, an denen westliche Länder, allen voran die Amerikaner und Engländer beteiligt waren. Die Erfolge der Islamisten bei den freien Wahlen stimmen außerdem manche Europäer skeptisch, ob denn die Arabellion tatsächlich der Freiheit diene und nicht vielmehr der Freiheit ihrer Feinde – als könne man Revolutionen vorschreiben, wie und zu wessen Gunsten sie abzulaufen haben.

Zu Recht ist die Geschichtsbetrachtung vorsichtig geworden mit allen Erwartungen und Vorhersagen für die Zukunft; zu sehr und zu oft hat man sich in ihnen getäuscht, bisweilen sogar lächerlich gemacht. Wenn es schon ein fast aussichtsloses Unterfangen ist, sich über die geschehene Geschichte, die ja zu großen Teilen schon geschrieben ist, zu einigen – der Philosoph Theodor Lessing (1872–1933) sprach da von der „Sinngebung des an sich Sinnlosen" –, um wie viel aussichtsloser ist es da erst, einen wirklich stimmigen Blick in die Zukunft zu wagen, einen Blick, mit dem man zutreffenden Vorhersagen im Sinne konkreter Entwicklungen machen zu können glaubt. So hat sich ja auch alle bisherige Zukunftsforschung (Futurologie) nicht ohne Grund als äußerst problematisch erwiesen, um es zurückhaltend auszudrücken.

Wenn das 20. Jahrhundert eines gelehrt hat, dann die große Wahrheit, dass es Geschichtsgesetze offenkundig nicht gibt. Ob Hegel oder Marx, Spengler oder Toynbee – sie alle erkannten im Detail vielleicht Wichtiges, Bedenkenswertes; doch erstens kommt es anders und zweitens, als man denkt, wie es der Volksmund formuliert. Diese triviale „Volksweisheit" ist, so ernüchternd das sein mag, in vielen Fällen eben der historischen Weisheit letzter Schluss. In der Geschichte ereignet sich nur, was Menschen tun. Und eine Rolle spielt dabei wohl auch, was sie nicht tun, was sie unterlassen oder versäumen. So wollen wir die Zukunft im Sinne einer wissbaren Vorhersehbarkeit den unseriösen Spekulanten und Alltags-Apokalyptikern überlassen. An ihnen herrscht kein Mangel.

Gleichwohl ist es erlaubt, Trends festzustellen und Möglichkeiten – wie gesagt, nur Möglichkeiten – der Veränderung anzudeuten. Dabei kann niemand mehr an der Arabellion vorbeigehen, denn sie dauert nun schon zu lange und hat bereits zu viele Brennpunkte, als dass sie sozusagen als heftiges, aber letztlich doch nur marginales Ereignis oder Strohfeuer der Geschichte abgetan werden könnte. Seit ihrem Beginn Mitte Dezember 2010 in Tunesien hat sich gezeigt, dass sie uneinheitlicher, komplexer geworden ist. Hatte man zu Beginn den Eindruck, als werde sie besonders von Repräsentanten einer Bürgergesellschaft im westlichen Sinne getragen, die sich um Fragen der Religion weitaus weniger kümmere als um Arbeitsplätze, soziale Sicherheit, demokratische Freiheiten und Rechtsstaatlichkeit, so zeigt sich nun mehr und mehr, dass auch die beharrenden Kräfte – bis hin zu islamistisch-integristischen – an ihr teilhaben wollen. Sie regen sich bereits kräftig. Nicht alle Gegner Husni Mubaraks oder Muammar al Gaddafis, vom traditionellen Jemen einmal ganz abgesehen, waren oder sind genuin pluralistische, säkulare Demokraten und streben mit Begeisterung nach einer weltlichen Zivilgesellschaft. Im Aufbegehren etwa gegen Gaddafi hat sich auch viel Hass auf einen Diktator entladen, der vom Islam andere, eigene und eigentümlichere Vorstellungen hatte, als traditionelle oder gar islamistische Kreise sie hegen. Nicht von ungefähr begann die libysche Arabellion in der Cyrenaika, jenem Gebiet des Landes, in dem der islamische Senussi-Orden immer eine Hochburg hatte. Und es war schon eine besondere Aussage, als der damalige Chef des Nationalen Übergangsrates, Mustafa Abdal Dschalil, sowie sein „Compagnon" Mahmud Dschibril erklärten, die künftige Ordnung Libyens werde auf der Grundlage der Scharia und der islamischen Werte errichtet werden. Freilich, so muss man sagen, ist eine solche Aussage, wie wir bereits zeigten, interpretationsfähig und von manchen wurde sie so gedeutet, dass das neue Libyen ohne Gaddafi natürlich ganz anders, aber eben nicht unislamisch sein werde. Gerade Dschibril, dessen Partei im Sommer 2012 die Wahlen zur verfassunggebenden Versammlung gewonnen hat, ist eher weltlich ausgerichtet. Stark zeigte sich der religiöse Trend bei den Wahlen zur Verfassunggebenden Versammlung Tunesiens am 23. Oktober 2011, aus denen die moderat islamistische Partei Ennahda (al-Nahda, Renaissance) als Siegerin hervorging, sowie bei den ägyptischen freien Wahlen am 28. November 2011, deren erste Runde – zumal in den Großstädten – ebenfalls an die Islamisten von der Muslimbruderschaft ging. Dieser Trend dauerte im zweiten und dritten Wahlgang an, die Muslimbrüder stellten die neue Regierung. Die im Mai und Juni 2012 durchgeführte erste faire Präsidentenwahl brachte ebenfalls einen Erfolg für den Kandidaten der Muslimbrüder Muhammad Mursi. Doch dann trat ein, was viele ebenfalls vorhergesagt hatten: Die Muslimbrüder wurden entzaubert, sie entzauberten sich vielmehr sogar selbst. Ihre Politik war zu selbstbezogen und scheiterte. Mursi wurde vom Militär gestürzt. Die Zukunft ist unklar, wird aber eine Weile noch vom Militär abhängen, das mehrheitlich weltlich eingestellt ist.

Welche Ordnung zukünftig in Syrien herrschen wird, steht zum Zeitpunkt der Niederschrift dieses Manuskripts noch völlig in den Sternen, doch sind seit Ausbruch der Kämpfe die islamischen bis islamistischen Elemente immer stärker hervorgetreten. Das Regime behauptet sich, ist jedoch vom Zerfall bedroht. In jedem Fall steht auch Syrien eine Neuordnung bevor, die angesichts der vielen Minderheiten sowie auch der separatistischen Tendenzen – etwa bei den Kurden im Norden – ebenfalls langwierig und schwierig sein wird. Baschar al Assad verhält sich militärisch brutal, diplomatisch jedoch nicht ungeschickt. Manche sehen in ihm schon wieder das kleinere Übel.

In diesem Buch haben wir zu zeigen versucht, wie vielstimmig die islamische Kultur als *Summe islamischer Welten* ist. Das darf allerdings nicht im Sinne eines unbegrenzten Relativismus missdeutet werden: Der Islam hat als in vielem noch vormoderne, vielmehr nur äußerlich modernisierte Kultur strukturelle Defizite, die nicht wegrelativiert werden können. Er ist aber kulturell und sogar religiös vielstimmiger, als oft angenommen wird. Im Religiösen reicht die Bandbreite vom rigiden Islamismus talibanischer oder saudischer, salafistischer Prägung über den Traditionalimus und Quietismus der Mozabiten und Ibaditen bis hin zum Sufismus mit seinen existenzialistischen Ansätzen und rationalistischen Erneuerungbemühungen, die von Reformdenkern ausgehen. Eine flächendeckende, systematische Aufklärung hingegen existiert (noch) nicht. Und eine sexuelle Revolution, wie sie bisher noch jede Aufklärungswelle und Revolution begleitet hat, ist in weiter Ferne. Der Primat des Religiösen bleibt einstweilen bestehen – ein Sachverhalt, der vor allem im religiös sich immer stärker auflösenden Europa kaum noch zu vermitteln ist. Dort wächst die Zahl der Atheisten und religiös Unmusikalischen unaufhörlich (anderslautende Umfragen sind mit Vorsicht zu genießen).

Ein besonderer Fall, über den nun schon ganze Bibliotheken geschrieben worden sind, ist natürlich der islamische Terrorismus von Al-Qaida, dessen vornehmlich politisch definierte Ziele sich freilich einen Mangel an Aufklärung im Islam selbst zunutze machen (können). Die Wurzeln dieser Ideologie eines Usama Bin Ladin (1958–2011) liegen im rigiden wahhabitischen Islam und in salafistischen Lehren des im weitesten Sinne „indischen" Islam, vor allem der Deobandi-Gemeinschaft auf dem Indischen Subkontinent. Doch sollte man – die Arabellion zeigt es – den Einfluss der liberal gesinnten Reformdenker nicht unterschätzen, der langsam aber sicher gewisse Breschen in den theologischen Essenzialismus schlägt, vor allem in der Türkei, deren Vorbild auszustrahlen scheint. Die radikalen Formen islamischer Lehre und Praxis waren denn auch nicht Gegenstand dieser Arbeit, sie sind von anderen Autoren dokumentiert und beschrieben worden.

Vielstimmigkeit haben wir gerade auch im kulturellen Leben aufgezeigt, von der Literatur und ihren teilweise recht alten weltlichen Inhalten angefangen bis zur durchaus diversifiziert anzusehenden Kulturgeschichte der jeweiligen islamischen Länder oder Regionen, etwa der Türkei mit ihrer stark nachwirkenden osmanischen Vergangenheit oder des Iran mit seiner speziellen, fast dreitausend Jahre alten Kulturtradition, die bis auf den Propheten Zarathustra zurückreicht. Mögen die Mullahs sie auch abweisen, so ist sie doch, wie der französische Gelehrte Henry Corbin in vielen seiner Werke gezeigt hat, in der kulturellen Universalie des Iran unauslöschbar existent.

Material für den Versuch, aus den islamischen Welten eine in manchem andere, verwandelte Zukunft zu „entbergen", ist also vorhanden. Der Kern der Arabellion macht überdies deutlich, dass auch die Zahl jener im Islam zugenommen hat, für die der religiöse Diskurs nicht mehr das *alleinige* Kennzeichen ihrer Kultur, vor allem der politischen Kultur, darstellt. Genau darauf gründen viele Hoffnungen, die man in die Arabellion setzt. Die intellektuellen Köpfe jener säkularen Elemente innerhalb der Arabellion haben begriffen, dass nur der Primat des weltlichen Denkens ihre Gesellschaften auch nach innen Anschluss finden lässt an die grundlegenden Standards der modernen Zivilisation und Rechtskultur, ganz zu schweigen von einem Religionsfrieden, der niemals durch das (staatliche) Machtmonopol einer Religion hergestellt werden kann, sondern ein Resultat der Gleichberechtigung ist, die ein religiös (nicht ethisch) weitgehend ungebundener Staat am besten gewährleistet. Dies wissen wir, seitdem im Jahre 1670 Spinozas Theologisch-politischer Traktat erschienen ist; und nicht von ungefähr hat sich die Entwicklung Europas im Sinne Spinozas vollzogen. Auch der Islam hat in den vergangenen Jahrzehnten seine Spinozas gehabt, zuletzt, für die sunnitische Welt, Nasr Hamid Abu Zaid, der seine Heimat Ägypten unter dem Druck der Fanatiker verlassen musste, und Abdolkarim Sorusch für die Schiiten. Wie Spinozas Zeit, so wird auch die Zeit Abu Zaids, Soruschs und anderer, die ihnen vorgearbeitet haben, kommen, da bin ich ganz sicher.

Wenn die Geschichte eines deutlich gemacht hat, dann dies: Von Religionen beherrschte Staaten und Institutionen sind oftmals die Hölle für die Skeptiker oder gar Nichtgläubigen, wie umgekehrt atheistische Staaten für die Gläubigen ebenso zur Quelle von dauernder Bevormundung und brutaler Unterdrückung werden können. An Beispielen dafür herrscht in der jüngeren Geschichte kein Mangel. Religionsfreiheit bedeutet allerdings in letzter Konsequenz auch, keine Religion zu haben oder haben zu wollen. In der islamischen Welt gibt es selbstverständlich ebenfalls Atheisten, die allermeisten können sich freilich nur nicht dazu bekennen. Neben den islamischen Elementen werden, so kann man vermuten, in den pluralistischen Staaten und Systemen des künftigen Orients die bloßen Kulturmuslime an Zahl zunehmen. Ohne gläubig zu sein, identifizieren sich diese Muslime doch weitgehend mit ihrer Kultur und sind auch bereit, sie zu verteidigen.

Ein weiteres gigantisches Zukunftsprojekt für den Islam wird es sein, die Macht, respektive deren bisher fast uneingeschränkte Ausübung durch einzelne oder einige wenige zu verrechtlichen und damit einzuhegen. Es ist nicht so, dass der Islam Versuche dazu nicht unternommen hätte. Den islamischen Rechtsinstitutionen gelang es jedoch niemals wirklich, die Macht (sulta) des Machthabers (sultan) durch Recht auf Dauer einzugrenzen, wie das in Europa spätestens seit der Magna Charta sukzessive immer stärker (freilich auch nicht ohne Rückschläge) der Fall war. Hervorzuheben ist, dass sich in Europa diese Rechtskultur verfestigte, verstetigte und intensivierte: Wer heute dort als Politiker das Recht bricht, ist, wenn es herauskommt, zumindest in seiner Funktion als Politiker erledigt. Im Orient war leider oft genug das Gegenteil der Fall: Solange der Herrscher den Glaubensvollzug nicht störte, das heißt die Ausübung des Ritus und die Praktizierung der Scharia nicht behinderte, konnte er – mit Unterstützung hilfswilliger Ulema oder gar des Scheich al Islam selbst – meistens machen, was er wollte. Rechtsgutachten in Sachen der Macht waren wetterwendisch wie die Macht selbst. Nur theoretisch war etwa der osmanische Sultan dem höchsten Religionsgelehrten Rechenschaft schuldig; als „Schatten Gottes auf Erden" (zill Allah fi al-ard) war er dem faktisch entzogen – jedenfalls in der großen Mehrzahl der Fälle. Wenn einmal ein Sultan entmachtet wurde, beruhte dies oft nicht zuletzt auf einer opportunen Beugung des Rechts durch den höchsten Mufti des Reiches.

Eigentlich entstammt die Kunst des Herrschens wie auch des Regierens dem Orient. Verwaltung und Bürokratie sind bereits in den vorderorientalischen Stromkulturen entstanden (Mesopotamien, Ägypten). Die hydraulische Kultur mit ihrer staatlichen „orientalischen Despotie" (Karl Wittfogel) wurde für lange Zeit zum System. Doch schon die Literaturen der alten Reiche kennen Klagen über ungerechte Herrscher oder den Lobpreis der gerechten, wie auch immer diese zu bewerten waren. Auch war es nicht so, dass der Orient keine Vorstellungen über gutes Regieren entwickelt hätte. Die islamische Literatur kennt, wie wir zuvor schon sahen, etliche Fürstenspiegel, die sogenannten Pendnames, wie etwa das aus seldschukischer Zeit stammende „Qabusname" (Buch des Sultans Qabus) oder das Werk des berühmten seldschukischen Wesirs Nizam al Mulk, das „Siyasetname" (Buch von der Politik), in denen die Eigenschaften eines guten und gerechten Herrschers beschrieben werden. Doch es sind eben vor allem Eigenschaften, die auf die Charakterologie verweisen. Ob ein Herrscher gerecht und weise war, hing besonders von seiner Wesensart ab, nicht unbedingt vom Gesetz. In modernen Rechtsstaaten indessen spielt der jeweilige Charakter des Staatenlenkers oder der Politiker als Kaste für die Behandlung und die gültigen, einklagbaren Rechte der Bürger zunächst einmal keine Rolle – der Politiker mag als Charakter gut oder weniger gut sein, klug, intelligent oder auch nicht, er muss sich an Recht und Gesetz halten und die Bürger können Recht und Gesetz gegenüber dem Staat einklagen, gegen ihn demonstrieren und so weiter. So nährt es zum Beispiel eine gewisse Skepsis im Blick auf die Arabellion, dass die islamisch-autoritative al Azhar-Universität zu Kairo als höchste Lehranstalt des sunnitischen Islam den Volksaufstand gegen Mubarak für unrechtmäßig (haram) erklärte. Wird es dabei bleiben? Und wenn ja, wie lange? Freilich: Es ist allein Sache der Muslime, solcherlei neue Strukturen zu erkämpfen und zu schaffen.

Ein Nachdenken über den Staat und über den gerechten Regenten kennt die islamische Kultur also sehr wohl, nicht aber ein systematisches, philosophisch geprägtes Staatsdenken, wie dies in Europa mit Platons Politeia und seinen Nomoi, danach mit den politischen Entwürfen und Analysen eines Aristoteles eingesetzt hat und seine Fortführung bis hin zu Denkern wie Hobbes, Bodin, Rousseau, Hegel und vielen anderen gefunden hat. Die Adaption von Platons Politeia durch den Philosophen al Farabi (870–950), seine Abhandlung über den „Musterstaat", blieb ein Solitär und verschwand wieder, wie ein großer Teil des hellenisch inspirierten Denkens im Islam überhaupt. Liberale Staats- und Gesellschaftstheorien à la John Stuart Mill (1806–1873) sind in der eigenen islamischen Tradition erst recht unbekannt. Moderne Staatsdenker in der islamischen Welt haben ihre Vorstellungen weitgehend aus dem Westen bezogen, aus Frankreich oder Deutschland; nun sind sie gefordert, auch die islamischen Quellen, die eigenen, ihre Kultur konstituierenden Schriften auf ihre mögliche Tauglichkeit für liberale Interpretationen zu untersuchen. Der arabische Nationalismus hatte, wie wir bereits bekräftigten, sich weitgehend den organischen Volk- und Nationbegriff der deutschen Romantik, etwa Johann Gottfried Herders (1744–1802), anverwandelt und war damit gescheitert. Im Maghreb hat die koloniale Überwältigung durch Frankreich immerhin dazu geführt, dass die Intellektuellen – vor allem in Algerien, doch auch in Marokko und Tunesien – stärker vom französischen Geistesleben und dem Denken der französischen Aufklärer angeregt wurden; diese Tendenz, für die der tunesische Präsident und Menschenrechtler Moncef Marzouki steht, wird bei den laizistisch gesinnten Kreisen innerhalb der Arabellion zunehmen, doch wird man auch versuchen, arabisch-islamische Eigenständigkeit und Authentizität hervorzukehren und fruchtbar zu machen.

Von vielen Muslimen, erst recht von vielen Islamisten, kann man seit vielen Jahren gelegentlich die Befürchtung hören, der Islam werde, wenn er sich noch weiter zur Moderne hin öffne, zum bloßen „Abziehbild des Westens" werden, zu seiner Kopie. Ein „Affe des Westens" ist dabei die drastischste Formulierung. Doch diese Furcht ist nach unserem Erachten grundlos. Der Islam fand auf großartige Weise gerade zu sich, als er ganz offen für seine geistig-kulturelle Umwelt war, als er sich Gedanken und Kulturgütern der „Ungläubigen" zuwandte, der griechischen Philosophie und Wissenschaft, und diese in die eigene Kultur integrierte. Das war in den ersten zwei, drei Jahrhunderten seines Aufblühens der Fall, unter den Omajjaden, vor allem jedoch unter den Abbassiden mit ihrer anfänglich so glanzvollen Herrschaft. Und von diesem

Glanz zehrte die islamische Kultur wesentlich länger, als man bisher anzunehmen bereit war.

Bevor Terror und Krieg gegen den Terror das Klima vergifteten, gab es in Europa durchaus auch gewisse Sympathien für den Islam. Immer war ein Teil der europäischen Intellektuellen von seiner Ausstrahlungskraft, aber ebenso von der stärker kontemplativen Lebensauffassung seiner Menschen fasziniert. An diesem Gegenbild zur „faustischen" Zivilisation der Moderne mag vieles phantastisch oder auch naiv gewesen sein, hier und da auch Ausgeburt eines gewissen Orientalismus (Edward Said, 1978); ganz falsch war dieses Gegenbild jedoch nicht. Goethes Zuneigung zum Islam ist zu oft erwähnt worden, als dass man sich noch darauf berufen müsste. Doch viele andere bedeutende Geister wären da zu nennen. Während der europäischen Aufklärung begann man, den Islam weniger unter christlichen Vorzeichen zu sehen und/oder als „Häresie" abzuqualifizieren. Der deutsche „Vater der Orientalistik" Johann Jakob Reiske (1716–1774) aus Halle an der Saale regte an, den Islam – als Religion wie Kultur – um seiner selbst willen zu studieren, nicht nur, um die Bibel besser zu verstehen. Der Gehalt der islamischen Geschichte sei dem der europäischen Geschichte als Forschungsobjekt durchaus gleichzusetzen, man solle nicht immer nur nach der Bibel schielen, wenn man den Orient wissenschaftlich erforsche. Er dachte weit voraus, denn diese „Gleichgewichtigkeit" ist noch immer nicht gegeben, und zwar auf beiden Seiten nicht. Deutsche und europäische Autoren der Klassik und Romantik schufen Werke, die sich von islamischen Themen und von islamischem Ambiente und Design, wie wir es kurz dargestellt haben, inspirieren ließen: neben Goethe etwa Christoph Martin Wieland (1733–1813), August Graf von Platen (1796–1835), Heinrich Heine (1797–1853), Friedrich Rückert (1788–1866) und viele mehr. Die geistigen, intellektuellen Hintergründe für diese Aneignung orientalischer Elemente waren vielgestaltig und reichten vom gewollten Romantizismus und Eskapismus bis zu aufklärerischen Absichten, etwa wenn europäische Aufklärer ihren eigenen Gesellschaften die Leviten lasen – in orientalischem Gewand, wie Montesquieu mit seinen berühmten „Lettres persanes".

Trotz des Saidschen Vorwurfs des Orientalismus sollte man beileibe nicht alles verurteilen, was europäische Forscher, Reisende, Archäologen, Dichter und Gelehrte an Wahrnehmung orientalischer Verhältnisse zu Papier gebracht haben. Das „Andere", bisweilen auch Exotische, ist schon vorhanden, Gott sei Dank, denn sonst wäre die Welt des Menschen und der Völker wie Kulturen ein fades Einerlei des immer und überall Gleichen. Es ist schon so, dass neben den menschlichen Gemeinsamkeiten, der conditio humana, natürlich auch die Unterschiede bestehen, dass es in vielem eine reale westöstliche Gegensätzlichkeit gibt, bei welcher der Orient nicht immer schlechter abschneidet als der „Westen".

Man täusche sich nicht: Die islamische Welt mag viele Errungenschaften des Westens insgeheim oder auch offen bewundern – doch sie sieht auch manches Kritische und deutet es als Fehlentwicklungen und Übertreibungen der westlichen Gesellschaften (um das fragwürdig-schillernde, schwer zu definierende Wort „Dekadenz" zu vermeiden). Dies gilt für den beginnenden Zerfall der Familie ebenso wie für einen Individualismus, der offenbar – abzüglich des Strafrechts – keine Grenze mehr zu erkennen und vor allem anzuerkennen scheint. Dem widerraten im Islam sogar junge Leute, die an sich längst einen modernen Lebensstil praktizieren und seine Verbreitung auch für die eigene Gesellschaft wünschen – mit Maß und Ziel allerdings, wie sie sagen. Auch von moderner Hektik haben die Menschen zwischen Casablanca und Teheran weiß Gott genug. Ihr setzen sie die eigenen Auffassungen von Zeit und Raum, ihren orientalischen Innenraum, ihr eigenes Lebensgefühl entgegen, das nicht nur, aber zumindest teilweise durch die Religion bedingt ist.

Ich möchte dazu abermals auf jenes kenntnisreiche und brillante Werk des allzu früh verstorbenen Orientalisten und Kenners insbesondere der persischen Literatur und Kultur Rudolf Gelpke (1928–1972) hinweisen: „Vom Rausch im Orient und Okzident". Zwar war dieses Buch zunächst der besonderen Thematik des Rausches und der „künstlichen Paradiese" (Baudelaire) im Kulturvergleich zwischen Okzident und Orient gewidmet, doch verstand es Gelpke auf eindrückliche Weise den grundlegenden Unterschied in Weltwahrnehmung und Mentalität zwischen dem westlichen, eben „faustischen" Menschen und dem Orientalen, wenn man ihn vom Islam her betrachtet, herauszuarbeiten. Auch ohne die Gelpke'sche Apologetik der Drogen herauszustellen oder gar zu rechtfertigen, enthält dieses Werk erhellende Einsichten über eine Weltwahrnehmung, wie sie unterschiedlicher nicht sein kann: hier der auf Ausnutzung der Zeit und auf Zweckrationalität ausgerichtete Europäer, der immer Schwierigkeiten mit jenen Abweichlern hatte (und hat), die sich – zumal als Künstler – diesem Schema des im weitesten Sinne Nützlichen, Ökonomischen und Berechenbaren nicht einordnen lassen; dort der kontemplative Orientale, für den die Zeit noch immer der „billigste Rohstoff" ist, wie Gelpke treffend schreibt. Er bewegt sich dabei nicht auf der Ebene subjektiver Idiosynkrasien, Vorurteile und Klischees, sondern „entbirgt" diese Zusammenhänge anhand literarischer, poetischer, religionsvergleichender und historischer Beispiele, die er in großer Zahl anführt. Sie reichen vom Koran über die klassische persische Dichtung bis zur Mystik.

Nicht zuletzt die größere, metaphysisch verwurzelte „Abgehobenheit" des orientalischen Menschen, sein noch immer vorhandenes Streben nach Entschleunigung des Lebens in einer rasend gewordenen Welt gehört mit zum Wertvollsten, was man vom Orient als „Westler" lernen kann. Umgekehrt gilt, dass in jenem Maße, in dem es der Arabellion gelingen wird, die totalitären Verkrustungen und Verbiegungen der orientalischen Despotien und Autokratien zugunsten von „Freiheit und Würde" – so ihre wichtigsten Schlagworte – aufzubrechen, ein bisher unbekanntes Element schöpferischer, auch individualistischer Dynamik in den Orient einkehren kann, dessen Fehlen von vielen als Mangel empfunden wird.

Doch ein gewisses Maß an Skepsis bleibt; beharrende Kräfte können es oft als ihren Vorteil ausgeben, dass dynamische Veränderungen die Menschen auf ihrem Lebensweg und in ihrer geistig-seelischen Orientierung auch umfassend verunsichern, wie das in den europäischen Gesellschaften vielerorts zu beobachten ist. Mit diesem Pfund versuchen insbesondere die Radikalen unter den Islamisten zu wuchern und noch haben sie Erfolg damit, denn sie stehen auch in den Augen vieler moderater Muslime immerhin für eine Erhaltung der eigenen Kultur. Im Orient hat der Wandel erst begonnen. Wir im Westen sollten ihn kritisch begleiten, doch jede belehrende Attitüde oder Besserwisserei vermeiden. Sie hat in ihrer zur Überwältigung neigenden Bestimmtheit in der Vergangenheit viel Unheil angerichtet und war Teil des Problems, das Orient und Okzident in der Vergangenheit miteinander hatten. Gelöst ist es – die turbulenten politischen Ereignisse der vergangenen Jahrzehnte machten das deutlich, noch immer nicht. Und auch unsere Gesellschaften befinden sich in einem rasenden Wirbel umfassender Veränderungen, von denen nicht sicher ist, ob wir sie überhaupt bewältigen werden, von der Ökologie angefangen bis zu Fragen des menschlichen Zusammenlebens, des Individualismus einerseits und des gesellschaftlichen Zusammenhalts andererseits. Ob andere dies auch so wollen – das zu entscheiden sollten wir ihnen überlassen.

Die Welt des Westens: Orient und Okzident: Engagement oder Einmischung?

Dass Orient und Okzident nicht mehr zu trennen seien, meinte Goethe in seiner von dem persischen Dichter Hafis inspirierten, genialen Dichtung des West-östlichen Divans. Der mit dem Osten und seinen größten Geistern seelenverwandte deutsche Dichter und Denker sprach in seinen Versen etwas aus, was heute viele Menschen (noch) nicht unterschreiben würden, und zwar in beiden Welten nicht, der westlichen wie der orientalischen. Man ist sich – ehrlich gesagt – noch immer herzlich fremd. In Europa sind die Tage der orientalistischen Moden vorüber, als Künstler orientalische Sujets malten, in Musik setzten oder in Verse fassten; und die muslimischen Intellektuellen haben ein Verhältnis zum modernen Westen – dem Okzident – das zwischen Anziehung und Abstoßung hin- und herschwankt. Man bewundert den Westen wegen seiner Technik und Wissenschaft, auch wegen seiner wirtschaftlichen Stärke, lehnt aber seine immer größer werdende spirituelle Dürftigkeit und seine Politik gegenüber den islamischen Ländern ab. Im Westen hingegen haben viele durchaus tolerante Leute „gar nichts gegen den Islam", wenn dieser nur endlich so würde wie die eigene, die „westliche" Kultur. Dann wäre ja alles in Ordnung.

Die Arabellion nun hat an ihrem Beginn deutlich gemacht, dass im Orient die Zahl all jener zunimmt, die sich auch die politischen Verhältnisse des Westens, vor allen Dingen Europas auf irgendeine Weise zum Vorbild nehmen, das heißt insbesondere Demokratie und Menschenrechte. „Wir wollen so leben wie ihr", lautete eine der Parolen des ägyptischen Aufbruchs. In gewisser Weise stimmt das, doch muss eingerechnet werden, dass auch im Diskurs der muslimischen, arabischen Demokraten und Pluralisten der Islam – als religiöser Glaube wie als Element der Kulturstiftung – eine weitaus wichtigere Rolle spielt als etwa das Christentum im Westen; da bildet nur Amerika eine (in manchem auch unrühmliche) Ausnahme, wenn man an den Einfluss der Evangelikalen dort denkt. Ansonsten aber beklagt die muslimische Welt die Abwesenheit der Transzendenz bei den westlichen Menschen, den Christen, während diese hinwiederum gerade diese weitgehende Abwesenheit metaphysischer Elemente in ihrer Kultur als Zeichen einer endgültigen Aufklärung und des Mündig-Seins des Menschen empfinden. Dass manche Politiker ihren Amtseid noch unter Berufung auf Gott ablegen, dass es noch immer Christen gibt, die das Christ-Sein ernst nehmen, ist unbestritten; doch als gelebte Glaubenswirklichkeit ist das Christentum im Bewusstsein der europäischen Menschen weitgehend in die Vergangenheit entrückt. Das religiöse Wissen stirbt aus. Selbst im Süden Europas nimmt die Bindung an die Religion, insbesondere auch die Kirche ab, und man sucht nach einem Ersatz, den einige im Buddhismus finden mögen, einem Buddhismus übrigens, der bei den westlichen Menschen viele Züge einer selbstgebastelten, „selbstverwirklichten" Religion enthält.

Auf dieser Ebene bleiben West und Ost einstweilen getrennt, obwohl beide Kulturen ursprünglich in religiösen Vorstellungen gründen, die zu einem großen Teil ähnlich, in manchem jedoch auch – wie wir hoffen gezeigt zu haben – durchaus verschieden sind. Ein Weltbürger wie Goethe, religiös ziemlich freigeistig gesinnt und kein Freund des christlichen Dogmas (August Wilhelm Schlegel nannte ihn „einen zum Islam übergetretenen Heiden"), konnte hier eine menschenfreundliche Synthese im Sinne einer geistigen Anverwandlung vollziehen, die auch mit seinem poetischen Zugang zu fremden Texten zu tun hatte. Dieses Niveau freilich wird nur ganz selten erreicht – auch reziprok, etwa wenn ein Muslim wie Muhammad Iqbal (1876–1937), der geistige Vater Pakistans, sich Goethe oder Nietzsche ebenso anverwandelt, wie der Weimarer Weltweise dies mit dem persischen Dichter Hafis oder selbst dem Propheten Mohammed tat.

Doch die Harmonie auf dem Gipfel höchster Geistigkeit ist oft der trivialen Wirklichkeit, den realen Verhältnissen, vor allem in politicis, weit entrückt. Auf ökonomischem Gebiet arbeiten Okzident und Orient heute in einer globalisierten Welt wohl eng zusammen, doch politisch versteht man sich eben nicht. So wird der Sog, der von den individualisierten und säkularisierten westlichen Demokratien auf den Islam ausgeht, von vielen Muslimen als eine bewusste zerstörerische Überwältigung empfunden. Dies gilt vor allem auch für die Auflösung jahrhundertealter Traditionen und Bindungen in den westlichen Gesellschaften, deren „Überschwappen" auf die vom Islam geprägte Welt nicht nur Islamisten und andere religiöse Eiferer fürchten. Man sieht darin eine Verschwörung (mu'amara), die den Islam schwächen soll, damit man ihn umso leichter vernichten kann. Das ist natürlich blanker Unsinn, ein verschwörungsdenkerischer Nonsens freilich, den die Muslime immer dann wieder bestätigt finden, wenn westliche Politik sich wieder einmal anheischig macht, wie der Elefant im Porzellanladen aufzutreten. Die Beispiele aus jüngster Zeit brauchen nicht ausdrücklich erwähnt zu werden, dazu sind sie viel zu bekannt. Nicht zu verstehen ist für viele Muslime auch, dass der Westen im Rahmen der Freiheit viele muslimische Dissidenten schalten und walten lässt, etwa Ayaan Hirsi Ali, Taslima Nasrin oder Ibn Warraq; solches Dulden im Namen von Freiheit und Toleranz wird als Affront aufgefasst, hinter dem man, ob wir das verstehen oder nicht, ebenfalls nur dunkle Absichten vermutet. In diese Kategoerie des Einander-Missverstehens fällt auch der berüchtigte Karikaturen-Streit der vergangenen Jahre mit der dänischen Zeitung „Jyllands Posten". An dieser Stelle findet der clash of civilizations innerhalb der muslimischen Welt seinen sichtbarsten Ausdruck.

Umgekehrt haben die Menschen im Westen große Schwierigkeiten, die ihnen irrational erscheinenden Handlungen und Verhaltensweisen der Muslime zu verstehen. Dass dort viele Menschen ihr Leben noch immer nach den Vorgaben der Religion ausrichten, nicht entlang der Zweckrationalität und individuellen Wunschvorstellungen, befremdet die Westler. Dieser Antagonismus wird gewiss auch noch eine Weile fortbestehen.

Zu Beginn dieses Buches haben wir den Orientalisten und Kulturphilosophen Hans Heinrich Schaeder, der sich mit der westöstlichen Weltgegensätzlichkeit befasst hat, zitiert. An dieser Stelle soll nun der Philosoph Karl Löwith (1897–1973) zu Wort kommen, der sich in einem umfangreichen Aufsatz ebenfalls mit diesem so brisanten Thema beschäftigt hat. Nach einem Abschnitt über das Gleichmacherische, Einebnende der modernen Industriekultur, insbesondere in ihrer amerikanischen Ausprägung, schreibt er: „Überlieferungen von jahrtausendelanger Geltung können, trotz radikalster Veränderung, nicht völlig unwirksam werden. Die technische Zivilisation ist zwar überall die gleiche geworden und mit ihr das wissenschaftlich berechnende Denken, aber die überlieferte Kultur unterscheidet sich nach wie vor, auch wenn die christlichen Kirchen und die buddhistischen Tempel nicht mehr das alltägliche Leben der Masse der Menschen von der Geburt bis zum Grabe bestimmen …" (Der Mensch in der Geschichte, 1990). Zwar meint Löwith hier vor allem die ostasiatischen Kulturen in China und Japan, doch gilt Gleiches für den Islam. Das Beharrungsvermögen gewachsener Kulturen ist beträchtlich.

Zwischen dem Westen und dem Islam existiert etwas, das ich als „metaphysischen Graben" (metaphysical gap) bezeichnen möchte. Er erschwert heute die Verwirklichung der Goetheschen Vision, die wir oben zitiert haben. Dieser

„metaphysische Graben“ ist auch bei den in Europa lebenden Muslimen zu spüren, die oft ein völlig gespaltenes Verhältnis zu ihrem jeweiligen Diaspora-Land haben. In offiziellen Stellungnahmen loben sie dieses Land über den grünen Klee, doch in Stellungnahmen untereinander und für die eigenen Leute fallen die Urteile häufig sehr viel kritischer aus. Da ist hier und da sogar Verachtung zu spüren.

Der Sog der weitgehend hedonistischen westlichen Zivilisation führt andererseits dazu, dass sich eine Minderheit der Muslime in der Diaspora vom Glauben im Grunde verabschiedet; doch für die meisten gilt das nicht. Und so erweist sich die Einwurzelung gläubiger Muslime seit vielen Jahren als Problem der westlichen Gesellschaften. Synonym dafür ist die offenbar nicht enden wollende Kopftuchdebatte in Ländern wie Deutschland, Großbritannien oder Frankreich. Dass diese Debatte zu kurz greift, um den Islam zu charakterisieren – ebenso wie die Konzentration auf Zwangsheiraten oder die Strafpraxis der Scharia –, ist hoffentlich in diesem Buch deutlich geworden. Und dennoch: Man kann verstehen, dass die so verschiedenen Auffassungen beider Kulturen von der Lebensgestaltung in den weltlich-pluralistischen Gesellschaften der westlichen Welt besonders hart aufeinanderprallen.

Schon vor vielen Jahren hat der ursprünglich aus Syrien stammende deutsche Politikwissenschaftler und Muslim Bassam Tibi deshalb den Begriff eines „Euroislam“ aufgebracht und diesen auch inhaltlich zu bestimmen gesucht. Ein Islam ist gefragt, der die spirituelle Essenz des Glaubens bewahrt, aber mit westlichen Auffassungen von Staat und Gesellschaft kompatibel ist. Dieser Euroislam wäre ein Ziel, auf das Innigste zu wünschen. Doch es gibt ihn nur vereinzelt. Immerhin muss anerkannt werden, dass ein Land wie Deutschland in den vergangenen Jahren beträchtliche Anstrengungen unternommen hat, um in Sachen Integration des Islam in die westliche Gesellschaft weiterzukommen. Das begann mit der Einberufung einer offiziellen Islamkonferenz und fand seine Fortsetzung in der Etablierung islamisch-theologischer Lehrstühle an bisher vier renommierten Universitäten des Landes. Über die Islamkonferenz ist manch Kritisches gesagt worden, doch ist dem türkischen Sozialwissenschaftler Levent Tezcan Recht zu geben, wenn er hervorhebt, dass mit der Islamkonferenz die Muslime in Deutschland erstmals zum *Subjekt* geworden sind, nicht länger bloßes Objekt des öffentlichen Diskurses bleiben (Tezcan, 2013).

Was die Etablierung islamisch-theologischer Lehrstühle anbelangt, muss festgestellt werden, dass die Ausbildung von islamischen Theologen nicht unerhebliche Schwierigkeiten mit sich bringt. Einsprüche kommen vor allem von Gruppen, die traditionalistisch, bisweilen auch islamistisch gesinnt sind. Tatsächlich behindert die Uneinigkeit der islamischen Verbände und Gruppen die allmähliche Herausbildung eines Euroislam sehr stark. Misstrauisch wittert man Unrat, das heißt Manipulationen im Sinne der „westlichen" Gesellschaften und ihrer Vorstellungen von Religion. Es ist zugegebenermaßen auch nicht ganz einfach, Koran und Sunna so auszulegen, dass die Mehrheit der Muslime die europäische Form ihres Glaubens als authentisch erfährt, gleichzeitig jedoch als übereinstimmend mit den politischen und zivilgesellschaftlichen Werten des Westens. Wie schwierig es ist, zeigen Autoren wie die Türkin Necla Kelek, die es schlicht für unmöglich halten, dass ein solcher Reformprozess gelingen kann. Freilich sieht sie – wie andere – im Islam keinen Kosmos *islamischer Welten*, wie er in diesem Buch dargestellt worden ist, sondern ein System, das sich zu einer Art gesellschaftlichem Gefängnis entwickelt hat. Die Zukunft wird zeigen, ob die in Münster, Osnabrück und Tübingen lehrenden und forschenden Islamgelehrten in der Lage sind einen akzeptablen Euroislam zu liefern, der die Mehrzahl der Gläubigen befriedigt. Neben der Konzentration auf die klassischen Fünf Pfeiler des Islam muss an der *Verzeitlichung*, der Historisierung der Texte gearbeitet werden, wenn man zum Erfolg kommen will. Die Länder des Westens werden es auf die Dauer nicht ertragen, wenn Anhänger einer „zugewanderten" Religionsgemeinschaft Werte vertreten, die eklatant westlichen Vorstellungen von Menschenrechten widersprechen.

Ganz anders sieht die Situation in den Welten des Islam selbst, das heißt in seinem klassischen Verbreitungsraum zwischen Marokko und Indonesien aus. Da mag der Westen Wünsche und Hoffnungen haben, aber keine Rechte. Die Muslime haben dort selbst die Verantwortung dafür, wie sie in Zukunft leben wollen und welche Ausformung der Islam haben wird – zusätzlich zu den vielfältigen Formen, die er bereits hat. Manches spricht dafür, dass jene ideologischen Verhärtungen und Zuspitzungen des Islam bis hin zu dem mörderischen Terrorismus unserer Tage tatsächlich auch etwas mit der Fremdbestimmung durch den Westen zu tun haben. Zwar wird das wirkliche oder auch nur vermeintliche imperialistische Handeln des Westens auch gerne als wohlfeile Entschuldigung und Bemäntelung für eigenes Versagen herangezogen; doch entspricht es natürlich den Tatsachen, dass seit Bonapartes Invasion in Ägypten im Jahre 1798 der islamische Orient mannigfacher Fremdbeherrschung und Fremdbestimmung ausgesetzt gewesen ist. Was die arabischen Muslime betrifft, so muss man als eine dominierende Macht der Fremdbestimmung freilich auch die türkischen Osmanen erwähnen, deren Herrschaft, obwohl sie Muslime waren, von vielen als nicht weniger drückend empfunden wurde. Es spricht eine beredte Sprache, dass sich die arabischen Muslime zunächst von den Osmanen befreien mussten, ehe sie im 20. Jahrhundert ihr Augenmerk auf die Befreiung von westlicher Herrschaft und Bevormundung richteten.

Was vor einigen Jahren von etlichen Autoren als Re-Islamisierung des Islam beschrieben worden ist, einschließlich der Begründung der salafistischen Bewegung, ist nicht zum geringen Teil als Abwehr dieser Fremdbestimmung zu interpretieren. Die Salafija, heute ideologisch versteinert, begann einmal als selbstbewusste Bewegung des Modernismus und der Selbstbesinnung gegen die Übermacht der Briten und Franzosen, bevor sie erneut in Dogmatismus erstarrte. Und diese „Fremdbestimmung" dauert in gewisser Weise bis heute fort. Zunächst waren es westliche Einflusszonen, dann Kolonien, Protektorate und Mandate, die letztlich aus Bonapartes Einfall resultierten. Sie haben den Orient über Generationen geprägt und, vor allem auch seine politische Landkarte verändert. Erst einige Jahrzehnte alt sind die heutigen Nationalstaaten des Vorderen Orients und Nordafrikas, die entlang künstlich gezogener Grenzen geschaffen wurden und durch diese von den westlichen Mächten etablierte Konfliktstruktur bis heute die Welt in Atem halten. Die Auseinandersetzung der arabischen Staaten mit Israel ist ein gewichtiger Teil dieser Konfliktstruktur, deren Grundstein im Wesentlichen nach dem Ersten Weltkrieg gelegt wurde. In diesen Tagen sieht es so aus, als würde die staatliche Struktur in der Region mehr und mehr in Frage gestellt – etwa durch den Gedanken an ein neues Kalifat, mag dieser zunächst auch noch so absurd erscheinen und von Gruppen vertreten werden, die man lieber gehen als kommen sieht.

Nach dem Zweiten Weltkrieg begann Großbritanniens Rückzug aus seinen Besitzungen und Einflussgebieten „östlich von Suez". Die meisten Besitzungen der westlichen Mächte gewannen damals ihre Unabhängigkeit – von Marokko im Jahre 1958 bis zu den Vereinigten Arabischen Emiraten 1971. Doch bis heute hat man im Orient das Gefühl, der Westen wolle trotzdem weiterhin diktieren, was in dieser Region zu geschehen habe und was nicht. Insbesondere gilt dies für die amerikanische Politik, die – zumal nach dem Ende des sowjetischen Blocks – als übermächtig empfunden wird. Noch mehr empfindet man jedoch die *kulturalistischen Attacken* auf islamische Sitten und Gebräuche als unerwünschte Einmischung in die eigenen Angelegenheiten. Dies gilt selbst für Muslime, die dem Westen eigentlich gewogen sind und möchten, dass sich

Reformen in die Richtung westlicher Wertvorstellungen bewegen. Doch Fremdbestimmung im geistigen Bereich lehnt man ab.

Ein besonderer Punkt dabei ist die Stellung der Frau. Über nichts wird in vielen westlichen Ländern so leidenschaftlich diskutiert wie über das Kopftuch, das fromme Musliminnen seit geraumer Zeit tragen – als Mittelweg zwischen der traditionellen Verschleierung einerseits und westlichem Aussehen andererseits. Man wird den Verdacht nicht los, dass die Anzahl der Kopftuchträgerinnen in jenem Maße wächst, in dem die westliche Kritik daran zunimmt. Es ist viel gesellschaftlicher Trotz in der fundamentalistischen Gesinnung. „Wir wollen nicht immer nur belehrt werden", ist einer jener Sätze, die man von muslimischer Seite am häufigsten bei Diskussionen über diese Themen hört. Dies gilt auch für die weiblichen Protagonisten der Arabellion, des arabischen Aufstandes. Die arabische, in den Vereinigten Staaten lebende Gelehrte Lila Abu-Lughod hat in einem Buch mit dem Titel „Muss die muslimische Frau befreit werden?" mit all jenen Westlern abgerechnet, die – sei es als Mitglied von humanistisch gesinnten Nichtregierungs-Organisationen, sei es in offizieller Mission – stets die Befreiung der Frau im Islam vorantreiben wollen. Sie sieht darin nichts anderes als eine verspätete Illustration zu Rudyard Kiplings berühmten Spruch von der Bürde, die der weiße Mann eben auf sich geladen habe, um die Nicht-Weißen in aller Welt zu befreien, ein Relikt aus der Zeit eines arroganten Imperialismus. Die muslimische Frau, so Abu-Lughod, werde sich selbst befreien und arbeite schon daran. Sie sieht im traditionellen Autoritarismus asiatischer Gesellschaften, in Armut und natürlich in der politischen Repression der Regime eher als im Islam die eigentlichen Ursachen der Unterdrückung der Frau. Das Bild, das der Westen von der muslimischen Frau zeichne, sei extrem einseitig. Und tatsächlich: Wer emanzipierte Frauen im Islam sucht, wird sie allenthalben schon heute finden – und das sogar in allen Ländern.

Hier sind wir an einem wichtigen Punkt angelangt. Wir im Westen müssen endlich begreifen, was einer der Gründerväter der deutschen Orientalistik, Johann Jakob Reiske (1716–1774), schon im 18. Jahrhundert, dem Zeitalter der Aufklärung, hervorhob: Der islamische Orient ist kein *Anhängsel* der europäischen Kultur, kein *Vorhof*, sondern eine Religion und Kultur aus eigenem Recht, die auch das Recht hat, so zu sein, wie sie will. Reiske wandte sich als Erster dagegen, dass man die orientalischen Sprachen nur studiert, um das Hebräische der Bibel und ihren Kontext besser verstehen zu können. Er war der Auffassung, man müsse das Arabische um seiner selbst willen studieren, zumal auch die Geschichte des Islam einen ebenso wichtigen, sozusagen gleichberechtigten Inhalt habe wie die der Christenheit.

Von Reiskes Einstellung sind wir heute noch meilenweit entfernt. Es ist allein Sache der Muslime, über ihren künftigen Weg zu entscheiden. Sollten Demokratie, friedlich-toleranter Pluralismus und die umfassende Achtung der Menschenrechte dabei herauskommen, könnte das nur unseren Beifall finden. Doch sicher ist das nicht. Deutschland hat von allen westlichen Mächten, die sich einmal im islamischen Orient engagierten, den besten Ruf, weil es niemals auf Dauer Herrschaft über Muslime ausgeübt hat. Mit diesem Pfunde könnten wir, die wir mittlerweile auch vier Millionen Muslime unter uns haben und enge Beziehungen zur Türkei unterhalten, besser wuchern, als das bisher der Fall war – allerdings ohne Arroganz und ständige Besserwisserei. Zu diesem Komplex gehört auch die Erwartung vieler Muslime, dass der Westen seine eigenen Prinzipien, wenn er denn schon auf ihnen besteht, in Bezug auf die islamische Welt nicht nach Nützlichkeitserwägungen oder anderen zweckmäßigen Kriterien mit Füßen tritt, sprich: gegebenenfalls mit zweierlei Maß misst. Es ist sicher richtig, dass eine völlig konsistente Politik, die keinerlei Widersprüche enthält, ein Ideal darstellt, das wohl nirgends vollständig verwirklicht werden kann. Doch zwischen dieser Utopie und der verantwortungslosen Vernachlässigung der eigenen Prinzipien gibt es jede Menge Spielräume. So mutet es viele Muslime seltsam an, dass der Westen zwar Waffengänge gegen menschenrechtsverletzende Regime wie das irakische geführt hat, aber gleichzeitig mit einem Land wie Saudi-Arabien, einem undemokratischen Hort des Salafismus, eng alliiert ist – aus Gründen der „Realpolitik“ und der Ökonomie. Solche Widersprüche zu erkennen, zu benennen und wenigstens an ihrer Milderung zu arbeiten, würde mehr bewirken als dauernde Einmischungen oder gar militärische Interventionen.

Bibliographie – eine Auswahl

Vorwort

DITFURTH, HOIMAR VON: *Wir sind nicht nur von dieser Welt. Naturwissenschaft, Religion und die Zukunft des Menschen*, Hamburg 1981.

FRIEDELL, EGON: *Kulturgeschichte Ägyptens und des Alten Orients. Leben und Legende der vorchristlichen Seele*, Zürich 1936.

KETTERMANN, GÜNTER: *Atlas zur Geschichte des Islam*, Darmstadt 2001.

FLORES, ALEXANDER. *Zivilisation oder Barbarei? Der Islam im historischen Kontext*, (Verlag der Weltreligionen) Berlin 2011.

LERCH, WOLFGANG GÜNTER: *Der Islam in der Moderne. Aspekte einer Weltreligion*, München 2004. (In diesem Buch werden Themen abgehandelt, die in der vorliegenden Arbeit nur noch am Rande gestreift werden: der „heilige Krieg" (al dschihad), die Stellung der Frau, Gründe für die offenkundigen Aversionen vieler Muslime gegen den Westen.)

LENNOX, JOHN: *Hat die Wissenschaft Gott begraben? Eine kritische Analyse moderner Denkvoraussetzungen*, Witten 2009.

SCHAEDER, HANS HEINRICH: *Der Mensch in Orient und Okzident*, Göttingen 1956.

Die arabische Revolution

ARMBRUSTER, JÖRG: *Der arabische Frühling.* Als die islamische Jugend begann, die Welt zu verändern, Frankfurt am Main 2011.

BEN JELLOUN, TAHAR: *Arabischer Frühling*, Berlin 2011.

CORBAGE, YOUSSEF/TODD, EMMANUEL: *Die unaufhaltsame Revolution.*Wie die Werte der Moderne die islamische Welt verändern, München Zürich 2007.

KRÄMER, GUDRUN: *Demokratie im Islam.* Der Kampf für Toleranz und Freiheit in der arabischen Welt, München 2011.

LERCH, WOLFGANG GÜNTER (Hrsg.): *Arabellion.* Der Aufbruch der arabischen Welt, F.A.Z.-eBook 4, Frankfurt a Main 2012.

LÜDERS, MICHAEL: *Tage des Zorns.* Die arabische Revolution verändert die Welt, München 2011

PERTHES, VOLKER: *Der Aufstand.* Die arabische Revolution und ihre Folgen, München 2011.

POTT, MARCEL: *Der Kampf um die arabische Seele.* Der steinige Weg zur islamischen Demokratie, Köln Berlin 2012.

ROGAN, EUGENE: *Die Araber.* Eine Geschichte von Unterdrückung und Aufbruch, Berlin 2012.

Die Welt des Glaubens

ASLAN, REZA: *Kein Gott außer Gott. Der Glaube der Muslime von Muhammad bis zur Gegenwart*, München 2006.

GOLDZIGER, IGNAZ: *Vorlesungen über den Islam* (2. Auflage Budapest 1925).

HARTMANN, RICHARD: *Die Religion des Islam*, Berlin 1944 (Neudruck).

HUNTINGTON, SAMUEL P.: *Kampf der Kulturen. Die Neugestaltung der Weltpolitik im 21. Jahrhundert*, München/Wien 1997.

KELEK, NECLA: *Chaos der Kulturen. Die Debatte um Islam und Integration*, Köln 2012.

STIEGLECKER, HERMANN: *Die Glaubenslehren des Islam*, Paderborn 1962.

WENSINCK, A. J./KRAMERS, J. H (Hrsg.): *Handwörterbuch des Islam*, Leiden 1976.

TIBI, BASSAM: *Euroislam. Die Lösung eines Zivilisationskonfliktes*, Darmstadt 2009.

VAN ESS, JOSEF: *Dschihad gestern und heute*, Julius-Wellhausen-Vorlesung, Berlin/Boston 2012.

Die Welt der Schriften

ASSMANN, JAN: *Die Mosaische Unterscheidung oder Der Preis des Monotheismus*, München 2003.

BURGMER, CHRISTOPH (Hrsg.): *Streit um den Koran. Die Luxenberg-Debatte: Standpunkte und Hintergründe*, Berlin 2004.

KRATZ, REINHARD G./NAGEL, TILMAN (Hrsg.): *„Abraham unser Vater“. Die gemeinsamen Wurzeln von Judentum, Christentum und Islam*, Göttingen 2003.

LÜLING, GÜNTER: *Über den Ur-Qur'an. Ansätze zur Rekonstruktion vorislamischer christlicher Strophenlieder im Qur'an*, Erlangen 1974.

Ders.: *Der christliche Kult an der vorislamischen Kaaba als Problem der Islamwissenschaft und christlichen Theologie*, Erlangen 1977 (2. Auflage 1992).

Ders.: *Die Wiederentdeckung des Propheten Muhammad. Eine Kritik am „christlichen“ Abendland*, Erlangen 1981.

Ders.: *A challenge to Islam for reformation. The rediscovery and reliable reconstruction of a comprehensive pre-islamic Christian hymnal hidden in the Koran under earliest Islamic reinterpretations*, New Delhi 2003.

LUXENBERG, CHRISTOPH: *Die syro-aramäische Lesart des Koran*, Berlin 2000.

MAIER, BERNHARD: *Koran-Lexikon*. Stuttgart 2001.

NEUWIRTH, ANGELIKA: *Der Koran als Text der Spätantike. Ein europäischer Zugang*, Berlin 2010.

NÖLDEKE, THEODOR: *Geschichte des Qorans*, Göttingen 1860 (2. Auflage bearbeitet von Friedrich Schwally, Leipzig 1909, Nachdruck Hildesheim/New York 1961).

OHLIG, K.H./PUIN, G. R. (Hrsg.): *Die dunklen Anfänge. Neue Forschungen zur Entstehung und frühen Geschichte des Islam*, Berlin 2005 (3. Auflage). (Dieses Buch, wie die Folgebände der Reihe, polarisiert, da es in wesentlichen Punkten den orientalistischen Darstellungen der islamischen Frühgeschichte widerspricht.).

PARET, RUDI: *Mohammed und der Koran*, Stuttgart 1980 (5., überarbeitete Auflage).

Die Welt der Metaphysik

AFFIFI, A. E.: *The Mystical Philosophy of Ibnu'l Arabi*, Cambridge 1938.
CHITTICK, WILLIAM C. (Ed.): *The Essential Seyyed Hossein Nasr*, Bloomington 2007.
CORBIN, HENRY: *Suhrawardi d'Alep, fondateur de la doctrine illuminative (ishraq)*, Paris 1939.
GUÉNON, RENÉ: *Die Krise der Neuzeit*, Köln 1950 (französisches Original 1927).
Ders.: *Traditional Forms and Cosmic Cycles*, Hillsdayle 2003.
HERLIHY, JOHN (Ed.): *The Essential René Guénon. Metaphysics, Tradition, and the Crisis of Modernity*. Introduction by Martin Lings, Bloomington 2009.
HORTEN, MAX: *Das philosophische System von Schirazi*, Straßburg 1913 (moderner Neudruck).
KANITSCHEIDER, BERNULF: *Entzauberte Welt. Über den Sinn des Lebens in uns selbst. Eine Streitschrift*, Stuttgart 2008.
NAGEL, THOMAS: *Geist und Kosmos. Warum die materialistische neodarwinistische Konzeption der Natur so gut wie sicher falsch ist*, Berlin 2013.
NASR, SAYYED HOSSEIN: *Sadr al-Din Schirazi and his Transcendent Theosophy*. Background, life and works, Teheran 1978.
Ders.: *Three Muslim Sages. Avicenna, Suhravardi, Ibn Arabi*, Cambridge 1964.
Ders.: *Die Erkenntnis und das Heilige*, München 1990.
SCHUON, FRITHJOF: *Den Islam verstehen. Innere Lehre und mystische Erfahrung*, Freiburg 1993.

Die Welt der Mystiker

AKTAY, SALIH ZEKI: *Hallac-i Mansur* (Drama in türkischer Sprache, Ankara 1946).
BERGER, FRANK: *Gustav Mahler. Vision und Mythos. Versuch einer geistigen Biographie*, Stuttgart 2010.
BOULAD, HENRI: *Die Vernunft des Herzens. Wohin die Seele strebt*, Wien/München 1985.
BURCKHARDT, TITUS: *Vom Sufitum*, München 1953.
LERCH, WOLFGANG GÜNTER: *Tod in Bagdad oder Leben und Sterben des al Halladsch*, Düsseldorf/Zürich 1997 (Fassung in türkischer Sprache: Bagdat'ta ölüm. Hallac-i Mansur, Istanbul 2000, ikinci basim 2013).
MASON, HERBERT W.: *Al-Hallaj*, London/New York 1995.
MASSIGNON, LOUIS: *La passion de Husayn Ibn Mansur Hallaj*, Paris 1970, vier Bände (Bis heute das Standardwerk über den berühmten Mystiker).
SCHIMMEL, ANNEMARIE: *Mystische Dimensionen des Islam. Die Geschichte des Sufismus*, Frankfurt am Main 1995.
Dies.: *Al Halladsch, Märtyrer der Gottesliebe*, Köln 1968.
Dies.: *Al Halladsch – o Leute, rettet mich vor Gott*, Freiburg 1995.
TRIMINGHAM, J. SPENCER: *The Sufi Orders of Islam*, New York-Oxford 1998.

Die Welt der Dichter

ADONIS: *Verwandlungen eines Liebenden.* Gedichte 1958–1971, Arabisch und Deutsch, in der Übersetzung von Stefan Weidner, Frankfurt am Main 2011.

ALAVI, BOZORG: *Geschichte und Entwicklung der modernen persischen Literatur*, Berlin 1964.

GIBB, E. J. W.: *The Poets and Poetry of Turkey*, London 1901 (Nachdruck 2005).

GIBB, HAMILTON A. R./JACOB M. LANDAU: *Geschichte der Arabischen Literatur*, Düsseldorf/Zürich 1968.

GLASEN, ERIKA/LAUT, JENS-PETER (Hrsg.): *Die Türkische Bibliothek*, 20 Bde., Unions-Verlag Zürich (Ein groß angelegter, umfassender Überblick über die türkische Literatur seit 1900).

LERCH, WOLFGANG GÜNTER: *Die Laute Osmans. Türkische Literatur im 20. Jahrhundert*, München 2003.

Ders.: *Zwischen Steppe und Garten. Türkische Literatur aus tausend Jahren*, München 2008.

Ders.: *Wie eine Perle im Ozean. Türkische Kultur und Literatur in Mittelasien*, München 2011.

Ders.: *Poesie und Geschichte. Über den türkischen Dichter Yahya Kemal Beyatli* (mit einem Anhang über nationalistische Dichtung und über die Dichtung Ilhan Berks), München 2012.

NAJJAR, ALEXANDRE: *Khalil Gibran und die Vision der Moderne. Eine literarische Biographie*, Berlin 2008.

RYPKA, JAN: *Iranische Literaturgeschichte*, Leipzig 1959.

SCHARF, KURT (Hrsg.): *Der Wind wird uns entführen. Moderne persische Dichtung*, München 2005.

WALTHER, WIEBKE: *Kleine Geschichte der arabischen Literatur*, München 2004.

Die Welt der Denker

AL-AZM, SADIQ DSCHALAL: *Das Unbehagen in der Moderne, Aufklärung im Islam*, Frankfurt am Main 1993.

Ders.: *Kritik des religiösen Denkens*, Beirut 1969.

AL-AZMEH, AZIZ: *Ibn Khaldun in Modern scholarship*, London 1981.

AL-JABRI, ABED: *Arab-Islamic Philosophy. A Contemporary Critique*, Austin 1999 (Übersetzung des französischen Originals).

FAKHRY, MAJID: *A Short Introduction to Muslim Philosophy, Theology and Mysticism*, Oxford/Rockport 1997.

IBN KHALDUN: *al Muqaddima. Dar al qalam, al tab'a al sadisa*, Beirut 1406 h., 1986.

LERCH, WOLFGANG GÜNTER: *Denker des Propheten. Die Philosophie des Islam*, Düsseldorf 2000 (München 2002).

MONTGOMERY-WATT, WILLIAM: *Muslim Intellectual. A Study of al-Ghazali*, Edinburg 1963.

NIEWÖHNER, FRIEDRICH/STURLESE, LORIS (Hrsg.): *Averroismus im Mittelalter und in der Renaissance*, Zürich 1994.

VAN ESS, JOSEF: *The Flowering Muslim Theology*, Cambridge London 2006.

VON KÜGELGEN, ANKE: *Averroes und die arabische Moderne. Ansätze zu einer Neubegründung des Rationalismus im Islam*, Leiden 1994.

Die Welt des Wissens

FREELY, JOHN: *Platon in Bagdad. Wie das Wissen der Antike zurück nach Europa kam*, Stuttgart 2012. (Der Autor lehrte jahrzehntelang in Istanbul Geschichte der islamischen Naturwissenschaften. Er streicht besonders heraus, dass die Muslime nicht nur griechisches Wissen übernahmen und weitergaben, sondern es auch durch eigene Forschungen vertieften.).

Ders.: *Light from the East. How the Science of Medieval Islam Helped to Shape the Western World*, London 2011.

HASSAN AND HILL: *Islamic Technology. An Illustrated History*, Unesco Paris 1986.

AL-KHALILI, JIM: *Im Haus der Weisheit. Die arabischen Wissenschaften als Fundament unserer Kultur*, Frankfurt am Main 2010.

KING, DAVID A.: *World-Maps for Finding the Direction and Distance to Mecca. Innovation and Tradition in Islamic Science*, Leiden 1999.

LYONS, JONATHAN: *The House of Wisdom. How the Arabs transformed Western Civilization*, London 2009.

ROY, OLIVIER: *Der islamische Weg nach Westen. Globalisierung, Entwurzelung und Radikalisierung*, München 2006.

SEZGIN, FUAT: *The Contribution oft the Arabic-Islamic Geographers to the Formation of the World Map*, Frankfurt am Main 1987.

STROHMAIER, GOTTHARD: *Al Biruni. In den Gärten der Wissenschaft. Ausgewählte Texte aus den Werken des muslimischen Universalgelehrten*, Leipzig 1991.

Ders.: *Denker im Reich der Kalifen*, Leipzig/Jena/Berlin 1979.

TIBI, BASSAM: *Islamischer Fundamentalismus, moderne Wissenschaft und Technologie*, Frankfurt am Main 1992.

Die Welt der Sakraljuristen

BERGSTRÄSSER, GOTTHELF: *Grundzüge des islamischen Rechts*, Berlin 1935.

GOLDZIHER, IGNAZ: *Die Richtungen der islamischen Koranauslegung*, Leiden 1920 (Neudruck).

NAGEL, TILMAN: *Das islamische Recht. Eine Einführung*, Westhofen 2001.

ROHE, MATHIAS: *Das islamische Recht. Geschichte und Gegenwart*, München 2009, 2. Auflage.

RAMADAN, TARIQ: *Muslimsein in Europa. Untersuchung der islamischen Quellen im europäischen Kontext*, Köln 2001.

SCHACHT, JOSEPH: *An Introduction of Islamic Law*, Oxford 1991.

ZAMAN, MUHAMMAD QASIM: *The Ulama in Contemporary Islam. Custodians of Change*, Princeton/Oxford 2002.

Die Welt der Musiker

BOCHMANN, KLAUS/DUMBRAVA, VASILE (Hrsg.): *Dimitrie Cantemir: Fürst der Moldau, Gelehrter, Akteur der europäischen Kulturgeschichte*, Leipzig 2008.

FARHAT, HORMOZ: *The dastgah concept in Persian Music*, Cambridge 1990.

FARMER, HENRY GEORGE: *A History of Arabian Music to the XIIIth Century*, London 1929 (reprint 1973).

GRADENWITZ, PETER: *Die Musik zwischen Orient und Okzident. Eine Kulturgeschichte der Wechselbeziehungen*, Wilhelmshaven 1977.

GREVE, MARTIN: *Alla Turca – Musik aus der Türkei in Berlin*, Berlin 1997.

Ders.: *Die Europäisierung orientalischer Kunstmusik in der Türkei*, Frankfurt am Main 1995.

JÄGER, RALF: *Türkische Kunstmusik und ihre handschriftlichen Quellen aus dem 19. Jahrhundert*, Münster 1996.

TENAILLE, FRANK: *Die Musik des Rai*, Heidelberg 2003.

Die Welt der Formen

BRENTJES, BURKHARD: *Die Mauren in Nordafrika und Spanien*, Leipzig 1989.

ENDERLEIN, VOLKMAR: *Islamische Kunst*. Dresden 1990.

GELPKE, RUDOLF: *Vom Rausch im Orient und Okzident*, Stuttgart 1995.

GRABAR, OLEG: *Die Entstehung der islamischen Kunst*, Köln 1977.

KARAHASAN, DZEVAD: *Das Buch der Gärten, Grenzgänge zwischen Islam und Christentum*, Frankfurt am Main/Leipzig 2002.

KÜHNEL, ERNST: *Die Kunst des Islam*, Stuttgart 1962.

Ders.: *Die Arabeske*, Graz 1977.

Ders.: *Die Moschee*, Graz 1974.

NAEF, SILVIA: *Bilder und Bilderverbot im Islam*, München 2007.

VOCKE, HARALD: *Im Duft der Zeit. Begegnungen mit dem Morgenland*, Frankfurt am Main/Berlin 1988 (Ein glänzend geschriebenes Buch, das die Mentalität des „Morgenlandes" treffend erhellt).

Die Welt der Stämme

FLOTTAU, HEIKO: *Die Bande der Clans. Die arabische Welt besser verstehen*, Freiburg 1992.

OPPENHEIM, MAX VON: *Die Beduinen*, 4 Bde., Leipzig/Wiesbaden 1939–1968 (Nachdruck der Bände I und II, Hildesheim 1990).

RASWAN, CARL: *Im Land der schwarzen Zelte*, 2. Auflage, Hildesheim 1990.

Ders.: *Trinker der Lüfte*, 2. Auflage, Hildesheim 1990.

Ders.: *Söhne der Wüste*, 2. Auflage, Hildesheim 2000.

VOCKE, HARALD: *Das Schwert und die Sterne. Ein Ritt durch den Jemen*, Stuttgart 1965.

Die Welt der Politik

AL-FARABI: *Ara'ahl al-Madina al-Fadila. Alfarabis Abhandlung „Der Musterstaat"*, hrsg. v. Friedrich Dieterici, Leiden 1895, Übertragung Leiden 1900 (Neuauflage Hildesheim 1995).

KHALIFEH-SOLTANI, IRADJ: *Das Bild des idealen Herrschers in der iranischen Fürstenspiegelliteratur, dargestellt am Beispiel des Qabus-Name*, Bamberg 1974.

TIBI, BASSAM: *Der wahre Imam. Der Islam von Mohammed bis zur Gegenwart*, München 1996.

Ders.: *Vom Gottesreich zum Nationalstaat. Islam und panarabischer Nationalismus*, Frankfurt am Main 1991.

Ders.: *Militär und Sozialismus in der Dritten Welt*, Frankfurt am Main 1973.

NAGEL, TILMAN: *Staat und Glaubensgemeinschaft im Islam*, 2 Bde., Zürich 1981.

NIZAMULMULK: *Das Buch der Staatskunst*. Aus dem Persischen übersetzt und eingeleitet von Karl Emil Schabinger Freiherr von Schowingen, Zürich 1959.

Die Welt der Wirtschaft

GHANIYE GHAUSSY, A.: *Das Wirtschaftsdenken im Islam. Von der orthodoxen Lehre bis zu den heutigen Ordnungsvorstellungen*, Bern Stuttgart 1986.

LEWIS, BERNARD: *Race and Slavery in the Middle East. An Historical Enquiry*, New York Oxford 1990.

LOMBARD, MAURICE: *Blütezeit des Islam. Eine Wirtschafts- und Kulturgeschichte 8.–11. Jahrhundert*, Frankfurt am Main 1992.

N'DIAYE, TIDIANE: *Der verschleierte Völkermord. Die Geschichte des muslimischen Sklavenhandels in Afrika*, Reinbek bei Hamburg 2010.

RODINSON, MAXIME: *Islam und Kapitalismus*. Mit einer Einleitung von Bassam Tibi, Frankfurt am Main 1986.

Die Welt der Islamisten

BALYUZI, H. M.: *Eminent Bahais in the Time of Bahaullah*, Oxford 1985.

BERNARD, CHERYL/KHALILZAD, ZALMAY: *Gott in Teheran*, Frankfurt am Main 1988.

BROWNE, EDWARD G.: *A Year amongst the Persians*, London 1893 (Nachdruck 2005).

CHOMEINI, AJATOLLAH: *Der islamische Staat*, Berlin 1983.

EBADI, SHIRIN: *Mein Iran. Ein Leben zwischen Revolution und Hoffnung. Die Autobiografie der Friedens-Nobelpreisträgerin*, München/Zürich, ohne Jahr.

ESSLEMONT, J. E.: *Bahaullah und das neue Zeitalter*, Hofheim/Langenhain 1976.

HALM, HEINZ: *Die Schia*, Darmstadt 1988.

HOTTINGER, ARNOLD: *Islamischer Fundamentalismus*, Zürich 1993.

LOUER, LAURENCE: *Chiisme et politique au Moyen-Orient, Iran, Irak, Liban, monarchies du Golfe*, Paris 2008.

MARTIN, WULF: *Iran unter dem Prägestock Khomeinis, 1978–1981*, Bonn 2011.

NIRUMAND, BAHMAN: *Iran – hinter den Gittern verdorren die Blumen*, Hamburg 1985.
Ders.: Iran. *Die drohende Katastrophe*, Köln 2006.
NIRUMAND, BAHMAN/DADDJOU, KEYWAN: *Mit Gott für die Macht. Eine politische Biographie des Ayatollah Chomeini*, Hamburg 1987.
SAFIARIAN, KAMRAN: *Pulverfass Iran. Wohin treibt der Gottesstaat?*, Freiburg 2011.
SCHIRRA, BRUNO: Iran. *Sprengstoff für Europa*, Berlin 2006.
TAHERI, AMIR: *Chomeini und die Islamische Revolution*, Hamburg 1985.
THAMM, BERND GEORG: *Der Dschihad in Asien. Die islamistische Gefahr in Russland und China*, München 2008.
TILGNER, ULRICH (Hrsg.): *Umbruch im Iran. Augenzeugenberichte, Analysen, Dokumente*, Hamburg 1979.

Die Welt der Traditionen

MAZAHERY, ALI: *So lebten die Muselmanen im Mittelalter*, 1959.
RONDOT, PIERRE: *Der Islam und die Mohammedaner von heute*, 1963.
WOHLFAHRT, EBERHARD: *Die Arabische Halbinsel. Länder zwischen Rotem Meer und Persischem Golf*, Berlin 1980 (darin Oman und die Ibaditen auf den Seiten 497–574).
RENZ, ALFRED: *Algerien*, München ohne Jahr.

Die Welt der Geschichte

ÇALISLAR, IPEK: *Mrs. Atatürk – Latife Hanim*. Ein Porträt, 2008.
DAĞI, IHSAN: "Why Turkey Needs a Post-Kemalist Order", in: *Insight Turkey* Vol.14 No. 1 2012, S. 29-36.
DAVUTOĞLU, AHMET: *Stratejik Derinlik. Türkiye'nin Uluslararasi Konumu*, Istanbul 2001.
ENDREß, GERHARD: *Einführung in die islamische Geschichte*, München 1982 (weitere Auflagen).
GÖLE, NILÜFER: *Republik und Schleier*. Die muslimische Frau in der modernen Türkei, Babel Verlag 1995.
HERMANN, RAINER: *Wohin geht die türkische Gesellschaft?* Kulturkampf in der Türkei, München 2008.
INALCIK, HALIL: *The Ottoman Empire*. The Classical Age 1300–1600, London 1973.
KREISER, KLAUS: *Atatürk*. Eine Biographie, München 2008.
MATUZ, JOSEF: *Das Osmanische Reich*, Darmstadt 1985.
NOTH, ALBRECHT/PAUL, JÜRGEN (Hrsg.): *Der islamische Orient*. Grundzüge seiner Geschichte, Würzburg 1998.
NURSI SAID: *Bediüzzaman: Risale-i Nur*, Ankara ohne Jahr.
ORTAYLI, ILBER: *Osmanli'yi yeniden keşfetmek*, Istanbul ohne Jahr.

Die Welt der Häretiker

DAFTARY, FARHAD: *The Ismailis. Their History and Doctrines*, London, ohne Jahr.
Ders.: *A Short History of the Ismailis*, London, ohne Jahr.
HALM, HEINZ: *Die islamische Gnosis. Die extreme Schia und die Alawiten*, Zürich/München 1982.
Ders.: *Das Reich des Mahdi. Der Aufstieg der Fatimiden*, München 1991.
Ders.: *Die Kalifen von Kairo. Die Fatimiden in Ägypten 973–1074*, München 2003.
Ders.: *Kalifen und Assasinen. Ägypten und der Vordere Orient zur Zeit der ersten Kreuzzüge 1074–1171*, München 2014.
LEWIS, BERNARD: *Die Assassinen*. München 1988.

Religiöser und säkularer Diskurs

ABDEL-SAMAD, HAMED: *Der Untergang der islamischen Welt. Eine Prognose*, München 2010.
Ders.: *Krieg oder Frieden. Die arabische Revolution und die Zukunft des Westens*, München 2011.
ABU ZAID, NASR HAMID: *Islam und Politik. Kritik des religiösen Diskurses*, Frankfurt am Main 1996. (arabisch: Naqd al-chitab al-dini, al-tab'a al-thanija, maktaba matbuli, al-Qahira)
MEDDEB, ABDELWAHAB: *Die Krankheit des Islam*, Heidelberg 2002.
RAMADAN, TARIQ: *Radikale Reform. Die Botschaft des Islam für die moderne Gesellschaft*, München 2009.
ROY, OLIVIER: *Der islamische Weg nach Westen. Globalisierung, Entwurzelung und Radikalisierung*, München 2006.
ZEHETMAIR, HANS: *Der Islam im Spannungsfeld von Konflikt und Dialog*, Wiesbaden 2005.

Die Welt des Westens

ABU-LUGHOD, LILA: *Do Muslim Women Need Saving?*, Harvard 2013.
BIERLING, STEPHAN: Geschichte des Irakkriegs. *Der Sturz Saddams und Amerikas Albtraum im Mittleren Osten*, München 2010.
BREMER, JÖRG: *Unheiliger Krieg im Heiligen Land*, Berlin 2010.
KIENZLE, ULRICH: *Abschied von 1001 Nacht. Mein Versuch, die Araber zu verstehen*, Stuttgart 2011.
LEWIS, BERNARD: *Der Untergang des Morgenlandes. Warum die islamische Welt ihre Vormacht verlor*, Bergisch Gladbach 2002.
Ders.: *Die Wut der arabischen Welt. Warum der jahrhundertelange Konflikt zwischen dem Islam und dem Westen weiter eskaliert*, Frankfurt am Main/New York 2003.
LÜDERS, MICHAEL: *Allahs langer Schatten. Warum wir keine Angst vor dem Islam haben müssen*, Freiburg 2007.

Ergänzende Bemerkungen zur Bibliographie:

Im Übrigen bedarf jeder, der sich weiter über die behandelten Themen und Personen informieren möchte, der Fachartikel in der neuen *Enzyklopädie des Islam*, EI/2, *Encyclopedia of Islam. New Edition*, erschienen zwischen 1960 und 2012 in 12 Bänden. Immer noch brauchbar ist die auch in deutscher Sprache vorliegende erste *Enzyklopädie des Islam*, EI/1, die zwischen 1913 und 1938 in fünf Bänden erschienen ist. Für den türkischen Bereich ist besonders zu empfehlen: *Islam Ansiklopedisi*, in Türkisch zwischen 1940 und 1987 in 15 Bänden erschienen. Eine Erweiterung dieses Werkes auf 40 Bände ist für die Zukunft geplant.